生涯發展與心理輔導

劉玉玲　著

About the Author
作者簡介

劉玉玲

　　大學於公共行政系畢業後，五年內先後從事報關船務押匯、世界貿易新聞、奧美廣告公司等不同的工作，出國深造前於成立四週年的伊甸福利基金會擔任宣廣部公關人員。後赴美於愛荷華大學、奧瑞崗州立大學修習教育相關課程，取得奧瑞崗州立大學課程與教學碩士學位。修讀教育心理博士學位期間以人類學、人類發展與家庭研究為輔系，1996 年取得奧瑞崗州立大學教育心理博士學位。

　　1996 年回台任教於中國技術學院企管系專任副教授並兼學生輔導中心主任多年，期間於臺灣科技大學、世新大學兼任，目前專職於銘傳大學教育研究所。曾任 2000 年技職體系生涯規劃撰稿員，2005～2007 年職業學校群科課程規劃工作圈一般科目課程綱要發展小組生活領域召集人與生涯規劃撰稿員；2008～2011 年職業學校一般科目暨藝術群科中心學校委員。

著作

1. Liu, Y. (2011). Art therapy, narrative inquiry and e-learning: Aesthetic approach. Education & e-Learning (EeL 2011) International Conference in Singapore.
2. 劉玉玲（2011）：建構虛擬網路諮商情境以提升師資生輔導青少年知能之初探研究。臺灣自由軟體與教育科技研討會。台北市：銘傳大學。

3. 劉玉玲（2011）：愛鄉、愛土與愛國之前需先愛人：鄉土教學的時代使命感鄉土教學的時代使命。2011年兩岸四校教育學術研討會。

4. 劉玉玲（2011）：美學融入「青少年心理學」：敘說探究、藝術治療與服務學習的混合式教學。中華民國課程與教學學會99年專書「教學藝術」。（已被接受刊登）

5. 劉玉玲（2010）：科技與人文統整觀點：數位學習與敘事探索——以青少年心理學課程為例。課程研究期刊。

6. 劉玉玲（2010）：不用數字的研究：青少年心理學、藝術治療與服務學習混合式教學。台灣教育傳播暨科技學會2010國際學術研討會。新北市：淡江大學。

7. 劉玉玲（2010）：Moodle 下之混合式學習：一種美學的課程實踐。臺灣自由軟體與教育科技研討會。台北市：銘傳大學。

8. 劉玉玲（2009）：數位學習、敘事探索與表達性藝術治療教學模式初探：以青少年心理學為例。台灣教育傳播暨科技學會2009國際學術研討會。台北市：銘傳大學。

9. 劉玉玲（2009）：五因素人格特質，社會支持，婚姻滿意度之探討。2009年「婚姻與關係教育和諮商的現況及展望」國際學術研討會論文。嘉義大學家庭教育與諮商研究所舉辦。

10. 劉玉玲（2009）：運用數位科技與全球在地化之概念促進社區發展：以小林國小之鄉土教育為例。鄉土知識傳承與鄉土教材開發研討會。北京：中央民族大學教育學院。

11. 劉玉玲（2010）：組織行為（第三版）。台北市：新文京。

12. 劉玉玲（2009）：2009年「去除校園霸凌：從跨領域觀點探討校園霸凌因應模式」學術研討會成果報告。桃園縣：銘傳大學。

13. 劉玉玲等合譯（2008）：面對恐懼：如何轉化恐懼為愛。台北市：新葉。

Contents
目錄

Chapter 1

生涯輔導緒論

前言

　　「生涯」（career），根據《牛津辭典》的解釋為「一生的發展與進步」（development and progress through life）。此外，根據《韋氏辭典》的解釋，「生涯」是指前進的方向（racing course）。上述兩辭典對於生涯的進一步解釋尚有：生活之道、工作所需的專業或職業訓練等。

　　生涯輔導之前的名詞，是職業輔導。由於時代變遷，語意更替，生涯輔導一詞在西方學術文獻中出現的次數大量增加，職業輔導出現的頻率逐漸減少。1960 年代末期至 1970 年代初期，生涯輔導由舊制的職業輔導範典蛻變而來，蘊涵著理論深度與應用廣度，舉凡基本概念、理論依據、諮商師角色、服務對象、工作內容等，都有了重大的變革（金樹人，1999）。生涯輔導的概念與方法引進國內教育界與輔導界，其前身係生計教育（許智偉，1982），爾後是生計輔導（林幸台，1990；金樹人，1987；楊朝祥，1984），當時將 "career" 譯為「生計」，係取「國民之生計」之義。後來的相關學者如黃天中、洪鳳儀、蔡稔惠、吳芝儀等，在生涯規劃領域上有重要的貢獻。

第一節　生涯的內涵與特性

壹、生涯的內涵

　　生涯的內涵可從不同的角度切入探討，如狹義與廣義觀點，狹義的生涯內涵是指個人職業或工作的探索；廣義生涯的內涵是指人一生中整體生活與生命意義的追尋。微觀生涯的內涵是指階段性、短時間內的規劃；鉅觀生涯重視人一生中全程性的長時間規劃，確立方向感。客觀生涯的內涵則重視外在具體事物的追求，如五子登科，是一種物質、生理需求、名利權位的追求；主觀生涯的內涵重視內在精神層面、心理層面、靈性活動的探求，如宗教、信仰。平常生涯的內涵是指按照人類發展的階段，依角色不同可預期而發生的生涯事件，如結婚生子；無常生涯是指突發狀況、不可預期的生涯的內涵，如SARS事件、南亞大海嘯、掀頭皮等事件的發生，因經驗或經歷生涯的內涵有了改變。

貳、生涯的特性

　　生涯的特性包含有方向性、時間性、空間性、獨特性、現象性、主動性（金樹人，1999），此外尚有統整性與可逆性。生涯發展猶如人類生命的發展，一個人一生當中的生涯發展，有其方向可循，至於這個方向是沿著哪個路徑前進？不同的理論有不同的解釋，不同文化脈絡影響下的個體也會有不同的引導。誠如 H. Hesse 的《流浪者之歌》所言：「大多數的人就像是落葉一樣，在空中隨風飄遊──在一定的途徑上走──在他們的內心中有自己的引導者和方向。」電影「美國心，玫瑰情」，有一幕男主角拍攝著地上的一只垃圾袋，看垃圾袋隨風飄呀、飄呀，最後落到地上。他定睛的拍攝著、看著將近十多分

鐘，終於悟出生命的無奈，但也體驗到人類生命的發展有其方向。

　　生涯的發展隨著人一生的成長、老化、死亡過程而有時間上的變化，生涯是一生當中依序發展的各種位置的綜合體，從過去、現在，到未來，個體的生涯發展歷程是踏在接二連三的「位置」（positions）上前進：每一個現在的「位置」，都受到過去「位置」的影響，也是為未來的「位置」預作準備，這些「位置」是「依序」發展。如同一位有經驗的醫生必須經過實習醫師、住院醫師、總醫師的一種「位置」的依序發展，說明了生涯的「時間性」。所以就時間的觀點，要讓當事人瞭解在做生涯探索（與規劃）時，時間的運用上可以分為立即性（半年）、短程性（兩年）以內的期程，但也可以彈性運用，以月、週為單位，甚至可以日間、夜間，週日、週末為劃分單位。在每一個時間單位內，均可以有所覺察，而決定統整的角色為何，特別是能清楚決定主要生涯角色或生涯角色群，以便掌握生涯的重心。

　　通常一般人生涯係以事業的角色為主軸，也包括了其他與工作有關的角色。從「生涯」在不同年齡發展階段的橫切面看，會同時呈現不同的角色。這些角色不全然是職業，但又都與職業活動有直接或間接的關係，如有些人從小父母就告知讀好書、做好學生將來做醫生或當法官，這是生涯的空間性。生涯的獨特性是指每一個人的生命故事、生命史都不一樣，遭遇與境況大不同，人與人之間可能有相似的生涯發展，人們在每一個職位上或角色上的表現方式都不盡相同，所以輔導個案要注意每個人的獨特所在。生涯有現象性，現象又分主觀意識與客觀現實。

　　主觀性，是個人主觀意識所認定的存在，生涯只有在個人尋求它的時候，它才存在。如韓劇「順風婦產科」，表護士與金護士是一對新婚夫婦，上班時仍舊很恩愛，好友告知要分公、私領域，要不然是肉麻夫妻，引起公憤了，但他們不為所動，認為要親熱示愛是隨時隨處都可以，旁人是少見多怪。生涯猶如「時間」，當一個人覺察到時間的時候，時間才存在，否則時間對這個人而言是不存在的。熱戀中的人，只要在一起便最快樂，分開一天猶如多日。

生涯中的每一個位置都是客觀的現實，但是每個人對每個位置的知覺是完全主觀的。前者是「人如何做他的工作」，後者是「人如何看他的工作」，以至於「人如何從工作中看自己」（金樹人，1999）。政壇輪替後，現在的政務官與以往有同樣職稱的政務官或公眾人物在職業道德或情操上有不同的知覺，以前政務官或公眾人物稍有不良風評，馬上下台，文化的差異也會使得政務官在職業道德或情操上有不同的知覺，如歐美人士對政務官在職業道德或情操上有較高標準的要求。

生涯具有全方位的統整性，當事人在探索、選擇生涯角色或生涯角色群的重要性過程中，有些因素影響生涯角色的抉擇，如價值、知能、情意、行動、時間等。對於「自我探索──我是誰」及「生涯規劃」的理念，若有新的覺察或新的瞭解，應時常加以整理，使當事人培養「見樹又見林」，微觀、宏觀兼具的全方位生涯觀。人是生涯的主動塑造者，在個人生涯發展過程中，遺傳條件、社會階級、政策擬定，甚至機會因素，都會影響到個人的生涯發展。然人不是被動的受環境制約，而是能主動的去思考、去計畫，進而改變環境，創造環境。大部分的人都有挫敗的經驗，而為什麼有的人失敗了，但後來卻又成功的站了起來，有的卻一蹶不起，這和本身的意志力、奮鬥心都有非常大的關聯。成語所言「為山九仞，功虧一簣」，要改變劣勢，該把失敗的原因及教訓仔細的檢討，重新來過，戰勝負面思維，用想要「成功」的想像力改變不利的環境。

參、華人的生涯概念

中國祖先把「生涯」看成是「人生的極限」，如莊子有謂：「吾生也有涯，而知也無涯」。中國人對未來的重視，可以從新生兒滿週歲「抓週」的習俗中瞭解，這個習俗源自江南，閩南人謂之「ㄉㄧㄚ ㄐㄧㄡ」，新生兒拿到筆，代表將來會讀書，新生兒拿到錢，代表將來會賺錢。傳統的中國社會裡將人民分為四類，「士、農、工、商」，第一等人是讀書人，最被當時看不起的

人是有「銅臭味」的商人。儒家又將職業分成「勞心與勞力」,「士」歸於「勞心」、「治人」之階層;「農、工、商」則劃歸「勞力」、「治於人」之階層。隨著時代的演變,現代人向「錢」看齊,例如醫生、律師曾是許多人嚮往的行業,但目前令一般人稱羨的行業是電子新貴。

「將來要做什麼?」是小學老師常問小朋友的話題;「出了社會要幹嘛?」是新鮮人常被問的內容。想做什麼與真正能做什麼是有一段落差的,這期間充滿了變數。從古至今,在華人世界裡面臨未來難以掌握的日子,求神問卜、算命術士利用命盤為人指點迷津,時有所聞,就連能不能當選議員、縣市長都要至廟裡拜一拜,或者去算命。曾有一個軍人去關西摸骨,高人告知有將軍命,結果卻是在家喝中將湯。「成功是一定要努力的,但努力不一定會成功」說明了人的一生是充滿變數,命運會如何是很難掌控的。

人一生的變數可分為客觀的變數,如個體的社經背景、性別、社會變遷狀態等;另一類變數是主觀的,存在於個體之內的,稱為「心理環境」,如人格特質、生命氣質等。主觀的變數與客觀的變數彼此互動的關係決定了未來的發展。心理學者黃光國認為在傳統命學裡,算命術士看人一生的際遇時,並不是把個人看作是一無作為,完全受命運支配的被動物體。相反的,精通命理的人反倒主張在相當大的範圍內,個人可以透過其主觀意志來支配自己的命運。而個人支配命運的主要途徑,便是透過自己在工作上的努力,來追求成就,開創未來(金樹人,1999;黃光國,1990)。

命又分兩種,個人的命與大環境的的命,兩者關係決定了一個人的運。個人的「命」與大環境的「命」如果相適配,個人就會好運,如九二一大地震對眾多人而言是不好的經驗,但對建築業而言,因為重建而帶來商機。人為的災難如謀殺、血腥暴力犯罪、山難,是不好的經驗,但對新聞從業人員來說可能可以搶報頭條新聞而成名或多得獎賞。醫護人員是受人尊敬的行業,但 SARS一來,這個行業讓人避之唯恐不及。個人的「命」受大環境的影響謂之運,常言道「命掌握在手掌中」,相隨心轉,心地善良,會有好運。

命分為「註定之命」與「自定之命」（柯永河，1994），前者是我們不能擺脫抗拒、也不能改變的事實，如生辰八字、父母、家庭等。自定之命是「後天獲得的」，包含社會地位、名譽、常識、專長、技能以及各種習慣等。具有相同的「與生俱有的命」的兩個人，不見得享有相同的社會地位、名譽等，這種差異乃後天獲得的條件或命所使然。而「運」則是個人的先天之命、後天之命，與其他個體和環境之命相互作用所導致的結果。「機會是給隨時在做準備的人」，個人有計畫性地經常經由進修、學習，儲存許多當時環境所需要的條件或命，以及個人有意願去配合環境的挑戰，如此一來要失敗潦倒過日子是不容易的。

個人的主觀變數與客觀變數若能配合，個人的「命」與大環境的「命」之和諧關係會為個人帶來好兆頭。正符合生涯心理學所強調的個人特質與環境特質的適配，會產生良好的生涯適應。古今中外的偉人傳記都有一個共同的特色，就是雖有一段困阨的日子，但因為後天的努力造成日後成功或登峰造極。「無論時勢造英雄」或「英雄造時勢」，都有一個共通的鐵律——人是生涯的主導者與創造者。

第二節　生涯輔導關注的焦點、服務對象與方式

壹、生涯輔導關注的焦點

生涯輔導關注個體的自我概念發展、不同角色的發展任務與規劃、生涯抉擇能力的培養、態度價值觀的建立、生活壓力的因應、時間與休閒的管理、重視個別差異對外界變遷的因應等。自我概念是生涯的核心所在，所以希臘哲人認為「認識自我」是開啟智慧的第一步，也是生涯發展的憑藉，對於任何一個想要成功的人而言，知覺到自己的需要、能力條件並且能坦然面對「自己」，

是一件非常重要的事，「知道你是誰，比知道你要去哪裡更重要」（金玉梅譯，1996：183）。生涯輔導的目標在協助個人獲得明確的自我概念，以便協助個人選擇適合的職業工作。

人的一生無時不在做決定，如決定再睡五分鐘，盥洗後早餐吃什麼，衣物要如何搭配，搭公車或計程車，這些抉擇不會帶來重大的後果或影響。但當一個人必須面臨選擇科系、就業、轉行、辭職等生涯抉擇時，其後果或影響是深遠的。生涯輔導的工作者應協助當事人能有效蒐集、過濾、運用各種相關資料，做出合宜的決定，生涯輔導的主題之一是生涯決策能力的發展。

生涯輔導所關懷的，是一種全方位生活方式的選擇，個人特有的生活方式受到教育、休閒、職業，以及價值觀念的清晰程度與內涵交織影響。以往傳統職業輔導的作法，並不重視休閒生活的輔導，然而現今生涯輔導係將休閒視為生涯當中與教育、職業不可分割的部分。事實上，生涯的選擇就是一種生活方式的選擇，結合了工作、學習與休閒等特殊生活方式的選擇，所以我們可以說生涯輔導是關懷一個人生命意義的選擇。例如，遊憩或休閒的真正目的不單只是殺時間，而是提供娛樂和歡愉，更是增進身心適能，提升個人有用感，激勵生命完成感。任何損傷身體或心理效率的遊憩形式均會影響創造力的提升，然而真正的遊憩會加速個體的精神活絡。人類生活在客觀的萬物中，也生活在主觀世界的個人心智領域或精神生活中。價值的產生是由於我們人類的主觀心智體認到客觀世界的事物，或他人的行為，對自己本身或社會所發生的影響及關係，而予以價值的評估（劉玉玲，2005）。

生涯抉擇一直是生涯輔導的重點，個人是其生涯的塑造者，強調自由選擇與責任承擔。然而生涯輔導人員在輔導過程中盡量提供不同的選擇方案，力求配合個人的特質與抱負，同時斟酌社會環境的需要，由當事人自由選擇與承擔責任，這是對受輔者自由選擇權的尊重；輔導過程中注重當事人的個別差異，係藉著各種評量工具，讓受輔者瞭解個人的特質，以便各盡所長，各從其志。個別差異有兩類：一為個別間差異（interindividual difference），指不同個體之

間的差異。例如一樣米養百種人,即使雙胞胎都有不同的人格特質。一為個別內差異(intraindividual difference),指單一個體其內在各項特質之間的差異,一個高 IQ 的人其情緒管理能力未必強,其 CQ、SQ 也未必強。

Maanen 和 Schein(1977: 33)認為,「生涯之學,即應變之學」(a study of careers is a study of change)。環境的「瞬變」與個人的「應變」,是個人生涯發展過程中應重視的課題。科技的發達,帶來了物質文明的進步,以往需要人使用勞力的工作,現改以機器代替,人需要更多的競爭力才能因應職場瞬息萬變的狀況。生活在後 SARS 時代的人所面對唯一不變的真理便是隨時要接受改變。生涯輔導的重要課題是使受輔者於變動不居的社會特性與需求下,培養因應的觀念與作法。積極作法是防患於未然,注意未來社會趨勢的資訊,個人必須不時學習新觀念、新技能,以充實個人掌控環境的能力。生涯輔導的消極作法是培養受輔者應變的能力,以因應日後不斷變化的現代社會。

貳、生涯輔導服務的對象

生涯輔導服務的對象,根據許多學者所沿用的分類有(1)已決定者;(2)未決定者;(3)生涯猶豫者;及(4)生涯適應不良者。分述於後:

一、已決定者

「生涯已決定者」(career decided)是指個體經過自己或重要他人的協助,澄清了自己的價值態度、蒐集了相關的資訊權衡輕重下,在有關升學、職業的選擇上心中已有定案,準備開始行動,或已經開始執行此定案。但有時學生或當事人說起話來相當理性、為人處事小心翼翼,自認為已經做了決定,事實上可能還是一個「生涯猶豫者」。然遇到這樣心中有數的學生或當事人來再度尋求確認時,教師或諮商輔導師可以幫助他確認或驗證選擇的正確性;藉由生涯諮商的協助,進一步確認達到目標的具體方案。

二、未決定者

「生涯未決定者」（career undecided）是指當事人對未來的生涯選擇尚未有具體承諾。這些個體在面臨生涯選擇上的問題，主要來自於缺乏有關自己與職業的資訊，學者稱這種現象為探索性的未定向。相對的，也有個體同時具備多種的才能或興趣而無法做決定，如對文學、音樂、生物科技有興趣，也會面臨左右為難的選擇困境，只好維持在未決定的狀態，學者稱這種現象為「重選擇的未定向」。

三、生涯猶豫者

「生涯猶豫者」（career indecisiveness）是一種處於猶豫不決，無法做決定的狀態。研究的資料顯示焦慮、缺乏自信、自我認同混淆等；憂鬱、妄想症、強迫性行為等人格狀態會造成個體有這種未定向的現象。尤其是人格異常的個體需要接受較長期的諮商或心理治療（參看表 1-1「人格異常與生涯諮商」）。錯誤的後設認知，也會導致個人未能做好生涯決定，例如選擇一個職業或科系之後不能再做改變；如果我現在不做決定，也許將來能有更好的決定（船到橋頭自然直）；工程師、企業經理等工作是不適合女性擔任的。這些認知使個體時常推卸生涯未定向的責任，裹足不前。此外與家庭中的互動關係也會影響生涯抉擇，家庭成員的凝聚力或向心力強，個體與其他家庭成員之間的關係，使自身夢想延宕，如負笈他鄉就讀或高就。

四、生涯適應不良者

許多的理論或研究指出，個體的價值觀、態度、人際互動知覺會影響生涯的適應，工作表現績效不顯著、無法升遷、與同事相處常有摩擦，會使其在職場或日常生活中其他角色的扮演上出現適應不良的現象，謂之生涯適應不良。此外，人格異常者也會有生涯適應不良的現象，Kjos（1995）根據其臨床經驗

指出，若干人格異常者在生涯表現的行為特徵，同時也提出處置的建議，詳如表 1-1 所示。

表 1-1　人格異常與生涯諮商

人格異常	生涯現象	處置建議
妄想性 paranoid	怕被欺騙而時時警戒，保護資訊以保護自己。在必須保持高度警戒與保密工作上表現良好。容易生氣，憤世嫉俗。很難與權威人士或同事相處融洽。	勿拐彎抹角，保持尊重，允許當事人獨立行事，保持距離。
分裂性 schizoid	在與社會隔絕的工作場所，或不太需要與人互動的工作上表現良好。冷漠、疏遠、不關心。社會接觸困難。	給予支持，尊重其距離。當事人也許需要面談技術的指導。
分裂病性 schizo-typalid	外表古怪孤僻，或以不合群來掩飾焦慮。在新的環境適應困難，有時會有新的創造觀點。若給予適當的自由空間，在重複性或結構性的工作中表現良好。有時會做白日夢，或有行禮如儀的行為出現。	凡事結構化，尊重其古怪孤僻。注意其可能有學習社會技能的需求。
反社會性 antisocial	競爭性強，追逐挑戰與權力。好挑撥是非，對人有敵意，容易生氣，不會自己來尋求諮商。做事不考慮後果，任性。	教導生氣管理與衝動控制。尊重其需求，唯對當事人的行為設限，以保持控制與距離。
邊緣性 borderline	需要工作的多樣變化。興趣極為廣泛，生涯決定有困難。日常生活的決定也有困難，難以預測。是一種行事無常、令人無法信賴的員工。	提供結構化與支持性的處置。幫助當事人按部就班的行事。指導問題解決的方法。表達對其成功表現的期待。

（續）

人格異常	生涯現象	處置建議
做作性 histrionic	有魅力、有社交手腕，但是也會打情罵俏，或感情衝動。容易有誇大的情緒反應：易興奮、無聊、生氣或受挫。也很虛偽。	必須設限，使用溫和的面質，支持與同理心十分重要，注意過度的情緒反應。
自戀性 narcissistic	表現自信。很少考慮到別人，難與人相處。容易生氣，常有敵意。不容易接受批評，會誤以為人家拒絕他。	
逃避性 avoidance	急於把事情做好，常是聽話的員工。自尊心低落，容不得別人的批評。不容易接受新的任務或工作、改變工作與發展新的人際關係。	多予支持與同理。重心置於學習新事物和建立自尊。
依賴性 dependent	在指令、程序清晰工作流程中表現甚佳。害怕做決定，尤其是獨自決定。不斷的需要保證；容易受流言所傷害，易焦慮。	採用直接的行為治療取向，隨時鼓勵與同理。教導對選擇的覺察以及做決定的技術。
強迫性 obsessive-compulsive	典型的工作狂，在需要奉獻的工作上鞠躬盡瘁，忠心耿耿，小心謹慎。自我工作要求甚高。猶豫不決與完美主義的傾向常會影響到效率。道德上採高標準，嚴以待人，無法授權。	接納其憂慮、壓力，需予控制。多予支持，對於其理性給予因勢利導，幫助其同時覺察感覺與思維，小心的使用同理心。
被動攻擊性 passive-aggressive	在重重設限的工作中給予發揮的自由，則表現最佳。需要按自己的時間表作息，會以故意的拖延或出錯掩飾焦慮。逃避責任，挑剔別人，消極悲觀。難與同事相處。不信任別人。缺乏自我肯定。	清楚的設限。對有關生涯的事情採直接的、行為取向的介入方式。可考慮給予自我肯定訓練。

資料來源：Kjos（1995：596-597）。

參、生涯輔導的服務

一、服務的方式

　　生涯諮商團體採用團體諮商的助人理論與技術，促進個體在生涯發展上的認知、情感、態度及行為等方面的成長與發展。透過團體諮商輔導人員與一群當事人（通常是十至十二位）在八次左右（每次約兩個小時）的聚會時間內，一起針對某一個主題，在輔導人員帶領下，進行心靈的交流與自我探索的學習。在這十次的團體聚會中，當事人可以學習到如何表達自己、認識自己、和其他人分享交流，是屬於人和人之間的交流學習。不同的生涯團體性質，從內容取向的團體（content-oriented groups）（結構性高），到經驗性或歷程取向的團體（process-oriented groups）（結構性低），針對團體成員的年齡與需求，採取不同的設計。

　　透過個別諮商與輔導人員的互動過程，可以幫助個體澄清資訊，找尋可能的改善方法。任何話題在自由的、保密的情境下貼近當事人的感覺與需求，和當事人一起來釐清現實的目標和選擇的方向。協助當事人自我認識、自我覺察，增強自我心理強度，以處理人際關係、生涯規劃、情緒管理等困擾。個別生涯諮商的輔導人員與一般諮商或心理治療從業人員不容易劃清界線，主要原因是當事人的生涯困境常常與自己其他的心理健康、人際關係或人格問題重疊，因此難以單獨處理。

㈠一般的服務方式

　　一般生涯輔導的服務方式可以概分為六類：⑴資訊提供；⑵自助式活動；⑶工作坊；⑷生涯課程；⑸團體諮商；⑹個別生涯諮商。一般學校內，學生不太習慣主動到輔導室或輔導中心，所以輔導室或輔導中心利用海報提供資訊以

減少這種心理障礙。有些學校會列出生涯規劃的流程圖,學生按圖索驥;或列出一學期的活動由學生自由選擇,謂之自助式活動。工作坊是一種團體輔導的形式,時間較密集,主題較固定(如時間、壓力管理,藝術治療),工作坊領導員的講解說明比較頻繁,對於某些特定的主題,成員必須事先經過遴選。在課程中安排各種生涯探索活動,協助學生生涯規劃,謂之生涯規劃課程。

㈡電腦網路在生涯資訊與生涯諮商之服務

在輔導諮商工作電腦化與網路化的進程中,生涯諮商是發展最為蓬勃的領域,國外有關諮商輔導網路化的相關研究或實務報導文獻中,生涯諮商所佔的比例向來最為顯著(王智弘、林清文、蔡曉雯,2001)。國立彰化師範大學輔導與諮商學系的王智弘教授對於生涯諮商網路服務的推動不遺餘力。在國內經濟不景氣、失業率攀升的現階段環境中,能快速有效的回應青年朋友對生涯資訊與諮商服務的殷切需求(王智弘、楊淳斐、張勻銘,2002),網路的快速便捷對生涯資訊與諮商服務的傳遞,確實提供了方便的管道。

王智弘根據傅偉勳教授(1986、1988、1990、1993)所提出頗具創見之生命十大價值取向模式,經台中技術學院楊淳斐老師用於生涯規劃課程之上,而獲致良好之教育效果後,他結合此一模式結合網路科技應用於生涯資訊服務、生涯諮商與生涯教育之主題進行探討。此研究成果豐碩,並建置完成「全人發展取向生涯發展網路教學」網站(http://course.heart.net.tw/)。生涯資訊在生涯諮商中的功能,除了是引起動機、探索問題、行為調適、預測未來的發展外,更提升了個體的生涯知能及協助其生涯決定。

二、服務人員的專業能力

生涯輔導在增進當事人的生涯發展,也在增進生涯諮商師個人的發展(personal development);生涯諮商師不僅要專精於生涯諮商的理論與方法,也必須專精於心理治療的理論與方法。生涯輔導人員基於其所認定的價值觀的專業,

以服務個人和團體的需要為前提，在執行其諮商任務時，生涯輔導人員依循的是本身的價值觀，加上適當地運用訓練中學到的知識、方法和技術，以促進當事人的利益與發展為最終的目標。在生涯輔導的過程中，當事人經常得澄清自己的價值，重新評估生活目標，學習新的人際關係，增加自己的自尊自信。生涯諮商的過程中，如果置之不理或視而不見，都會影響其效果。而生涯諮商是一種人際互動的歷程，用來幫助個體解決生涯發展的問題，但若諮商尋求到正確的輔導策略，不僅幫助了個案，同時也幫助了自己的專業成長。

生涯諮商的範圍擴展到處理任何與生涯有關的問題，如生涯未決定、生涯猶豫、工作表現、壓力與適應、個人與環境適配性問題，以及生活角色之間的統整問題。所以生涯諮商人員必須具備專業的資格，才能協助個體瞭解生涯發展的探索不單是一種對職業選擇、進入、適應與升遷的過程，更是探索其他的生命角色與自身在生涯發展過程中的心理調適過程。生涯諮商在於透過一對一或團體的方式，由專業生涯諮商人員協助個人克服和生涯準備、試探、選擇、與生涯適應有關的困難與問題，以及協助個體情緒管理與修正認知上的迷失，達成生涯角色、工作角色與各種生活角色之間的和諧生涯發展與生活適應。一般而言，生涯諮商以一對一的方式進行，就經濟效益而言，成本最高；然協助當事人解決個別的生涯難題，增進良好的適應，對當事人與諮商師雙方都會有影響。

現今電腦網路化使得資訊的傳遞更為快速，生涯諮商服務則以虛擬生涯網路諮商的方式呈現，其方便性不但能協助諮商服務的推廣與傳遞，突破時空的限制，擴大服務的範圍，透過網路而新增的網路諮商服務功能，諮商人員可快速提供同步或非同步的線上諮詢與諮商服務，除可使行動不便的當事人不必親至晤談處即能接受服務外，亦可隨時提出諮商服務的需求，而諮商專業人員能時時注意當事人的狀況，對於突發或危機事件做出即時的協助與追蹤（王智弘，2000、2001；王智弘、蕭宜綾、張勻銘，2002；Bloom & Walz, 2000; Sampson, Kolodinsky, & Greeno, 1997），此皆網路諮商服務之特點與長處。

　　透過諮商工作網路化，諮商專業人員可藉由網站與資料庫的功能，以處理傳統晤談服務之接案、諮商安排、個案記錄與管理、結案、轉介與追蹤等工作。而隨著視訊科技的進步，當事人與諮商專業人員可透過視訊彼此溝通，進行轉介時，亦能使用視訊設備進行當事人、原諮商專業人員與轉介專業人員之三方交談（Sampson et al., 1997）。

　　面對網際網路的衝擊，諮商輔導人員要面臨三個環環相扣的課題，亦即有三個需投入努力的層面（王智弘、林清文、劉志文、魏嘉宏，2001）：第一個層面是「對網路媒體及其衍生之心理影響與問題之探討」，諮商輔導人員必須重視網路世界中所展現的個人心理與人際互動特質，可能造成各種正負向的心理影響。第二個層面是「針對網路媒體所衍生的心理問題提出適切的輔導策略」，諮商輔導人員應提出適切的輔導策略，累積相關的實務經驗，掌握其中造成各種正負向的心理影響的因素與機制，以發展有效的諮商輔導策略與增進輔導服務。第三個層面是「諮商輔導人員應善用網際網路媒體，以提升諮商服務與教育訓練之效能」，就助人專業人員而言，亦即是要如何應用網際網路以推動助人專業在工作型態與教育訓練上邁向數位化與網路化。諮商輔導人員善用網際網路媒體，以運用網路諮商、網路教學與網路督導，提升諮商服務與教育訓練之效能，是非常重要的因應方向。在社會變遷與網路勃發的時代，輔導人員應克服心理上、電腦網路技術上與網路諮商相關專業知能不足等問題上的障礙，投入網路世界，以積極進行實務與研究工作的推動，為諮商輔導工作的現在與未來做好更充分的準備。

生涯輔導理論

前言

　　以往生涯輔導理論受傳統心理學研究派典的影響，許多相關實徵研究均採量化研究典範，使用心理計量（psychometric）方法，將相關心理特質予以量化，以測量與個體生涯發展有關的心理特質（Collin & Young, 1992）。這樣的研究採取邏輯實證論的研究觀點，假設研究對象為靜止被動的可觀察客體，研究議題為可客觀測量的事實（黃光國，2001）；然而這樣的研究忽略研究對象的主體性，與研究現象的詮釋變異性。所以量化研究無法探究個體如何主觀建構其生涯，也無法瞭解個體其生涯選擇背後的動機與價值觀為何。

　　台灣過去針對個體生涯發展的研究，多數亦採取邏輯實證論研究派典。可分為兩大類，第一類偏向心理學研究，乃沿用上述西方心理學生涯發展研究模式，用心理計量法將相關心理特質予以量化。第二類研究偏向教育類研究，以大樣本問卷調查的方式，探討學生在每一個求學階段，包括：國中畢業、高中分組、大學選系、轉系、大學畢業、就業等階段，所做的生涯選擇類型，並且求取生涯和職業選擇與性別、家庭社經背景、科系性質與就業機會等變項間的相關要點。這兩類研究皆沿襲西方邏輯實證論研究傳統，缺乏以本土文化角度

關照研究主體,無法瞭解台灣人如何在其生活境域中發展出特有的生涯選擇、行動與信念。本章將介紹西方的生涯輔導理論,以及從本土文化的角度出發、相關的生涯輔導概念。

第一節　西方的生涯輔導理論

　　隨著職業輔導到生涯輔導漫長歷史的發展,其間因基本的假設與強調的重點不同,而產生各種派別,分別是特質因素論、「當事人中心」的非指導學派、心理動力論、生涯發展論。分述於後:

壹、特質因素論

　　Parsons、Williamson 為特質因素論(trait-factor theory)的代表人物。「人事配合」(matching men-and-job)為主要核心概念。強調個人特質與職業選擇的關係,個人特質如興趣、性向、能力、人格等,可以用心理測量等客觀的方法得知。職業也可依照它需要多少個人特質的「量」,描述出該工作的側面圖。職業輔導在特質因素論來說,是根據這兩項資料來指引求職者進入何種行業。Parsons指出職業輔導的三大原則:(1)清楚瞭解自己,包括性向、能力、興趣、資源、限制及其他特質;(2)瞭解各種職業成功必備的條件、優缺點、酬勞、機會及發展前途;(3)合理推論上述兩類資料的關係。所以特質因素論是以經驗為導向的輔導模式。

　　特質因素論的缺點是強調個體當前特質的靜態分析,忽略人格動態的發展,缺乏對個人動機、需要的考量,以及未考慮社會變遷因素;未能深入瞭解個人真正的優點、長處而善加運用。特質因素論冒險地建議個人只選擇一種特殊的職業或工作,一般而言,職業所需的能力條件十分分歧,涉及人格、價值觀、性向、興趣、需要等變項綜合複雜的交互關係,不易以既有的組型、側面

圖邊加定論何者特質適合何種職業。此外過於強調個人特質與職業條件的匹配性，輕忽個人對環境的適應與創造潛能，然此模式影響職業輔導深遠。

貳、「當事人中心」的非指導學派

Carl Rogers 創立了「當事人中心」的非指導學派（client-centered nondirective approach），強調治療者的態度與個人特質，以及治療關係的品質，是決定治療結果的兩項決定因素。當事人中心的生涯輔導之目標，是使當事人在生涯發展中不斷地促進自我概念和職業角色的協調。當事人中心的生涯輔導重視現象學（phenomenological）的觀點，強調個體主觀的現象世界，認為每個人所知覺、所建構的現象世界是獨一無二的。Rogers 認為所有當事人的問題只有一種，那就是「自我」和「經驗」的不一致。當有機體否認其覺知的感覺與內在經驗時，這些感覺經驗便無法統整到自我的結構，於是自我和經驗發生不一致的現象；一個人的自我概念若與其職業角色的不協調一致，很可能是因為缺乏正確的訊息。所以輔導策略是協助個體掌握正確的訊息，並釐清職業角色所需能力的要求。

參、心理動力論

心理動力論的理論基礎是源自心理分析學派，代表人物為 Bordin。Bordin 強調個人內在深層動機與情緒的探討，深入分析個人內在動機與需要等動態因素對個人選擇職業歷程的影響。他分析不同職業後，創造出一個「需要—滿足」（need-gratification）模式，此模式可以清楚地分辨不同職業所能滿足的需要、涉及的心理機轉及其操作與表現方式。心理動力論注重個人內在的動力因素與心理機轉，彌補特質因素論忽略人心靈深處的缺陷。注意「當下」與「未來」的觀點，注入了新的生涯輔導觀點。

肆、生涯發展論

依發展論觀點，生涯為個人從出生到死亡不斷發展變化的歷程，早期發展是後續發展的基礎，其中探索期為個人生涯發展的關鍵時期。生涯發展論的理論基礎是綜合許多流派而建立起來的，Super（1957, 1980）提出一個詮釋職業發展的概念模式。

Super從心理學與現象學的觀點來解釋職業選擇的過程，並將發展心理學與自我概念聯結，提出十二項基本主張，可謂發展論之基礎：(1)各人在能力、興趣及人格特質上均有差異；(2)每個人在個性特質上各有所適，每個人均適合從事許多種職業；(3)每種職業均要求特別的能力、興趣與人格組型，但它有很大的彈性，可以容許個人從事不同的職業，也容許不同的個人從事同樣的職業；(4)個人的職業喜好、能力、工作、生活環境及自我觀念，隨時間與經驗而改變，因此職業的選擇與適應為一種持續不斷的過程；(5)此種過程構成一系列的生活階段——生長、試探、建立、保持和衰退。試探階段又可劃分為幻想期、試驗期和實現期；建立階段又可劃分為嘗試期與穩定期。由某一階段至另一階段的轉移期間，又構成一小循環（再成長—再試探—再建立）；(6)個人職業型態或生涯發展模式的性質受父母社經地位、個人心理能力、人格特質和際遇所決定；(7)個人生活階段的發展，可藉著個人能力與興趣的成熟及實際試探與自我觀念的發展而達成；(8)生涯發展的過程，基本上是自我觀念的發展和實踐，它係一種調和的過程，在此過程中，自我觀念在潛在的性向、中樞神經與內分泌狀況、擔任各種角色的機會，以及長輩同儕對其角色任務認可程度的評估等因素的交互作用影響之下而發展；(9)生涯發展過程是個人與社會環境之間、自我觀念與現實之間的一種調和過程，它是一種角色的扮演，此種角色可能表現在幻想中，也可能在諮商晤談中，或實際生活的各種活動中；(10)工作滿意與生活滿足係基於兩種情形而定：個人的工作與其能力、興趣、人格特質及價值等配合的程度，

工作滿意與生活滿意亦有關個人在成長與探索經驗上，是否已使自己覺得所從事的工作或擔任之任務皆很稱職而定；⑾工作滿足的程度與其自我觀念實現的程度成正比；⑿對大多數人而言，工作與職業是其人格組織的核心；對少數人來說，則處於其人格組織的邊緣，甚或不存在。

Super認為依年齡可將每個人生階段與職業發展配合，且每個階段各有其發展任務。他將生涯發展分為五個階段：成長（growth）、探索（exploration）、建立（establishment）、維持（maintenance）、衰退（decline），每個階段又各有次階段。許多生涯發展的實徵研究均集中在探索期，即青少年與青年期的生涯發展階段。探討的重要議題包括：⑴生涯發展指標：包括生涯成熟度、生涯定向程度等；⑵個人心理特質：如自我認定、自我概念、焦慮、認知型態、性別角色等與生涯發展的關係；⑶環境特質：如家庭環境（家長教養方式、期望、排行序）、學校特性（學業成就、社會關係）與生涯發展的關係。

1. 成長階段（出生至十四歲）：個體主要的發展任務是經由家庭與學校中重要人物的認同，發展出個體的自我概念。個體透過經驗可以瞭解周遭環境，尤其是工作世界，並以此作為試探選擇的依據。成長階段有三個次階段：⑴幻想（fantasy，四至十歲）：個體的需求佔決定性因素，角色扮演在此階段很重要，由不同角色的模擬來體驗真實生活的可能性；⑵興趣（interest，十一至十二歲）：喜歡與抱負是所從事活動的主因；⑶能力（capacity，十三至十四歲）：個體開始瞭解自己與未來工作要求的條件適配性問題。

2. 探索階段（十五至二十四歲）：個體在此階段的主要任務有自我概念與職業概念的形成、自我檢視、角色嘗試、學校中的職業探索、休閒活動、與兼職工作。探索階段的三個次階段如下：⑴試探（tentative，十五至十七歲）：個體開始在有限的生涯認知範圍內考慮自己的需求、興趣、能力、價價與機會。透過幻想、討論、課程、工作等嘗試做試探性的選擇。對自己的能力、未來的學習與就業機會不是很確定，依然在試

探追尋中；(2)過渡（transition，十八至二十一歲）：個體開始考慮現實的狀況，並試著證明自己對自我概念的看法並實踐，如網路創業、開發網路遊戲；(3)嘗試（trial，二十二至二十四歲），從事一份可以培養能力或能提供重要機會的工作，是否能維持生計，在此階段不是主要考量。

3. 建立階段（二十五至四十四歲）：個體藉由不同的嘗試以確定職業抉擇是否正確，若自覺正確，就會全力以赴努力經營。兩個次階段如下：(1)嘗試（trial，二十五至三十歲），原本認為適合的工作後來發現不合適，於是重新調整生涯步伐再出發；(2)穩定（stablization，三十一至四十四歲）：從工作當中看見自己未來的發展，穩定中求發展。

4. 維持階段（maintenance，四十五至六十四歲）：個體努力守住這份工作，繼續將它做好，並為退休做計畫。

5. 衰退階段（decline，六十五歲至死亡）：個體的體力與心理能量逐漸衰退，工作活動轉變，生活重心改變。二個次階段如下：(1)減速（deceleration，六十至七十歲）：工作速度變慢，工作責任或性質亦改變；(2)退休（retirement，七十一歲至死亡），有些人能很愉快地適應完全停止工作；有些人則適應困難、鬱鬱寡歡；有些人則是老邁而死。

1976 至 1979 年，Super 將角色理論的概念融入原有的發展階段理論，提出多元視野的生涯發展觀（life-span, life-space career development），並以「生涯彩虹圖」（life-career rainbow）表示此理論。此理論的假設是一個人一生中在家庭、社區、學校及工作場所四個人生舞台上扮演九項角色，包括兒女、學生、休閒者、公民、工作者、配偶、家管人員、父母及退休者，扮演的多元角色，如同彩虹具有許多的色帶。人們可能同時在不同的空間中扮演著不同的角色，其中一個角色的成功，可能會激勵另一個角色的成功；在不同空間中的所有角色，都彼此互相的影響。此外生涯發展理論加入「時間」的向度，透過時間的

透視，將過去、現在、未來都考慮在內，並將生命角色的觀念融入，擴展了生涯輔導的空間。

1990 年代初期，Super 提出了「拱門模型」（arch-way model）（圖 2-1），拱門象徵一個全方位的人。拱門是在於自我（the self），或是已在社會中經歷了決定自我概念形成的個人及社會力量的個人。拱門的基石之一代表個人的心理特質，另一個基石代表個人的經濟資源、社區、學校、家庭等等社會資源。此模型說明生理上、心理上以及社會經濟上等資源影響個體生涯的發展，

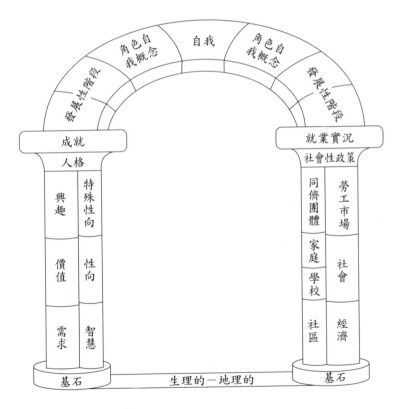

資料來源：Super（1990: 206）。

圖 2-1　生涯發展的拱門模型

當個人運作或成長時，社會性的因素與個人的生理及心理特質會產生交互的影響。所以由拱門的概念瞭解一個人在一生當中會經歷到不同角色的多樣性與多變性。形塑成拱門的每一磚塊代表了不同的意義，若以區域功能來說，以生理為基礎的區塊，表示個人的需求、知識、價值、能力及興趣，這些因素構成了人格的變數，並導向成就。社會性基石的區塊如家庭、學校、同儕團體及勞工市場等環境上的因素，影響了社會政策及就業標準。連結磚塊與磚塊的水泥代表抽象的概念，拱門連結的，是由概念性的部分所構成，包括了自兒童至成年的發展性階段，以及已發展角色的自我概念。模型中所有個別的部分，隨著個人在自我發展中接觸了周遭的他人、想法、事物，互動的學習，是形成拱門的關鍵要素（自我）的基礎概念。模型中所有個別的部分交互影響，強調了在生涯發展過程中深遠的交互影響。生涯輔導方案要配合發展概念做全程性的脈絡思維，以統整的觀點重視廣泛的訊息的諮商技巧及處理策略。

伍、類型論

　　生涯的抉擇與調整代表了一個人人格的延伸，人們會藉由工作的選擇和經驗來表達自己的興趣、價值觀和人格。Holland（1966）認為個人選擇職業的行為，是因個人興趣、人格及環境之間交互作用而有所影響，也就是說，職業選擇是個人人格特質的延伸。由個人職業選擇的過程，可以反應出其人格與相關的特質類型，所以主張大多數的人和環境可區分為實際、研究、藝術、社會、企業及事務等六種類型。人與環境間的配合情形有其「一致性」及「區分性」，均可以一六角形模式加以解釋（圖 2-2）。不同類型的人適合不同的生活及工作環境，同一職業的工作者具有相似的人格特質，人格特質若能與環境適配，即諧和度較高。以下介紹人格及興趣類型，並以之代表六大職業類型，其中包括實際型（R）、研究型（I）、藝術型（A）、社會型（S）、企業型（E）及事務型（C）。這六種職業類型彼此之間並非相互獨立、互不影響，而是存有

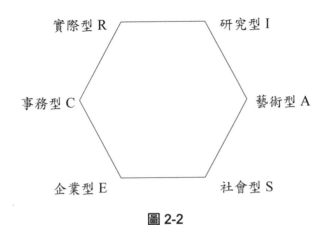

圖 2-2

若干程度的相關性，圖的六角形就是表示六者之間的理論關係，即任何相鄰的職業類型間的相關應高於與其他非接鄰職業類型間的關係。例如：務實型與表現型、或務實型與守分型之間的關係，應該高於務實型與關懷型之間的關係。類型間並非完全獨立互斥，個人不可能只屬於某類型。

　　Holland 的模式不但對一般興趣的了解與分類提供了理論的依據，也對職業興趣量表提出了基本架構與依循的方向（金樹人，1996）（表2-1）分述如下：

表 2-1　六種類型人格傾向與典型職業配合表

型態	人格傾向	典型職業
實際型（R）	此種類型的人具有順從、坦率、謙虛、自然、堅毅、實際、有禮、害羞、穩健、節儉、物質主義的特徵，其行為表現為： (1)喜愛實用性質的職業或情境，以從事其所喜好的活動，避免社會性質的職業或情境。 (2)以具體實用的能力解決工作及其他方面的問題。 (3)自覺自己擁有機械和動作的能力，而較缺乏人際關係方面的能力。 (4)重視具體的事物或個人明確的特性，如金錢、權力、地位等。	一般勞工 工匠 農夫 機械員

（續）

型態	人格傾向	典型職業
研究型（I）	此種人具有分析、謹慎、批評、好奇、獨立、聰明、內向、條理、謙遜、精確、理性、保守的特徵，其行為表現為： (1)喜愛研究性質的職業或情境，避免企業型職業或情境的活動。 (2)以研究方面的能力解決工作及其他方面的問題。 (3)自覺自己好學、有自信、擁有數學和科學方面的能力，但缺乏領導的才能。 (4)重視科學。	工程師 化學家 數學家
藝術型（A）	此種人具有複雜、想像、衝動、獨立、直覺、無秩序、情緒化、理想化、不順從、有創意、富有表情、不重實際的特徵，其行為表現為： (1)喜愛藝術性質的職業或情境，避免傳統性質的職業或情境。 (2)以藝術方面的能力解決工作或其他方面的問題。 (3)自覺富有表達能力、直覺、獨立、具創意、不順從、無秩序等特徵，擁有藝術與音樂方面的能力（包括表演、寫作、語言）。 (4)重視審美的特質。	詩人 小說家 音樂教師 舞台導演
社會型（S）	此種人具有合作、友善、慷慨、助人、仁慈、負責、圓滑、善社交、善解人意、說服他人、理想主義、富洞察力的特徵，其行為表現為： (1)喜愛社會性的職業或情境，避免實用型的職業或情境。 (2)以社交方面的能力解決工作或其他方面的問題。 (3)自覺喜歡幫助別人、瞭解別人、有教導別人的能力，但缺乏機械與科學能力。 (4)重視社會與倫理的活動與問題。	教師 傳教士 輔導人員
企業型（E）	此種人具有冒險、野心、獨斷、衝動、樂觀、自信、追求享樂、精力充沛、善於社交、獲取注意、知名度高等特徵，其行為表現為： (1)喜歡企業性質的職業或情境，避免研究性質的職業或情境。 (2)以企業方面的能力解決工作或其他方面的問題。 (3)自覺有衝勁、自信、善社交、知名度高、有領導與語言能力，缺乏科學能力。 (4)重視政治與經濟上的成就。	業務人員 經理人員 司法人員 從政者

（續）

型態	人格傾向	典型職業
事務型（C）	此種人具有順從、謹慎、保守、自抑、服從、規律、堅毅、實際、穩重、有效率、缺乏想像力等特徵，其行為表現為： (1)喜歡傳統性質的職業與情境，避免藝術性質的職業與情境。 (2)以傳統方面的能力解決工作及其他方面的問題。 (3)自覺喜順從、規律、有文書與數字能力。 (4)重視商業與經濟上的成就。	出納 會計員 銀行行員 行政助理

　　Holland's 的職業分類（Holland's Occupational Classification, HOC）系統具有與《職業名典》（Dictionary of Occupational Titles, DOC）對應的號碼以供查詢。以此種方法，人格類型可以依據主控的組合而加以安排。舉例而言，代碼 CRI 可能意謂著這個人是極類似傳統工作型態的人，且略似在實際及研究型中工作的人。Holland's 的職業分類（Holland's Occupational Classification, HOC）系統具有與《職業名典》（Dictionary of Occupational Titles, DOC）對應的號碼以供查詢。

　　Holland 的人格類型間的關係為一六角形的模型（圖 2-3），提供了一個人格類型及職業環境間之關聯性的內在關係，其模示對我們的提醒是一致性（consistency）的概念，一致性指的是類型間的相似或不相似的特性。不管是人格或工作領域，有些類型之間有共通點，有些則否。某些人格及環境有關具有一致性。藝術型及社會型間的相近度要比研究型與企業型來得近。個人的代碼如果是在六角形上愈接近的類型，顯示個人更具一致性。當一個人以 ESA 或或 RIC 的代碼表達他的偏好傾向時，可表示其具一致性。一致性與個人人格穩定性與職業成功有密切關連。

　　Holland 另一個重要概念是分化性（differentiation），不管是人或工作領域，皆因所擁有的顯著類型程度不同而產生差異。有些人可能特別傾向某一人格類型；有些人則對六種類型都有興趣。多數人傾向擁有其中一至三種類型。一般而言，量表測出的結果很少有兩極化的現象。具有單純人格類型的個人，

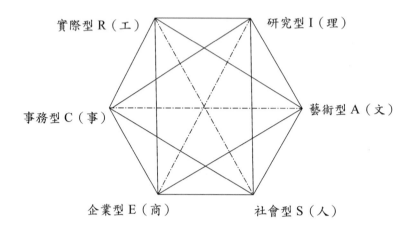

圖 2-3

將與其他類型的人不甚相似。相反的，符合多種人格類型的人，也不具有可以明確定義的人格類型，而且是被認為不具分化性，且定義不良的。時常是個人對自我與工作環境不是十分瞭解。分化性高其職業發展歷程較明確穩定；分化性低者可能有較多變異發生。

第三個概念是適配性（congruence）指人格類型與工作領域間的關係。即不同的人需要不同的工作環境，人與工作配合得當，則適配性高。適配性高低可以預測職業滿意度、職業穩性與職業成就，它是發生在當一個人的人格類型符合工作的環境時。以社會人格類型為例，他偏好人際互動關係、關心社會、重視教育議題。這六種職業類型彼此之間並非相互獨立、互不影響，而是存有若干程度的相關性，圖的六角形就是表示六者之間的理論關係，即任何相鄰的職業類型間的相關應高於與其他非接鄰職業類型間的關係，例如：實際型與藝術型、或實際型與事務型之間的關係，應該高於實際型與社會型之間的關係。Holland的模式不但對一般興趣的了解與分類提供了理論的依據，也對職業興趣量表提出了基本架構與依循的方向。最後一個概念是是認同感（identity）指個

人目前與未來目標的明確性和穩定性，個體能對於自身的目標、興趣及天份具有明確及穩定的概念，也清楚工作場所對於目標、工作及獎賞的明確度、穩定度及整合程度。個體對於未來具有許多職業目標、興趣，對於自身的能力與職場所須能力不瞭解，表示個體具有低度的認定。認同感是生涯諮商的重要目標，當適配性的目標完成之後，認同感也可能因此產生。

Holland（1985）指出人格類型是個人對某職業偏好的程度，因此其將職業興趣分為六個類型，每個人的興趣都是該六個類型的組合，個人傾向於選擇與其興趣型態相一致的職業，為自我瞭解高，其對自己「所能」、「所是」、「所期望」，及價值觀、生活型態向度之認知也高。因此，如個人能對自我有更正確的了解，並透過對職業的期望、抱負，將自我逐步具體表現於職業選擇與決定中，則可謂達成此階段的發展任務達到生涯成熟的程度。Holland 把個人特質和適合這種特質的工作聯結起來，使自我和工作世界的有更多的重疊界面，提供與個人特質相近的一群職業，引導當事人主動、積極地去探索。就人的一生而言，我們的生命彩虹必須配合人格類型作適當的發展，才能促進生涯成熟及生命的圓滿發展。類型論基礎近似特質因素論，但不像特質因素論冒險的建議人選擇一種職業或工作，而是提供與個人特質相近的一群職業，引導當事人主動積極的探索。但它們同樣的缺陷為個人只能被動、消極的適應環境，忽略個人積極改變環境的潛能。

陸、生涯決定論

J. P. Sartre 說：「我們的決定，決定了我們。」生涯發展過程面臨不同的生涯決定，生涯決定論學者特別強調生涯決定的模式。以下簡介職業決策的理論模式、生涯決定社會學論。

一、職業決策的理論模式

　　Clarke、Gelatt 和 Levine 發展出職業決策的理論模式，此理論的假設是，決策是一連串的決定，任何一個決定會影響其後的決定，亦會受先前決定的影響（引自黃天中，1995）。個體如何抉擇？如何選擇有利因素？如何減少不利因素？端賴於訊息資料的研判與解讀，訊息包括各種測驗與職業資料、個人的價值觀、偏好等。依據各項可能的選擇途徑、達成目標的機率，繪出決策流程圖作為抉擇的依據。Gelatt 將資料組織成三個系統，分別是(1)預測系統：預測不同選擇的行動方案可能會有的結果，以及由行動到結果之間的概率；(2)價值系統：個人依內在價值、態度等判斷做決定；(3)決策系統：是指評量判斷的法則，如選擇希望得到的結果；避免選擇差的、有壞結果的方法。

二、Krumboltz 的生涯決定社會學論

　　Krumboltz深受Bandura的影響，強調個人獨特的學習經驗對人格與行為的影響。Krumboltz 認為，影響生涯選擇的因素包括遺傳因子與特殊能力、環境情況與特殊事件、學習經驗、工作取向技能。輔導個案時，需運用行為分析或問題界定法，訂定輔導目標。一般當事人常有的問題類型，像是將問題歸罪於他人、問題情緒化、缺乏目標、被期待的行為不是他所欲的、不知道自己的行為是不當的、抉擇的衝突、不曉得問題在哪兒（Krumboltz & Baker, 1973）。Krumboltz 和 Baker（1973）發展出他們的第一個決策模式，1977 年修正此模式，修正之後的模式（DECIDES）包括七個步驟：

1. 界定問題：描述必須完成的決策，以及估計完成該決策所需的時間。
2. 擬定行動計畫：描述將採取哪些行動或步驟來做決策，並描述如何完成這些步驟，且估計每一步驟所需的時間或完成的日期。
3. 澄清價值：描述個人將採取哪些標準，以作為評價每一可能選擇的依據。

4. 找出可能的選擇。

5. 評價各種可能結果：依據所訂的選擇標準與評分標準，一一評價每一可能的選擇。

6. 刪除：刪除不符合價值標準的情形，以從中選擇最能符合決策者理想的可能選擇。

7. 開始行動：描述將採取何種行動以達成選出的目標。

第二節 台灣本土的生涯觀點

「天有不測風雲，人生無常，所以生涯是不可規劃的」、「人生只要隨波逐流，船到橋頭自然直，所以生涯是不必規劃的」。生涯規劃視為只是定點，靜態的行動藍圖，或有如命譜的流年，是不可改變的，若遇到了天災人禍的意外更是無可奈何。

壹、全方位的生涯角色

一、生涯角色

根據 Super 的看法，一個人一生中扮演許多角色，這些角色包括兒女、學生、休閒者、公民、工作者、配偶、家管人員、父母及退休者等九項，這九個角色主要是在家庭、社區、學校及工作場所四個人生舞台上扮演。蔡稔惠（2000）將生涯角色分為廣義的、全方位的生涯角色，包含一個人在生涯各階段可能需要扮演的各種生活角色，約有十個，其角色名稱與任務內容如表 2-2 所列，通常無性別之分；另外狹義的生涯角色只包含「工作人」。

每個人的一生當中，不同階段有不同的角色要扮演，即使同一階段，也有不同的角色要擔任。每個角色均有自我期待與被他人期待的規範，個體在這些

表 2-2　角色名稱與任務內容

生涯角色	角色群
家庭人	兒子、女兒、孫子、孫女、父親、母親、妻子、丈夫、祖父、公公、婆婆、養父、養女、岳母、女婿、媳婦、姑姑、舅舅、阿姨、侄女、未婚夫、家事人……
求學人	聽課人、看書人、做筆記人、作業人、專題學藝人、補習人、重考生、旁聽生、延修生、重修生、在職進修人、論文人、銀髮進修人、專題自修人、聽系列演講人、知性旅遊人……
工作人	大專教師（助教、講師、助理教授、副教授、教授、講座教授；教學人、研究人、輔導人、行政服務人……）、公務員（公家工讀生、公家雇員、普考及格人、高考及格人；抄寫人、文書人、核銷人、文宣人、總務人、團隊人……）、餐廳創業人（麵攤人、小吃店人、連鎖小吃店人、國際連鎖小吃店人；美食人、採購人、預算人、投資人、管理人、公關人、公益人……）、作家（作文人、校刊投稿人、小報投稿人、徵文得獎人、暢銷小說家、徵文評審人、閱讀人、觀察人、看電影人、愛樂人、旅遊人、公益人……）、工程師（工讀生、實習生、助理、助理工程師、副工程師、總工程師；維修人、現場監工人、專題電腦程式設計人、外語學習人、團隊設計人……）
社會人	黨員、投票人、社團負責人、社員、幹部、社團義務指導人、班級幹部、班長、樂捐人、捐血人、納稅人、兵役人、各類義工、好鄰居、捐器官人、捐遺體人、社會回饋人、環保運動人、資源回收人、取發票人、友善人、募款人、傾聽關懷人、救難人……
休閒人	籃球人、登山人、逛街人、旅遊人、美食人、麻將人、電玩人、睡覺人、熱門音樂人、吉他人、賭博人、喝酒人、種花人、卡拉OK人、書法人、戀愛人、集運動卡人、電視人、香腸族人、小說人、習藝人、聽演講人、BBS人、網路人、同居人、聊天人……
理財人	預算人、記帳人、欠債人、繳貸款人、玩股票人、透支人、投資人、樂捐人、儲蓄人、節儉人、計畫消費人、存私房錢人、標會人、投保險人……
健康人	素食人、食療人、胃病調理人、氣功人、香功人、太極人、法輪功人、失眠調理人、近視人、養生人、健身人、更年期調理人、慢跑人、中風理療人……

（續）

生涯角色	角色群
信修人	終極關懷人、修養人、友善人、道家、哲理探索人、慕道人、佈道人、弘法人、祈禱人、禮佛人、禪修人、解脫人、自在人……
退休人	可以包含以上各種角色／群（除了工作人以外），再加上準退休人、安養院人、榮民之家人、智慧老人、無疾而終人、壽終正寢人、尊嚴遺囑人、自主喪禮人……
獨處人	可以包含以上各種角色／群的獨處狀況，再加上沉思人、清淨人、創意人、做自己……
其他	……

資料來源：蔡稔惠（2000）。

期待下，配合各該角色中的稱謂、職責、職等及各種情境脈絡從事主動或被動的活動，謂之「生涯角色任務」。由於每個人的生涯發展過程，各有其不同的情境脈絡，所以各個生涯角色任務的具體內容乃因人而異。

在每個生涯角色內，可能包含成群或細分的數個相關角色，也可以較具體的呈現各生涯角色的任務與進路內涵，謂之「生涯角色群」，代表某生涯角色及其相關的生涯角色群。生涯角色與生涯角色群的發展，有可能是在同一類型或同一職等上，進行平行多元化的擴大。也可能在同一類型或在不同職等上，進行垂直階梯單元或提升，也可能平行、垂直兩者前後或同時縱橫交錯，成為方格式的發展，反映出生涯發展的複雜性。例如，以「大學教師」為「工作人」的生涯角色矩陣，其平行多元化的角色包含教學人、研究人、輔導人（導師）、行政服務人；其垂直階梯式的角色群為助教、講師、助理教授、副教授、教授、講座教授等。

二、生涯角色的探索策略

生涯諮商人員協助個體經初步探索所得的現在或未來的生涯角色，僅能反映出個案目前所重視的角色或行動方案為何，是否就是真正最值得追求的角色，

尚需結合其他方法以幫助個案進一步的探索，以達到生涯角色的統整。

當事人用微觀的態度面對生涯時，只能理解現有認知的角色，以為把現有的生涯角色的責任完成了，就是一種對舊有學習、工作、生活習性的改造或建立。生涯角色的探索可以幫助個體在探索過程中，透過反省、思考並鼓勵當事人全方位思考，培養宏觀的生涯觀點。

每個人在各生涯發展階段實際狀況中，可能同時扮演數個角色，如何讓當事人瞭解並清楚所扮演的這些角色之間在當事人內心中的比重，是幫助當事人探索生涯角色的第一步（蔡稔惠，2000）。價值、知能、情意、行動、時間等因素會影響個體在探索、選擇生涯角色或生涯角色群的過程。如價值是個體對生涯角色或生涯角色群在生涯驅力與需求滿足感的認可上，內在主觀重視的信念與最高指導原則。

三、生涯角色統整探索之重要性

許多人總是將生活的重心放在讀書或工作上，忽略了生涯中其他角色的扮演，因此一旦遇到讀書或工作上的挫折時，容易有失落、失敗沮喪的感受。但若是當事人能在平時多觀注自身在生涯發展中的各種角色以及角色所延伸出的價值、知能、情意，一旦突然生活有變化，多少還有一些來自其他領域的肯定，就不會覺得有強烈的刺激與打擊。蔡稔惠（2000）認為不管是哪一種年齡層的人，都應該在現階段去探索自己的生涯規劃，思考生命在家庭、學習、工作、社會服務、休閒、宗教信仰等不同面向所佔的比重。然比重不是一成不變的，有些是凸顯的角色，有些是可兼顧的、可整合的，可能視個人特性或不同人生階段而定。例如中年人可凸顯的也許是工作與家庭，可兼顧的是休閒與社會服務，可整合的大概是各類主題的終身學習；而年輕人當然以學習為凸顯角色，老年人也許是休閒。生涯角色統整探索是一種微觀的生涯探索取向，當事人在角色探索過程中，會面臨角色衝突、困擾的情況，對於無法解決、不能實現的角色設法加以澄清、轉化、延緩、妥協，達到價值、知能、情意上的生涯探索

目標，使當事人沒有猶豫、主動覺察到而樂意調整態度（蔡稔惠，2000）。

　　生涯需要面對一連串的選擇、決定，其間包含分化與統整兩個心理歷程。透過分化、擴散式的探索，再將不同的角色與價值、知能、情意、行動、時間等因素彼此互動探索，確認後簡化為凸顯的、兼顧的、可組合的統整組型探索。生涯角色統整探索是從分化到統整的生涯決定過程。生涯發展會面臨一種停滯不前、甚至退化的生涯現象，若能協助當事人注重階段性統整的生涯角色或角色群組型的發展，既有平行多元化的擴大，又有垂直階梯式的提昇，心態上瞭解生涯高原停滯的衰退困境是一生當中會遇到的瓶頸現象。協助當事人從發展的角度看角色的變化，事先對個體打「預防針」，生涯規劃乃是一套從探索到規劃的系統觀念與方法，是可以終生彈性運用的應變之學。在任何生涯階段，只要發現似乎有生涯高原現象，或生涯規劃無法具體實踐，都有可能由於階段性角色和環境相關因素關係的互動失去了統整性，則要隨時重新進行從分化到統整的生涯決定過程，再進而確認統整的生涯角色組型，是周而復始的過程，是可逆性的生涯決定方法。生涯諮商師或學校輔導老師可善巧運用此種生涯角色統整探索輔導策略重視當事人的心理安頓，是可以達到生涯諮商的效果。

貳、階段性的脈絡化觀點

　　生涯角色統整探索認為每個當事人的生涯發展經歷有其內在的獨特性。當事人內在的需求與理想，以及受外在環境的習俗、趨勢，對個人發展所產生的一般性期待與特殊影響是具有脈絡性可以察覺。因此對於當事人的生涯輔導必須重視個人獨特的內在、外在生涯脈絡，藉著以各種生涯角色為核心的系統規劃方法，也必須依個人生涯發展脈絡的變化而不斷應變調適。若以年齡與時間上的劃分，可以因個人獨特發展脈絡而有早、晚或長、短不同的生涯發展階段。

　　生涯角色統整探索是一種階段性脈絡化生涯角色規劃，是根據當事人的生涯發展脈絡以生涯角色或生涯角色群為規劃核心。以角色重要性五元素—價值、

知能、情意、行動、時間—為架構所做的極為具體、詳細的規劃方案,故為微觀取向的生涯角色規劃方法。以現階段經過統整後的某一個生涯角色或生涯角色群,選擇某一個單獨的期程,在明確的時間內進行具體規劃(蔡稔惠,2000)。生涯角色統整探索也是一種全程性生涯規劃,因為人生的終點站是死亡,當事人死亡前的角色也需予以觀照。全程性規劃是指從出生到臨終,對生命全程性的規劃,包含三種時間向度:(1)透過回憶與省思,整理出正向或負向的省思;(2)憧憬未來洞燭先機,想像未來生涯中的歡樂,但也想像身心老化、社會世局變化預估臨終年齡;(3)現在的規劃與實踐(蔡稔惠,2000)。個人獨特的生涯脈絡下,連貫過去、現在、未來三個時間向度,配合個人現在的生涯「階段」、「年齡」,所處的年代,列出所有可能的生涯角色,達到全程性一目了然,是一種宏觀取向的簡要生涯角色規劃。

參、生涯中的轉折或插曲

月有陰晴圓缺,人有悲歡離合。生涯發展過程中所扮演的各種生涯角色或多或少會遇到生死離別;成功或失敗;被人騙而倒帳或觸犯法律,使得生活有重大的變化。人生有起有落,如落榜、休學、失業、離婚、銀婚、金婚、親人過世,從微觀的角度來看,事件發生的當下對個體所帶來衝突或危機,可能是生涯的轉捩點或里程碑。而從長程觀點分析,人生的無常或有常,是預料中的事,因為「神未允許天色常藍,花香常漫」,生老病死,人之常情。生涯轉折的時期有長有短,其影響可深可淺,可好可壞,是福也可能是禍,是轉機也可能是危機。協助當事人覺察省思,幫助當事人瞭解生涯的全程發展觀點,有助於洞燭未來與面對「滄海桑田、白雲蒼狗」。「常」與「無常」可藉由年齡來看,如畢業、正式就業、結婚、初為人父(母)、第一次購屋、重病(住院、開刀)、準退休(第一次退休)、退休、臨終等生涯事件,這是可預測的人生大事,但南亞大海嘯、火災、走在路上被人誤砍,則是無可預測與避開的。協

助當事人能理解生涯方案的重要性，進而理性面對生涯轉折，是生涯研究者與
實務工作者關切的焦點。

肆、知道如何死方知如何生——
從「臨終」規劃到「生涯」生涯規劃

> 起初我想進大學，想得要死，隨後我巴不得大學趕快畢業。接著
> 我想結婚、想有小孩，想得要死。再來我又巴望小孩快點長大，好讓
> 我回去上班。之後我每天想著退休，想得要死。現在我真的快死了。
> 忽然間……我突然明白了。
>
> ——《最後的十二堂課》

「倒過來活」的生涯規劃表面上是針對臨終期與臨終死亡可能有的各種生
涯探討，實質上是藉著憧憬與透視力，對生涯設法預約正向的快樂結局，以及
預防負向的痛苦後果（蔡稔惠，2000），這是一種先從認知上預約正面的與預
防負面的臨終期（含死亡）生涯結局。再倒過來，由個人編導演各種相應的生
涯規劃，與一般從「此時此地」開始，依發展階段與年齡，循序做階段性、全
程性生涯角色規劃的順向思考不同，是一種逆向的思考與規劃實踐方式。臨終
期通常是指最後生涯發展階段，約在七十至七十五歲開始，或在臨終死亡前約
五年。天有不測風雲，人有旦夕禍福，絕症、意外事故均可能造成死亡，所以
臨終期可以是在任何年齡。

在國外生涯相關課程或工作坊，以遺囑化的規劃方式，針對個人生命的終
極心願，在有生之年，依照個人脈絡詳細規劃實施內涵，並由個人在生前力求
實踐，以便遺愛遺願在人間的方式，行之多年。通常遺囑是個人的心願對相關
後人的囑咐，其執行者並非本人，其執行時間都是在個人臨終死亡後。為了達

到生涯教育、生涯諮商及國人慣有的終極性生涯目標——以平常心盡心盡力度過每一個階段，扮演每一個生涯角色，安詳圓滿的度過臨終期，所以臨終前的死亡教育，如立遺囑，其適用對象並不限於臨終期的老年人，而是有生之年都可隨時評估其可行性，及隨時做必要的修正，以至自主、利他、感恩過一生。所以遺囑化生涯是一種兼具宏觀與微觀取向的生涯規劃方法。

晚年臨終期是生涯發展的最後一個階段，面對老病、死亡，是這個階段的發展任務，死亡是人生的必然。針對無常生涯的臨終期規劃，是要培養人生無常，絕症、重病、意外隨時可能造成死亡的生命危機意識。有了平常、無常生涯的明確認知，則能以平常心順其自然，坦然接受死亡的來臨，而死亡的尊嚴就是生命的尊嚴。「明天過後」的情節發生在南亞，也許有一天我們必須面對時，如何接受死亡的恐懼，屆時肉體雖痛苦，精神卻不畏懼是「此時此刻」該有的思考，因為這影響著「現在，我該如何活下去」。生涯終極目標的實踐，乃是由各個連續、終生相輔相成的發展階段所塑造，而以臨終期能完成其階段性任務而總其成。不論年齡的大小，個體若能經由引導、諮商，做預防、預約的規劃，就有機會透視未來可能的生涯內涵，並可按照個人的價值觀，實現理想的生涯結局。期許年輕學子能更明確認知臨終期規劃與階段性規劃，更珍惜並及時從現階段做好階段性、全程性的順向規劃，踏實的活出操之在我、自主、利他、感恩的生涯格局。

Chapter

3

自我瞭解與生涯規劃

前言

　　我國九年一貫的課程目標有十點，其中有一個目標是自我瞭解，發展個人潛能與提升生涯規劃與終身學習能力。幫助個體能積極運用社會資源與個人潛能，使其適性發展，建立正確的人生方向，並因應社會與環境變遷，培養終身學習的能力，才能在變化快速的時代裡，因為瞭解自我，而能有效規劃未來，與「變化」共舞。

第一節　自我瞭解的概念

　　希臘戴爾菲神殿上刻著永恆的真理——認識你自己，認識自我是成功經營自己生涯的第一步，一個人如果無法充分認識自己，所有的努力可能只是符合別人的期待和理想，活在別人的陰影下，無法為自己而活。透過自我探索，瞭解個人的內在及自己想要追求的是什麼，才能奏出輕快的生命樂章，彩繪亮麗人生，因此生涯規劃的首要任務就是自我認識。

壹、自我瞭解的意義

一、自我瞭解的重要性

當我們試圖為自己規劃出一條人生坦途時,最基本也是最重要的工作是從事自我整理、自我澄清等瞭解自己(understand yourself)的工作,方能尋找適合自己的職業(occupation)、工作(job)、職位(position)及生活型態(life-style)。

有關自我的理論,Freud 從人格(personality)的角度來探討。Freud 提出了構成人格的三個主要部分,即「本我」(id)、「自我」(ego)及「超我」(superego),透過這三種人格結構之交互作用,人類能在面對環境時表現出某種適應行為來。所謂本我,是指內在原始的自己如同具有孩童般趨樂避苦、僅做原始歷程思維(primary process thinking)之狀態,而超我則是以良心(conscience)、道德原則及理想中的自我(ego-ideal)為標準的狀態;由於這兩種極端分歧的狀態同時存在於人們內在,自然會引發某種衝突、矛盾現象,於是自我以一種體察現實(reality),尋求理性思考、邏輯運作的我乃扮演居中協調的角色,好讓個體(individual)能以一種適切的行為反應,在兼顧身心需求和道德規範,並配合現實條件下適應環境。

Erikson 所提出的人生八個發展階段中,認為青少年處於自我辨識與自我認定的時期,這個時期亦即是自我對自己的看法、角色任務認定與社會地位形成的重要時期。依照 Erikson 的看法,青少年時期的發展危機主要與其辨識、認定與認同有關。如果個人對自己的瞭解深入,知悉個人應扮演的角色,並知道人生的意義與方向,將有助於個人價值體系的形成,使個人的生活哲學得以建立,並使人生具有方向與目標,不至於迷失與混淆。個體如果能順利辨識自己,便能對自己的價值觀產生忠誠與信賴,並能發展較穩定的自我認同感,不管外

界有何挑戰及誘惑，個體將能相信自己，或堅持有所為、有所不為。

精神學家Fromm（1997）說：「青年期最重要的課題是尋找和確立一個自我形象。」自我形象就是自己對自己的看法，包括：我是一個怎樣的人？我能做什麼？我該往哪個方向前進……等。每個人都在做這樣的自我追尋，希望勾繪出一個清楚、明朗、積極的自我形象。

Rogers 的自我論中有兩個重要的觀念，一為「自我觀念」（self-concept），一為「自我實現」（self-actualization）（Rogers, 1970）。Rogers 的自我概念，可以簡要的歸納為以下四點：(1)個人對自己的瞭解與看法稱為「自我概念」，其中主要包括：「我是個什麼樣的人？」「我能做什麼？」；(2)自我觀念是主觀的，個人對自己的看法未必與自己所具有的客觀條件相符合，有的人客觀能力頗高而且頗有成就，但可能在他自己看來卻是一個失敗者；(3)個人時時以自我觀念為依據，衡量自己處事待人的經驗。如實際的經驗與自我觀念不符合，就會產生焦慮，焦慮累積過多容易引起情緒的困擾，因此，生活適應良好者多能適當的吸收經驗，並調理自我觀念使兩者相符合；(4)自我觀念可隨個人經驗的增多而改變，而且由自我概念可發展形成高層的「社會我」與「理想我」。

自我這個主體兼具主動及被動兩種性質，它既可決定客體，也被客體所決定。就主動性來看，是「主我」（I），就被動性來看是「客體我」（me），人能夠把自己「客體化」是一項非常重要的能力，主我把自己客體化的能力稱為「角色取替」的能力，是一種「反躬自省」的「後設」能力，是「瞭解自我」的基礎。孔子說：「如臨深淵，如履薄冰」，Nietzsche說：「你要戰戰兢兢地過一生」。東西方兩位偉大哲人的看法，可謂英雄所見略同，瞭解自己與所處環境的互動是重要的法則。

Jaspers主張人唯有先「闡明存在」才有「實現存在」的可能，所謂「闡明存在」就是瞭解自我。自我的瞭解是一種自我覺察的覺知，與潛能發展密切相關。心理學家 Gardner 提出人類具有多元智慧，多元智慧是指人有八種智慧，

包括語文、數理邏輯、視覺空間、音樂、身體動作、自然觀察、人際及自我，其中的自我指的就是瞭解自己，該理論將「對自己進行思考」視為智力的一個領域。因此培養個體自我覺察的能力（亦即後設認知能力），即是瞭解自我的重要內涵。

二、自我概念的定義

回顧自我概念的應用性研究發展脈絡，最早是由美國心理學之父 William James 提出自我覺察（the consciousness of self）的概念開始，直到二十世紀中期，許多人格學者相繼提出許多理論來解釋自我在人格的重要性及相對地位，為心理學中自我的研究奠定了堅實的理論基礎。近二十年來在自我概念的領域研究報告，可以發現在理論的構念上，又產生了逐漸遞嬗的現象，並更趨於完備（侯雅齡，1998b；潘進財，2005）。

William James（1890）從主、客體論中談到自我理論的發展，認為自我包括「被認知的客體」（self as known）與「認知的主體」（self as knower）兩個部分。「被認知的客體」又稱「經驗的自我」（empirical self），是經驗與意識的客體，是「所有一切個人可以稱為屬於他的全部東西」；「認知的主體」又稱「純粹的自我」（pure ego），是個體能經驗、知覺、想像、選擇、記憶和計畫的主體，是決定行動與適應外界的一組心理歷程（郭為藩，1993；潘進財，2005）。

自我概念就是自己對自己的看法，A. Ellenson 提供了描述性的定義：「自我概念乃是個人所持有的特殊角度──是個人篩選與過濾事件，使結果聽起來、看起來都能符合自我經驗的參考架構」。Fitts（1965）認為自我概念有五個基本構面，即：

1. 生理我（physical self／PH）：指一個人對自己身體健康狀況、外貌動作技能及性方面之感受。個體若有正面積極的生理自我，能坦然並充滿信心地尋求突破發展；反之，如果一個人不喜歡、不接納自己的外表，則

他會不斷地退縮、隱藏自己，而生活在自己的封閉世界中。

2. 道德倫理我（moral-ethical self / ME）：理想的自我（the ideal self）是指個體希望與期勉自己應達到的境界。郭為藩（1989）指出，個體對某些信念、意願與價值體系的認同，會有自己獨到的看法、情感與生活方式，同時會以自己所持的觀點、理想或行為規準來決定他所要採取的行為模式。自我概念是一個人對自己的看法、態度、意見和價值判斷的綜合（張春興、林清山，1981）。一個人覺得自己道德惡劣，容易引發「罪惡」感，個體若時常陷入自我控告、自我批判，對自信心與能力的表現是一種傷害，也會間接影響了生涯的發展。陳李綢（1983）認為自我概念的形成是個體與社會交互作用的結果，包括對自我的態度、意見和價值判斷，這些觀念和態度將影響其行為方式，因此自我概念與行為適應密切相關。我們應積極提升自己的道德認知層次，常做價值分析與道德判斷的演練，進而時常反省回饋（feedback）在自己身上，從而建立良好的道德面自我概念。

3. 心理我（personal self / PER）：William James（1890）認為「精神我」係指一個人的內在與主觀部分，包括心理傾向、思想、感受和行動的意識。Fitts（1965）的心理我是指個人對自己的價值評估、情緒與人格的看法。Dusek（1996）認為自我概念是個體看待自己的方式，一個兒童可能會以具體的東西來形容自己，但隨著年齡的增長，個體會開始運用一些內在心理特質，來表達對自己的看法。

研究顯示擁有健康的心理我是相當重要的，透過目標設定（goal setting）的研究，皆顯示個人對自我能力的評估會影響到他所設定的目標水準，進而導致截然不同的績效表現（Locke & Latham, 1990）。諮商人員應盡量使當事人瞭解自己的各種能力層面及傾向，找出當事人各種能力的優劣面，例如李五端可能語文能力很強而數理能力卻不怎麼樣；羅武嘉的抽象推理能力平平，但人際處理能力卻是異常傑出。如果當事人能清楚

瞭解自己的能力面，並同時建立適切的心理我來，則在生涯決定上，李五端可能充滿信心地往作家、新聞記者或律師的方向去發展，而羅武嘉則往業務推廣、政治外交的方向去努力，足見心理我與人們的整個生涯是具有密切的關係。

4. 家庭我：指一個人對於自己作為家中一分子的價值感與勝任感。Erikson（1963）的「社會心理階段」（psychosocial stage）理論認為，童年五歲以前的家庭與親子經驗，會影響一個人究竟是對人信任或懷疑，是自動自發還是害羞退卻。而在這種信任 vs.懷疑、自動自發 vs.害羞退卻的人際互動過程中，人們逐漸形成了家庭我。在一些輔導的案例中，可以發現一個具有良好家庭我的人，具有穩定的安全感、自信心，自我評價強度也比較高，對環境、對人也比較會採取一種正面積極因應的態度（Yuling, 1996），進而使得他在許多挑戰或打擊中能屹立不搖，對前途充滿熱望。

5. 社會我（social self / SO）：指一個人在與他人互動過程中，對自己的能力、價值的一種看法。社會我是一種天天都會影響自己的自我概念，因為我們每天必須和他人交往，特別是如果我們想在人際關係上成功時。學者卡茨曾以一個簡單的模式說明人際關係能力是每個主管都必須具備的能力（如圖3-1），由此可知社會我的重要性是非同凡響了（劉玉玲，2005）。William James（1890）認為，一個人的社會我是自我同伴的認可，誰都盼望別人的尊重和注意；因此，個體從親友處所得的名譽、榮譽，就是社會我的內涵。

Cooley（1922）以「鏡中自我」（looking glass-self）的概念來解釋自我概念的意義。自我概念是透過與他人的交往，想像自己在他人心目中的形象，同時想像他人對此形象的批評，爾後產生的自我感，如驕傲、羞恥、自卑等。Mead（1934）認為個人以他人對自己反應的感情與態度來看待自己，同時他認為在不同的社會環境中，由於所參與的社會團體不一，以及他人不同的對待反

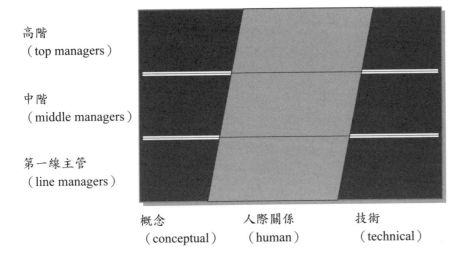

高階
（top managers）

中階
（middle managers）

第一線主管
（line managers）

概念　　　　　　　人際關係　　　　　　技術
（conceptual）　　（human）　　　　（technical）

資料來源：劉玉玲（2005）。

圖 3-1　管理技能的需求

應，會造成個人不同的自我概念，例如家庭自我、學校自我、社會自我等等。社會我會影響到人際關係的發展，發展的結果也會回饋來影響到個體的社會我。一個人若抱持一種開朗、積極爭取友誼、願意為朋友付出及充滿信心的態度來面對他人，則在這種主動出擊的情形下，他順利爭取到友誼，對自己充滿肯定、信心，於是更好的社會我概念又形成，而間接影響一個人的生涯發展。

三、自我概念的特性

自我概念的內涵可以從內在及外在層面加以分析，內在層面著重個人自我評價而形成的感覺或行為，外在層面則強調外界環境、事情及人物對個體的影響，所形成對自己的看法與態度。心理學家 Ellenson 提出下述幾個自我概念所具有的特性：

1. 自我概念是有必要的，生涯輔導重視自我概念的發展。個體自出生以迄死亡，自我的客觀內涵不斷因時空轉換而有豐富的變化，個人對其知覺

係純然主觀的。有些輔導學者認為人的生涯計畫或生涯決策行為是自我概念的一種實現，選擇一個「位置」，其核心的動力係由自我概念貫穿之。透過自我概念，人們會越瞭解外界的「事實」（reality），也能在變動莫測的環境中，為自己的行為定下最適合的發展模式（model）。

2. 自我概念常會及於自身以外，人常會將自我概念擴及某些外界的具體或抽象的事物上。人們將自我概念擴及某些抽象事物上，例如加入宗教團體（更生團契、慈濟功德會、展望會）；某些特殊宗旨的社會團體，如黨派、青商會及扶輪社等；或某種活動中，如登山、網球及高爾夫球俱樂部，以對這些事物產生認同（identification），進而體會到「大我」的感覺。對於這些事物所經驗到的一切，如有人批評扶輪社或有人認為高爾夫球是貴族式休閒時，就會表現出「感同身受」而挺身擁護，急欲辯解的情緒。

3. 自我概念會自我增強或減弱。自我概念會有自行衍生循環的現象，亦即有好的自我概念的人，由於信心足、自我期望高，因此表現也比較優異（Yuling, 1996）；而此優異的結果往往又「增強」（reinforce）他的自我概念，使他相信自己的確是好的、是優異的，周而復始循環下去，導致這個人很能適應環境，並且獲致比較高的成就。劉玉玲（1996）針對北一女高三學生隨機抽樣五百人，欲瞭解自我概念與聯考成績和壓力因應的關聯性，發現自我概念高的學生，人際互動良好，積極參與學校社團活動，面臨聯考壓力時，能與父母親或其他家人一起從事一般性的休閒活動，選擇正向的壓力因應模式；然而自我概念低的學生選擇較非正向的壓力因應模式，較不常與父母親或其他家人一起從事一般性的休閒活動（如下棋、散步、看電視）。

4. 自我概念低的人，常常認為自己不夠好、不行，則可能因為信心不夠，自我期望又低，而導致比較差的表現；此一表現不佳的結果常會成為他看待自己的「參考架構」（frame reference），進而認為自己的確不好，

於是自我概念越來越差，周而復始、惡性循環，導致這個人適應能力差，甚至每下愈況。擁有較好的自我概念，它會使強者越強，弱者也變強；在實施生涯輔導時，必須謹慎小心，讓個體深切明瞭自我概念和生涯規劃之間的密切關係。

四、影響自我概念的因素

東西方文化最大的差異，便是有關「自我」的教導。以美國為例，「充分表現自己」，別人才知道你的特色在哪裡。中國因深受儒家思想之影響，較常抱持一種「一切繫乎天命」的宿命觀，因此在教育方面，傳統上不鼓勵人們具有強烈的自我意識或個人主義，相反的，要求下一代應謙遜、內斂、喜怒哀樂不形於色。結果在家庭教育、學校教育乃至社會中的人際互動，常吝於讚美別人，而較常予人批評、貶謫，結果中國的小學生就常形成一種所謂的「外控」（external control）性格，認為一切「成事」在天，養成對人生抱持消極、被動態度。學者曾指出自我概念在生命早期即已成形，大約是在兒童中期（即十歲左右），曾有一個廣告，下雨天一個小男生要他的好朋友幫忙保管一本書，過一段時間小男生回來，拚命叫他所信任的好朋友，結果發現好朋友又冷又發抖的保護著那書，從那時奠定他對別人的信任，長大後小男生也要讓人信任，於是在「××信託」工作，請顧客也信任「××信託」。另一個例子是，一個經驗影響人的一生。筆者學士後學分班的一個學生，小時候阿姨讓他自己坐火車回台北，結果迷路在路上哭，一個婦人瞭解狀況，幫他叫一部計程車並付了車錢回到家裡。這段經歷在他幼嫩的心靈內撒下一個「陌生人可以關心不認識的人並幫助他」的種子，促使他長大後也要從事助人的行列。

研究顯示一個人所來自環境的文化水準會明顯影響到一個人對自己的評價。來自文化水準較高區域的人們，通常會表現出一種「優越」的自我評價來，如已開發國家之人民、大都會的居民。反之，居住於鄉村或未開發國家的人民，則多傾向於自覺「不如人」，對所處環境抱持一種「劣勢」的自我評價。此外，

一個人接受較多的「刺激」，有利於在整個生涯探索之過程中讓自己有機會接受一些嘗試，對自身的自我概念與生涯抉擇會有正面的意義。隨著年齡的增長，生活閱歷豐富，自我概念會逐漸正確與良好，「自我知覺」（self-percept）的能力加強，對環境越具有主導性與客觀性判別，而不致隨波逐流。

在人類的社會或文化中，特別是父系社會是以男性為主，即充斥著「重男輕女」的現象，導致個體的性別影響到自我概念的發展。國內外資料顯示，由於社會文化對男女兩性的要求不同，一般文化都期望男性有較高的成就，如地位、財富、學問要越高越好，因此常給予較多的重視與鼓勵，男性顯著比女性有較好的自我概念或自尊，而女性則被期望扮演配合的角色，修養、道德的要求較高，所負予的期望較低，所以自我評價較低。文化影響性別的認知差異，進而影響自我概念與生涯發展。另一主要影響的因素來自家庭，許多研究顯示低社經背景的家庭會再製造貧窮的人與家庭，但台灣的三級貧戶能成為總統，可算是打破迷思。

而學校因素方面，如輔導中心的施測可以幫助學生認識自己，但那只是一個參考的依據，筆者曾經服務的一所學校，學生在做完生涯興趣量表後，應是找相關輔導人員來解說，結果是一位未經過相關訓練的資訊專長的導師在做賴氏人格的測驗解釋，其中可能的誤差可以想像，由於不懂而解釋錯誤，導致有心理疾病的學生病情發作，好在最後及時發現避免錯誤再犯。許多學校因經費的限制，輔導室或輔導中心並沒有讓心理輔導專長的人主其事，或只設組長一人與組員一人，包辦全校的生涯或心理輔導，其實是一種隱憂。

貳、規劃未來先從自我瞭解開始

人際關係訓練師 D. Carnegie 曾提到，人們每天與人溝通時最常提到的字就是「我」。「自我」對任何一個人而言都是最重要而別具特殊意義的，「自我」與「生涯規劃」之所以會緊密的連上關係，可從下述幾個方向來加以說明：

一、社會變遷與後 SARS 時代的來臨，人們追求的目標多元化

社會變遷與後 SARS 時代的來臨導致人們在職業與生活方式的選擇空間變大，而經濟能力的提升也導致對各項目標的實踐力加強，於是人們開始關懷自己的生命，開始想透過一套較嚴謹的管理（management）程序，即規劃、執行、考核，來滿足自己較高層次之需求，於是自我和生涯規劃譜上了密不可分的關係，而實踐生涯規劃也必須從處理與自我有關的步驟做起，如瞭解自我等。

二、「知己知彼，百戰百勝」，生涯規劃從自身做起

「知己知彼」為勝利之鑰，其中知己為首位要素。當代哲學大師 Paul Tillich 曾說過：「要認識自我，我們必須參與到自我之中，奇妙的是，我們的參與又改變了自我。」因此，參與認識自我才能改造自我；認識自己才能確立人我之間適當關係的實踐。我們開始把生涯規劃的概念放在自己的身上時，首先要做的是澄清自己的條件與需求，例如我的能力如何？我真正擅長的是什麼？我有哪些資產？有哪些條件比別人佔優勢？過去經驗是否可以轉化為有利的因素？我對哪些事比較有興趣？我希望自己成為什麼樣的人？甚至如「我是誰？」這個看似簡易的問題也應當進一步深刻地予以解答。「知彼」如瞭解社會發展趨勢、明白就業市場供需狀況等，才能在競爭的職場找到致勝的先機。

三、輔導實務上的作法，多從探索自我做起

金樹人根據 Marcia（1980）自我統整程度之理論架構所編訂出之問卷調查研究中，發現國內四年制大學生中能明白自己的需要與條件，並肯定未來職業方向的僅佔 27.1%，其餘 72.9% 的人或未曾思考過生涯問題，或對未來感到迷惘困惑。何英奇以國科會委託清華大學高等教育中心彭森明教授主持之高等教育資料庫中的大三學生共 28,833 人為研究對象，發現大三學生自我認識有困惑佔 32.7%；缺乏自我肯定者佔 6.1%（何英奇，2005）。許多實證的研究結果顯

示，當一個人自我統整程度越低時，其生涯規劃能力也越低。個體應尋求多種管道察識、瞭解自己，讓自己的行為模式穩定且能掌控，即自我統整度越高，則個人在從事生涯規劃時才容易水到渠成。綜觀一切的輔導、人力資源訓練活動，諮商或相關教育人員皆是從自我的角度切入，如自我的瞭解、自我屬性的探索等，以便藉著協助個體對自我的把握，而獲得定位（position）與定向（orientation）上之成功契機。

第二節　如何瞭解自我

壹、自我認知對生活適應的影響

一、負面的自我認知影響生活適應

　　許多心理學者共同的看法是，人們若陷入「自我譴責」（self-blame）的思維，容易將錯誤的增強、不合理的情緒、認知及行為「灌輸」給自己，形成錯誤自我概念，導致心理不健康，而有「自卑情結」。具有自卑情結的個體，通常較不能自我肯定，對周遭事物容易敏感而認為大家是有敵意的，但也因為他不能肯定，不善於處理人際問題，所以不太會拒絕或為自己爭取應有之權利。而負面的自我認知包括世故、自負、自私、驕傲、自卑、三心兩意、見異思遷、冥頑不化等。

　　具有負面自我認知的人較容易有負面的思想，例如選手在比賽中常常於自己的腦子裡醞釀一些負面的自我對談，這些負面的思想使他們處於焦慮狀態，而所謂焦慮是由不安、神經質、無法集中思考、害怕、緊張、恐懼、擔憂甚至是沮喪和絕望等感受所交織而成的複雜情緒狀態。焦慮會使選手產生不同於平常的行為反應，選手會覺得自己似乎受到威脅、迫害。焦慮可影響到我們的身

體（身體焦慮）和心理（認知焦慮），例如：「教練可能會換我下場，我好緊張喔」、「上一個發球失誤，不知道這次是不是又會凸垂」等。負向的自我認知會伴隨著負面的情緒、適應不良的偏差行為及對社會環境憤恨不滿的糾結。震驚全美的校園槍擊事件，兇嫌是韓國籍的趙成熙，個性充滿恨意憤世嫉俗，導致犯下滔天大罪。對從事諮商與輔導、教育、社工等相關工作者而言，幫助當事人擁有正向的自我認知是相當關鍵的步驟，能自我肯定的人擁有較多的選擇空間、較能自尊、自重、不傷害或批判別人，能直接清楚的表達自己的需求，也能適切尊重對方權益與尊嚴。在生涯發展的過程中，隨時會面臨環境的挑戰，隨時和別人發生互動關係，正向、肯定的自我概念有助於生活適應。

二、自我預言的實現對生活適應的影響

希臘神話中塞普路斯國王比馬龍擅長雕刻，有一天雕刻出一個曠世美女的雕像，比馬龍感嘆之餘竟深深愛上了她，於是他向天神祈求能賦予他愛人活人般的生命，結果這樣一個不易達成的極高目標，就在他認為一定會實現的狀況下，「精誠所至，金石為開」果然實現了。學者將這種認為「我能，則必能」或「我不能，則我就不能」、「自我預言的實現」的效果，命名為「比馬龍效應」（Pygmalion effect）（Dubrin, 2002）。「比馬龍效應」的關鍵概念在於個體自己認為我能或我不能的根源，即在於自我概念。自我概念是會自行增強或減弱的，而這與所謂的自我預言的實現有關。時常覺得自己擁有成功的力量的人，會較害怕失敗的人更容易成功，所以有一首黑人女歌手唱的英文歌相當能振奮人心——"I got the power!"，通常唱這首歌的人配合旋律與動作，彷彿真有力量操之在手。

有研究顯示英國一所綜合中學的教師們常依據編班的結果與社會階級的不同，而對學生加以分類，這種分類或標記，一旦形成就不易改變。正如同哈利波特的作者羅琳曾說：「學習過程中，老師常按某些事物將班級分類，所以她會在另一集將學生分類。」學校教師常認為來自高階層的兒童比較聰明，而低

階層兒童比較愚笨，哈格爾夫斯爾謂之為「社會學的迷思」（sociological myth）。教師們常根據若干「低階層兒童學業成就較差」的統計結果，就認定所有低階層學生能力亦低，缺乏學習能力，甚至不可救藥，因而形成所謂教師期望自我應驗的「比馬龍效應」。

Rosenthal 和 Jacobson 也曾透過課堂上之實驗證實，老師對學生期望是高是低，也會影響學生的自我期望，進而影響他們的學業表現，此即著名的「課堂中的比馬龍效應」（Pygmalion effect in the classroom）。R. Miller 也曾研究發現，老師的鼓勵對一個人自我概念的好壞與能力的表現有深刻影響。一個人欲獲得成功，最重要、也是最基本的，便是替自己塑造一個正向、肯定的自我概念，並且設定遠大的理想，積極獲取環境中他人的支持與鼓勵，不斷自我激勵、自我增強，導致行為和自我概念間的良性循環，最終達成目標。

貳、自我瞭解的方法

有些人青少年時期會有這樣的感受，「我怎麼覺得自己每天都不一樣，原來以為我是誰，隔天又覺得自己不是那樣，我越來越迷惑了。」自我不是那麼容易捉摸的，在人群中的我，與夜深人靜一個人獨處的我，可能有很大的距離，可能在家人面前的我與在同學之間的我又是不太相像，那到底哪一個才是真正的我呢？我怎麼變複雜了？自我瞭解的內涵可因理論視角之不同而呈現不同的圖像，但有一共同的特點是瞭解自我更可以發揮潛能。充分瞭解自己的身體、能力、情緒、需求與個性等等以及影響這些特質的背後因素，可以養成愛護自我、自省、自律的習慣，樂觀進取的態度及良好的品德，並表現個人特質，積極開發潛能。

許多校園內的生涯實務工作者或輔導人員最常採用、快速又簡單幫助學子認識自己的方法，是心理學家 Joseph 和 Ingham（1970）的周哈里窗（Johari window），此法強調人常有許多自己都不瞭解的地方。周哈里窗根據我們對自

己的瞭解、不瞭解，與別人對我們的瞭解和不瞭解，將個體的我分割成四個部分，如圖 3-2。

自己知道	自己未知
開放我	盲目我
隱藏我	未知我

	自己知道	自己不知道	
別人知道	我是＿＿＿＿ 我有＿＿＿＿ 我要＿＿＿＿ 我肯＿＿＿＿ 我常＿＿＿＿ 我做＿＿＿＿ 【公開的自己】	我是＿＿＿＿ 我有＿＿＿＿ 我要＿＿＿＿ 我肯＿＿＿＿ 我常＿＿＿＿ 我做＿＿＿＿ 【別人眼中的自己】	別人知道
別人不知道	我是＿＿＿＿ 我有＿＿＿＿ 我要＿＿＿＿ 我肯＿＿＿＿ 我常＿＿＿＿ 我做＿＿＿＿ 【想像中的自己】	我是＿＿＿＿ 我有＿＿＿＿ 我要＿＿＿＿ 我肯＿＿＿＿ 我常＿＿＿＿ 我做＿＿＿＿ 【等待開發的自己】	別人不知道
	自己知道	自己不知道	

資料來源：Luft（1970）；Luft & Ingram（1969: 177）。

圖 3-2　周哈里窗概念圖

心理學家告訴我們自我瞭解並不容易，其中，開放我是自己瞭解而別人也知道的部分，例如性別、身高、籍貫等。盲目我是自己不瞭解而別人卻知道的部分，例如我們的一些習慣，如口頭禪。盲目我的大小與自我省察的工夫有關，如果能「吾日三省吾身」，盲目我自然就會變小。隱藏我是自己瞭解而別人不

知道的部分，例如我們的童年或辛酸往事等。未知我是自己不瞭解而別人也不知道的部分，這就是所謂的潛能。個人要瞭解自我，經由自我坦承及他人的回饋，使開放我的部分盡量擴大。自我瞭解雖然不易，進行生涯規劃時，仍應先對自己做一番探索，其中有幾項特質特別重要，如興趣與能力、價值觀、態度等。

瞭解自己的管道很多，例如問朋友對自己的看法、心理測驗、聽音樂、助人、參加成長團體、找諮商師或心理師、星座、排紫微斗數、八字算命、旅行、工作、當志工、閱讀、寫日記、寫作、藝術創作、爬山、靜坐、禪修、禱告、念佛、觀察周圍的人、觀察動物、觀察大自然等等，不勝枚舉，生活中無時無刻都能透過與外界的互動反思自我。右上角那一扇窗稱為盲目我（blind self），這個部分指的是我們自己不知道而別人卻知道的部分。盲目我的大小與一個人自我觀察、自我省察的能力有關，有些人因為內省特質（intra eption trait）比較強烈，則可能他的盲目我會比較小一點。左下角那一扇窗稱為隱藏我（hidden self），這個部分指的是我們自己知道而別人不知道的部分。一個人可能會因此喪失自己原本擁有的自尊、榮譽或原本呈現給人的美好印象，誠如 J. Powell 在所著《為什麼我不敢告訴你我是誰？》（*Why Am I Afaid to Tell You Who I Am*）中所說的：「因為，假如我告訴你我是誰，你將會不喜歡我，但那卻是真正的我」，Powell 深刻的說法已經把隱藏我為何會存在，甚至為何會不斷增加的理由說明得非常詳細了。

右下角那一扇窗稱為未知我（unknow self），這個部分指的是我們自己不知道而別人也不知道的部分。艾森豪將軍若未爭取赴歐作戰，可能永遠不知道自己是一個天生的帶兵官、領導統御一級棒。周哈里窗這個概念提醒我們透過某些刻意的（intentional）作法，使開放我能越來越大，而其他三部分越來越小。例如透過自我坦承，可以使隱藏我減少，自我坦承即是向別人開放自我，它可以幫助一個人發展出更理想、更統整的人格來，特別是透過自我坦承，常能引發別人的回饋，進而更有助於盲目我的減少。

　　因此當我們從別人那裡得到某些回饋時，我們會更瞭解自己，並且在這種人際主動之下，友誼（friendship）快速增長，我們會越願意對我們的朋友述說自己的隱藏我，於是一個彼此分享、信任的關係網就漸次展開來，而這對一個人而言是非常有利的。協助個體增加嘗試的機會、藉著自我省察後獲得的頓悟（insight）而有新的瞭解，可以使未知我部分減少，更增加自我的瞭解。

　　此外可以透過修習有關人類行為的學科，在各種學科中，心理學、文化人類學、管理學等等領域皆提供有關人類行為的資訊，而閱讀這些書籍，在潛移默化中自然就會幫助掌握人性、瞭解自己。心理測驗是用一種科學化的方法來瞭解自己，包含的種類很多，例如智力測驗、性向測驗、興趣測驗和情緒測驗等，可以幫助個體瞭解自己的性向、價值觀、職業興趣以及偏好，是一個協助自我瞭解的科學工具。然心理測驗的結果，由於詮釋的關係可以幫助自己，也可能誤導自己。做心理測驗時必須瞭解，這只是眾多自我探索方法中的一種，測驗分數並非永遠不會變，所得到的結果也無法斷定一個人的未來，只是提供一個參考。瞭解自己性向、興趣和人格等的方法有許多種，許多人藉著性向測驗，發現了自己具有從事某種職業潛能，因此事業成功者大有人在，這主要是因為他們從這些測驗中得到了自我瞭解。然而要切記的是測驗結果只是一個參考值，我們已經非常清楚知道自己的個性或行事風格時，如果測驗結果有所不同，則此時抱持懷疑的態度乃是有其必要的。

　　人時常會好奇別人眼中的自己是什麼樣的自己？每一個人感受到的自己時常是不同的，我們從別人眼中，可以慢慢看到自己。他人的回饋是減少盲目我非常重要的方法，特別是當別人對自己的印象都很一致時，那這個回饋意見便很值得重視。人對人很像面對鏡子，什麼樣的表情得到什麼樣的反應，我希望別人眼中的我是怎麼樣的人，然後在知道別人的觀感後，調整著自己。有些人不太確定自己希望變成什麼樣的人，容易順應著別人的要求來修正自己，所以有時不要把別人眼中的自己看得太重，也不要把自己眼中的別人看得太輕。當你不介意別人的觀感時（有自己的內在標準），反而會去關心別人對自身、所

處環境以及對你的關係有何看法。已經確定自我認同目標的人，朝著自己的未來目標做修正，或是努力維持一致的認同。一般人從經驗與社會制約中建立起觀念，然後透過這些觀點去看待自己的生活與人際關係。唯一認識的人，是別人眼中的自己。

當他人是好朋友或很重視自己與他之間關係的人，給予的回饋具有許多有價值的資訊將會毫無保留的顯現出來。某些與一般回饋意見不同的建議，可能要花時間去瞭解，因為這當中所強調的可能正是一件自己忽略而一般人也忽略的重要訊息。但若問錯對象，它也有可能會帶來負面效應，猶如在傷口上灑鹽或是惡作劇的一種結果。因此為避免上述狀況，可以尋求在此方面的專業人員。一般人由於缺乏心理學或輔導諮商的訓練，因此所提供的回饋意見可能不盡周延，甚至有可能是錯誤的，諮商員具有專業素養，這些錯誤的發生會大幅降低。此外學校的學生輔導中心或前程規劃中心有許多諮商人員，而社會上諸如張老師、生命線也可發揮類似的功能。

第三節　人格

壹、人格的意涵

一般人總喜歡以血型、星座甚至是體型來看一個人的性格，而心理學家呢？人格理論是心理學的基礎課程，其可協助我們對自身及他人的行為能有更深刻的理解和多元的觀點，在諮商輔導領域，更是必備的專業養成課程。人格"personality"一詞源自拉丁文的"person"，其意思為「講出去」（to speak through）。拉丁文中的「人格」原意為在古希臘與羅馬劇場中戴面具的演員。從字源上引伸人格的含義是——人格是一個人在人生舞台所扮演的角色；指一個人真正的自我，包括一個人的內在動機、情緒、習慣、思想等。

　　人格的決定因素有生物因素、社會因素、文化因素、情境因素。生物因素係指個人由父母遺傳的基因（genetic），研究曾證實基因影響個人發展。生物的因素也能間接影響自我概念（self-concept），例如高度（身高）能影響我們對自己的感覺，它將影響人格，但只是影響因素，不是「決定因素」。人是社會產物，自出生起最先影響的社會團體是家庭；家庭為社會化的泉源，父母對子女的教養態度對子女行為的發展負有關鍵性的責任。如在冷酷、沒有關愛的家庭，其子女比較有社會與情緒適應問題的傾向，此為社會因素。

　　此外，同儕團體、朋友、學校、教會都是社會化的主要泉源，它們一方面塑造個人，一方面提供個人學習的環境。人不能離群獨居，群居習性提供人類學習的場所，而不同的文化所提供的社會化歷程有時是不同的。文化因素決定一些人格屬性，如競爭、合作、獨立、侵略，西方文化較常鼓勵獨立自主及競爭性的員工，但東方文化較無此作法。中國文化重視「面子」與「人情」或「關係」，影響了國民性及組織行為。而在社會化過程中，個體在不同情境下做不同的反應，個體在平常環境下的行為與在教會的行為，會因情境不同而有不同的行為反應。

貳、人格理論

　　一個人會因為心理、生理、情緒及環境等因素的影響，而產生沮喪、焦慮、興奮、悲觀、衝動等行為與舉止，進而影響個人的心理與生活品質。而瞭解自己的人格特質有助於個體因應生活的挑戰，透過各學派的人格理論，可幫助自己對自我有更多層面的探討認識與成長，同時也可增進人與人之間共同與差異的豐富觀點。

一、Freud 的本我、自我、超我

　　按 Freud 的理論，人格是一個整體並包括了三部分，分別稱為本我、自我、

超我，這三個部分彼此交互影響，在不同時間內，對個體產生不同的作用。構成本我的成分是人類的基本需求，如飢、渴、性三者均屬之。「支配本我」的是唯樂原則，例如嬰兒每感飢餓時即要求立刻喝奶，無法考慮母親有無困難。自我，是個體出生後，由本我中分化發展而產生，本我如不能在需求上立即獲得滿足，他就必須遷就現實的限制，並學習到如何在現實中獲得需求的滿足。「支配自我」的是現實原則，自我介於本我與超我之間，對本我的衝動與超我的管制具有緩衝與調節的功能。超我是人格結構中居於管制的地位，是由於個體在生活中，接受社會文化道德規範的教養而逐漸形成的。超我有兩個重要部分：一為自我理想，是要求自己行為符合自己理想的標準；二為良心，是規定自己行為免於犯錯的限制，「支配超我」的是完美原則。

人格特質是個人身心方面多種特質的綜合，包括生理特徵、氣質、動機、態度等，用俗話說就是指一個人的「個性」、「本性」。一般而言，人格特質會受遺傳、環境及學習的影響，且具有相當的統整性與持久性而不易改變，所謂江山易改本性難移。許多生涯輔導學家認為，個人的人格特質對其生涯發展有很重要的影響。

Freud 的性心理發展期

Freud 的人格發展理論中，總離不開性的觀念，所以他的發展分期解釋，就被稱為性心理發展期。

1. 口腔期（oral stage，零至一歲）：原始欲力的滿足，主要靠口腔的吸吮、咀嚼、吞嚥等活動獲得。嬰兒的快樂大都來自口腔活動，此時期的口腔活動若受限制，會對日後人格發展有不良影響。成人中有所謂的口腔性格，可能就是口腔期發展不順利所致，在行為上表現貪吃、酗酒、吸煙、咬指甲等，甚至在性格上悲觀、依賴、潔癖者，都被認為是口腔性格的特徵。

2. 肛門期（anal stage，一至三歲）：原始欲力的滿足，主要靠大小便排泄

時所產生的刺激獲得。此時期衛生習慣的訓練，對幼兒而言是重要關鍵。如教導不當，可能導致日後行為上表現冷酷、頑固、剛愎、吝嗇等，可能就是肛門性格的特徵。

3. 性器期（phallic stage，三至六歲）：原始欲力的需求，主要靠性器官的部位獲得滿足，此時幼兒喜歡觸摸自己的性器官。幼兒在此時期已能辨識男女性別，並以父母中之異性者為「愛慕」的對象。通常父母的愛是彼此交錯表達，由於父母陽剛與陰柔的呈現，使孩子有角色模仿的對象。但此時父母對孩子的表達不當，會出現男童以父親為競爭對手而愛母親的現象，稱為戀母情結，同理，女童以母親為競爭對手而愛戀父親的現象，稱為戀父情結。

4. 潛伏期（latent stage，七歲至青春期）：七歲以後的兒童，興趣擴大，由對自己的身體和父母感情，轉變到周圍的事物。此一時期的男女兒童之間，在情感上較前疏遠，團體性活動多呈男女分離趨勢。

5. 兩性期（genital stage，青春期以後）：此時期開始時間，男生約在十三歲，女生約在十二歲，此時期個體性器官成熟，在生理上與心理上顯示出特徵，兩性差異開始顯著。自此以後，性的需求轉向相似年齡的異性，開始有了兩性生活的理想，有了婚姻家庭的意識，至此，性心理的發展已臻成熟。

二、Jung 之個人與集體的潛意識

　　Jung 的人格理論，最主要是針對 Freud 理論的批評與修正，Jung 在他的分析理論中提出以下看法：有關自我的看法，Jung 認為自我不是從原始性本我分化出來的，也不是夾在本我與超我之間。自我有其獨立性、連續性和統合性；此三種特性是個體自幼在生活經驗中逐漸發展形成的。自我之內雖然也有意識與潛意識之分，但兩者並不衝突，而是調和的。一個自我發展正常的人，就是人格健康的人。

有關自我潛意識，與 Freud 理論中所指相同，有的是從意識境界中被壓抑下去而不復記憶者，有的是出自本我而強度不夠，不為個體所知覺。無論屬於何種情形，潛意識中的不愉快經驗，積壓多了就會形成情結。自我發展的另一本源，稱之集體潛意識。其不屬於個人所有，是人類在種族演化中長期留下的一種普遍存在的原始心像與觀念，Jung 稱此種原始心像與觀念為原型。原型代代相傳，成為人類累積的經驗，此類種族性的經驗，留存在同族人的潛意識中，成為每一個體人格結構的基礎。這種「集體現象的潛意識性質」也是結構人類學家 Lévi-Strauss 的看法，他認為許多文化有共通性的神話，他將神話定義為「人類集體的夢」，若將 Jung 的觀點與 Lévi-Strauss 的觀點對照，更可以瞭解德國哲人 Kant 所言，人有人格；種族和民族也有其人格，個人的意識深受集體潛意識的影響。

Jung 將人格結構視為由很多兩極相對的內在動力所形成，諸如：意識與潛意識相對、昇華與壓抑相對、理性與非理性相對、個性內向與個性外向相對。既有相對，自然就會產生緊張、不安定、不平衡的情形，此即 Jung 人格結構的內在動力觀念。人格結構內相對力量係來自慾力，欲力促動的結果，自然會使個體人格結構失衡。在兩性相對的很多人格傾向中，Jung 特別重視內向與外向兩極相對的性格傾向。他認為人格發展是連續化、統合化、個別化的成長歷程，在成長發展歷程中，最重要的是將兩極相對的內在動力，逐漸趨於調和，並偏向較成熟的一方；個體發展由內在的兩極相對達到兩種融合的地步，即表示其人格發展已臻於成熟。Jung 認為，人格發展臻於成熟的年齡，不在兒童期與青年期，而在三十歲以後的成年期。

參、人格與工作

人格直接或間接表現出來的是行為，行為的種類很多如組織行為、工作行為等等，這些行為的特性與人格的結構與人格的動力有密切關係。下列將舉與

工作比較有關的人格特質：內外控取向（locus of control）、成就動機（achievement motivation）、權威傾向（authoritaianism）、權謀傾向（machiavellianism）、風險取向（risk taking）。

一、內外控取向

內外控取向是指個人自認控制命運之程度，對命運自主性較強者，稱為「內控者」（internal control）；而聽天由命者為「外控者」（external control）。研究者發現，外控者較難對工作投注，滿足感較低，與工作群體較有疏離感，內控者則反之。外控者可能因對環境及結果較無法控制、感受，故滿足程度較低；內控者則視成果與己有關，滿足較高。但內外控取向對工作績效之影響關係，研究結果並不明顯。不過似乎內控者之績效有較高之傾向，且較熱中於找尋情報，易受激勵。不過需注意的是，內控程度太高，則易導致行為僵化，協調性較差。

二、成就動機

成就動機是一種重要的社會動機，它是驅使人們追求成功的內在動力，對於個體的工作、學習有很大的推動作用。面對學習，因人對成就需求的不同，有些積極、有些消極應對。成就動機理論以 Atkinson 為主要代表人物，他認為個體的動機強弱主要受到個人對成敗經驗的預估，而這又與個人過去的生活經驗與生長過程有關，當預期會成功時，個體會決定追求，若反之預期會失敗時，則會決定放棄追求。成就動機指個人追求責任、挑戰及自我實現之程度。根據過去研究文獻指出，成就動機高者，對事情總希望以最佳方式完成，力克困難，亦希望親身感受自己行為成功或失敗之滋味，追求挑戰及困難。成就動機較低者，則反之。成就動機低者對失敗之恐懼大於成功之希望，故只選輕而易舉的工作，以避免事後失敗的痛苦。高成就動機者願意接受具有一定難度的挑戰性任務，非常想知道自己活動的成果。他們常常以旺盛的精力，採用新的方法創

造性地完成任務。他們對於自己做出的決定負高度的責任；他們選擇與他人合作共事時，往往選那些有能力的人。

三、權威傾向

權威傾向指一個人追求特異地位及權力之心態，一般人多少均有權威傾向，但其與工作績效之關係，則以機運成分較大。權威傾向較高的人，會有「固執者」之行為僵化傾向；易於主觀評斷他人；「媚上欺下」；不信任別人及抗拒變革等行徑。當然，權威傾向是相對性的，很少人會出現極端情況。一般而言，假設工作需要有別人協助，情境也比較複雜詭譎，則權威傾向較高者，其績效反而較低；反之，若工作需要借助規則、制度等結構化形成，則權威傾向較高者，績效較佳。

四、權謀傾向

權謀傾向，此項名詞〔或稱為獨斷傾向（dogmatism）〕源自於十六世紀義大利學者Niccolò Machiavelli所闡揚之「霸權取得」及「權術操作」觀念而來，此種「謀權」之理念，強調現實主義、理性觀點，認為為達目的，可以不擇手段。根據研究顯示，謀權傾向較高的人，較會玩弄權威、重視勝利、少被說服、多說服別人；謀權傾向較低者，則反之。不過，這種結果，亦受到某些情境因素之影響，譬如：(1)當面對面互動機會較多時；(2)規定及法則較少時；(3)情緒性因素較少時，則謀權傾向更易滋長。但是，謀權傾向較高的主管，會有較能幹的部屬嗎？此可能需視工作類型及重視績效的程度而定，如果工作需要協商技巧，或成功後，可獲得實質獎掖，則謀權傾向較高者，會較具生產力，反之則否。

五、風險取向

風險取向係指決策者承擔風險的意願。此種承擔或規避之意願，將影響對

時間知覺、情報知覺之程度。一般而言，承擔風險的經理人，決策比較迅速，所用情報較少，反之則否。組織中之經理人員，多數具有規避風險之傾向，當然工作性質或其他因素亦會影響。譬如對證券交易商而言，風險承擔者似有較佳之績效，但此種人格特質，對負責稽核工作之會計人員，承擔風險反而是不利因素，稽核工作必須小心謹慎。

「做一行、怨一行」，每個人多少會對「工作」有所不滿。工作與自己的人格特質無法適配，確實會帶來困擾，因此要瞭解自己的特質與工作特性，才能在生活中遊刃有餘，享受樂趣。

總結

有關自我的理論中，有一種主張為「自我意象」（self-image）治療法，正廣泛地應用於心理學、臨床心理與精神醫學、運動心理學及美容師或整型外科等領域（M. Raltz 所提）。其主張認為：(1)人的行動、情感、行為永遠與自我意象相吻合；(2)自我意象是可以改變的。如果一個人可以為自己塑造一幅正向的「視覺心像」（visual image），則「相由心生」，這個人將會展露出與過去抱持負向心像完全不同的神奇效果，他可能更快樂、更有能力、更迷人，甚至看起來更年輕、瀟灑。

運動心理學家喜歡用「心像技術」（imagery techniques）來幫助運動員從事運動競賽，許多企業顧問師也建議主管可以採用「心像預演法」，讓自己透過心理模擬與角色演練的方式，事先掌握談判或會議的可能性，以達到預演的效果。許多報告或實務報告指出，心像技術的好處可以改變個人的能力、情緒、行為等，例如，讓原本被視為低能的男孩變成機靈的小夥子，讓害羞的人變成擅長公共關係，甚至讓一個無可救藥的慣犯，一夜之間變成模範犯人而獲得保釋。

於生涯規劃時常有一些負面的自我認知，如妄自菲薄，擔心自己不能勝任而不敢嘗試；擔心失敗而不願嘗試。因此如何突破上述之自我心理設限，或許

可以自我正向語言,即以正向之話語自我勉勵,例如雖然我沒有太大信心,但我願意試試看,不論結果如何每一次之嘗試,由其中我可以得到許多成長,相信如此下去給自己帶來更多機會。愈以充滿信心的態度進行之生涯規劃,愈能確保生涯成功的可能性。愈能持之以恆,生涯規劃其成功的機會愈高。

對自我有所了解與認識後,可以透過諮商或自我評估的方式,對自己所想要從事的工作進行深度及廣度上的了解,清楚的知道自己想要知道及所要了解的是什麼。另一方面,必須了解自己想從事的工作需具備哪些技能,而這項工作所要求的基本技能與自己所具有的能力及才能是否可以配合。人生的過程是由不斷的抉擇所組成,從學習的歷程中了解自我的優勢及劣勢所在,同時亦須了解外在環境的變遷、有哪些資源是可供我們運用的,如此方能有成功生涯規劃的經驗。

Chapter
4

影響生涯發展的變項

第一節　價值觀

　　價值觀是一種信念，深植個人心中指引個人行為，是人類重要特質之一，也是決定人類行為重要變數之一。在哲學、心理學、社會學、人類學、行為科學領域有討論外，也有許多學者投入研究，且獲得相當的研究成果。價值觀影響個人的生涯發展：在十年前筆者的一位友人，出國讀書是為了一個月能賺十多萬元，所以留學過程只是關起門來，不參與任何活動，即所謂「死讀書」。而另一位友人，出國讀書是為了培養在國內所欠缺的技能與視野，雖然兩人都拿到博士學位，但境遇卻不同，可見價值觀的影響相當深遠。

壹、價值的意義與重要性

　　在瞭解價值觀的重要性之前，讓我們先瞭解何謂價值，再談價值觀與價值體系形成的過程。

一、 價值的意義

人類生活在客觀的萬物中，也生活在主觀世界的個人心智領域或精神生活中。價值的產生是由於我們人類的主觀心智體認到客觀世界的事物，或他人的行為對自己本身或社會所發生的影響及關係，而予以做價值的評估（劉玉玲，2001）。客觀世界的自然事物，本身無所謂善惡、利害，當其和人發生了關係之後，才有善惡、得失和利害的結果。價值是個人表示其喜好的傾向，是個人在評鑑時所依據的標準；價值也是形成規範與批判規範的規準。價值觀會使得個人或社會對於某種特定行為方式或存在目的的狀態有所偏好，而較不喜歡與其相對或相反行為方式或存在目的的狀態。社會及行為學家將哲學家對價值觀的含義加以推展，用來表示高度抽象化之概念，謂之價值觀或價值體系。

二、價值觀的重要性

價值觀是人們對特定行為、事物、狀態或目標的一種持久性偏好，此偏好係屬一套兼含認知、情感及意向的信念。價值非指人的行為或事物本身，而是用以判斷行為好壞或對錯之標準，或是據以選擇事物的參考架構（楊國樞，1996）。張春興（1996）認為：價值觀是指個人自認（或社會共識）正當並據以為判斷是非善惡的標準者；合於該標準即判為有價值，不合標準則判為無價值。價值觀在許多學門領域的研究上，越來越具重要性，近年來不管是政府、企業或學術界的領導人，莫不重視價值觀。價值觀是瞭解態度與激勵動機的基礎，且會左右我們的知覺。價值觀可視為一個人表現意圖和行動之準繩，所以一個人的價值觀將影響生涯抉擇。價值觀或價值體系是個人行為的標準，有助於達成適應、自衛、尋求意義、自我實現等人類需求的表現與滿足。

三、價值體系之形成與改變

價值觀指引個人行為，可以藉由個體行為舉止來推測其價值傾向，以及預

測個體所表現出來的行為。價值觀大都在幼年時期即已形成，受到父母、老師、同學、朋友和其他人的影響，個人的價值觀依其相對重要性的排列組合而形成價值體系。於家庭中所建立的價值觀通常是相當穩定和持久的，例如父母喜愛頂級的名貴手錶，享用美食，生活奢華，其子女耳濡目染之下，子女後來的行為自然也是可推測的，反之，父母雖是富豪，但勤儉過日，如王永慶其第二代的子女儉約生活是有目共睹的。價值觀和態度不同，態度是經由學習而形成的對既定事物的持續反應，態度會隨環境改變而改變，但價值觀較穩定，例如基督教從不吃帶血的食物，回教從不吃豬肉，此宗教價值不會因情境改變而改變。

中國人的社會價值有和平、互助、協調、公平及民主等，但這些價值非一朝形成，而是經歷數千年生活順應及調整之過程，逐漸沿用強化，而融入生活孕育完成；其改變雖緩慢，但並非一成不變，而是隨時空易位，個體價值信念之形成亦然（劉玉玲，2001）。有些人經歷一些難以忘懷的事件，價值觀隨之改變，如「過往的我是一個一毛不拔的鐵公雞，當兵之後我對金錢的價值觀改變非常大。當兵真的讓人變得很多，我想對於很多男人來說是如此的。」「經歷這一次的病痛，我更加珍惜親情，也不會將時間用在無關緊要的事上。」個人的價值觀與團體價值觀的改變，隨文化、社會的變遷而有變化，也隨價值觀的種類而有不同的呈現。

四、價值觀的種類

價值觀是人們在理智選擇行為時的判斷標準，並對各種事物進行評價，統整人境的交互作用，並且形成人格的結構，進而影響個人的整體態度和行為。G. W. Allport、Vernon 及 Lindzey 於 1960 年提出六種價值類型，稱為「歐范林」價值量表：(1)理論型（theoretical）：指重視透過理性方式發掘真理，及渴望自己的知識系統化，較偏向「理智主義」，一切依理行事，富實證、推理、批判精神；(2)經濟型（economic）：指凡事強調用途及實用，注重「成本效益」，重視功利，以擁有財富為樂；(3)審美型（aesthetic）：指強調形式及協調，為

「唯美典型」者，但不一定是真正之藝術創造者；(4)社會型（social）：指重視人際關係及情愛，確信「人和為貴」，強調利他、仁慈、樂於助人；(5)政治型（political）：指重視權力與影響力之取得，以「支配意識」為優先考慮，喜歡鬥爭及權術；(6)宗教型（religious）：以「合一性」（unity）為最高價值，重視宇宙、人類之整體瞭解，且可以透過心靈之洞察來達成，遵循「奉獻精神」之要義，與宇宙合為一體。

不同職業的人，其價值觀亦有差異。Allport 曾發展衡量「價值評定」量表，詢問受試者對價值之偏好程度，形成價值組型結構，表示每個人在六種價值之相對重要性，Taguiri（1976）曾利用該量表測定三種不同職業人員，其價值偏好程度有極明顯之差異（如表 4-1 所示）。表中顯示熱中宗教之牧師，其視宗教為最重要，經濟因素最不重要；至於採購主管，則以「經濟」為最優先之標準，社交最不重要；科學研究人員則注重真理之追求，多傾向理論型，對社交之喜好程度最低，這些發現均與實際判斷頗為符合。

美國心理學家 Milton Rokeach（1973）於《人類價值觀的本質》（*The Nature of Human Values*）中，提出十三種價值觀：(1)成就感：如提升社會地位，得到社會認同；(2)美感的追求：如能有機會多方面地欣賞周遭的人、事、物；(3)挑戰：能有機會運用聰明才智來解決問題；(4)健康：包括身體和心理，工作能夠免於焦慮、緊張和恐懼；(5)收入與財富：工作能夠明顯、有效地改善自己的財務狀況，能夠得到金錢所能買到的東西；(6)獨立性：指在工作中能有彈性，可以充分掌握自己的時間和行動，自由度高；(7)愛：家庭、人際關係，與別人分享，協助別人解決問題；體貼、關愛；(8)道德感；(9)歡樂；(10)權力；(11)安全感；(12)自我成長；(13)協助他人。

由上述可瞭解價值觀反映出個人所要的，不論內隱的或外顯的；同時亦是一個假設性的建構，為個人或團體於抉擇時，用作判斷及引發行為與投注的標準，是個人或社會對某種行止或存在的目的狀態的偏好狀況。價值觀由強度至弱度排列，則分別為操作價值（operative values）、意願價值（intended va-

表 4-1　不同職業人員價值組型結構表

牧師	採購主管	科學家
1. 宗教型	1. 經濟型	1. 理論型
2. 社交型	2. 理論型	2. 政治型
3. 審美型	3. 政治型	3. 經濟型
4. 政治型	4. 宗教型	4. 審美型
5. 理論型	5. 審美型	5. 宗教型
6. 經濟型	6. 社交型	6. 社交型

資料來源：Taguiri（1967: 16-21）。

lues）、情境價值（situational values）和微弱價值（weak values）（England, 1975）。價值觀從不同角度切入，可以有不同的分類。傳統的職業輔導大都以「幫助個人選擇職業、準備就業、安置職業，並且在職業上獲得成功」為主要的工作內容。生涯輔導源於職業輔導，但隨著年代的發展，生涯輔導則進一步地擴張職業輔導的領域，生涯輔導的概念已經由傳統狹隘的就業安置觀點，擴展為個人一生的生活目標、方式與發展的輔導，其重要性亦隨之越來越明顯確切，生涯輔導強調主題之一是個人價值的發展。工作價值與生涯發展中的職業探索有很大的關聯性，以下將探討工作價值觀。

貳、工作價值觀

一、工作價值觀的定義

　　工作價值觀的含義大都自價值的含義衍生而來。工作價值觀與工作有關的目標，是個人的內在所需求的及個人從事活動時所追求的工作特性或屬性（Super, 1970）。工作價值觀的定義有許多，「工作價值觀是介於個人的情感取向以及可提供與此一情感取向相似滿足感的各種外在目標間的一組概念」（Zytowski, 1970），是一種評價性的陳述。「工作價值觀是一關係性的描述，

用以說明個人（關係的主體）及工作的特殊特質（關係的客體）間的關係。當個人有機會選擇時，前述二者間關係的性質是一種較多或較少喜歡的描述。」（Pryor, 1979）是一種情感性的描述。

工作價值觀是價值系統中的一部分，含有與工作有關的情感、態度、認知成分，其目的在於藉個人在生活過程中一系列的判斷，以促進個人心理對工作一般性的態度傾向。也就是一種對職業的偏好傾向，工作所具有的意義，以及工作中所關係的規範和行為準則等。不同的工作價值觀組合成工作價值體系，影響個人的擇業行為與工作滿足。

二、工作價值觀的種類

Ginzberg 是最早提出工作價值觀的分類方法的學者，他將工作價值觀分為內在價值（intrinsic values）、外在價值（extrinsic values），和附帶價值（concomitant values）三大類。所謂外在價值是外在於工作，但又與工作息息相關的價值標準，內在價值則是屬於對工作本身之本質的敘述，而其他因素歸類於附帶價值。

生涯發展學者 Super（1970）的工作價值觀，其意義包含下列：利他主義（altruism）、美的追求（esthetic）、創造性（creativity）、智性的啟發（intellectual stimulation）、獨立性（independence）、成就感（achievement）、聲望（prestige）、管理的權力（management）、經濟報酬（economic returns）、安全感（security）、工作環境（surroundings）、與上司的關係（supervisory relations）、與同事的關係（associates）、與志同道合的伙伴一起愉快工作、變異性（variety）、能讓人嘗試不同生活方式的選擇（way of life）、並實現自己的理想。後來 Super 將這些工作價值向度用因素分析法得出四項因素——物質安全、自我表達、行為控制及生活品質。而 Rokeach（1973）將價值依「行為的方式」及「存在的結果狀態」的偏好分為兩類：工具價值（instrument values）和目的價值。Rokeach 根據工具價值與目的價值發展出價值量表（Rokeach Value

Survey, RVS），以三十六個價值項目來測量這兩種不同價值觀的類別（如表
4-2）。

表 4-2　Rokeach 價值量表

目的價值		工具價值	
1.舒適的生活	10.內心的和諧	1.有志氣、有抱負	10.有想像力
2.多采多姿的生活	11.成熟的愛	2.心胸開朗	11.獨立
3.有成就感	12.國家安全	3.能幹	12.聰明
4.和平的世界	13.愉快	4.爽朗、愉快	13.有條理
5.美麗的世界	14.心靈超脫	5.整潔	14.親愛
6.平等博愛	15.自尊	6.勇敢	15.服從
7.家庭安全	16.社會讚許	7.寬恕	16.禮節
8.自由	17.真誠的友誼	8.服務	17.負責
9.幸福	18.智慧	9.真誠	18.自制

資料來源：Rokeach（1973）。

　　價值觀代表深植於個人心裡的一種信念，會指引個人行為，包括個體的評估準則，決策行為。因此，可以藉由個體行為舉止來推測其價值的傾向，也可藉由對個體價值的瞭解來預測個體所表現出來的行為。以往強調工作價值是「忠貞」於單一價值，物換星移，工作價值觀也隨時代交替、文化、工作性質不同而有不同的理解和詮釋。

三、影響工作價值觀的變數

　　個人價值與組織價值配合度決定一個人對組織的忠誠度，而工作價值觀深受社會、文化、性別、歷史、經濟、社經地位等之影響（Boyatzis & Skelly, 1991）。影響個人工作價值觀的形成因素，除了家庭因素外，還有學校師長與特定生活經驗的影響。隨著社會的工業化變遷現象，個人對於工作所看重的項目趨向兩方面：重視個人時間的安排及強調個人對所屬公司或組織的忠誠。價

值觀具有引導個體行為、幫助個體做決定與解決衝突，以及激勵個體達成自我實現等功能。工作價值觀的概念有助於對職業選擇的預測，且能預期個人可能的工作滿足狀況。

價值觀是否會有性別上的差異？研究上有不同的答案，以教師而言，男性教師較女性教師重視理論、經濟、社會、政治價值，女性教師較男性教師重視審美、宗教價值（郭金池，1989），而國民中學女性教師之工作價值觀顯著高於男性教師（郭騰淵，1991；羅俊龍，1995）。也有研究發現性別與工作價值觀無關聯，如職業學校教師之工作價值觀不因其性別之不同而有顯著差異（徐善德，1997）。楊妙芬（1997）曾探討國民小學教師的工作價值觀，研究結果發現：男性與女性教師在整體工作價值觀方面無顯著差異，惟女性教師在「安定感」上顯著高於男性教師。也有研究顯示，國民小學教師之整體工作價值觀不因其性別之不同而有顯著差異；惟女性教師在組織安全、物質報酬及健康休閒層面，顯著高於男性教師（李冠儀，2000）。

年齡與工作價值觀之關係的研究發現，工作價值觀隨其年齡的增加而增加（Hales & Hartman, 1978），年齡越大的國民小學教師，其越重視工作價值觀（郭金池，1989；羅俊龍，1995；楊妙芬，1997）。但也有研究認為年齡與工作價值觀無顯著相關（Essen, 1984），李冠儀（2000）的研究發現，國民小學教師之整體工作價值觀不因其年齡之不同而有顯著差異；惟五十一歲以上的教師在物質報酬層面的重視程度顯著高於三十歲以下的教師。

此外，教育程度、年資、婚姻、學校規模等變項與工作價值觀關係的探討都有正、反面的看法。工作價值觀之自主創造、成就聲望、人際關係、組織安全、物質報酬與健康休閒，對教師專業承諾的專業認同、盡責奉獻與留業傾向有顯著的影響；越重視物質報酬之教師，其專業承諾的留業傾向越低。個體對各種行為方式或存在目標的喜好與選擇，必有輕重緩急之別，因此各種優先次序的排列或重要程度的階層結構建構出工作價值體系。工作價值導向是一種概括且具有組織的概念，此種概念對於人的本質、人與自然的關係與人與人的關

係種種可欲與不可欲的行為有所影響。

四、工作價值觀的改變

隨著新新人類（X、Y 世代或草莓族）逐年加入就業市場，他們重視個人成就感、要求工作尊嚴等新價值觀，使得用人主管的管理風格面臨挑戰，而不得不有所調整。新新人類較不重視團隊工作，喜歡獨立性較高的專案性任務，要求被充分授權等新價值觀。此外大環境的改變，企業體為了減少支出，已不願付出成本給予新人良好的教育訓練。e 世代的工作觀和人生觀與以往的不同，新新人類的工作價值觀改變，同時也改變了「員工與企業為生命共同體」的觀念。過去「終身職」的觀念幾乎蕩然無存，員工對企業的忠誠度減低，而追求「及時名利」的工作意識日漸抬頭。

全球資訊流通快速，大學生對知識探索的領域更廣，也更瞭解、更能體會語言的重要性，所以企業體也發現現在優秀的大學生，不論在社團經驗、外語能力、專業能力，都比以前的大學生強。亦即，現在的六、七年級畢業生不見得是素質低落，而是對工作的期望有所不同。對四、五年級的企業主管來說，若新鮮人不能忍受煎熬、不全心全意投入工作，就很容易被貼上好高騖遠、素質不佳的標籤。年輕學子應該認清現實與趨勢，增加自己的附加價值，增加競爭力，並且時時把握機會，擴展自己的視野。不論是草莓或芭樂都能扮演好自己的角色，重點是要有草莓的價值，不是每顆草莓都會被賤價出售的，也有那種草莓是貴又人人稱讚的，芭樂也應尊重草莓的成長背景，心態會轉變才好。

參、價值澄清

價值是一種主觀觀念並非客觀存在，任何人都有屬於自己一套的價值觀念，以自己所認定的去衡量。價值教學的理念主張任何人都無正確的價值可以傳遞給他人，價值是經過個人澄清、檢視的過程建立其價值體系。強調價值必

須是由選擇、反省、行動所形成。目前較常使用的價值教學是整合道德認知及價值澄清的觀點,強調價值澄清過程和道德批判能力的交互作用,批判反省澄清的價值並付諸行動。Louis Raths 於 1960 年代提出價值澄清法(Raths, 1966),其所強調的並非價值本身而是重視獲得價值的過程。而價值澄清法的前提為任何人都沒有正確的價值可以傳達給其他人,所以價值澄清即協助兒童察覺自己和他人的價值並由此建立自己的價值體系。教學過程通常有四個階段,分別是(1)了解期:提供情境,表達學習者自我的看法;(2)關聯期:根據原有價值探討情境;(3)評價期:學習者價值及情感的表露,評判情境;(4)反省期:學習者公開表示其選擇,並評量反省自己的判斷。教學活動包括書寫活動價值單、思考單。澄清式訪問、討論活動等。以下簡介較使用的價值澄清的思考單。

在你的生命歷程中,影響最深的事情有哪些?你最想做的事情是什麼?請完成下面十二個句子,你便可以找到一些答案。

(1) 如果我是個百萬富翁,我會＿＿＿＿＿＿＿＿＿＿＿＿＿＿＿＿＿＿＿＿＿
(2) 我聽過、讀過最好的觀念是＿＿＿＿＿＿＿＿＿＿＿＿＿＿＿＿＿＿＿＿
(3) 在這個世界上,我最想改變的一件事是＿＿＿＿＿＿＿＿＿＿＿＿＿＿
(4) 我一生中最想要的事物是＿＿＿＿＿＿＿＿＿＿＿＿＿＿＿＿＿＿＿＿＿
(5) 我在下面這種情況下表現最好＿＿＿＿＿＿＿＿＿＿＿＿＿＿＿＿＿＿
(6) 我最關心的事是＿＿＿＿＿＿＿＿＿＿＿＿＿＿＿＿＿＿＿＿＿＿＿＿＿
(7) 我幻想最多的事是＿＿＿＿＿＿＿＿＿＿＿＿＿＿＿＿＿＿＿＿＿＿＿＿
(8) 我的父母最希望我能＿＿＿＿＿＿＿＿＿＿＿＿＿＿＿＿＿＿＿＿＿＿＿
(9) 我生命中最大的喜悅是＿＿＿＿＿＿＿＿＿＿＿＿＿＿＿＿＿＿＿＿＿＿
(10) 我是怎樣的人＿＿＿＿＿＿＿＿＿＿＿＿＿＿＿＿＿＿＿＿＿＿＿＿＿＿
(11) 熟知我的人認為我是＿＿＿＿＿＿＿＿＿＿＿＿＿＿＿＿＿＿＿＿＿＿＿
(12) 我相信＿＿＿＿＿＿＿＿＿＿＿＿＿＿＿＿＿＿＿＿＿＿＿＿＿＿＿＿＿＿

資料來源:羅文基(1992)。

第二節　態度

一般企業體聘用新鮮人的標準,不單是考量 IQ,EQ 的考驗也在內。通常

會透過測驗選出 IQ 相對較高也就是本質較好的人，然後再從履歷、自傳和面試中，檢視應徵者的工作態度。重視態度的程度，會因工作性質而有高低，平均而言，學歷、專業知識、英語能力等個人條件，佔四成到五成的評估比重，而自我學習、價值觀等屬於態度面的評估比重，佔了五到六成，是錄取與否最關鍵的因素。

　　一個人的家世背景、畢業學校、工作經驗是無法改變的，若加上自己非相關科系畢業、學歷比人差，豈不是雪上加霜。但天無絕人之路，生活上有太多反敗為勝的例子，中外所呈現的實例有一共通的特點，命運可以坎坷，但一定要有破冰的態度，唯有態度，是能幫助自己封鎖先天弱勢，開啟人生另一扇門的金鑰匙。

壹、態度之於生涯

一、態度的定義

　　態度係指個人對人、事、物可能採取某種行動之前的感情或看法，而構成其三要素是情感、認知、行為。

　　情感是個人對某人、物、事的感覺或情緒。這種情緒有時高漲，有時則無傷大雅。例如，大維不喜歡「微積分」課，也不喜歡「經濟學」，但「經濟學」是選修的課程，所以喜不喜歡，倒是無所謂。而「微積分」，則是必修之課程，所以一談到「微積分」大維就滿腹牢騷或憂慮在先。

　　認知係指個人對事情的知識。張三不喜歡「統計」課，因為他知道這一門課所用的教科書是原文書，上課時間在上午八點二十分（張三是夜貓子），考試題目非常難，教授打分也非常嚴格。認知是依個人對真實（truth and reality）的知覺，所以張三對「統計」的認知（知識）可能是真實的，半真半假的，或不真實的。

行為要素係指對人事物表現的某種特定行為意圖。例如，慶威時常在背後講人壞話（認知），在情感上大維討厭這種人前人後不一致的人，所以大維對慶威的行為是點頭之交，不深入交往。大維的態度是「以禮代之」、「保持距離，以策安全」。

由上面的例子可以瞭解行為要素可以說明態度之所以使實際行為表現有所不同，態度常被視為情感上的感覺、認知上的想法及意圖行為三要素結合而成，通常，此三者是不分家的。例如喜歡某一件事（情感要素），認為它是有用的（認知要素），並且有想做這件事的意念（行為要素）。將態度分為認知、情感、行為三要素，有助於瞭解態度與行為間的複雜性及潛在關係（劉玉玲，2001）。

二、態度的種類

生活上，個體會有許多的態度，與工作有關的態度，基本上有三種：工作滿足感、工作投注程度、組織承諾程度。

1. 工作滿足感：表示個人對其工作之一般性態度，D. C. Smith 認為，工作滿足感乃是工作者對其工作及相關因素之感受或情感反應。滿足感強，則工作態度積極，反之則有消極之反應。其實「工作態度」與「工作滿足」經常視為同義詞。

2. 工作投注程度：這是組織行為研究新近加入之觀念，迄今無公認之定義，惟大致係指個人認同工作，參與工作以及認為其績效無自我價值相關之程度。因此投入程度越深，則更具生產力，也會有更高滿足感，亦較不易辭退（resign）。

3. 組織承諾程度：此係指個人認同組織及忠於組織之承諾程度。承諾越高，則會越將自己視為組織之一分子，唇齒相依。因此研究顯示，承諾程度越高，越是好的執行者，其流動率較低，反之則高。

貳、態度的改變

　　態度是經過學習的過程而形成的，因此要想改變態度的強度，或以一種新的態度取代舊的態度，照理並不是不可能的事。但態度一旦形成之後，即成為個體人格的一部分，而影響其整個行為方式。因此態度的改變或取代，並不像一般的學習那麼簡單，學習有時候只改變一個人態度中思想與信念的成分，而沒有改變情感與行為傾向，因此時間一過，態度又回復原狀。態度的改變可分為兩種，一為改變原有態度的強度，方向不變，如稍微反對（或贊成）改變為強烈的反對（或贊成），此種形式稱為一致性（congruent）的改變。另一為以新的態度取代舊的態度，即方向的改變，本來反對的變為贊成，或反過來，本來喜歡的變為不喜歡，此種形式稱為不一致性（incongruent）的改變（劉玉玲，2001）。

一、瞭解職場的現況

　　長期以來在就業市場中，隱約存在著一個選才上的迷思，認為技職體系的學生不如一般大學、私立的不如國立的大學生、學士不如碩士。學歷的弱勢一直扮演社會新鮮人的求職絆腳石。十年來，由於大專院校數量暴增三倍，91 學年度的大學院校已高達一百三十九家。根據《CHEERS》雜誌（2003）職場問卷調查報導，針對《天下雜誌》一千大企業人力資源主管進行調查，調查結果顯示，有九成企業承認大學生的素質一年不如一年，印證了大學人數暴增的結果，品質並未相對提升。

　　根據經建會（2004）發表的《長期科技人力供需推估及因應對策》報告指出，這幾年來由於專科改制及學院升格，導致學士人力急速擴增，但是碩士卻炙手可熱。職場上的中級人力，已逐漸以學士為主要來源，高級人力則以碩士為核心來源。即使同是科技相關科系畢業生，未來四年內，學士將會供過於求，

碩士人才卻是供不應求。以往學生只要知道冷門科系和熱門科系之間的差別；而現在，就業或升學的選擇，卻能讓一個年輕人的命運大不相同。同樣是念資訊管理，大學畢業生每年將供過於求九千人以上，但碩士畢業生卻是處於供不應求的搶手狀態。高等教育政策大幅放寬大學錄取率之後，在就業市場開始發酵，學士學歷成為新弱勢，除了供過於求，企業也無法認定「學士」就是擁有能力的人才。當大學錄取率達 110% 時，每個高中生不論素質如何，都將有一張大學學歷。而當企業無法短時間從量多的大學生中判斷出誰是人才，只好提高學歷門檻，造成大學畢業生不斷繼續追求學歷的惡性循環。

二、培養應變態度

自 2000 年以來，全球經濟全面性的衰退，使得企業回歸到紮實的基本運作，《A 到 A+》、《執行力》等暢銷書籍一再強調「重新強調默默做事、穩紮穩打」的工作態度。但不是每個成長在 1990 年代的年輕人，都明確瞭解並接收到這個訊息。當下許多年輕人有許多工作的態度應該改變，但政府一再強調失業率的攀升是世界趨勢，導致年輕人認為找不到工作，是因為經濟不景氣。年輕人不去正視自己對工作不夠紮實的態度、專業知能不足，以及過度的期望如想一步登天，如許多人想當執行長，但不知成為執行長前所需付出的努力與代價。

對於五、六年級生而言，錢多、事少、離家近是好工作的標準。對七年級生來說，夢想中的好工作，是能表現光鮮、成長升遷快速，有所成就的那一天，自己才三十出頭。企盼自己的外觀是氣宇軒昂，穿著名牌西裝的男主角，像李奧納多那樣的帥氣，或是女主角能像惠普的 CEO 菲奧莉納那樣的幹練。事實上，白領、內勤、穩定的「好工作」本來就少，新鮮人幾乎沒有籌碼來爭取。快速成功、一夕致富的人或許只佔萬分之一，但在媒體再三報導下，很容易讓人有錯誤的認知，以為每個人都可以複製相同的模式。但事實上，許多大學生畢業時，既沒有專業能力也沒有經驗，唯一的依靠只有學歷。

　　年輕人在找工作時，非常在意企業所能提供的教育訓練與福利，卻沒想過，自己能對企業有何貢獻。總是先想到我要什麼，這家公司對我有什麼好處，包括現在可學習的內容以及未來可用來跳槽的助力。過於計算自己的好處，不瞭解對方的需求是什麼，面試者問應徵者「為什麼你想來我們公司？」許多人都會說「因為這邊教育訓練很好，可以學到很多東西」，但是當主考官再追問：「還有其他原因嗎？」許多人便答不出來。現代人很多寧願在家當「米蟲」，害怕面對市場，更是以延遲畢業作為逃避的手段。所以正確的態度是，踏出的第一步要清楚自己會做什麼、能做什麼、自己要什麼。瞭解對方的需求，說明自己可以學習與付出什麼。

三、無法改變大環境前，可以修正態度改變心境

　　在求職不易的環境下，若希望找到工作、甚至是找到好工作，便需在畢業前夕甚至更早，修正自己的態度，請益於「前輩」，與不同領域學習者交朋友。有些大學生一畢業就能馬上找到工作，有些進入不錯的職場。這些學生在校時，由於擔心自己的能力、經驗不足，還沒有準備好進入職場，於是有畢業前的準備動作，例如透過參與社團向別人學習，多聽別人的意見，或是積極打工，和形形色色的人交談。有許多兼差的同事各自從事不同的行業，有很多應對進退的方式，可以從中模仿練習，增長自己的人際溝通技能。打工的內容盡可能的與未來規劃的工作相符，不致浪費時日，如師資培育的學生打工時，盡可能的找與教育相關的行業，磨練教學技巧與對人的敏感度。人際溝通除了靠實際磨練外，與閱讀修養也很有關係，閱讀勵志和相關的書籍雜誌，不但看別人成功的哲學，也可留意作者的措辭以及論理的方式。此外聽演講，除了聆聽別人如何溝通、表達，還可以知道演講者那個年紀的人在想些什麼，尋找角色楷模可以學習他們的經驗、做事的方法。

　　清楚企業的發展需求，積極參加學校舉辦的各項活動，如參訪知名廠商，利用交換學生的機會，到國外學習等。投遞履歷前，認真地蒐集應徵企業的基

本資料，包括產業動態、企業營運狀況和發展遠景，確認該企業人資部門的工作內容，是否與自己想發揮和學習的領域相關。瞭解企業的發展需求與自己在學期間的經歷是否適配，清楚地向主管說明，如何配合企業的發展，以及自己能為公司所提供的貢獻為何。

剛畢業時，不用太執著堅持自己一定要做什麼，其實有時只要找到喜歡的產業、價值觀也與自己符合的即可。任何工作都可以學到經驗，先接受次好的工作，把它做好，有時透過這些過程，反而可以找到自己真正的工作興趣。瞭解第一份工作通常是最好的試金石，開放自己求職目標的廣度，在實際工作後，會發現自己的興趣，價值觀會轉變，每個人對未來的生涯規劃不同，職場就業情況自然也有差異，扮演好工作角色，終有圓夢的一天。

第三節　能力

許多人有這樣的困惑，當一位求職者具有名校的學歷但與工作的專業能力不符，和非名校的學歷卻與專業相符的能力，到底應錄用誰呢？許多實務界人士的看法是，大學生的素質逐漸低落，一般的行政工作仍以學士為主，但像研發的專業工作，傾向用碩士畢業生。

以前企業體不會一直找碩士，因為學士就可以滿足需求了，但業界認為，現在大學生的素質和五年前差了一大截，高科技業用碩士的比例會越來越高。以金融業為例，以前負責收款經辦的櫃台人員，都是用高中職畢業生，而現在，98%的櫃台助理專員都是大專以上學歷，而且起薪也只是二萬六千元。若是商管類研究所畢業，就有機會進入財務部門，薪水就是以四萬元起跳。當企業用人的學歷標準不斷調高，對大學畢業生來說，就業與升學之間，再也不能像過去單純地以興趣做選擇。

壹、能力之於生涯規劃

實力與外表在職場的關係究竟是互斥、互補、不相干,或是相輔相成呢?有人說,美麗的外表是最好的推薦信,然推薦信並不代表一定會被錄用,即使被錄用,也不保證一定被重用。就推薦信而言,有些公司現在幾乎不收書面履歷,人事主管只要利用徵才軟體,電腦按鍵一下子就可以跑出符合條件的履歷。而國立大學學歷的招牌,最多只有兩年的護身符,之後還是要看能力。

《CHEERS》雜誌曾調查企業甄選人才時,是否在意學生的「血統」?問到企業是否會優先選擇國立、私立或技術學院的學生時,結果顯示有六成四的企業回答三種學校都沒有差別,不會有誰輕誰重之別。相對於碩士,大學學歷已經變得平庸不堪;國立大學、私立大學、技職體系的畢業生,彼此的差距並不大。通常外商招募多半不拘科系或學士、碩士之別,像IBM(台灣國際商業機器)、HSBC(香港上海匯豐銀行)等公司都歡迎每位新鮮人。這些外商對新進員工的要求是務實性的,如報紙廣告常看的內容是只要對工作有熱情、嗅覺靈敏、能掌握市場流行,念什麼科系不是重點。

連台積電董事長張忠謀也都否定現今企業用人的迷思。他說,「過去台積電應徵畢業新鮮人的時候,看學校成績是錯的,因為看現在四、五十歲的人,他們對公司的貢獻,和當初他們的成績,相關度不大,怎樣訓練他比較重要。」因此 64% 的企業人資主管表示,大學學歷不是錄取的保障,主要是以能力取勝。企業在評價哪一類的大學生整體表現較佳時,三者各有優缺點,也各有擁護者。國立大學、私立大學、技職學院的學生成等比的差距,但私立及技職學院並非完全沒有機會。林幸台(1991)曾指出,成功 = 能力 × 興趣 × 性格 × 價值觀。此公式中,能力居於第一位。在工作生涯想要出人頭地,除了具備一般知能和社會技巧外,專業知識與專業技能才是致勝的關鍵。

何謂能力呢?個體對生涯角色所需具備的客觀條件與知能謂之能力。能力

依專業的要求不同，可分為專業性能力、半專業性知能、常識性知能、一般性知能等。能力的層級可分為專業性—技巧性能力、半專業性—半技巧性能力、非專業性—非技巧性能力等。專業性能力是指理論、研究方法、技術、技巧、學歷、經歷、證照、認證、著作、發明、行業趨勢及就業資訊等。半專業性知能包括技術、技巧、經驗、證照、認證、就業資訊等。常識性知能包括書報雜誌閱讀、旅遊見聞、流行資訊等。一般性知能包括資金、家庭、健康、體力、體格、性格、年齡、性別、支持系統等。

貳、生涯能力的種類與內涵

　　生涯學者蔡稔惠將生涯能力分成適應性能力（adaptive skills）、功能性能力（functional skills）、特殊內容性能力（specific content skills）。適應性能力是指個人在適應工作中的物理環境、人際關係，與接受適應組織文化的勝任能力。例如，上下班守時打卡、配合工作角色任務的服裝儀容、可靠信用、準時完成任務、愛惜公物、接受上級督導、重視團隊精神、與上司同仁和睦相處、控制情緒衝動等能力。功能性能力是指個人根據其喜好，在處理工作活動中「人、事、資料、理念」四種不同類型的取向，及處理這些不同難易程度所組合的活動之勝任能力。例如，對「資料」的編輯、歸檔、抄錄、比較能力；對「人」的傳承、談判、教導、督導、說服、暗示、服務、幫助能力；對「事」的材料處理、機器架設、儀器操作能力；對「理念」的藝術性敏感，抽象想像力、綜合或分析、語言表達與寫作能力。特殊內容性能力（specific content skills）指個人在工作中，對於被期待的特定條件與明確的工作內容及表現水準，所具有的獨特勝任能力。例如，電腦建築繪圖、器官移植手術、維修飛機等特殊專業能力或技術（蔡稔惠，1995）。

參、能力的加強與因應

外在世界變化如此快速，新的工作、新的專業人才，正以等比速度增加，個人應該強化自己的專業能力與相關知識。由於各行各業分工越來越細，必須在專業領域內有專精的能力，使其他人無法取而代之。心理輔導人員專業領域內可以專精的方向很多，包括婚姻輔導、家族治療、遊戲治療、藝術治療、認知治療、行為療法。以生涯輔導為例，可以用對象區分為兒童、大專學生、職場的上班族、銀髮族，或是以性別區分為男性生涯發展及女性生涯發展，或是為企業組織設計全體員工的生涯輔導方案。所以生涯輔導諮商人員面對不同對象，可因人的專長、經驗、興趣等而有專業上的區隔。不僅輔導人員如此，工程師、律師、會計師等職業更是逐漸走向個別化、專精化的時代。

此外增加自己工作的附加價值，在工作條件要求方面，企業對人才的要求由過去的學歷至上，轉變為經驗與能力至上。除專業技能外，個人還必須具備管理能力。工作的附加價值在於你可以扮演多重角色，自己可以是工程師，同時也是管理者；不僅可以獨立做研發的工程工作，也能夠負責整個部門的進度與績效。這就是所謂「一人多用」、「全方位的磨練」。多充實基本技能是後SARS時代應有的態度，如預算管理、電腦運用、公共關係、談判或仲裁技巧、組織動員與協調、面對截止時間壓力、公開演說與口語報告技巧、文字表達技巧、外語能力、訪問他人、教導他人、督導與接受他人督導、資訊蒐集與整合、創意觀察、調查技巧、適配穿著技巧。

以電腦操作與使用以及外語能力為例，為因應全球國際化與世貿組織，缺乏外語能力，就像是啞巴、瞎子或聾子，對外國的資訊無法有效地吸收、學習。至於電腦，未來的日常生活將與電腦緊密結合，息息相關，國際網路大幅縮小了地球村的範圍，所以電腦知識已成為重要的常識與技能。家庭主婦可以運用電腦購物，文書編輯可以在電腦上操作，而且電腦已逐漸普及於各行各業。

　　未來是實力掛帥、能力導向，終生學習不是口號，是趨勢。未來所需的專業知識，其範圍、領域以及投入程度，完全要依據你對自己的瞭解、對職業的認識，以及最後所下的生涯目標來決定。具備基本技能、增加工作附加價值、強化專業知識，以便應付二十一世紀的需求，便能開創美好的生涯。冷僻、熱門的行業變化速度非常快，五年前炙手可熱的職業，五年後可能風光不再。

　　「摔不破的金飯碗」可能因為經濟不景氣、產業外移等外在因素，變得岌岌不保。內在、外在環境的劇變對企業經營的考驗是殘酷的，而企業組織的精兵變革對白領的工作保障更是無情的。世界在變，經濟在變，企業組織在變，工作也在變；因此，選熱門科系或是找個大企業，捧著好飯碗過一輩子的就業模式，正在逐步瓦解。

　　工作世界所面臨的衝擊，如工業或製造業的就業人數減少，而服務業和資訊業的工作機會增多。人力需求結構以高、低兩階層人才為主，大量文書工作被電腦取代，形成兩極化現象。另外技術及職業變動快速，將會使個人轉業的次數增加，未來的工作世界將是個學習的社會，就業市場需要具有廣博知識及技術基礎的專業人員。此外研究發展（R＆D）的工作將日趨重要，更多婦女將進入就業市場。如何掌握這股變動的脈絡，增加自己的就業能力與競爭力，將會使求職者擁有致勝的優勢。

　　《CHEERS》雜誌曾對國立、私立、技術學院學生的工作態度及能力區分調查，企業普遍認為，國立大學的學生在「專業知識」、「具國際觀及外語能力」，及「創新思考」等方面，表現較優異。一般企業體喜歡徵用名校人才的理由是，念名校的有兩種人，一種是比較聰明，一種是比較認真，所以他們從裡面去挑人。傳統產業中的汽車業，也越來越有錄用國立名校畢業生的傾向。但也有企業體認為，與私立大學的畢業生相較，國立大學表現最差的是工作態度，國立大學的學生「抗壓性」最低，其次「團隊合作」及「忠誠度」也不高。因此認為，國立大學畢業生有時不比私立學校的學生好用，「他們穩定性不高，做了一、兩年就凍未條，而且好高騖遠，不願做基層的工作。」更有企業認為，

國立大學學生會讀書，但對於人生經驗通常很弱，較適合做會計師、律師、金融業等專業性職業，並不適合至衝鋒陷陣、開闢江山、競爭激烈的企業體。

企業體認為私立大學的畢業生在「學習意願強、可塑性高」、「具溝通協調能力」及「表達能力」、「靈活度高」等方面，受企業肯定。研究也顯示企業體認為技術學院學生的「忠誠度高，能配合公司發展規劃」、「能團隊合作」及「學習意願強、可塑性高」。業界有時不喜歡徵用名校人才的理由是以「勤能補拙」來形容技職的學生，因為技職教育的涵養過程，就是培育技術人才進入社會後能立刻上手，他們多半不像國立大學的學生，會計畫出國深造，反而會專心待在企業，並勤於職場學習的機會。

企業體也認為，技術學院與私立大學學生在「國際觀及外語能力」、「創新思考」方面的表現比較差；而技術學院在「解決問題的能力」上也較弱。但也瞭解到這是結構上的問題，技術學院學生程度比其他學校差，是因為學校現有環境及教學水準的影響。所以技術學院在技術養成教育的過程中，「外語能力」、「解決問題能力」的課程設計與發展應予以重視，所謂沒有教不會的學生，只有不會教的老師。師資結構上的問題，應要求教師理論與實務配合。

二次大戰後，美國的大學為因應日益增加的新需求和新成長，經歷了急遽的擴充重構，高等教育因此得以和政府、企業法人組織，成為鼎足而三的重要機構。美國大學之所以能贏得這個戰略性位置，主要是研究型大學與教學型大學的分工合作，並且與政府、社會、職場的密切配合。研究導向的高等學府，產生了許多知識，對社會政策及政府目標有極大的影響，繼而這些研究導向大學和其他的教學大學又培養出許多高科技及專業人員，為社會提供人才，因此獲得舉足輕重的位子。反觀台灣有些學校是關起門來教「知識」、重視認知，忽略學生應加強的技能。此外，企業普遍認為學生的素質不是不好，而是價值觀改變了，年輕人比較重視自我，不會為了工作替公司賣命，良好的工作價值觀與態度的培養相當重要。公司能不能留住人才，也變成公司的一項考驗。能力評估單（表4-3），可以幫助你自己檢視未來想從事的行業，可能需要具備

的能力是什麼？根據自己可能欠缺的能力中，在未來時日可以努力加強，這也是一種達到夢想的途徑之一，藉由增強能力開始。

表4-3　能力評估單

為了檢視你對職業的認識，以及你所具備的能力與理想工作所應具備的能力，請你試著根據目前的職業生涯目標，選定一項工作或職位，然後查閱相關資料，並回答以下的問題（工作所需及自己已具備能力兩部分，確定打∨，不確定或不知道打△，不需要或自己缺乏此能力打×）。

工作職位名稱	工作所需具備的能力	自己已具備的能力	整體心得感想
	☐1.語文能力 ☐2.表達能力 ☐3.溝通、協調能力 ☐4.領導統御能力 ☐5.專業技能 ☐6.電腦軟體操作能力 ☐7.中打及英打 ☐8.行銷能力 ☐9.會計能力 ☐10.機械操作能力 ☐11.法律知識 ☐12.判斷力 ☐13.創造力 ☐14.直覺與敏感度 ☐15.其他重要專業知識	☐1.語文能力 ☐2.表達能力 ☐3.溝通、協調能力 ☐4.領導統御能力 ☐5.專業技能 ☐6.電腦軟體操作能力 ☐7.中打及英打 ☐8.行銷能力 ☐9.會計能力 ☐10.機械操作能力 ☐11.法律知識 ☐12.判斷力 ☐13.創造力 ☐14.直覺與敏感度 ☐15.其他重要專業知識	

- 以上的選項，你在工作所需具備的能力部分確定打∨的多，還是不確定、不知道打△的多呢？如果△超過五個，顯示你對外界資訊的探索仍不充足，「知彼」的工作仍需加強。
- 你在自己已具備能力的部分，打∨的多還是自己缺乏此能力打×的多，或者不確定或不知道自己是否具備此能力而打△的多呢？如果打×及打△過多，顯示你需要加強自我的瞭解或自己的能力，以便達到工作、職位上的要求。

第四節　激勵

壹、激勵的定義

　　動機（motivation）為個人行為的基礎，人類行為的原動力，欲瞭解某人的動機，往往得觀察其行動。動機是相當複雜的名詞，通常動機的名詞之下還包括有需求（needs）、需要（wants）及驅力（drive）等名詞。一般心理學家習慣以驅力表示生理性或自發性的動機，如飢渴及性欲等是；而用動機表示習得性或社會性的動機，如依據成就。但管理學者的觀點將 "motivation" 譯為激勵，Robbins（2004）認為激勵的過程如下（圖 4-1）：

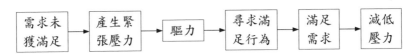

資料來源：Robbins（2004）。

圖 4-1　激勵作用的基本過程

　　由於未獲滿足所產生的緊張，將誘發個人內在的驅力，這些驅力將引導個體找尋某些特定的標的，一旦達成目標後，需求會被滿足，且減低因壓力而引起的緊張狀態。當個體處於一種緊張的壓力狀態，為了紓解壓力，他們投入工作之中，越是緊張，就需要更多的努力才可紓解既有的壓力。因此，當我們看到個體辛勤的工作或讀書，就可以斷定是有股驅力使他們想達到目標。

　　個人在整個生涯發展過程中，生涯的需求受到生存、表達、清淨三種不同生涯驅力的影響（蔡稔惠，2000）。在追求家庭認可、基本社會認可、理想社會認可、自我的無條件認可，人—我—大自然的永續和諧認可等五種生涯需求

時，滿足生涯的需求便據以展現在情意上、行為上、認知上、生理上、內在主觀重視的信念與最高指導的行動原則。有些生涯的需求是功能性、手段性的，有些是終極性，目的性。例如連加恩想要助人，甚至是救人，所以生涯追求的動力是先考上醫學院，然後當醫生救人。有些生涯的需求是有恆久不變的，如德雷沙修女一生奉獻服務人群的心志。有些有可能，也有必要隨生涯階段的發展而改變。

貳、激勵的基本特質

激勵的特質可歸納為三點：(1)努力程度（effort）：個人努力付出的強弱程度，不同的工作所需的努力程度將有所不同，蓋房子的搬運工人搬磚，與研究者努力做研究，兩者均以不同的努力完成他們的任務。勞力者與勞心者因工作性質不同，而有不同的努力；(2)堅持或持續程度（persistent）：指不斷的努力，有恆心及毅力，為目標下工夫，遇到挫折或障礙有的人會中途而廢，有的人再接再厲，我們必須瞭解激勵的特質以及影響激勵的因素；(3)方向（direction）：員工努力是好的，但要思考員工所努力的方向是否有利於組織，員工努力的方向應與組織目標符合。

參、激勵理論

早期的激勵理論研究學者們通常將激勵理論歸納為兩大學派：內容派（content theories）及過程派（process theories）。內容派主要在討論激勵的內在面，即個人如何從事某種活動。他所提出的研究課題包括：什麼使個人開始活動（行為），什麼使個人行為停止，以及個人的行為靠什麼使他持續。內容派針對個人的心理面，也就是說個人的需求是什麼？而過程派旨在探討個人行為的歷程。行為是如何開始、停止與繼續維持的？此學派研究重點在發現當個人有感覺到

需求不足時，如何去決定滿足需求的方法，如何去選擇，如何採取行動等等。
以下把激勵理論的脈絡發展做一個簡單的呈現（Luthans, 1992: 155）（圖
4-2）。

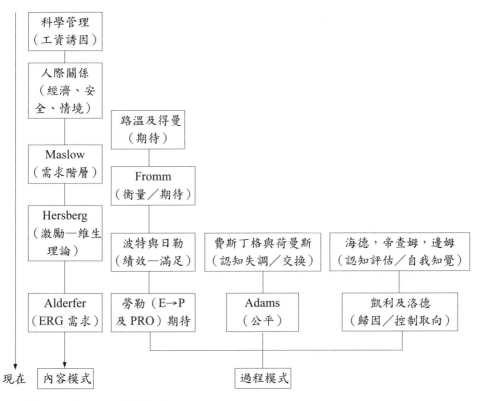

資料來源：藍采風、廖榮利（1994）。

圖 4-2　激勵理論學派

內容模式是一種心理的模式，此模式以人們的內在特質作為行為的刺棒
（goads）。當人們內在心理感到不平衡（需求、欲望或期待再加上渴望），導
致行為或某種活動以求達到目標或獎賞，爾後人們再重新對心理上的需求做評
估，如果不滿足時，再導致行為。例如當某人覺得想吃一點甜點時，設想最好

的解決辦法是什麼？選擇了冰淇淋，去買一個冰淇淋，吃了後會得到舒暢無比的滿足。這個很簡單的例子說明，內容模式是理性主義取向的（個人對要如何滿足甜欲做了選擇），也是享樂主義取向的（因為個人被愉快所衝擊）。而內容模式目前已逐漸被過程模式所取代。

一、需求層次論

Maslow 在 1954 年提出需求層次論，將人的欲望需求分為五種等級，對我們而言，它代表著不同的重要性。人們工作首先就是希望能免於挨餓、飢寒、受凍。小芬的家境不好，家中小孩靠父母兩人賺錢是不夠的，所以她放學之後就到工廠幫忙，賺的錢交給媽媽買菜買米，貼補家用。所以，工作對小芬而言，是為了家人及自己的生理需要。Maslow 的需求層次論是最富盛名的激勵理論，他假設每個人都有五種需求的層次：

1. 生理需求：單純為滿足生理的基本需求，如：食物、性、陽光、水、空氣、睡眠等。麥當勞以漢堡引起消費者購買的動機，滿足消費者的生理需求，必能帶來商機。

2. 安全需求：有保障以及免於身體和情緒受到傷害的需求。英雄在工廠工作，偶爾會有意外傷害發生，他覺得要特別小心，才不會被割到或切到。長大以後，英雄希望能多讀書，找個安全的工作。

3. 社會需求：包括情感、歸屬感、接納及友誼。在工作中有歸屬感，和同事相處愉快，對公司有向心力。英雄在工廠很多年，最讓他捨不得離開的是工廠內的阿姨、叔叔、伯伯的照顧。他們常誇獎英雄手腳勤快，嘴巴又甜，是他們的好幫手。工廠每年也會獎勵員工到餐廳吃飯。

4. 自尊需求：含內在的因素如自尊、自主和成就感；外在的因素如地位、肯定及受到重視。有份工作和收入，對自己的價值感會提高。英雄每年開學前都會用自己打工的部分收入買文具、運動鞋、手錶等，他覺得用自己的能力賺錢買喜愛的東西，是一件很有成就感的事。

5. 自我實現需求：達成個人內心渴望，包括自我成長、發揮潛能和自我實現。需求是自我實現需求，在工作中能發揮潛能、有勝任感與成就感。英雄自認為工廠的工作缺乏發展性，更不可能發揮潛能，所以他打算專科畢業後，就找別的工作，學習更多的東西，或許他以後可以獨當一面，當某公司的主管也不一定。

當某個需求已經滿足，行為將受到更上層次的需求所主導。Maslow 的需求層次顯示，個人需求會隨著層級漸進。從動機的觀點來看，Maslow 的需求理論認為，雖然沒有一種需求可以完全被滿足，但一個已充分滿足的需求即不再具有實質的激勵效果。Maslow 將需求的五個層次再細分為低層次與高層次需求，生理和安全被列為低層次需求，社會、自尊和自我實現則被歸類為高層次需求。兩種不同層次的差異為，高層次需求是內在的自我滿足，低層次需求則是外在因素導致的滿足感（如薪資、工會合約及終身職）。根據 Maslow 的說法，在需求階層中較低層的需求還沒有得到滿足時，那些需求將會支配著個體的動機。然而一旦那些需求得到適當的滿足後，較高一層的需求會開始佔據個體的注意力和行動（Maslow, 1970）。

Maslow 的需求層次論大受推崇，尤其深受實務經理人所肯定，如此受到大眾接受的主要原因，是它合乎直覺邏輯且淺顯易懂，可惜是未獲研究結果的實證。例如沒有足夠的證據支持 Maslow 的需求層次論，也就是無法證實只有在滿足低層次的需求後，才會使高層次的需求轉趨活絡，因此儘管 Maslow 的理論眾所皆知，且被許多管理者當成激勵員工的指引，只是仍然欠缺足夠的證據可以保證遵循此套需求理論，員工將受到更多的激勵。

Maslow 在去世前一年（1969 年），發表了一篇重要的文章，他在文中重新反省他多年來發展出來的需求理論，增加了一項他多年來對生命體驗的結晶——「靈性需求」，是以追求「利他」和「自我超越」為生命目標，是「超越個人需求、協助他人達到自我實現之機會」的需求，是一種超越對宇宙認同的

心靈需求（Maslow, 1970），是人最高層次的需求。

二、ERG 理論

　　針對 Maslow 理論的批評，Alderfer（1972）提議一項修飾的需求理論。該理論將 Maslow 原來的五個需求整合成三個需求，稱為 ERG 理論，包括生存（existence）、關係（related）及成長（growth）需求。

　　1. 生存需求：係指人類為求生存所必需的需要，它相等於 Maslow 的生理與安全需求。

　　2. 關係需求：與別人建立關係的需求，它相等於 Maslow 的歸屬與尊重需求。

　　3. 成長需求：它相等於 Maslow 的自尊與自我實現的需求。

　　Alderfer 的 ERG 理論與 Maslow 的階層理論相近，但有些出入。Alderfer 認為個人能夠同時有好幾個需求，此外，當高層次的需求不可得時，個人會退縮到低層次的需求。其實 Alderfer 的理論有將這三種需求排在連續上（continuum）的趨向，而非像 Maslow 很僵硬的將它們置於上下階層。此外 Alderfer 認為按著個人背景與文化環境，個人可能先滿足關係需求，再回頭來尋覓生存需求的滿足（Luthans, 1992: 161-162）。

三、激勵—維生理論

　　Hersberg 認為有些因素帶給員工滿足感，稱之為激勵因子，簡稱 M 因子（motivators）；有些因素若是匱乏將帶給員工不滿足感，稱之為維生因子，簡稱 H 因子（hygienes），若是提升，充其量僅能降低不滿足感。

　　激勵因子（M）與工作有直接關係的因子，如認可、成就感、工作本質、託付與責任的感覺、晉升、個人成長和發展（學到東西的感覺）。組織應設法提供員工在工作上有這些感覺，進而產生激勵效果。

　　維生因子（H）為與工作周邊有關的因子，並不是工作本身所帶來的，如薪水、工作保障、地位、工作環境、公司政策、福利、督導方式、與同事的關係等。這些因素的達成，充其量僅能減少「不滿足」的程度，乃至於無不滿足，員工對公司再也找不到可挑剔、可抱怨的理由，但仍無法有對工作本身的滿足感。

　　換言之，Hersberg 的研究成果令人驚訝。他發現這兩個對工作完全不同的感觸因子。例如：某人言「薪水低」使他不滿足，但並不是就指「薪水高」便會使他滿足。所以，薪水低能影響個人對工作的不滿足，若要使個人滿足，成就感或被認定（recognition）才是真正的因素。

四、三需求理論

　　David McClelland 和同事提出在工作場中三種主要的驅力或需求：(1)成就需求：超越他人、達成目標及追求成就的動力；(2)權力需求：使他人改變，順從自己的需求；(3)親和需求：想擁有友善和親密人際關係的欲望。

　　想把事情做得比以前更好、更有效率，這樣的心理需求稱之為成就需求。他們所追求的是可以獨自承擔責任和解決問題，可以立即得到績效回饋的工作，並且為自己訂立中等難度的目標，喜歡解決較有挑戰性的問題，獨自擔當成敗的責任，而不是靠運氣或靠別人。

　　高成就需求者在面對成功機率只有一半的工作時，表現最為突出。他們不喜歡失敗率高的賭注，因為在這種情況下，成功是靠運氣而非能力；同樣的，他們也不喜歡高成功機率的工作，因為不具有挑戰性。他們喜歡訂立務實但具困難度的目標，如此才可盡情發揮所長。

肆、結論

　　綜合以上的觀點可將激勵理論分類為高層次需求與基本的需求，內在需求

與外在需求，如圖 4-3。從需求理論角度來討論生涯規劃，代表每個人的需要不同，需求可能不會依照順序出現，也可能同時存在。此外，有些人會一直維持某些特定需求層次，有些人則有明顯的變化。每個人都在不同的人生階段，所以需求自然會有變異，而激勵理論的目的在預測生涯追尋行動上提供一個理性的指引。

高層次需求 / 基本需求					內在激勵 / 外在激勵
	激勵因素 ・成就 ・工作本身 ・責任 ・晉升及成長 ・讚譽（公認）	自我實現的需求	成長的需求	成就的需求	
		尊重的需求 ・自尊 ・人敬		權力的需求	
	保健因素 ・督導、技術 ・人際關係 ・工作保障 ・組織政策及行政	歸屬的需求 （愛的需求）	關係的需求	親和的需求	
		安全的需求 ・人際安全 ・身體安全			
	・報酬 ・工作情境	生理的需求	生存的需求		

資料來源：劉玉玲（2005）。

圖 4-3　需求理論對比

生涯決定

前言

對每一個人而言，人生是開放的、動態的，且是不斷開展的過程，因此在我們的生涯過程中要做許許多多的抉擇。然而我們怎麼知道從長遠來看，是選「Ａ」會比選「Ｂ」好？時常面臨的抉擇困境是魚與熊掌難以兼得，由於抉擇情境充滿變數，「不確定」與「難捨」使得抉擇的歷程，充滿壓力感與無助感。

第一節 決定的意義

一、生涯決定具有不確定性

決定是為了達成某些任務，就若干可能的行動與方案做最佳的抉擇。所以決定是相當複雜的程序，涉及事實的蒐集與瞭解和價值的分析與判斷，也要顧及將來可能的發展。人生無時無刻不在做決定，好友是一位心理學家，從她的孩子會拿玩具開始，便讓小孩學習做決定，她說學習做決定，也是學習一種後果的承擔。決定或決策的種類也很多，個人決定或團體決策，甚至國家決策，

這些類型又分成許多次類型的決定。以個人為例，孩子出生的性別是無法自行決定，但奶粉的品牌、尿布的種類、幼稚園的選擇、小學至大學、就業、結婚、生子，都是一連串的決定，本章節將對生涯決定做探討。生涯之旅就如同在茫茫大海中航行，隨時得面對風向、海流的變化，而做航向的變更，以便朝向目標前進。「決定」原本就有風險，同樣的，個人的生涯抉擇也非同小可，因為人一生的年歲相當有限，而且人與人彼此具有關聯性的關係，雖是個人決定，也影響著他人，如遠離故鄉升學或就業。

生涯決定所面對的問題具有「不確定性」，問題無所不在，誠如 Sartre 所言：「我們的決定，決定了我們」，所以做決定必須謹慎，要將不確定性降到最低。但我們是決定的主控者，萬一做了錯誤的決定，仍舊可以透過其他決定扭轉乾坤，這是做決定弔詭的地方。當我們可以做決定時，即擁有做決定的權力，決定代表我們的存在，個體因自己的決定，經驗到做決定之後的自己，而總結了自己的存在（Miller-Tiedeman & Tiedeman, 1990: 314）。決定具有「不確定」與「難捨」的特性，如「魚與熊掌難以兼得」、「想要賺大錢，但又想要可以有許多假期的工作」，當老師有寒暑假，但薪水穩定；竹科新貴可以有豐碩待遇，但工作壓力大。決定的難為，導致衝突的現象，或給當事人帶來極大的壓力與心理煎熬。

以往不論是政治、經濟、社會的變化，可以藉由人類的經驗法則來彌補錯誤的決定，然今日對於未來諸多的變數實在難以掌控。「……時至今日，過去往往不是以前的過去，未來不再能預測，而現在的變化也是前所未有……。」（Gelatt,1989: 252）。決定的「不確定性」常會伴隨著焦慮，如決定離職且面試一家新公司，但新公司尚未答覆，等待令人坐立難安。所以許多經驗人士建議，避免變數難以掌握，換工作一定要騎驢找馬，避免兩頭空。有一位心臟科主治醫生申請到全額獎學金至華盛頓大學醫學院讀博士班，正準備決定去就讀，就在此時哈佛大學也寄來 I-20，但要一年後才有全額獎學金，對這位有一妻一幼兒要跟隨的醫生而言，做決定是相當「難捨」的。「不確定」與「難捨」使

得決定的歷程充滿了壓力感與無助感。有些決定不是像上述的例子那樣困難，如買衣服時考量價格、廠牌、顏色、質料，此時買主必須先行衡量，要做一些選擇，在這些選擇中分出一些優先順序。在沒有時間壓力的情況下，可以慢慢做決定，但有最後時限，則必須當機立斷。此時也會面對「得」與「失」的機率問題，但有時人算不如天算，天災人禍很難事先評估。「得」與「失」的不確定性有許多是來自於個體主觀的判斷，有人夜以繼日的拚命工作，希望能成功，結果賠上生命，所以聖經也說：「人若賺得全世界，卻賠上生命，有什麼益處？」

二、決定者的類型

㈠以思考方式和模糊容忍程度來區分

　　每個人在做決定時會因決定的重要程度，以及冒險的機率而採取不同的策略，經常使用某種策略，久而久之，就形成了個人的決策風格。有些人由於個性使然，方向尚未決定便貿然上路，想透過 "try and error" 的嘗試法開始人生。但也有些人優柔寡斷、反覆思量，對於未來仍寸步難行。個性或人格特質的影響下，有些人的內心處在「嚴肅、認真、固執」與「看破、放下、自在」兩股力量拉扯的緊張狀態下。

　　決定者的類型影響了決定的品質。決定者的類型可從不同的角度切入，而有不同的分類，處在相同的決策情境時，有的人思考時間較長，有的人花較少的時間，但並不表示決策慢者其決策品質較好，端賴決策變項訊息的掌控與當下情境或局勢的變化，與決策者當下的應變能力。

　　個體的決策風格模式依思考方式和模糊容忍兩個向度，可以細分為四種不同的取向：直接型、分析型、概念型、行為型（Robbins, 2004）（圖 5-1）。

　　1. 直接型的人有極低的模糊容忍度，並力求理性。這類型的人追求效率和邏輯，為了追求決策效率，他們往往只用有限的資訊、評估少數的可行

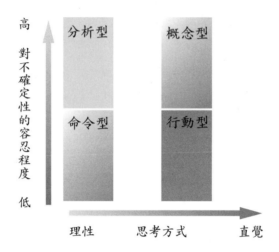

高

對不確定性的容忍程度

低

分析型　　　　概念型

命令型　　　　行動型

理性　　　思考方式　　　直覺

資料來源：Robbins（2004）。

圖 5-1　決策風格

方案。直接型的人決策速度很快，並且強調短期效益。

2. 分析型決策者比直接型決策者較能忍受模糊不明的狀態，也比直接型決策者更想獲得資訊和考量更多的可行方案。分析型的管理者被認為是具有適應和因應新環境能力的謹慎決策者。

3. 概念型的人傾向於從巨視的觀點看問題，考慮多種可行方案。他們著重在長遠的角度，並且擅長尋找有創意的解決方案。

4. 行為型的決策者善於與他人合作。他們重視同儕和屬下的成就，易於接受別人的意見，並借重會議來進行溝通。他們會極力避免衝突，並且尋求別人的接納。

決策風格的研究提供個別差異的架構，同時也協助我們瞭解何以兩個智力相若的人，在接觸相同的資訊之後，會有不同的決策方式，和發展出不同的決策方案。

㈡以人格特質來區分

　　Dinklage（1968）列舉了八種類型：(1)延宕型（delaying）——這種類型的人通常有充裕的時間思考，但總是要到最後一刻才做決定；(2)宿命型（fatalis-tic）——自己不願意做決定，把做決定的權力交給命運或他人；(3)順從型（compliant）——做決定時，無法堅持己見，會屈從於權威的決定；(4)麻痺型（paralytic）——害怕做決定後所要承擔的結果，不願意負責，選擇麻痺自己來逃避做決定；(5)直覺型（intuitive）——根據感覺做判斷；(6)衝動型（impul-sive）——時常不假思索，快刀斬亂麻的做決定；(7)猶豫型（agonizing）——經常優柔寡斷，處於矛盾情境，作不了主；(8)計畫型（planful）——依據做決定的法則，如確認問題、選擇準則、賦予權術、發展備選方案、分析比較等過程而做決定。

　　有些人做決定時，會離開情境以便放空自己，但要去哪？是要上山或是下海？又開始面臨另一種選擇，於是坐下來安靜思考一番，是要喝茶，或是咖排？但對另一些人而言，做決定卻迅速確實。日常事物的決定，與塔台決定飛機降落哪一個跑道，是不一樣的抉擇情境。一個人在不同的情境下做決定，有可能屬於不同的決策類型，但也不無可能屬於相同的類型。幫助個體瞭解決定的風格，有助個體在做決定的習慣上，透過後設認知分析提升日後做決定的有效性與成功率。

第二節　生涯決定的模式

　　生涯決定是個複雜的現象，其特性可歸為兩個類型：(1)描述性取向（de-scriptive approach）；(2)規範性取向（normative approach）（金樹人，1997）。所謂「描述性取向」，是對生涯決定進行功能性的、現象性的研究，是個體真實的生涯決定歷程（process）。「規範性取向」是對生涯決定進行結構性、邏輯

性的研究，提供一個生涯決定內容（content）的規範。

壹、描述性的生涯決定研究

欲瞭解生涯決定的模式，需清楚兩個描述性的生涯決定理論：「個人主義論的生涯決定」，強調個人生涯選擇歷程的獨特性與複雜性；以及「積極不確定論」，提倡積極的接受做決定的不確定性，以開放的心靈面對生涯選擇。

一、個人主義論的生涯決定

個人主義的基本特點是尊重個人，認為人是具有自主自發性的，所以個人有自己的觀念與價值判斷，在一定的範圍中，個人的想法是至高無上的，他的行為是依著自己的價值標準和抉擇而做，不管這個範圍多小，只要在這個範圍裡，個人的想法是不受他人的價值標準所影響的。個體做決定時深受自己的知覺所影響，是一種主觀的感受。柏拉圖以及其他哲學家認為，沒有任何一種配稱為「知識」的東西是從感官得來的，唯一真實的知識必須是有關於概念的。然泰阿泰德認為，「我覺得一個知道了某一事物的人，也就是知覺到了他所知道的那一事物，而且我目前所能看出的就是：知識並不是什麼別的東西，只不過是知覺罷了」。哲學家認為，知覺是由於對象與感覺器官之間的互相作用而引起的。按照一些哲學家的看法，後兩者都是永遠在變化著，而兩者在變化的同時也就在改變著知覺。

個體對做決定環境的一種覺察是否符合現實，是一種主觀的認定。蘇格拉底說，當他健康的時候他覺得酒很甜，這是他真實的感受，但是當他有病的時候就覺得酒很酸，這就是知覺者的變化造成了知覺上的變化。許多人都有這樣的經驗——「情人眼裡出西施」，旁人並不覺得，甚至家人阻撓交往，當事人會愛得更彌堅。因此個體認為所做的決定或方向是對的、恰當的，其過程是朝著符合自己需要的方向進行。所以應幫助個體做決定時，考慮客觀的認知，減

少錯誤的抉擇。如何呈現客觀的現實呢？可以經由綜合專家意見、重要他人的意見、資料的蒐集、事實證明等方式，最後由當事人做一個滿意或合宜的決定。而決定的歷程順序分為兩大階段：選擇的預期（anticipating a choice）與選擇的調適（adjusting a choice）。

　　生涯選擇的預期階段有四個基本階段，分別是探索期（exploration）、具體期（crystallization）、選擇期（choice）以及沉澱期（clarification）（Tiedeman & O'Hara, 1963）。此四個階段並非一定按照這些順序，也沒有年齡或時間的限制。

　　探索期的任務因年齡、角色不同而有不同的選擇方案，主要探索活動是確定幾個可能的選擇，就各個可行的方案蒐集相關的資料。如國三的學生面臨讀一般高中或高職、高工的選擇；高三的學生面臨選填大學志願；大學四年級的學生面臨就業、服役或考研究所等抉擇，此時當事人內在的心路歷程開始起伏，原有穩定的統整狀態開始分化。具體期是指評估各個選擇方案的優缺點後，心中演練各種可能性，知道有哪些替代方案，有一種底定感。選擇期是指個體做了決定，知道要做什麼了，蛹變成蝴蝶尚需要一段蟄伏期，但其中的歷程只有身在其中的牠才能感受得到。沉澱期是指做了決定之後，會經歷一段沉澱期，心中會盤算得失成敗。

　　在探索生涯決擇過程中，可將決擇過程視為一個垃圾桶，將不同的問題及解決方案滲混在其中，只有在某些條件組合下才會產生決策。也就是說，垃圾桶決策模式的獨特性在於不是依循問題的開始到結束的流程步驟，問題的認定和問題的解決可能並不互相連結，可能在沒有確定問題之下提出解決方案，也有可能問題存在但卻沒有解決的方案。決策是由相對獨立的流（streams）彼此互相激盪而產生的，如問題流（problem stream），是指個體生涯決擇所面臨到一些問題時；解決方案流（solutions Stream）是指解決方案是某人提出的點子，點子可能使個體去尋找問題，讓這個點子可以實現；參與人員流（participants stream）是指生涯決擇過程中曾經提出建議的相關人士如父母、老師、諮商人

員等；選擇機會流（choice opportunities stream）是指個體的決策時機，例如在研究生思考研究方向時，男方家人卻提早來提親以躲過二十九歲的不吉利意涵，對此研究生原本的打算似乎要重新盤算。垃圾桶決策模式時常是選定了方向，但變數出現，使得一切過程再重來沒有定案。

　　調適階段有三個時期，分別是入門期、重整期、統整期（Tiedeman & Miller-Tiedeman, 1990: 337）。當個體開始執行生涯決定的方案後，猶如生手進入新領域，舊有思維和經驗無法在此時面臨分化的情況，高三習慣於制式化的學習，畢業後進入大學，開始適應自由開放的學習。重整期是指新的思維和經驗取代舊有思維和經驗或整合發展出有創意的思維。統整期是指將周遭或過去、現在、未來的可能性統整，創造出空前絕後的理念與實踐。處於這個階段的人，對自己越來越瞭解，將自己融入自己的進化與發展中。瞭解自己的計畫風格，且能靈活運用，活在當下，不是活在過去的失敗或緬懷光榮事蹟；也不是像「賣牛奶或雞蛋的女孩」，頭頂著東西，幻想賺到錢後的快樂，結果一失神，東西全掉下，一切美好全都幻滅。個人的調適階段也會隨著生涯歷程中無法避免之階段發展任務而有不同的調適，調適的歷程是一樣的，所不同的是調適時間的長短。如何幫助個體改變決定，或覺察到改變的重要性，必須經過「分化」與「再統整」的過程，形成豐富的自我內涵，也是生涯輔導人員該深思的。一個人如果心靈停滯不前，或者在一種生涯位置固定不動，沒有機會讓新的選擇刺激自我的分化，就不可能形成自我的再統整，身、心、靈無法伴隨生活經驗的成長，結果就如 Erikson 所言，老年時期悔恨舊事，徒呼負負。

二、積極不確定論的生涯決定

　　以積極樂觀的態度，面對及接納做決定時不可避免的不確定，如資訊、情緒、認知判斷以及成功機率的不確定，學者定義這種態度為積極的不確定。要接受積極的不確定思維必須跳脫傳統「解釋、預測、控制」的理性、直線的思考方式，學習 I. Prigogine 的混沌理論思維。由於量子物理（quantum physics）

的興起，改變了人們對於宇宙秩序的看法；宇宙新秩序的奧秘掌握在量子物理學家的大腦。人所觀察到的宇宙是人決定要觀察的部分。量子物理發現並沒有一個「存在那裡的」物理世界。沒有一件事情是絕對客觀的，每一件事情都和另一件事情彼此關聯，形成一個不可分割的整體。積極不確定論是一種新的態度、新的思維方式。新的決定策略是主觀的，使用全腦思考，接受「不確定」，要求「彈性」，所以做決定是一種非序列性、非系統性、非科學性的思考歷程，是一種將訊息調整、再調整、修正後融入決定或行動內的歷程。

支持積極不確定論者，面對資訊或訊息的態度是，瞭解今日的事實很快的會遭到淘汰，更多的資訊反而會加深內心的不確定感。人知道的越多，越瞭解有更多不知道的。傳播訊息的管道太多，沒有絕對的資訊，訊息需要過濾與澄清，過於主觀的人會迷失在自己的盲點中，就如金樹人所言：「資訊傳到最後一棒會變成什麼樣子，要看持有者的『心眼』（mind's eye），心眼是記憶與幻想的心理機能，決定了人看到什麼與知道什麼。」所以支持積極不確定論者會以更寬廣的態度面對與處理周遭訊息。

在沒有飛機的年代，人不能飛上天是「事實」。曾幾何時此「事實」幻滅，人類發明飛機，甚至是太空梭遨遊宇宙。由於對「事實」不分青紅皂白，對虛假的訊息信以為真，容易使我們陷入困境。因此幫助當事人如何由「定、靜、安、慮、得」的過程，對事實的態度抱持懷疑，能一而再的思考、一而再的求證。

對預測未來的資訊採取適當的距離與心態，培養活潑、創造的思維有利於事實的掌握。自己能改變視點，用別人的眼睛來看、站在別人的立場來看，是有創意的表現，可以對自己的生涯有更深的認識，進而做出決定。大前研一言：「不管在工作或是閒暇，時常鍛鍊自己思考五年後的世界。如果能夠養成這樣的習慣，五年之後，你的個人價值一定會跟著水漲船高，因為你的價值永遠無法被取代。」

人為理想而活，有夢想最美。陪伴當事人做生涯決定，幫助人找到努力的

目標，是一件樂事。當事人找到目標，專心執行計畫才能完成理想，但是過程或許會有一些曲折。有一位研究生想要拿到學位，同時交男朋友完成婚姻大事，由於男朋友不希望女方學歷再提高，於是藉機分手。生涯決定的最後結果，是幫助人找到目標，弔詭的是，找到目標的同時，也意謂著失去了其他的目標，或其他的學習經驗。這位研究生決定先裝備好自己的能力，再談感情，「每一個人都有能力超越我們自認為的自己，除非我們不相信這些。」（Harman & Rheingold, 1984: 16）一個人今日的抉擇，不只是決定了未來，也反映出其對未來的信念。這位研究生相信改變對目標的態度，會帶動新的經驗、新的訊息、新的價值、新的觀點。

　　某大學社會研究所的研究生做了一件絕大多數研究生不敢做的事，她「下海」做田野調查！決定要為國內色情行業及性工作者寫一篇碩士論文研究，此研究生的決定，獲得家人的諒解與支持，並未有反對的情緒，反倒是相識多年的男友卻因為這樣的決定而分手。她的研究發現「從事這些工作的女性，最大的悲哀就是受不了金錢的誘惑，以致不願輕易脫離，但是她也發現，這些女性並不因此而感到羞愧，反而認為這是一件她自己選擇的工作，因此特別感到要有職業道德，要有專業性素養，也要拚過同在一家酒店裡的其他女孩，進而從中贏取成就感」。她的決定使我們瞭解職業道德在不同的工作環境中都是重要的，憑不同勞力賺錢的人要尊重。對涉世未深的學子如何避免誤踏情色場所或受金錢誘惑從事不正當行業，是生涯教育的課題之一。

　　在資深諮商人員的經驗法則中，理性與直覺時常是交替使用。人在做決定時不完全是那麼的理性，有時必須彈性，同時運用左腦與右腦感性而直觀；深思過去，想像將來。理性思維不是唯一的標準，面對不確定的未來，幫助當事人活在當下，但又必須培養面對積極不確定的胸懷，規劃未來、創造生涯的新契機是生涯輔導人員的使命與挑戰。

貳、規範性的生涯決定

　　規範性的生涯決定模式有最適化模式（optimizing model）、滿意模式（satisfying model）、偏愛模式（implicit favorite model）、因素刪除模式，以及生涯資訊管理模式。個體若想得到最佳的結果，應採取何種行為步驟，我們稱此種決策為最適化模式。最適化決策模式的六個步驟：確定有做決策的必要、確認決策準則、分派各個準則的權值、找出所有可行方案、評估所有可行方案、選擇最佳的方案。滿意模式是指當決策者面臨複雜的問題時，先將問題簡化至可以完全瞭解的階段，然後再尋求解決之道。人類處理複雜問題時，無法達到完全理性的所有要求，只好在有限理性（bounded rationality）下解決問題。依據幾個主要重點，將複雜性加以簡化，再以理性的態度，依最適化模式的精神做出決策。滿意模式為一種決策模式。即決策者在評估方案時，一旦認為某方案「足夠令人滿意」、「夠好的了」，即停止尋求最佳解決方案的行動。偏愛模式強調將決策過程予以簡化，然而偏愛模式既不理性也不客觀。決策者在下意識中已選擇了一偏好方案，而決策過程之其餘部分，僅僅是讓決策者再次確定他的偏好方案的確是最佳的選擇。因素刪除模式主張以理性、邏輯的方法處理生涯選擇的選項，剔除次要選項，在容易操作的範圍內進行生涯決定。

　　生涯資訊管理模式則是將生涯決定的邏輯在電腦中發揮得淋漓盡致，這是一股新的潮流趨勢，以下將多解釋模式的發展緣由。

　　在輔導諮商工作電腦化與網路化的進程中，生涯諮商是發展最為蓬勃的領域，國外有關諮商輔導網路化的相關研究或實務報導文獻中，生涯諮商所佔的比例向來最為顯著（王智弘、林清文、蔡曉雯，2001）。網路的快速便捷對生涯資訊與諮商服務的傳遞確實提供了最方便的管道，生涯資訊在生涯諮商中的功能除了是引起動機、探索問題、行為調適、預測未來的發展外，更可提升個體的生涯知能及協助其生涯決定（金樹人，1997）。國立彰化師範大學輔導與

諮商學系王智弘教授建置「全人發展取向生涯發展網路教學」網站（http://cour-se.heart.net.tw/），累積全人發展取向生涯發展教學之課程，可提供相關經驗與網路資源運用。

　　網路世界的來臨，使得資訊的傳遞更為快速，生涯諮商服務以虛擬生涯網路諮商的方式呈現，其方便性能協助諮商服務的推廣與傳遞，突破時空的限制，擴大服務的範圍，透過網路而新增的網路諮商服務功能，諮商人員可快速提供同步或非同步的線上諮詢與諮商服務，除可使行動不便的當事人不必親至晤談處即能接受服務外，亦可隨時提出諮商服務的需求，而諮商專業人員能時時注意當事人的狀況，對於突發或危機事件做出即時的協助與追蹤（王智弘，2000，2001；王智弘、蕭宜綾、張勻銘，2002；Bloom & Walz, 2000; Sampson, Kolodinsky, & Greeno, 1997），此皆網路諮商服務之特點與長處。然這項功能，在當事人有足夠的資訊能力、器材設備與金錢的無顧慮下，是不錯的方式，對教育程度較低或不喜歡對著鏡頭說話如使用 skype 的人，則此法有其限制。但對有些虛擬實境的創業軟體或情境式的軟體，也不失為幫助當事人心理模擬演練的機會。

第三節　簡易操作的生涯探索

　　成功的生涯規劃有些可能是先天的家庭優厚條件與個人的聰明才智，但是能在生涯路上走出自己的一片天空，需要經過許多內在、外在的淬煉與考驗。太多人說「計畫趕不上變化」，人生的規劃更不用說，大學或研究所出來不一定能學以致用。積極的態度是一個人盡其可能地規劃未來生涯發展的歷程，考慮個人智能、性向、價值，以及阻力、助力，做好妥善的安排，但生命中諸多個人無法掌握的事物，例如颱風、地震、突如其來的天災人禍等，我們只能以冷靜的心來因應、面對。

　　簡易的生涯探索是指瞭解自己的興趣、能力、價值觀、個性、性向，以及

父母的管教態度；瞭解職場的需求、所需的能力、競爭的優劣勢、職業的特性、就業管道、工作內容、工作發展前景、行職業的薪資待遇等。接下來是做決定（抉擇），包括抉擇技巧、抉擇風格，及抉擇可能面臨的衝突、阻力、助力等。抉擇之後是為自己訂定目標，然後採取行動，亦即清楚生涯規劃的五大要素是：知己、知彼、抉擇、目標、行動，表示已經往理想或夢想邁向一大步。瞭解生涯規劃的基本要素之後，以下是常被廣泛使用的便捷的生涯規劃方法（朱湘吉，1991；洪鳳儀，2000）：自然發生法、目前趨勢法、最少努力法、拜金主義法、刻板印象法、櫥窗遊走法、假手他人法（如父母或家人、朋友或同儕、老師、指導教授或輔導員、牧師、神父或神明）。這些便捷的生涯規劃法優點是省時、省力，但無法根據個人的能力、特性做長遠的規劃，將來所面對的生涯風險就比較高。

　　一般校園內生涯決定的探索較常使用 Swain 在 1989 年所提出的生涯規劃模式，即是指個人在生涯發展中對各種特質或職業與教育資料進行生涯探索，掌握環境資源，以逐漸發展個人的生涯認同並建立生涯目標。在面對各種生涯選擇事件時，針對各種生涯資料和機會進行生涯評估，以形成生涯決定；換言之，個人的自我探索、對職業與教育資料的探索以及對環境資料的評估與掌握，是生涯規劃的金三角。將複雜的生涯理論用簡明扼要的圖形呈現，是由三個三角形和一個圓形所組成，而生涯決定是三角形之間的連結，圓形是核心，表示想要達成的生涯目標。而目標的設定，受圍繞的三個三角形所影響。

　　此模式是由三個三角形和一個圓形所組成（見圖 5-2），而生涯決定是它們彼此直接連結。

　　圓形是此模式的核心部分，表示一個人想要達成生涯目標。此目標的設定，深受環繞著核心的三個小三角形所影響，每個小三角形都是生涯探索與規劃的重點，其內涵與實例如下：

　　1. 第一個小三角形是指「自己」：包括能力、性向、興趣、需求、價值觀。此部分探討自己，分別詢問自己我是？我不是？我重視？我不重

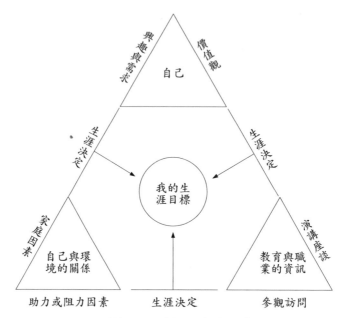

圖 5-2　生涯規劃金三角

視？我的興趣是？我完全沒有興趣的是？我曾參加的訓練是？我喜歡的科目有？

2. 第二個小三角形是指「自己與環境」的關係；包括助力或阻力因素、家庭因素和社會因素等。此部分探討自己與環境的關係，分別詢問我的家庭對我未來工作的影響是？家人對我的期望是？我期望工作的收入是？我期望工作的社會地位是？我的阻力有？我的阻力來源是？我的助力有？我的助力來源是？

3. 第三個小三角形是指「教育與職業的資訊」：包括參觀訪問、文書資料和演講座談等。此部分探討教育與職業資訊，問題有對於我可能想從事的工作，我找過的資料有？這些資料，我特別有印象的是？對於我可能想從事的工作，我參加過的演講座談有？這些活動，我特別有印象的是？我曾正式或非正式參加過哪些公／民營機構或單位？哪些機構我特

別感到興趣，想進一步瞭解？

完成上述的自我回溯問題後，最後是確認生涯目標，給自己做一次後設認知的分析，如心中自問以上的問題，我的回答有無衝突之處？我的回答有無相似或共通之處？答題過程中，我覺得自己哪一部分尚不足夠？我初步擬出的生涯目標是哪些？擬出目標後，我打算如何準備呢？這是一種簡易但經過內在思考的分析方式，也是一種具有個人風格的「自己的」生涯規劃模式。

Chapter

6

學校的生涯教育

前言

　　學生的生涯發展一向是心理及教育研究領域中的重要議題，生涯發展這個歷程包括在求學各階段做的種種教育選擇，最終導向畢業後多樣的就業領域，是一個涵括心理發展、教育、輔導、生涯建構等漫長而複雜的歷程，不但關乎個人未來生活發展，亦關乎國家經濟、社會的進步。

　　在台灣現行的教育制度下，選擇升學路徑的學生必須經歷小學、國中、高中、大學各階段，在適當時機做出重要教育與生涯選擇，例如，國中畢業時選擇進入普通高中或職業學校；高中時選擇讀文組或理組；進入大學時選擇特定科系；大學畢業時選擇繼續進修或就業；畢業後選擇特定職業或專業領域，所以學校體系在狹義的生涯教育上必須具備學術及職業功能，升學及就業準備，但更廣泛的生涯教育尚需包括休閒、退休、寧終的規劃等。因此學校中的生涯教育與輔導應有多元化的思考角度，將生涯發展的概念融入教導及學習活動中，讓學生的視野從學術世界延伸到工作世界，以及與真實的經驗世界相結合。將生涯概念納入現有的學校課程中，一直被認為是協助個人生涯發展的最可行辦法，教育部也於 1998 年 9 月 30 日公布「國民教育階段九年一貫課程總綱綱

111

要」，確定「生涯規劃與終身學習」為國民十大基本能力之一。

第一節 人類與生涯的發展

生涯發展從 1850 年起即被逐漸重視，許多學者對生涯發展進行大量且廣泛的研究，出現許多不同學派的生涯模式及理論導向，其中生涯階段性的理論專家從人類發展的角度，從個體的一個階段轉換至另一個階段的過程中，提供了個體成長的需要或行動發展性任務的描述，以期成功地幫助個體度過整個發展階段，提供有效的生涯輔導方案。階段性的理論學者認為，人生發展的每一階段都是重要的，在每一個發展的階段中，都具有其必須完成的獨特任務，以便順利的移轉。以下將介紹 Havighurst 的發展任務、Piaget 的認知發展、Erickson 的認同發展論，以及 Super 的生涯發展，說明人類與其自身的生涯是同步發展並息息相關的影響。

壹、階段性發展的任務

一、人類的生涯發展任務

Havighurst（1972）提出不同階段的發展任務，嬰兒與兒童早期的發展性任務（零至五歲）：(1)學習走路；(2)學習食用固體食物；(3)學習說話；(4)學習控制大小便；(5)學習認知性別的差異；(6)形成概念，並學習語言以描述社會的及生理的現實；(7)準備閱讀；(8)學習區辨對錯，以及開始良知的發展。

兒童中期的生涯發展性任務（六至十二歲）：(1)學習一般遊戲所需要的身體技能；(2)建立將個人視為一持續生長有機體的健全態度；(3)學習與其他同儕相處；(4)學習適當的男性或女性的社會角色；(5)發展基本的閱讀、書寫和計算技能；(6)發展每日生活所必要的概念、道德、良知及價值標準；(7)達成個人的

獨立發展對社會團體及機構的態度。

　　青春期的生涯發展性任務（十二至十八歲）：(1)達成與兩性同輩間新的且成熟的關係；(2)達成男性或女性的社會角色；(3)接受自己的體格，並有效地運用自己的身體；(4)達成與父母或其他成人分離的情感上的獨立；(5)準備婚姻及家庭生活；(6)準備經濟的生涯；(7)取得一組價值及道德系統，以作為行為準則，發展意識型態；(8)渴望並達成合於社會責任的行為。

　　成人期的生涯發展性任務（十九至三十歲）：(1)選擇伴侶；(2)學習與婚姻伴侶生活；(3)建立家庭；(4)扶養家庭；(5)管理家庭；(6)在某一職業中起步；(7)承擔公民責任；(8)尋求志趣相投的社會團體。

　　中年期的發展性任務（三十一至六十歲）：(1)協助青少年兒童成為負責任且快樂的成人；(2)達成成人的社會及公民責任；(3)達成並維持個人在生涯領域中的滿意表現；(4)發展成人休閒活動；(5)以「個人」看待配偶，並維持關係；(6)接受並調適中年期的生理改變；(7)適應年老的雙親。

　　老年期的發展性任務（超過六十歲以上）：(1)適應逐漸衰弱的體力與健康；(2)配偶的逝世；(3)調適退休與收入的減少；(4)與同年齡團體建立明確的依存關係；(5)以彈性的方式調適並適應社會角色；(6)建立滿意的體能生活安排。

二、人類的認知發展與認同發展

　　人類的認知發展與認同發展會影響個體對生涯的認知，Piaget（1929）稱此階段為運思前期（二至五歲）。許多人都曾有過這樣的經驗，問三歲小男生將來要做什麼？最常回答的是警察，因為三歲小男生的生活經驗中，看到警察指揮交通，以及警車一閃一閃，可以抓壞人。Piaget（1929）認為在此一階段，個人發展象徵性的形象，對自己以外的其他事物較少認知能力。有一次問七歲的兒子要不要當警察，他回答不要，因為警察工作很辛苦，要抓飆車族、要和壞人拿槍來射去，很危險，此階段Piaget稱此為具體運思期（六至十二歲），這是藉由刺激的方式以瞭解差異的起始階段，兒童會經由具體的經驗來思考問

題，透過電視新聞媒體的報導，得知警察工作的甘苦。

Piaget 的形式運思期（青春期）是指青少年已有應用假設與演繹的思考動力，個人能夠處理抽象問題，並進行心理操作，認知思考力是提升了，但道德判斷力未必。曾經由於台灣媒體大肆報導日本 AV 女優來台賺大錢，有些國中女生分不清 AV 女優是什麼工作性質，在問及將來要做什麼時，衝口而出——AV 女優，這些女生受媒體的影響將 AV 女優列為職業考量。

Erikson（1963）的社會心理發展階段論被認為是階段理論中極佳的範例：(1)信任 vs. 不信任（零至一歲）：環境中的秩序及在照顧品質上的一致性，將導致信任，不一致及不可預測的照顧將導致不信任；(2)自主 vs. 懷疑（一至三歲）：探尋的機會或是技巧的試驗將提供自主的感覺，過度的拒絕及缺乏支持將導致懷疑；(3)積極 vs. 罪惡（三至五歲）：透過活動及語言以表達自我的自由，將可創造出積極感，如受到限制將造成罪惡感；(4)勤奮 vs. 自卑感（六至十一歲）：自由創作，並將它們組織起來，可產生勤奮感。在創作上或從事有價值的活動時，如遭遇持續的失敗，將會造成自卑感；(5)認定 vs. 角色混淆（十一至十八歲）：透過在不同環境中的多樣化經驗，個人尋找自我認定的持續性及一致性。混淆可能會導致一個負向的認定，或許是個不被社會所接受的認定；(6)親密 vs. 孤獨（成年前期）：與他人維持長期持續關係的承諾，將會導致親密。孤立及缺乏親密的人際關係，將是競爭與衝突行為的結果；(7)生產 vs. 停滯（中年）：在這個階段中，一個人將會專注在指引與準備哺育下一代，如僅專注於自我，將產生停滯感；(8)統整 vs. 絕望（老年）：如接受個人的生活與滿意過去的成就，將發展出統整感；如對目前的生活感到不滿意且迷失方向時，將產生絕望。

Super（1990）在成長的階段裡（出生至十四歲）（於第二章有詳細說明），依據 Super 的發展階段及任務的架構，個人在經歷許多經驗性的學習活動的同時，亦提升了自我認知的能力。在小學中的直接經驗，如促進體能及學術的成長、異性及同性群體間的人際關係，及自我概念發展，均是生涯發展的

重要因素。

貳、教育與生涯發展

　　生涯教育是一個綜合性的概念，著重在傳統教育方案與工作世界間的關係，其最主要的目的，是教導個人如何在社會中謀生與工作（Hoyt, 1972）。本質上，教育策略的目的在於將生涯發展的概念融入於教導與學習活動中，以改善教育的結果，生涯發展係將學術的世界延伸到工作的世界。就範圍而言，生涯教育涵蓋早期的童年教育經驗，並一直持續到個人的工作生活。一份完整的生涯教育方案包括對工作世界的認知、宏觀的職業導向（專業與非專業）、對所選擇的職業群做深入的探索、生涯準備，與對該類工作之經濟體系的理解，以及對全部學生的安置（Jesser, 1976）。生涯教育被視為是一從幼稚園至成年的完整性教育過程。將完整的生涯教育方案融入現存的教育課程中，是實現這目標與目的最可行的方法。生涯教育方案並非僅是將額外的課程附加到傳統的課程裡，而是真正地融會於現存的課程中。

　　在生涯教育的架構下，協同合作（collaboration）是教育家、家庭、社區勞動力及實施生涯教育方案政府機構間的合作努力。學校與社區間不斷的合作，將增加工作經驗與見習的機會，增進工作安置的相互利益。從商業社區來的家庭成員與個人在參與教室內學習活動時，可成為生涯角色的模範。社區代表對學校人員而言，亦是一寶貴的資源。生涯教育不是額外的課程，它應是一個教育策略，將已設立好的題材與生涯發展理念相連在一起，將整體的生涯發展理念融入到現存的課程中，稱之為生涯教育融入（career-education infusion）。

　　生涯教育的融入，需要老師擴展學生現在的教育目標，以包含與生涯相關的活動與科目，例如，將如何做決定技巧的教學融入一般課程中；規劃一學期方案，包含某些決定技巧的學習。決定與規劃技巧適用於很多科目，生涯教育者應仔細地教導在發展中及精熟中的技巧，傳授與生涯有關的技巧與任務。

在小學方面，生涯諮商師藉由將學習課程融入正式的教學中，以培育學生較大的自我認知、職業角色的知識，與對工作目的的瞭解，而老師在生涯輔導方案中扮演了重要的角色。小學內的許多生涯教育目標與初中學生有關，然而，現在的生涯重點已從一般工作角色的知識，轉移到更特定的學習活動。學習區分個人的特質及識別廣泛的職業興趣領域，將是生涯教育的目標，同時，自我覺察與個人興趣、價值、能力的相關，為發展期的一個重要目標。

生涯教育在中等學程階段裡，相當重視規劃與決定的技巧。生涯教育灌注課程的設計，是為了幫助學生使其更能瞭解到他們的性向、興趣、價值，以及生活風格偏好。為未來教育與職業抉擇所發展的規劃技巧，將涉及多層的學習活動與輔導方案。而生涯教育融入所強調的重要因素，為決定技巧、職業的知識與工作安置，將生涯概念納入現有的學校課程中，一直被認為是協助個人生涯發展的最可行辦法，所以生涯教育不應只是在傳統的課程外增加一個額外的科目或單元，而應將生涯的理念融入現有的課程中。九年一貫生涯發展課程的融入是一種策略，希望教師將生涯有關的活動融入七大學習領域中。因此，生涯發展課程需活動化、豐富化，使學生了解自己、工作世界和兩者之間的關聯，做好生涯規劃。在台灣，國中生涯發展教育主要是幫助七至九年級的同學，在經由一系列的學習活動中，認識自己與工作世界。配合九年一貫課程的精神，規劃學校本位的生涯發展教育實施計劃，採由下而上的方式，由學校主動提出，教育行政主管機關再依經費額度予以補助，以利生涯發展教育的推動。

國中生涯教育主要內容包括(1)自我覺察與試探；(2)生涯覺察與試探如產業初探（包括：農業、工業、服務業和知識產業的初步探索）、生涯類群試探（包括：自然資源、環境、海事、營造業、製造業、個人服務、社會服務、工商服務和熱門及新興行業等生涯類群的試探）；(3)生涯依據年級的不同而有不同的規劃，七年後時以自我覺察、試探和產業初探為主要教學內容，八年後則以生涯類群的試探為主，並繼續協助學生做自我探索，九年後則以統整自我和工作世界之相關資訊，協助學生建立生涯檔案，並做好生涯規劃。通常國中生涯發

展教育的實施方式是融入各領域教學；規劃為「彈性節數」的正式課程；運用「綜合活動」學習領域的教學；規劃全校性的相關活動如：生涯週、生涯博覽會等方式實施。而高中三年的生涯教育主要內容包括：(1)了解新環境；(2)調適生活與學習的作息；(3)認識大學科系，準備選組；(4)計畫生活、拓展生活層面；(5)考慮轉組與否，或再確認選讀類組；(6)熟知各種多元入大學院校管道；(7)擬定高三讀書計畫；(8)穩定情緒；(9)熟悉考試要領；(10)學習選填志願。

　　為了完成上述這些重要的發展任務，要逐步培養高中學生自己的生涯規劃能力，所以有待學生自己完成的功課，這些功課包括了：(1)了解自己的特質；對生涯探索、職業準備的意願及動機：除了課業上的學習之外，我們亦應於課外活動時間中了解工作世界及各項職業所須具備的能力，以做為將來科系選擇之參考。並在參與班級、學校及社團中了解群己關係。(2)搜集資訊、資料處理能力：資訊社會下各種資訊與資料來源豐富，但往往多而雜亂。因此，如何獲得資訊，如何運用資訊與資料，並有系統的整理以為自己所用，便是練習生涯規畫者當具備之重要能力。(3)自我調整的能力：亦即面對衝突、挫折、成敗得失的能力。例如：個人情緒的調整、時間的掌握、不當行為想法的修正……均是我們必須學習的重要課題。(4)自我評量及做決定的能力：此為面對生涯抉擇的最重要能力，亦即能權衡自己內外條件及現實的限制，在重要關頭運用資訊，進而做明智的決定。以上這些能力是需要時間培養，更需要父母、師長之鼓勵與協助，方能漸次養成。

　　高中生需學習到生涯規畫能力並非單一的技巧，而是一系列具有整合多方考慮的複雜能力。而我們越早洞悉準備的重要性，我們越能掌握自己，並在面對種種選擇時，不致茫然不知所措，並能從容的考量，選擇適合自己的前程發展方向。

第二節　小學生、國中生、高中生的發展階段與發展任務

　　發展論為西方心理學傳統生涯研究的主流典範，依發展論觀點，生涯為個人從出生到死亡不斷發展變化的歷程，而早期發展是後續發展的基礎，其中又以探索期為個人生涯發展的關鍵時期；因此許多生涯發展的實徵研究均集中在探索期，即青少年與青年期的生涯發展階段，探討的重要議題包括：(1)生涯發展指標：包括生涯成熟度、生涯定向程度等；(2)個人心理特質：如自我認定、自我概念、焦慮、認知型態、性別角色等與生涯發展的關係；(3)環境特質：如家庭環境（家長教養方式、期望、排行序）、學校特性（學業成就、社會關係）與生涯發展的關聯（Arthur, Hall, & Lawrence, 1989; Borgen, 1990）。

壹、小學生的發展階段與發展任務

一、小學生的發展階段

㈠從具體的經驗及觀察中學習

　　在小學中，教育與生涯輔導方案的重點之一，是在這發展的階段中，鼓勵與指導具體的經驗，以增進抽象概念的操作。小學生的發展是能應用邏輯思考，並能夠瞭解簡單的概念，經由具體經驗，學習到做出一致性的類推。例如學到將人或物分類（維護正義的人有警察、法官）；如要求學生辨認做好學校課業所需要的技能，然後再要求學生指出某一行業需具備特定學科的技能為何。

　　觀察（observation）對早期的認知發展，佔有重要地位。小明從小生長在醫生世家，觀察成人的工作世界，看到醫生救人，治癒病患對醫生的感謝，進

而立志成為醫生。小芳因為父母經歷 SARS 事件，為救人被隔離，自己也被隔離，從此不願從事醫護工作。社會學習模式強調了觀察學習對結果反應的歸因、行動的可觀察結果，及對其他人的反應等的重要性（Mitchell & Krumboltz, 1990）。兒童特別傾向於模仿他們所觀察到的行為模式（Thelen et al., 1981）。根據 Bandura（1977）的看法，觀察學習可分五個階段：(1)注意；(2)記住所觀察到的內容；(3)重演行動；(4)形成動機（以重演所觀察到的）；(5)依據所觀察到的，將模仿行為修正至完美。在這種參考的架構下，家長、老師、老師的助手及同學，都是小學階段兒童所模仿的潛在楷模，當然學習對象也可能來自其他地方，例如電視（負面角色的模仿——劉文聰）、廣告、電影與書本。觀察學習的潛在正、負面影響，對小學兒童的生涯發展是相當重要的，所以指導性的觀察學習經驗，涵括工作角色，是早期生涯輔導方案中重要的內涵。

(二)自我概念的發展

根據 Super 的觀點，個人具有自我概念星座圖或「自我概念系統」（self-concept system），即個人特質的組合。例如，在一個小學的情境中，一個人對「自我」（self）會有不同的觀點：在教師教學過程中，視自己為學生；有時老師不在，當風紀股長視自己為權力使用者猶如警察；大隊接力賽，自己則只是同伴團體中的一位成員。個人可能認為自己是合群的，但同時卻又認為自己是一不佳或不夠聰明的學生。小學生們日益專注於班級的要求任務、同儕關係、與老師及重要成人的關係，及他們所生活及運作的社會結構時，他們從中逐漸形成一組自我概念。

在小學中，兒童會首次經驗到成人世界的許多層面，如行為表現的競爭與期望。在遊戲中，他們與同儕間的互動，也呈現了他們在受監督或未被監督的情境中所扮演的角色。由於學業上的成就，增強了一些人的自尊（self-esteem）；而其他人則從同儕間的社交活動中，經驗到正向或負向的回饋。自尊的強化，鼓勵人們發展其思想或意見的正向特質，以及正確的自我概念。

(三)遊戲為生涯發展中的一項因素

有些學者認為各式各樣的職業角色係融入於遊戲中，使得兒童對工作世界有了最初的價值判斷。角色扮演、扮家家酒、藝術教育等，從事這類的活動，對兒童具有內在的助益。小學的中期，工作導向（work orientation）替代了遊戲導向（play orientation），例如透過影片，家長的職業介紹等。高年級的小學生已對成人世界發展出較合於現實的觀點——即獨立感與自恃（self-reliance）（Elkind, 1971; Gibson, Mitchell, & Basile, 1993）。

(四)小學生的生理發展

小學期間的男孩與女孩，由於成長的差異與生理的變化，顯著地影響其社會關係與自我認知（self-perception）的顯現。依據 Havighurst（1972）所言，學習適當的男性或女性角色，將阻礙性別間的平等性，尤其是在職業行為方面。當然，對於男性或女性適當行為模式的認知是很重要的。性別角色刻板化（sex-role stereotyping）是透過對男性與女性楷模的觀察與模仿而形成的，其他的影響則來自於教科書及其他描述男性與女性間角色差別的書籍。教育部於 1998 年 9 月 30 日公布「國民教育階段九年一貫課程總綱綱要」，總綱並將資訊、環保、兩性、人權、生涯發展及家政教育等重大議題融入七大學習領域中，以教導學生能熟悉自己文化、認知自己和他人在文化脈絡的關聯性，並增進自尊自信、熱愛生命、尊重他人、追求資訊及自我實現等目標。

二、小學生涯輔導的內涵

自我概念在童年的早期便開始成形。由於自我概念的成形對生涯發展深具影響，因此建立對個人優點與缺點的瞭解，學習去辨認及表達自己的優點和缺點，是建立自我瞭解的基礎方法。小學兒童們常模仿家庭與學校中的角色楷模（role models），父母和老師都能透過教導和實例，提供兒童們正面的角色楷

模。

　　兒童早期即開始學習將性別的刻板化與工作角色相配合，生涯資訊的開放將減弱性別角色的刻板化，使兒童可考慮更廣泛的職業。自我覺察諮商（self-awareness counseling）是小學成長階段中的一個主要目標，應用增強自我覺察的方法，將使個人對於自我及他人有關的資訊，具有更佳的處理與詮釋能力。

　　學習為生涯決定及行動承擔責任，是未來生涯決定的主要內涵，起始的步驟包含各項技巧的學習，如使兒童們能分析所處的情況、識別能幫助他們的人，以及找尋及時的幫助。在規畫小學的生涯教育時，校內與校外活動所學習到的技能，應與工作相關的活動相連結。協助兒童建立對父母與他人為何要工作的瞭解，對工作原因的省察，促使他們能覺察到所有具生產力的工作者都應受到尊敬。幫助小學生瞭解職業及實際從事工作的人們其差別在哪裡，例如小學生的志向是當消防人員，但消防人員的特質及能力不是任何人都可以從事的，以便覺察到職業間與人們間的差異性。

　　根據 Erikson 的說法，這個發展階段的主要特色是尋找身分認同（identity），當個人在經歷了童年的認同過程之後，在一個更複雜的狀況與環境中，尋求一個不同的認同。在這時期，最主要的危險是角色混淆，在這個階段常被定位為「認同對混淆」（identity vs. confusion）。「這些新的身分認同不再是以童年期的遊戲與青年期的實驗為其特徵，由於迫切性，他們將強迫年輕人投入選擇與決定，而這些選擇與決定則以漸增的立即性導致終生的承諾。」（Erikson, 1963）

三、台灣兒童時期志向的發展狀況

　　台灣兒童的童年時期志向的形成可分成幾種情形，第一種情形童年的成長環境大都是由家人、親友及社區鄰人所組成稠密（dense）的社會互動網絡（social network）。這個網絡中的重要成人包括：父母、祖父母、老師，或其他親友及鄰居長輩；經由與長輩的密切互動，這些兒童才能深切體會到成人的期許，

男生傾向對未來社會階級地位與家庭責任的覺知，如完成大學教育；女生則較注重贏得成人當下的注意與讚賞，在家做一個聽話的好女孩，在學校做一個好學生，討父母歡喜。

第二種情形是兒童早年生活環境明顯地較為封閉或較強調自我自主的空間。生長在都市的核心家庭中，除了父母、弟妹外，與鄰居或親戚的接觸很少，再加上父母採取過度保護，或因忙於生計只好放任的管教方式，更使他們缺乏與他人接觸的機會；在這樣「封閉」的環境中，他們童年的未來志向不是來自社區身旁的成人，反而是來自在家中或學校接觸到的文化資源，這些來自家庭或學校的文化資源成為他們原初志向的根源。但若父母有較高的社經地位，則會強調給予兒童獨立自主的空間，鼓勵表達自己的想法，培養出獨立自主的個性，注重自己的喜好與特質，在班上扮演領導者的角色，也從與父母、老師、同學的相處中，體會到良好人際關係的樂趣與重要性。

第三種情形是他們童年時期也大都置身於稠密的社會網絡中，家族與社區中成人的期望構成他們做人的準繩與未來志向的來源之一。童年經驗深受環境中成人，包括父母、家族、鄰人、甚至更廣的主流社會價值的影響，形成其未來在教育歷程及社會結構中角色／地位層面的志向。除了成人社會的影響外，他們尚從日常生活自主性活動中培養出特殊興趣或特質，成為日後建構生涯的另一重要基礎。

透過自主性的同儕與個人活動，這群孩童接觸包括自然、人群等外在世界，慢慢醞釀出個人特殊的興趣與志向。從成人傳遞的價值中，他們知道要「好好用功讀書」，做個「好學生、好孩子」，將來要「出人頭地」，要賺錢改善家人生活，做社會拔尖的「精英分子」。另一方面，他們從自發性的活動中，培養出特殊的興趣與特質（玩實驗、發號施令當領袖、講故事、動手做東西、觀察生物），並且將這些興趣與實際的職業身分做連結，而發展出初始的志願。

貳、國、高中學生的發展階段

　　許多生涯會對個人的認定造成心裡上的負擔，例如考慮到未來萬一達不到目標。因此，有些人就避免做出明確的生涯選擇。許多青少年會延緩其承諾，或對決定產生心理上的延宕，直到他們有更進一步的選擇（Erikson, 1963）。由於青少年很難避免角色的混淆，因此會採行所謂的「負面的自我認同」（negative identity），以致造成與家庭或社會直接衝突的行為。有些人能較快地發展出一適當的方向感，故較能從經驗中獲得正面的價值；而其他人，則會持續維持這負面的認定，直到成年階段。

　　青少年主要的發展性任務是：定義適當的性別角色，及維持良好的同輩間關係（Havighurst, 1972）。成功地完成這些任務，是這個生活階段社會調適的重心。負起社會責任的行為，意謂著青少年脫離對父母及其他人感情上的依賴。

一、國、高中時期的認知發展

　　依據 Piaget（1969）的認知發展階段，大約從十二歲開始，具體運思將轉變為形式運思，此一轉變的過程是漸進的。在青春期的早期，解決問題的型態與規劃是毫無系統可言的，而在即將完成高中階段時，青少年將有解決抽象問題的能力，例如為解決問題而提假設，並可經過心智的運思歸納問題。將觀察及情緒上的反應與新近發展系統化思考歷程相結合，可促使青少年在面對事件與經驗時，產生一新的思考模式。此新的思考模式下，能導引青少年對抽象事物或人們的情緒的反應。內省的思考可引起自我分析（self-analysis），包括將自我投射於成人的工作世界中（Elkind, 1968; Keating, 1980; Piaget, 1969），這是青少年形式思考的特徵。

　　形式思考的認知發展將引起一些混淆模糊，一方面，青少年正發展一系統化的思考歷程，以適宜地解決問題；另一方面，青少年卻不受理論的約束，極

端的自我分析，且超乎平常地關心他人的反應，透過對他人的關注，同年齡之間的影響力在青少年這階段來說，是很強烈的。自我分析將導致 Tiedeman 與 Miller（1990）所說的「我—力量」（I-power），作為一個自我發展的方法，遞增的自我覺察，是青少年發展中必要的部分，特別是在生涯決定過程中去澄清自我狀態（self-status）與個別化的信念系統。

在思想成形的發展中，青少年不僅是回應刺激，同時亦對他們所觀察到的做出自身的詮釋（Bandura, 1977）。就此而論，他們認知到在環境中的刺激，同時具有正、負面的效應。例如，一個負面的案例是，一位年輕的高中學生相信律師會對人極盡剝削之能事，因此認為律師全部是壞蛋。這種負面認知是青少年透過經驗與觀察的而發展出與職業相關的認知與價值。就以深受青春期價值影響或衝擊最大的人而言，Larsen（1972）發現，中學生的長期計畫深受其父母親的影響，而同儕間則較可能影響目前的認定或狀態。在生涯決定中，所認知到的職業刻板化，可能是導自於父母和同儕間的相互作用，或經由其他的刺激如影片與書籍而獲得。

二、國、高中青少年的生理發展

生理上戲劇性的變化、性別的成熟，是大部分國、高中男女學生所必然發生的現象。伴隨著性別的成熟，身體發生了劇烈的變化，例如，肌肉組織及體型的增長，使得青年可以開始從事成人的生理任務。青少年最重視的是身體外表，尤其是在國中階段，青少年對外表的重視達到頂點，女孩們會將自己與電影或電視明星、廣告女郎，及職業模特兒相比較。男孩則以力道的測量標準及鬍鬚、體毛，來研判本身的成熟（Biehler & Hudson, 1986）。在大部分的同年齡團體中相處愉快，可判定其是否成長或成熟。

Livson 與 Peskin（1980）檢視了幾個綜觀的研究計畫，以決定早熟與晚熟的立即效應，他們得到下列的結論：早熟的男性較易被成人喜歡，故容易獲得較大的信心與均衡。晚熟的男性會做出許多吸引人注意的行為，以彌補自卑感。

早熟的女孩，不論生理上與社會上均與同年齡的女孩不相協調。沒有經歷突然生理變化的晚熟女性，被視為是較嬌小及女性化的，深受歡迎且享有特權。

早熟及晚熟的效應，提供了諮商介入的參考架構。有證據顯示，早熟的男性在面對男性同儕團體及成人時，享有某些好處，而晚熟的女孩則較多享受被寵愛與被歡迎的樂趣（Livson & Peskin, 1980）。性的成熟或許是一區別生涯輔導活動的基礎。上述的研究顯示，晚熟的男性與早熟的女性可能比同儕們需要較多的諮商介入。Thomas（1973）認為，國中學生將會從輔導方案中獲益，然而，身體的變化亦會引起焦慮。

在一個由一千五百多個青春前期和青春期學生所表達的輔導需求相關研究中，Kesner（1977）報告了五種最顯著的需求：學術技能發展、教育與職業的發展、人際關係、人與人之間的瞭解，以及生涯發展。這些發現支持在國中時期實施不同輔導策略的重要性，包含個人的自我概念發展與生涯發展。

三、國中生涯輔導的內涵

國中階段是從結構性的教室環境轉換到更專業化教育方案的教育轉換期，學習將已習慣的技巧與教育／職業目標相連結，以增進探索的反省與活動。國中生可以現實地評估自身能力、成就與興趣。國中生對評估其與整體生活經驗相關的興趣，顯得相當困難。且由於對職業的有限知識，使得國中生難以將學校課堂的活動與未來的工作結合在一起，所以應擴大其對工作與生涯領域的接觸。

國中生對評估未來工作角色的必要因素所知有限，學習瞭解各種生涯選項，可增加對探索機會的覺察。國中時期，生理上的發展與性別上的成熟，包含了在自我覺察情形下的個別變化與社會互動。探究、評估及反映價值的機會，似乎是在這階段中增進對自我瞭解時所渴望的活動。國中生將可從與職業有關的現成活動經驗中，提供將所學技能應用在工作中的方法。

由於國中生應開始為其本身的行為負責，所以他們會從日益增進的規劃知

識、決定及解決問題的技巧中獲益。國中生對性別差異的覺察漸增，更著重於瞭解性別角色刻板化與性別歧視如何限制職業與教育的選擇。國中生將持續著由小學即開始的覺察歷程，認知到生涯發展的多變本質，為評估最初的生涯選擇所學習到的技巧與知識，將可被應用於評估人生階段中的其他事物。

Gribbons 和 Lohnes（1969, 1982）所提出對美國麻薩諸塞州東部五個社區的五十七位男孩和五十四位女孩做持續的研究，直到他們三十四歲或三十八歲。當對八年級的學生進行輔導方案之前，先與學生就問題「你：今日與明日」的主題進行訪談（Katz, 1958），然後等學生到十、十二年級及高中二年級後再做一次訪談。除此之外，等到學生們到三十四或三十五歲時，再透過電話及信件對他們詢問問題。結果有一些重大的發現：(1)青少年均對生涯發展任務的啟蒙不佳；(2)所有的科目提供學生的生涯知識差異甚大；(3)性別角色刻板化使女性呈現特別的生涯發展困難。

四、高中生涯輔導方案的內涵

在高中階段的生涯輔導，必須提出一些符合學生各種生涯發展階段需求的方案，建立初入高中學生的生涯發展需求，與監督其進步的方法，兩者目標相通。高中生可從資訊、活動和學理中，獲得助益，將個人的生理特質及技能與職業相配合。同時，為輔助第一次進入勞動市場的高中生而設計的方案，是相當重要的。高中生應瞭解生涯選擇與教育需求間的關係，教育的覺察，意謂著在特定的機構中可獲得教育機會的知識。

教導學生決定及規劃的技巧，涵括透過一系列形成生涯目標的步驟來引導學生。精進的自我知識，包括興趣、能力、價值與職業知識，均是有效生涯決定與規劃的必要條件。工作經驗諮商（work-experience counseling）提供個人對工作環境深入的觀察，並讓他們識別有效的模式、工作價值、工作環境、工作習慣，及其他與工作有關的問題，對新進人員具有特別的助益。

很多高中生在選擇高等教育機構進修時，亦需要輔助。如何獲得評估這些

教育機構優、缺點的知識，是十分必要的。例如訪問與面談社區中不同職業的人，可幫助高中生將其本身的特質與職業需求相配合。將學校科目與工作相連結，並描述工作資訊的來源，此為生涯發展最適宜的目標。我們應該引導學生建立一組特定的偏好與畢業後的實施計畫，透過職業介紹所職員的服務，以進行尋找職業的準備工作。相關的活動包含履歷表的準備、面談技巧的訓練、就業測驗、工作試探，及職業機會清單的開列。

五、台灣青少年生涯發展概況

台灣青少年生涯發展常見的現象，是升學導向的生涯規劃。國小畢業生進入國中後，以升學為唯一目標。「好學生」、「出人頭地」等教育或社會角色、地位成為他們童年的初始志向。他們升上了國中後，很自然地將這些志向轉化成「升上好高中、好大學」的具體升學目標，認同與依循升學主義與升學制度，因此極少發展個人興趣，較少或沒有培養可以轉換成生涯目標的興趣，也沒有進一步分化（differentiate）出較具體的生涯目標。由於升學壓力，讀書是他們這段時間的生活重心，他們將大部分時間投注在課業與考試上，沒有時間培養其他興趣。

目前存在於教育體系中的沉重升學壓力不僅戕害學生身心甚巨，扭曲了教育的本質，使每個階段的教育都在為下一階段教育的入學考試做準備，學生被訓練成「考試的機器」、「解題的技術工」，該學的知識技能無法達成，教育培育全人的功能均被忽略。人要有興趣，沒有興趣的人生何其乏味！興趣是一種愛好。興趣有時是與生俱來的，例如有人天生喜歡文學、音樂、運動等；興趣也可以透過後天培養，例如有些父母從小培養兒女彈琴、繪畫、舞蹈等才藝。興趣有時候是選讀科系或就業的主要考量，例如有人喜歡文科、有人偏好理科、有人鍾情工科；而喜歡遨遊四海的人，往往以導遊、駕駛、空服員為職業。興趣有時則是一份責任、一份慈心，例如投身公益事業，或加入義工行列，或是為了教化世間而以宗教師為職志等。有時候為了充實自我，也會培養出閱讀、

寫作、書法、電腦等興趣；有時候興趣只是純為消遣，有的人則是從興趣中發展出自己的專長，不但成就自己，也能造福人群。現代的學校教育主張「德智體群育樂」並重，正當的興趣是生活中很重要的一環。培養各種正當的興趣，也是各種創造力的啟蒙。青少年在中學期間，若沒有分化的生涯目標，他們對未來職業生涯的認識，並不會因為年齡成熟而有進一步的分化，而發展出更為具體清楚的目標。由於他們大都「沒有時間想別的事」，因此對未來志向仍然停留在模糊籠統的印象上。

台灣青少年生涯發展常見的另一種現象，是學生邁向升學路上時，由於自己或重要關係人的關注，開始持續「分化發展」早期形成的生涯志向。這是一個在原來的方向上，持續漸進深化的過程。如春嬌小時候發展出來要做「一個分擔父母憂愁的好孩子」的志向，慢慢在與學校同儕相處的過程中，轉化成「能夠幫助別人的好人」；她願意聆聽別人心聲的特質，慢慢在同儕中贏得一種信賴，而她也以此為重要的自我特質。所以春嬌告訴自己或是他的人意見，可以從事助人行業。有些學生會抗拒升學主義，用各種方式表現出對這個壓迫性制度的「抗拒」，但仍舊在選擇不多的中學生生活中創造一點個人空間，繼續發展個人興趣、特質的重要關鍵。例如，黑幼龍為卡內基訓練大中華地區負責人，青少年時期並不愛讀書，所以升學時期並不順利，初中聯考名落孫山，就讀桃園農校被留級，後來轉念空軍通訊電子學校，服役後努力自學，考取公費留學，從此對自己有了信心。

青少年時期的生涯輔導應是盡量幫助孩子找到興趣、夢想的各種可能性，然在台灣教育體制下，沒有把「教育」和「訓練」這兩件事分開，教育是教一個人學做人、學待人處事，是要學解決未來的問題。若是要訓練一個技術工人，則要重複訓練。李遠哲曾說：「我出些習題給你們做，有些乖巧的人，可能很快會把習題做出來，有些人可能要很久，還有一部分的人可能沒有搞通。較快懂的人，也許成績、分數較高，但不表示科學研究能力較強。」在台灣學生受教育的過程中，光是懂沒有用，不能快則考不好。我們不是讓學生瞭解自然現

象或是教導他們如何去探求學問，而是給他們很多題目回家操練。若是做過、有印象的題目，則會考得很好，否則考不好。從國小起，學生都是在學校受考試訓練，不是受教育。學校在訓練學生以最快的速度解答，而這些問題都是人類已經解決的問題。

筆者曾輔導過大學教授的小孩，他很聰明，但是在國中後段班，後來讀五專企管系被筆者教到，這位學生時常因為考試時解題太慢而受挫，但到了美國後卻成為高材生。類似的故事時常發生在我們的周遭，許多的父母就將孩子往國外送。如果升學導向太盛行，甚至連技職體系也強調升學時，校園內的青少年生涯輔導更應謹慎為之。然青少年的生涯輔導並不單是個人或團體輔導，馬上見樹見林，但最起碼能將「生涯種子」、「夢想種子」撒在他們的心田裡。

另一種台灣青少年生涯發展常見的現象是，青少年在父母、師長的鼓勵下，並沒有對升學主義有太多的抗拒，反而將努力念書內化成是學生應盡的本分。他們童年時期，由於人我平衡、持續發展，這段時間自我的興趣、能力與他人、社會的期望之間能保持平衡，致使童年志向得以持續發展。

瞭解青少年的生涯發展特性，加強他們對環境的適應能力，瞭解人生可以彈性轉換跑道，也會經歷重構文化認同、自我認定與生涯志向等歷程。一旦他們面臨「他人」與「自我」間強烈的衝突、停滯迷惘時，會曉得這是生涯發展的一個過程，許多人都會經歷。教師或輔導人員幫助他們對自己的重新肯定與認同，能以全新的視野看待自己，這個新的「自我」不再擁抱過去，逐漸發展出新的生涯方向。

參、大專學生的發展階段與發展

Keniston（1971）視大專的年代為一發展中的獨特階段，在其中，自我認定的任務從一就業前的自我，轉變成在社會中來解析自我。根據 Keniston 的看法，當學生們本身的需要與社會的需要間產生差異時，會有所反應，因此在這

發展階段中會引起一定的緊張度。許多年輕人皆曾經驗過這社會心理階段的發展性任務。

　　Erikson 的自我認定（ego-identity）與角色混淆（role confusion）的概念，對大專學生而言，一直是一持續性的衝突，與 Keniston「緊張管理」（managing tensions）的概念相類似。這兩位理論家亦同意，單單針對角色認定與對未來角色（亦包括生涯角色）的承諾而言，這個時期的發展階段是相當重要的。

一、大專學生的生涯發展任務

　　依照 Erikson（1968, 1982）提出的人生八階段發展任務理論，青年期的主要發展任務為自我認定，個體在此時需要統整童年期各階段的發展成果，面對未來，在生涯職業、性別角色與意識型態方面進行探索並尋求認定。「自我認同」是一個自我建構（self structure），代表一種存在的狀態，也是個人的驅力、能力、信念等內在自我建構的動態組織，這個建構的內在元素會隨時間的改變而不斷的汰舊換新，經歷一段時間後，其整個結構可能會有些改變。故發展下去，整個建構發展越好，則個體越能體會自己的獨特性和與別人的共同點，越清楚自己的優缺點，及自己如何在世上走出自己的路；若發展不好，則個體越不清楚自己與他人的異同，越需依賴外在評價自己（Marcia, 1980: 159）。

　　Marcia 的經典研究對大專生生涯的認定狀態（identity statuses）有清楚的定義，在一個對八百位大專生歷時十年的研究中，針對學生的人際親密度、道德認知、尊重他人的權利，及對宇宙正義原則的信賴而判定學生的生涯認同狀態。他將認同發展的形成歷程分成四個狀態，此四個認同狀態（identity status）是認同形成的連續過程中不同的程度，分別如下：(1)認同有成者（identity achievement）：是已經過一段危機歷程，然後做決策，形成職業或意識型態的認定；(2)認同尋求者（moratorium）：目前處於認同危機階段，嘗試不同的認定、角色；(3)認同混淆者（identity diffusion）：可能有些危機經驗，並未形成明確的認定（無論是職業或意識型態），可能對認定沒興趣或感到模糊；(4)認同早

熟者（identity foreclosure）：認同的來源是父母的標準、價值和意識型態，可能只經驗到短暫的危機。

這些狀態同時也代表了與認定發展任務配合的形式，例如，認同早熟者的學生是從自我探索中被隔離，且限制他們接觸與挑戰。認同混淆的學生對未來沒有太多的承諾，且不比達成認定與尋求認定的學生們來得成熟。認同尋求者（Erikson將其描述成延宕的承諾）能夠有效地運用大專經驗，以獲得他們所要求的認定。認同有成者的學生已成功的解析自我認定，並對未來目標的承諾持較堅定的態度。

生涯職業認定是青年期自我認定的核心。隨後許多實徵研究針對大學自我認定狀態與生涯定向進行探討，大致發現：美國大學生中，上述四種認定狀態者均有，而以「自主認定」者為較多；四種人的生涯承諾度以「認同有成者」者最高、「認同尋求者」者最低、「認同早熟者」與「認同混淆者」則較無定論（王秀愧，2002）。

一般而言大專學生的生涯發展是多樣化的關切，對與職業有關的科目較感興趣；需要確認校園中能幫助他們做生涯規劃的人與地方；較直接的經驗，例如：兼職的工作或工作訪問，及實地瞭解他們當時正在考慮的職業；較佳的自我瞭解，以俾能選擇密切符合他們的價值、目標，與生活風格偏好的職業；工作市場的知識；幫助他們規劃大專課程，以增強選擇不同職業的彈性。因此如何幫助這一族群的學生充分運用自己的夢和想像力，不一定要做直線式的思考，從多元的思維建構不同人生階段的生涯發展願景，描繪個人的生涯發展進路圖，擬定生涯發展行動計畫是當務之急。

二、大專院校對學生生涯選擇與發展的影響

大專學生經常改變他們的生涯計畫，由高中職業、大專以及研究所導致的職業狀態差別，將延續一生。具有較高學位的人，較可能獲得較高地位的管理、技術與專業的工作。成熟的生涯思想與規劃可經由各種生涯發展課程，得以改

善。在大專中的社會化,將增強學生的職業抱負。透過促進可用來描述心理成熟的個人特質的發展,例如,象徵化(省察性智力)、博愛(同理心和利他主義)、統整(整合各種不同觀點的能力),及穩定與自主性,以增強職業的成功機會。

就減低失業率而言,大專教育的好處在於有助於工作世界,高等教育對生活風格及生涯發展的未來機會,均具有深遠的影響。大專的經驗不僅提供了生涯的流動性與升遷,亦增加學生的職業抱負。在本質上,高等教育的好處,在於改善生活的品質,及增進學生在一生中做出適當判斷的能力。雇主認為大專以及研究所的畢業生擁有使本身能獲得職業與升遷的必要技巧與價值,因此享受較高程度的生涯流動與升遷。

三、台灣大專生的生涯發展現象

台灣大專生的生涯發展現象之一是,學生在選擇大學科系時,大都是依據重要他人的意見、社會趨勢、學校聲譽以及未來出路等因素做選擇。學生進入大學以後,由於對自己選擇的科系所學沒有興趣,不知道為什麼要念書,對所學缺乏興趣,但大多數人並未積極尋求改變,仍然維持現狀。有些學生在過去的升學歷程中,沒有機會發展其他興趣或志向,因此即使對現狀不滿,也沒有其他更好的選擇,另外有些人仍擺脫不了「要把系上的功課讀好」的習慣。這群學生開始了自我探索的歷程,並且對過去的選擇、價值觀產生懷疑。但因為不習慣內在探索的思考方式,沒有系統地接觸有興趣的事物,再加上生活各層面(系上功課、感情、打工)的繁忙,使他們未能凝聚、沉澱探索成果,形成統整的自我認定(王秀槐,2002)。

有些學生為了厚植實力,以增加市場競爭力,在權衡得失並考量現實情況、可能途徑與市場需求後,他們決定還是在自己原有的科系領域中發展,厚植自己的學經歷、增加證照張數。另外的學生聽從家人或長輩或重要他人的意見,以職業的社會聲望做選擇,求職的範圍劃定在自己畢業科系所能從事的工

作類別中，尋求穩定工作。但也有些學生未能確立自己投入的生涯或工作目標，對未來處在一種迷失、混亂與困惑的狀態。

另一種台灣大專生的生涯發展現象，是清楚自己的能與不能，對未來有明確的生涯目標與理想；且對畢業後的職業抱著相當彈性開放的態度，有明確的生涯目標與理想。所以學生選擇科系時均依據個人興趣、個人特質、長期以來發展的生涯目標做選擇，雖然他們的聯考分數足以選填其他更「熱門」的科系，他們仍然「堅持所愛」，懷抱著長期發展出來的興趣，進入自己選擇的科系。但也有一群依興趣選擇大學科系，但分數沒有達到理想，面臨生涯發展的重大轉折，無法實現夢想，面對沒有選擇的未來，只能無奈地接受了，走一步算一步。

第三種現象是學生能不斷探索自我，時常反思，對學業繼續努力，持續發展、專業進深。對變化萬千的環境能接納與適應，為因應時勢擴大視野，適度調整生涯方向。與他人的關係是圓融共處、兼容並蓄，所以生涯志向發展是兼顧自我興趣、特質與他人意見、社會潮流等。對未來前途，不論一時的成功或失敗，都能勇往邁進。

四、台灣大專生生涯輔導的重大議題

經濟環境的激烈變動，企業對人才的需求跟著不同。一千大企業在《天下雜誌》「企業心目中的熱門學校調查」中直指，當今企業需要的是全方位的人才，要有優秀的能力，也要能敬業樂群。「企業心目中的熱門學校調查」除了反映企業的用人哲學，也為企業與學校搭起溝通、培育人才的橋梁。大專的生涯輔導與就業輔導時常是一體兩面，必須與業界、就業職場銜接。每一年企業在調查中反映，學歷高但好高騖遠、流動性高、不能與人合作、不夠敬業的畢業生較不受歡迎；務實、合群、能吃苦的畢業生很少找不到工作。

不同產業、不同部門、不同職位對人力的需求不同，在企業晉用新員工的標準中，能力傾向的考量（專業能力、學習能力、解決問題的能力、創新能力）

與態度傾向的考量（敬業精神、工作穩定性、團隊合作），顯示企業要的是全方位的人才，工作能力與態度不能偏廢，良好的情緒管理也越來越重要，因為它可以拓展人際關係，甚至獲得同事相助，增進才能。類似的要求，放諸各產業皆準。但是不斷推陳出新、業務多元的服務業與金融業，更在乎員工的學習能力與可塑性。高學歷人才在製造業中較有市場，但是在服務、金融業錄取的大學畢業生比例則較高。製造業者較偏好碩士，是因為理工科的大學畢業生通常只學到通識，不像碩士所學較專精，也有基礎的研究能力，即使外界變動再快，也能迅速因應。服務業的雇主傾向應先有工作經驗再念碩士，否則進入社會後的表現，跟一般大學畢業生沒有太大的差別。如何輔導大專學生在職場上得到利基，除了幫助心靈改革、瞭解自己與工作世界外，運用電腦網路尋得資訊或做生涯輔導也是重要途徑。

當大學沒有善盡人才培育責任、又碰到職場低薪效應、企業吝嗇教導時，現在的菜鳥在「世界是平的」的環境下，想要高飛，得比過去更自立自強（劉鳳珍，2006）。所謂「世界是平的」的概念是指工作跨越時空疆界，企業體或組織在國外有外包中心，也有許多外國的佼佼者常駐台北。網路的無遠弗屆，手機改用小靈通系統，人類的溝通無阻，服務也無疆界，因此電腦網路在生涯諮商服務上之應用有其迫切性。個人生涯的成長，最終得靠自己，當全世界的人都在向前邁進的時候，慢慢跑的羚羊只會被當成獅子的食物。

組織中成人生涯的諮商與輔導

前言

　　人是組織裡最重要的資產，人力資源效能的發揮不但提升了組織的效能及發展潛力，更是這波全球化競爭的利器，因此，企業如果無法留住優秀人才，不僅是組織本身的損失，更是為競爭對手培養了人才。以往當一個人進入一個心目中的理想組織後，通常會希望在這個組織中待到退休，組織也會給忠誠的員工物質或非物質層面的獎勵。然而第二次世界大戰後，人們對組織忠誠度的概念已經消失了。從 1960 年代中期開始，平均二十歲的員工，預期一生中會換大約六至七個工作。根據美國勞工部以往的統計，大學畢業生的一生中，平均會有八至十個工作轉換，並且至少有三種職業生涯。

　　由於傳統組織型態的改變，使得組織層級更為扁平，相對地員工晉升機會減低，而組織也希望員工具備多樣化的技能，隨著就業型態的改變，傳統的終身雇用關係不再，取而代之的是講究專業與技能的任用，使得員工對於組織的忠誠相對受到考驗，對於具備專業能力的員工，組織希望其對組織有所承諾，而員工也期待能在組織中發展其生涯。許多資料顯示，雖然大多數員工仍然滿意他們的工作，但是他們越來越關切他們在目前公司內的生涯展望。因此，與

其考慮留在一個組織內，有許多員工期望追求不同的職業生涯。即使當他們不想改變時，企業的重整及其通常導致的裁員，也迫使許多員工改變他們的職業生涯。因此員工流動性的提高及相關的環境因素，使得生涯發展對今天的公司組織益形重要。

組織中的生涯發展（career development）是一個組織持續且正式化的努力，它專注於依據員工及組織二者的需要來發展及改進組織的人力資源。組織中的生涯規劃（career planning）是一個人規劃生涯目標並發展一個計畫去達成這些目標的過程。生涯發展是從組織的觀點來看個人的職業生涯，而生涯規劃則是從員工個人的觀點來看其職業生涯。

組織成人生涯發展

壹、生涯發展階段的模式

組織成人生涯階段發展是一種雙向互動的模式；當個人發生生涯的轉變時，會對組織造成影響，而組織亦會影響個人的生涯轉變（Schein, 1971）。Schein 認為依據這種雙向互動的模式，組織的社會化經由六個基本階段的功能性界限與管道連接。個人在階段轉變期的中點時，藉由革新來努力影響組織，而每個階段的發展假設有許多狀態或形勢。Schein（1978）認為發展是前後相連，持續變化，逐漸變化，終而成就個人獨特生活方式的特性。更進一步地將一個人的生涯發展細分為九個階段，每個階段均必須面對一些共同的問題和具體任務。此九個階段分別如下表 7-1 更進一步將一個人的生涯發展細分為九個階段，每個階段均必須面對一些共同的問題和具體任務。此九個階段分別如表 7-1。

表 7-1　Schein 的生涯發展九階段

年齡	時期	備註
0～21 歲	成長、幻想和試探期	
16～25 歲	初進工作世界期	
16～25 歲	基礎訓練期	
17～30 歲	早期生涯時期	
25 歲以上	中期生涯時期	有人可能一直停留在這一階段
35～45 歲	中期生涯危機時期	
40 歲～退休	A.非領導者的後期生涯時期	很多人都一直停留在這一階段
	B.領導者的後期生涯時期	有些人可能很年輕就達到此一階段，但仍視為後期
40 歲～退休	衰退或離職時期	個人生涯開始衰退的年齡不盡相同
	退休時期	

　　Hall 提出三個階段模式（Hall, 1976, 1986），生涯發展分為以下三個階段如早期生涯、中期生涯、後期生涯。每階段都有不同的任務和社會情緒需求，如表 7-2。

　　Hall 三個階段模式說明了幫助瞭解個體確認每個生涯階段的任務需求和社會情感需求。個人在早期的生涯階段需要發展行動技巧與應用先前的訓練；在中年的生涯，個人經歷重組各種有關工作及自我因素（像工作價值與家庭參與）的過程，此時可能會面臨中期生涯發展的壓力。後期的生涯裡個人體認到長江後浪推前浪，江山代有人，始逐漸將自己從組織中退出且學習接受當一個不顯眼的工作角色。所以個人從不同的生涯階段中進展前進時，學習到新的概念和技巧，面對未知的工作，變得更能自我認知，並且發現更多自我表現的機會。

表 7-2　Hall 的生涯發展三階段

階段	任務需求	社會情緒需求
早期 生涯	1. 培養行動技能。 2. 培養某一專門能力。 3. 培養創造、創新的能力。	1. 支持。 2. 自主。 3. 處理競爭的感受。
中期 生涯	1. 培養訓練和和教導他人的能力。 2. 更新訓練和技術的整合。 3. 培養對工作和組織的寬闊視野。 4. 轉換需要新技能的工作能力。	1. 表達中年生活感受。 2. 重新思考自我。 3. 減少自我放縱和惡性競爭。 4. 支持並設法解決中期事業前程的壓力。
後期 生涯	1. 從實際掌權者逐漸轉變為提供智慧、指導和諮詢、顧問的角色。 2. 開始參與組織外的活動，重新建立自我並準備退休。	1. 透過支持和諮商，以幫助整合個人經驗、智慧，提供別人參考。 2. 接受個人獨一無二的生命旅程。 3. 逐漸離開組織或團體。

貳、組織中成員生涯發展的實施

　　組織中成員生涯發展需要組織、員工及員工的直屬管理者三方面的有效互動，方能有三贏的成功生涯發展。組織對自身及其成員的生涯發展負有主要的責任，組織的責任是在組織內與員工溝通、探索生涯選擇。組織應該謹慎地建議員工有關達成其生涯目標的可能生涯路徑，組織生涯諮商人員應該緊密地與員工及其管理者合作，確定傳達正確的訊息，並瞭解不同生涯路徑間的相互關係。員工對準備個人生涯計畫也負有主要責任，生涯規劃不是由別人代勞的事情；它必須由員工自己來做，只有自己才知道真正想要從生涯中獲得什麼。目前許多企業尚未進行對員工的生涯管理，因此當員工對於生涯規劃需求無法滿足時，往往選擇離開組織一途，使得組織之前對員工所做的培訓及人才養成也無法發揮效用。因此，如何配合生涯發展的實施，以提高員工的組織承諾，便成為相當重要的議題。

生涯規劃需要員工方面有意識的努力，雖然一個人可能會相信，能發展出一個對自己最有利的完善生涯計畫，但要找出時間來發展這樣一個計畫，又是另一回事。組織可以邀請相關專家來鼓勵與指導員工，這種計畫的執行最好能利用每季撥出幾個小時的上班時間來完成。雖然一個人對準備他的個人生涯計畫負有最終的責任，但是經驗顯示，若人們沒有獲得一些鼓勵與指導，生涯計畫將難以獲得重大的進展。組織如何協助員工持續學習，使其能配合組織不斷改變的需求以及為員工進行生涯管理，這是組織所要扮演的角色，而員工應具備的是培養彈性的雇用力，以符合組織精簡時對於多能工的要求，員工的心態也在逐漸改變中，對員工而言，希望追求的是在工作中獲得的成就感及自我成長，以達到需求上的滿足。

第二節 組織中成員的生涯發展步驟

生涯發展是個人進入某一行業時，為適應行業的要求或規範，並扮演和學習該行業的工作角色，由較低層級工作或職務升遷發展到高層級的歷程。生涯路徑（career pathing）是一種技術，陳述在組織內由一個工作至另一個工作的進展過程。它涉及非正式及正式的教育、訓練及工作經驗，以助於使一個人未來有能力擁有一個更高級的工作。落實組織整體的生涯路徑時，通常需考慮工作說明書的內容、確定路徑的單一性或多重性、塑造組織學習的環境、強調組織輪調制度。

確認工作說明書的內容，對於同一職種的工作是否清楚劃分不同的職責，以避免職責劃分模糊。此外也要確定路徑的單一性或多重性，路徑的單一性是指員工的晉升是否只有唯一的路徑，或者可以透過其他職務的轉換，使其擁有更多的路徑選擇。因應未來的企業競爭，建議應盡量朝多重路徑的方向規劃員工的生涯路徑，使員工具備多重能力，也使企業在人員調整上具有更大空間。塑造組織學習的環境也是重要的一環，如在規劃教育訓練體系時，將訓練課程

與生涯路徑相結合，並且增加員工職能轉換的訓練，則員工由於具備多重能力，相對亦能使其生涯路徑具有更豐富的選擇。強調公司輪調制度就是升遷途徑與生涯路徑的銜接點，所以透過輪調制度的強化，才能使生涯路徑得以實踐。

壹、員工剛進入工作階段

當一名新員工加入組織時，面對周圍的陌生面孔、全新的工作，心中一樣會充滿不安，懷疑周圍的同事是否歡迎自己，懷疑自己是否有能力勝任新工作。如何幫助他們驅走這種陌生感？如何使新員工更快更好地融入團隊？以往組織和諮商界極少注意到人們如何選擇組織，以及進入組織後的適應。但當下的生涯諮商師需要引導個人進入組織，縮短摸索時間。Kreitner 與 Kinicki（2001）提出生涯路徑的概念分述如下：生涯諮商師首先必須決定或確認符合目標工作的能力及行為，工作會隨著時間而改變，決定或確認符合的資格條件且定期地檢查它們與大環境變化的應變情形，所以工作生涯為一種具有階段性的動態發展歷程。取得員工的背景資料，並檢查它們的正確性。因為人們的興趣及生涯目標有改變的傾向，所以這些也必須被確認。此外，也有必要去更新一個人之技術、經驗等記錄。

許多組織在提出問題時會疏於詢問員工的背景、潛力及興趣。著手檢視個人與目標工作二者的需求分析比較，確定個人與目標工作是否有相配的傾向。調和員工生涯渴望、發展需要及目標工作與組織生涯管理二者的要求，員工應將他們的生涯目標正式化或將生涯目標修正以適應環境需要。幫助員工利用一段時間參加在職講習，發展個人之訓練工作及教育的需要，確認那些使個人能取得目標工作所必需的個人行動（工作、教育及訓練經驗）。最後是構思生涯路徑藍圖，這是一種用於指導個人之時間導向的藍圖或圖表的創造過程。許多研究顯示個人特質與適宜的工作環境相配合的重要性。個人所期望的組織是什麼，及組織必須提供何物，深深地影響個人對組織的選擇（Wanous, 1980）。

　　管理專家 Ferdinand Fournies 在《績效！績效！提升員工績效的 16 個管理秘訣》中提到如何指派資深員工擔任「師父」，負責訓練新進人員。例如，美國 IBM 在台分公司在新進工程師報到受訓時，即指定一位資深工程師當他的師父，從工作程序的熟悉，到公司內外環境的介紹，新進工程師隨時都有一位形同諮詢顧問指導。專家認為，此種師徒制的好處，在於幫助新進人員以最快速度熟悉工作程序，立即從生手變熟手，並且可增加對公司的向心力，在資深員工的耐心帶領下，可以消除新進人員的陌生感，且建立正確的公司訊息傳達管道，以避免謠言誤導或扭曲新進人員對公司人事的認識。

貳、早期生涯階段

一、早期生涯的主要任務

　　一般公司新進人員訓練的目的為提供有關企業的基本資訊，使新進人員能順利成為公司的一分子，並能在所屬的工作崗位上發揮應有的績效。根據訓練的目的，才能發展細部的學習目標與有效的訓練內容。早期生涯（early-career）發展的主要課題在於社會化的過程，經驗將提供個人在組織內奠定基礎的機會，在早期生涯中，個人展示其能力，以使在組織中表現績效。新進人員即使不瞭解工作環境的複雜性，也會投下相當可觀的努力，以學習如何在這組織的環境下發揮功能。曾在其他組織工作過的職員，將會較集中注意力於學習此組織的結構。Campbell 和 Heffernan（1983）列出了早期生涯的主要任務，如下所述：

㈠適應於組織

　　1.學習和遵守規則與政策。
　　2.學習和顯示良好工作習慣與態度。
　　3.與工作環境中的其他人發展和諧的關係。

4. 將個人價值與組織的價值合而為一。

(二)學習對職位的責任感,與呈現令人滿意的表現

1. 當工作或職位有變動時,學習新的技術。
2. 在適宜時機參與在職訓練。

(三)以個人的目標及升遷機會來探究生涯規劃

1. 評估目前的職業選擇。
2. 評估升遷的機會。
3. 為升遷或職位改變所發展的計畫。
4. 考慮其他職業的選擇。

(四)為升遷或職位改變執行計畫

培養新進人員對公司、主管、同仁和工作有良好的第一印象,以及彼此的適應。協助新進人員釐清工作要求以及績效期望,瞭解並接受組織文化、價值、目標和行為規範,清除新進人員之焦慮,建立新進人員之自信心和歸屬感,加強工作安全環境的改善,提高該部門人員人身安全保障(如職災保險、定期體檢),通風順暢,或工作安全津貼,以吸引新進人員,可避免新進人員高流動率,浪費人力資源。

二、早期的工作生涯危機

離職流動率高對於一個公司而言是無形的損失,當原有人員離職,新進人員加入後,又得重新開始,倘若只是一直在重複著這流程,其實很難長期去培養人才,對於一個公司而言,也等於是人力資源的流失與不足,影響的層面,絕非如眼前所見。在早期的生涯裡,現實的衝擊,和缺乏評估與適當的回饋,是個人會離開一個組織的主要原因。

　　美國在 1960 年代與 1980 年代，公司成長極為迅速，此時很多組織面臨缺乏中級主管與高階主管的窘境（Thompson, Kirkham, & Dixon, 1985）。為解決此需求，某些組織創造了「快速軌道」（fast-track）的訓練方案以填補空缺。在此方案中的主管被迅速地調任與升遷；向上的移動被當作是生涯成功的一個確定訊息。快速軌道方案鼓勵的工作習慣，長期下來對個人或組織皆無好處，因為快速軌道是將其注意力集中於管理的技巧與技術，而非致力於建立實在的技術根基，很多在快速軌道方案的工作者，常由於頻繁的調任而遭遇家庭問題，有些員工因家庭問題離職，有些員工因工作而婚姻離異。

　　目前台灣新鮮人的流動率飆高，原因除了「草莓族」的抗壓性低，也跟薪資行情破壞、高學歷低成就有關。各大企業為了降低人事成本，紛紛祭出優退方案，加速員工的年輕化。社會新鮮人受惠於「人力換血」政策，工作機會增加，但流動率卻顯著提高，無法承受工作壓力是「陣亡」的主因。根據聯合人力網針對新鮮人所做的調查顯示，22% 的受訪者確定工作一年後，就會跳槽，會視環境來做變動的新鮮人則佔了 44%。而另一項人力銀行的調查則顯示，47% 的企業者對於「草莓族」頗有微詞，認為他們工作態度不佳、配合度低、流動性高、缺乏團隊精神。

　　人力專家觀察指出，由於景氣不佳，薪資成長緩慢，新鮮人的薪資甚至出現負成長，讓許多擁有大學、碩士學歷的新鮮人因為「低就」，心生「不如歸去」的念頭。以金融業界為例，近年來由於合併風潮造成大量員工離職，加上新種業務持續開放，銀行大量吸收新血加入，造成銀行平均年齡及年資都往下降。不少「低就」為櫃台客服專員的新鮮人，一旦發現薪資調整和升遷空間都很有限，就會離開。銀行的任用心態，造成流動率攀高，也讓員工出現「你對我不義，我就對你不忠」的心理。

　　由上面的事實瞭解生涯諮商師在組織內會面對兩種人，一種是承受極大壓力被要求在短期內就要有成就的人；一種是認知到他們會因自己最初的計畫而受重視的人。被重視的員工透過成就使其成為不斷「上升的星星」（rising

stars），於是這種強度、壓力，與在早期生涯中，對快速軌道的需求，常造成工作上的耗竭（burnout）。生涯諮商師在輔助個人發展生涯時，應幫助個體瞭解快速軌道可能會帶來的生涯障礙，幫助釐清個人與問題的關聯性。湯姆克魯斯的「黑色豪門企業」，有類似的情節可以更加深此「上升的星星」的瞭解。在此片中，他飾演一個哈佛大學法律系的高材生，畢業後，他婉拒了一家大城市律師事務所的邀約，而加入了一家財力雄厚的小型律師事務所，這個公司提供他車子與房子，他以為自己的前途從此一片光明。但是不久後他卻發現，工作繁忙，夫妻失和。艾爾帕西諾和基奴李維的電影「魔鬼代言人」，也有類似的劇情，人在工作繁忙時很容易迷失自己。

當我們瞭解快速軌道路徑的嚴苛所伴隨的複雜性後，個人在快速軌道方案中很容易受到組織環境障礙的傷害。小心地分析引起挫折的因素，可使個人真實地評估目前生涯發展的狀態。

個人亦需認知到，正確的價值觀與態度、保持技術的發展、自信與自尊的增加是生涯成長的必要因素。生涯是一長期的發展過程，協助個體發展成具有宏觀多元視野的生涯觀點，注重個人品質、兼顧家庭生活與工作生活的平衡，是組織、生涯諮商師與組織成員須共同達成的目標。

參、工作的中期生涯

一、中期的生涯發展

中期生涯（mid-career）被視為是個人工作生命的中間階段，有其獨特的任務及社會情感的需求（Hall, 1986）。Tiedeman認為中期生涯的特徵是在生涯領域的系統內，有更多的自我瞭解與認定。Feldman（1988）把中期生涯經驗定義為「安頓」（setting in），特徵為解決組織與個人生活中的衝突與需求。

中期生涯未必與年歲有關；經歷轉換生涯的人可能會經驗數次中期階段。

在中期的生涯發展，面臨的變化來自多種來源，例如，新的與不同的技術、產品需求，以及勞動市場的改變。以台灣為例，三十五歲到五十歲左右的台灣前中年世代，正面臨一個新的生命局面，經濟競爭國際化，催促著台灣企業國際化腳步，傳統產業外移大陸、東南亞，高科技產業打國際戰爭，到海外設點談生意。企業求生存得向外衝，顛覆了這群人的生涯計畫。

這一群總數超過四百八十萬的前中年世代，佔總人口 1/5 以上，是台灣近代史第一個沒有戰亂的世代。他們童年時經歷貧窮，青少年時看到富裕，成年時創業機會很多。他們親身經歷台灣經濟的快速成長，卻也在壯年要跨進中年時，又必須面對台灣經濟進入高原期，體驗經濟不景氣。一般人要到四十五歲才算進入中年，身處台灣特有的經濟環境，台灣的前中年世代卻提早面對中年壓力。這群前中年精英，為台灣的經濟打拚後，面臨台灣經濟的高原期，無法享受高階的悠閒生涯，在壯年時期，又必須前往中國大陸開疆闢土。一位四十多歲、任職高科技公司駐大陸的負責人，就忍不住嘆道：「我年輕時，衝過一次，怎麼年紀大了，還得再衝一次？」道盡了身心屬於壯年期，但環境促使必須提早跨進中年時期。

二、生涯停滯期

生涯停滯期（career plateau）（也有人翻譯為生涯高原期），發生於員工達到一個職位，而此後他不太可能進一步被升遷時，幾乎所有人在他們的生涯中都會達到一個停滯期；然而一些人會比其他人更早到達他們的停滯期。「在一個人的生涯中，當其在職場上再次升遷的可能性非常低的時期」（Kreitner & Kinicki, 2001），便是一種停滯期，除非其他例外事件。

停滯期的員工是那些「在他們退休前很久即已達到他們升遷上限的人」。今日工作環境中的某些因素指出停滯期變得較為普遍。事實上，現在的雇主較依賴年長的員工，可能會造成停滯期的問題。此外，員工普遍接受教育，因此他們一進入組織時就是在一個較高的職位，這些情形顯示存在著較少的升遷可

能性。停滯期並不必然表示失敗，因為事實的本質是當一個人升遷至越高的等級，則可爭取的職位必然會較少。在一些情形中，一個停滯期人員的情況可能要用一種不同於一個升遷中人員的方式來處理。Bardwick（1986）將生涯的停滯期分成三類型：結構性停滯期、內容性停滯期、生活性停滯期，如表 7-3。

(一)生涯停滯期的類型與突破

工作生涯中一般而言會碰到這三種停滯期：(1)結構性停滯期——在企業組織，因為學歷或其他原因，無法往高階職務上升，無法獲得肯定。有位友人他是資深的化學博士，在美國有名的公司工作，有一次不讓他升等的理由是，「你是台灣人，沒有太多業界的朋友」，所以他面臨結構性停滯期。(2)內容性停滯期——個人對自己不滿，時常生活在遇人不淑的情境裡。(3)生活性停滯期——日日重複著相同的工作、做同樣的事，工作生活無成就感。

個人的停滯期若碰上組織的停滯期，就成了必須面對的困境。中產階級事業卡住了或停滯，就必須靠自行創業來解決。但這個出路隨著不景氣而消失，失業率增加也使得許多人不敢輕舉妄動，就只好在大企業中繼續擔任微不足道的小螺絲。但缺乏認同的工作做久了，常會碰到自我認同的危機，工作中如果缺乏自我肯定與認同的價值觀，工作三、五年就會出現中年危險期，這種危險期和生理年齡無關，和工作年齡有關。外在改變的機制消逝，內在改變的活力也沒產生，許多人就只好逃避問題，或喝酒，或打電動玩具、看電視，讓自己不必思考面對，但生命卻會逼著人去面對。

(二)組織與個人的因素影響個人成為停滯的表現者

造成個人成為「停滯的表現者」（plateaued performers）的原因，來自於組織與個人的因素。在階層式組織結構中的高級職位極少，為升遷而有更多激烈的競爭，有些組織強調升遷較年輕的員工，導致年長者生涯停滯，組織的特殊需求，需要某種專長的人。個人的因素包括對自己太有自信，沒辦法把身上的

表 7-3　生涯停滯期的類型與突破

類型	內容	突破
結構性停滯期	僧多粥少，競爭激烈，不合情理，而無法如願升學、升遷。	• 改變工作，創造未來。主動再學習、接受風險、胸有成竹，創造第二工作生涯。 • 改變動機。樂見後浪推前浪，成為提攜後進者（mentor）。 • 改變時間與承諾比例。如社區服務、義工、家庭與工作的平衡。
內容性停滯期（中年危機）	學業、職務、家事，單調重複、了無新意、缺乏挑戰。	• 改變生活，創造未來。 • 擴大體驗與覺知的能力。 • 心理性別整合，找回自己的另一半性格。 • 下一步我要做什麼？ • 下一步我要做誰？
生活性停滯期	例行的吃喝拉睡，人生只是一部黑白片。	• 調整生活中的輕重緩急（priorities）。 • 停、聽、看！找回生命的樂趣與意義。

資料來源：Bardwick（1986）。

半瓶水倒掉，也是成長曲線變得緩慢的主因，例如，個人可能是某個好學校畢業的，或是曾經在公司裡得過獎，這些光環如果不能拋掉，自然不容易有進步的開始。個人缺乏科技技術，喪失適宜的發展機會，或缺乏技術升級，以配合現況需要。不確定在組織中的未來角色（個人在生涯的途徑中無法認知到組織的系統），對升遷沒有強烈的需求或渴望，會帶來停滯期。

　　生涯諮商者瞭解很多員工都曾面臨能力遇到瓶頸的時候，但基層和中高階工作者所面臨的狀況是不同的。基層員工如果是畢業三、五年的工作者，會覺得自己好像被掏空，此時可以安排進修課程，新知識本身可以給員工思考活力，同時也會因為接觸到其他的社會精英，而對自己有所激勵。為改善遭遇瓶頸的

狀況，可利用職場同儕的學習成長，看到其他的社會精英，比自己學習的還多，那時員工就會更清楚自己的弱點，而這種來自別人的刺激是有效的方法之一。生涯諮商者也可以建議當事人，嘗試新的任務或工作內容，這也是增長工作能力的方法。

中高階工作者由於是管理者，更容易面臨瓶頸以及心理的壓力。倘若對於其他專業領域的掌握度不夠，不能學會掌握其他領域的專業，工作表現勢必會遇到瓶頸。中高階工作者每天追蹤要做的事情和進度，但若沒有辦法把自己從一個經理人變成真正的領導人，則視野容易不夠廣，不能用很多元化的方式看事情。生涯諮商者可以建議大量閱讀和組織外部的學習，多聽演講、研討會、參加相關的團體，吸收別人的經驗、智慧、決策的最佳方案。但有時瓶頸是來自於組織的資源，沒有資源，組織就會越做越小，沒有機會擴編的話，高階主管會越來越少學習的機會，越難往上走。

此時生涯諮商師應幫助個體尋找一有意義的貢獻領域，在組織內開展一正面的成長適應遠景。鼓勵個人適應變化，是應該推廣的健康態度。在組織中建立自我歷程的一部分，幫助個體澄清真正的障礙（沒有成長、成長緩慢、組織退步）與感受的障礙（角色混亂、貧乏的生涯認定、生涯成功與方向的模糊認知），加以區分清楚，否則這些將影響他們達到個人目標的能力。

三、中期生涯發展危機與轉機

每一年《天下雜誌》都會做一千大企業調查，2005 年《天下雜誌》調查報告顯示台灣在這幾年開始遇上四種失業的狀況：⑴產業調整的「結構性失業」；⑵全世界經濟不景氣的「循環性失業」；⑶ 6 月後大專畢業生暫時找不到工作或轉換工作暫時辭職的「摩擦性失業」；⑷有工作意願而未找的「隱藏性失業」。根據前勞委會主委、國政會社會安全組召集人詹火生估計，失業及隱藏性失業率加起來，至少有 10%左右。中壯齡失業者（三十五歲到四十五歲）對社會衝擊最大，也可能是最難找到第二春的一批人。

　　青年失業，大多只關乎個人溫飽；中年失業，卻往往拖累全家。台灣每五個失業人口中，就有一位中高齡失業者，而且比例還在上升中。國內中高齡失業問題，自 1996 年起急速惡化，從占失業人口比例約 7%，攀升到 21%。也就是說，每五個失業人口裡，就有一個是四十五至六十四歲的中高齡勞工（林美姿、陳怡貝、萬敏婉，2005）。人到中年，想像該是攀登事業高峰的時刻，但現在許多人赫然發現，隨時都可能失業。其實中年，不該是再就業的原罪。但在企業全球化的時代，一個人沒有兩項以上的技能，難以在職場競爭。

　　劉其偉從工程到繪畫，從教書到寫書，從探險到人類學，再到生態保育，劉其偉把生命當做冒險，超越生命的極限，玩出各種可能性。劉其偉難以歸類的傳奇人物，原本學電機工程，做了大半輩子工程師。三十八歲拿起畫筆，無師自通，竟然成為傑出的畫家；六十歲以後自修人類學，到原住民部落進行田野調查，成為業餘的文化人類學家；八十三歲還組織探險隊，遠征大洋洲的巴布亞紐幾內亞；九十高齡仍不遺餘力的從事各項公益活動，捐贈畫作，並大力呼籲保護野生動物（天下文化，2004）。他的封號不少，從廣為人知的「老頑童」，到「老巫師」、「混世魔王」，妻子則封他「倫敦乞丐」，他卻調侃自己是個「小丑」，為了生存做了許多工作。劉老不怕苦的奮鬥精神，不設限的自學精神，是振奮人心的勵志故事。

　　意義治療大師維克多‧法蘭可承繼佛洛伊德、阿德勒在精神分析領域的成就，並且另闢新局發展出「意義療法」被學術界尊稱為「維也納第三學派」。法蘭可在被納粹送到集中營前，已是一位鋒芒漸露的精神科醫師與心理學家，在納粹集中營三年，他的父、母、兄、嫂與新婚妻子皆死於其中，但生死存亡的苦難淬勵他深入思考生命的厚度。這樣的境遇激勵了許多受苦的人，尋獲堅持下去的勇氣，包括一位被政敵送入黑獄的亞洲反對黨領袖。

　　他的一生波濤起伏，特別是他親身經歷過恐怖的納粹集中營生活，不但沒有怨恨，反而對人類的心靈力量有了深刻的體悟，因而創立了意義治療理論，成為二十世紀偉大的人性關懷大師。但法蘭可醫師對這個世界的真正意義，並

不僅僅在於學術，而是和他的學術不能區分的「他」這個人。法蘭可醫師乃是猶太人，納粹時期全家都陸續地進了惡名昭彰的奧茲維茲集中營，他的父母、妻子、哥哥，全都死於毒氣室中，只有他和妹妹殘存。這是何等的傷害與痛苦，但他不但讓自己超越了這種絕大多數人都熬受不起的苦難，更將自己的經驗與學術結合，讓他的「意義治療」有了更大的縱深與生命至高點。

有關他的傳記報導《意義的追尋》介紹的是人在極限環境下的苦難，以及從受苦裡如何藉著意義的尋找，而將自己超拔出來，去重新愛人。他認為「這個世界正處於一種不好的狀態之中，除非我們每個人做出更大的努力，否則世上每一件事都將變得更壞。」他從小即喜好攀岩，一直攀到八十歲。他到了六十七歲都還去學習駕駛飛機，並在幾個月後領到飛機駕照。對生命的這種熱情也同樣顯露在他的治學以及為醫上。對生命有著不懈怠的熱情，或許就是他那奇蹟般一生的奧祕。

以上兩位不平凡的智者，共同的特色是終身學習。不因年齡的限制，超越一般世俗的生涯觀點，追求理想與夢想。不僅造就自己也幫助了別人，最重要的是因為興趣而不斷努力學習其他事物，所以他們沒有中年失業的危機。兩位都是對自己要求很多，這種自我要求應該就是能成功的原因。浪漫詩人白朗寧曾寫道：「人生總在看似失敗之處成功，命運是個弔詭，捉弄我們，同時也安慰我們。」倫敦政經學院教授李察賽尼特在《職場啟示錄》一書指出，「更要不斷冒險，不依賴規則和正式程序。」鼓舞現代人必須有新觀念、新做法敏捷矯健，隨時應變。

(一)中期生涯發展危機——失業

近年來台灣企業競相擴充，生產過剩，「企業微利時代」來臨，企業要生存更要精簡人力，導致失業率仍然高居不下。許多報導顯示台灣經濟有復甦，但是廠商仍然在精簡人力，也不願雇回以前人員，這些人通常中高齡、教育程度不高，也不可能鼓勵他們學電腦，踏入資訊業，因而成為長期失業者（根據

主計處統計，台灣約二十萬人）。長期失業會使人失去希望，喪失鬥志，甚至退出職場，失業率背後的千萬家庭生計、生涯發展問題也會為整個國家、社會帶來問題。

展望未來，縱使台灣經濟成長，創造的就業機會也在遞減中。台灣這五年，企業在調整，工廠移往大陸，民間及政府沒有創造大規模新產業，無法吸納新進及未就業人口。根據主計處所做的每五年工商普查來看，因為沒有大規模新產業產生，近五年工商業總就業人口增加率急速減緩。根據經建會人力規劃小組統計，2001 至 2004 年中級人才仍供過於求二萬四千人，到 2005 年至 2011 年則供過於求七萬三千人，面臨 1.3 人競爭一個職位的情況。根據一○四人力銀行統計，中階難找事的殘酷現實已發生在眼前，競爭激烈就會導致薪水降低、所學非所用，屈就臨時人員。企業主因為員工福利、退休金、健保、勞保費日高，只留住核心員工，必須雇用更多臨時人員。這種工作朝夕不保的情況，自由業增加，許多創業者開著流動車賣冷飲、咖啡，在菜市場擺攤位、高速公路交流道賣便當，或者是開計程車。未來「無就業成長」時代來臨，充實自己、增加活動力，建立社會支持網與人際關係網絡，妥善的生涯規劃對現代人更形重要，畢竟機會總留給有準備的人。

(二)中期生涯發展的轉機

一個人的生涯發展宛如一條長河，時而波瀾壯闊，時而婉約輕流。解決中期生涯發展危機，首先要幫助個案勇於面對問題，重拾自信，調整自己的生活，重新出發。使個案瞭解生命是一種動態，是一個圓，可以失敗，可以痛苦，不是永遠都是負面的。解決中期壓力，要使個案自己的視野更有彈性，如換工作、甚至改變職業，展開新的跑道。同時也要調適面對新工作、新生活所帶來的不確定感。

換跑道也要不斷學習成長，建立生活的信念，降低外在的欲望、豐富內在，可讓人活得更篤定。華邦電子資訊處處長徐慧蘭表示，她的生活哲學是用

不同的態度看待女性的職場、家庭雙生涯。「每天下班回家後，電鍋也在動、洗衣機也在動、微波爐也在動，所有機器都在動，她就覺得非常幸福。」跳離生涯的危機，避免危機再現。中期的生涯工作者培養獨處能力，可以促進學習、思考和創新，更可以使自己不致在忙碌中迷失。已走過中年危機的前中研院院長李遠哲，就是一個成功的例子。他在忙碌的生活中，每天睡前一定要保留兩個小時的時間思考，讓心靈安靜，才能讓你真正減輕壓力。詩人 W. Wordsworth 曾寫道：「倉卒的世界使我們與較好的自己分離太久，而且逐漸萎靡、厭倦世事、膩煩歡樂，此時孤獨是多麼從容、多麼溫和。」一直追求各種能力，未必代表成長。瞭解自己的身、心、靈狀況，回歸自我、審視心靈，才能有成長。

一般人總認為自己沒有問題，不願尋求心理專業的協助。但真正專業的心理諮商，可以幫助人重新釐清情緒，面對自己的問題。員工面對各種生涯問題，首先衝擊的就是企業的穩定性和生產力，因此，日本許多大企業中已經開始設有專業的心理輔導人員，為員工解決個人生涯或家庭所遭遇的問題。員工身心適當調適，對工作有很大的助益，不僅是照顧員工的工作需求，而是要全面性的照顧。

中期生涯的任務，主要是讓個人逐漸瞭解長期的生涯方向，及將其重心從工作天地轉移至個人角色。不僅注重生涯的維持，也注意生活的課題，例如，如何擔任父母的角色，加入市民組織，與照顧老年父母。工作角色和個人角色何者優先，將要根據當時的情況而定，為了增進健康的態度，便要平衡不同的角色，即逐漸增加生涯和生活變化的關聯性。

Super（1977）認為中期生涯讓個體認知到以時間的距離來看待生活階段，並以執行未來的機會來發展生涯，他非常關注如何為處在中期生涯的工作者建立職業成熟度的標準，所以提出中期生涯的職業成熟理論模式。成人生涯模式具有五種基本的發展任務向度：第一個向度是充分計畫的或時間展望，專注於對生活階段與任務的認知。第二個向度是探索，考慮目標和工作的探索，以作為最後生涯建立的位置。資訊是第三個向度，專注於正確使用與處理職業資訊。

第四個向度是做決定，考慮技巧、原理，以及做決定的任務。最後的向度為現實導向，是職業成熟的成人在職業偏好、選擇與工作經驗中，取得自我認知的一致性及安定。這個模式對諮商是有用的，因為被確認的向度和階段，可為個人生涯發展提供一參考的架構，藉此可建立諮商的程序。

肆、晚期生涯

一、晚期生涯的任務

　　十年前對晚期生涯（late-career）的概念是，一個人生活的主要重心是組織工作外的活動，個人建立在外在的興趣，並開始從組織中逐漸退出。在組織內的活動，從一權力角色，轉變成一較輕微的角色。在晚期生涯中，學習接受一個逐漸輕微的工作角色，並將焦點從一高度涉入的角色身分認定中脫離開來。晚期生涯的情感支援，主要是來自同輩，尤其是老友故舊，並從正在努力以期獲得升遷的年輕員工所帶來的壓力與動亂中脫離開來。他們傾向專注於更宏觀的問題，例如，組織的整體性，及他們的職業或工作的未來（Kram, 1985）。

　　但是根據《商業週刊》統計顯示，就業市場不景氣時，衝擊最大的就是X世代，而不是年長就業者。《財星》雜誌預言，這個世代會是最勞碌的一群，儘管他們夢想提前退休，但他們鐵定會比父母親那一代工作得更久。從數字看來，人力有越老越吃香的現象，年長就業者比年輕就業者，更能保有工作，受到的衝擊也較小，至於年老的就業者，就業率不減反升，許多銀髮族最近重返就業市場，除了因為就業機會增加之外，他們也有經濟上的壓力，因為這一波空頭市場來襲，打亂了他們的退休計畫，退休金的操作績效一場糊塗，不但沒有保本還大幅虧損。《商業週刊》分析高齡就業者討好的原因是，做出裁員決定的通常都是四十五歲以上的經營層，他們比較看重資深幹部，因為他們經驗豐富、人脈寬廣、穩定度又高。至於X世代就業者，因為曾經有過高薪的好日

子，通常又貴又欠缺歷練、眼高手低、忠誠度又差，裁員時自然首當其衝。

(一)晚期生涯的工作表現

台灣的組織很少投資在員工的在職訓練及人力資源制度的建立上。近年來，由於國際化、自由化、全球化的趨勢，台灣的產業結構被迫很快地由勞動密集與低技術為主的產業，轉變到以高技術與知識密集為主的產業。

國內就業人口的組成在近年來也有相當幅度的變化，這些變化除了女性勞動人口的大量增加以外，外籍人士也在增加之列。年長與年輕員工間價值觀的差別越來越大，彼此間的摩擦亦越來越多。有關年長或資深工作者的報導正、反面都有，端賴從事的領域與專業度。有研究依據出版論文與專利產品來研究科學家與工程師的創新，研究發現這些職業中，生產力有兩個顛峰期，一為四十歲，一為五十五歲。也有研究發現年長的工作者在表現能力上，比年輕工作者來得低，但較為可信任、穩定、可依賴，及較不可能為了個人理由半途而廢。但 Bird 和 Fisher（1986）的研究指出，主管傾向對年長工作者採取較為負面的態度，因此，在這發展階段中，所遭遇到的負面態度和歧視，就成了晚期生涯中的個人所必須面對的挑戰。

(二)晚期生涯中的衰退

在一般人認知中，晚期生涯是一種「夕陽無限好，只是近黃昏」的悵然。但是觀看未來德國政府的措施，或許會使我們對年長就業者有不同的看法。德國政府早期認為世界性的人口變動對勞動市場產生的影響，是持樂觀的態度。因為在未來幾年內，求職人口將持續減少，企業可以在具有良好專業條件的年輕人中精挑細選，並認真考慮是否資遣年紀大的就業者。紓解勞動市場困境所帶來的喜悅僅是初期現象，真正的問題將出現於五十年以後，因為根據不同人口發展研究所的推估，2050 年時的求職人數將減少一千萬至一千二百萬人。這意謂著，減少一千萬就業人口就等於減少一千萬名納稅者，以及社福保險的付

費者和有支付能力的消費者。

　　德國政治人士為減輕未來數十年因人口變動所可能導致的缺失，採取的三項對策是：爭取年長就業者，減輕家庭婦女就業者公、私兩難的負擔，以及積極規範移民政策。在缺乏勞動力的情況下，老年就業者的行情也水漲船高。今天年過五十的求職者幾乎完全沒有市場，這純粹是運氣問題，因為再過十五到二十年以後，勞動市場上，五十歲的求職者將成為搶手貨，退休年齡將往後延。

　　大部分的工作者在面對何時退休時，經濟安全成為預測指標。根據紐約人壽所做的調查顯示，經濟狀況較好的 X 世代受訪者認為，要有兩百萬美元才能退休，如果以這樣的水平來看，並加上通貨膨脹的話，一個年收入十萬美金、想五十九歲退休的人，其實是得存夠七百三十萬美元，才能享有同樣的生活水平，也就是說每個月要存二千六百美元。不過實際狀況是，鮮少有人能夠每個月存那麼多錢。

　　台灣有二百五十萬人正在失業或低度就業中（行政院主計處，2003），不管是被迫或自願，許多人突然發現，他得面對的是永不退休的人生。如何投資自己、妥善規劃未來，不再只是年輕人需要注意的課題，是任何一個年齡層都應關注的終生大事。「失業」、「低就」已經成為許多台灣人要面對的新現實，而「退休」一詞已經成為轉換人生跑道的代名詞。

　　往日，人們認為只要謹慎儲蓄，存老本，老年就不虞匱乏，但是利率一直在下降，靠定存利息的退休老人，忽然發現要開始吃老本而心慌。對許多台灣人而言，退休後也難保晚年生活無虞。

　　　　一位住在木柵自費老人養護中心的老太太，原本存一百多萬，有
　　一份房租收入，原可輕易應付安養中心每月一萬兩千元的費用。但最
　　近房子租不出去，利率又急速下跌，女兒要她搬回原來房子住。「我
　　怕，現在我不聽她的話，」她告訴工作人員說：「將來我錢花完了，
　　她會怨我，我更沒人照顧了。」（引自《天下雜誌》，2003）

生涯發展與心理輔導

　　到底存款重要？還是投資重要？專家會認為都很重要，但只能選一項時，那麼專家的答案會是：存款比較重要。儘管投資能快速累積財富，但是投資並不可靠而且無從掌握，光看這兩年多來股市連番重挫套牢多少投資人，就足以證明。至於存款雖然不能讓人一夕致富，但畢竟日積月累，透過開源節流，小錢也會慢慢變大錢。看到一些現實真相後，生涯諮商師應幫助員工澄清退休的原因是對工作的厭煩導致退休，或其他原因。鼓勵員工決定退休前必須評估經濟狀況，如生活津貼、儲金、通貨膨脹的預測等問題，及對退休後生活品質的評估。面對未來，老年充斥風險，很多人可能更要延緩退休，增加工作年限。

　　全世界已開始延緩退休年限，美國研擬要將請領社會安全金（等於台灣國民年金）年歲延伸至六十七歲（現為六十五歲），尤其這波經濟蕭條後，很多人的退休金都腰斬一半，必須重回職場。根據主計處調查，民國八十年74%退休者超過六十歲，但到九十年，六十歲以上退休者卻降到44.68%，幾乎降了一半。大部份都緣於勞動基準法規定只要工作滿十五年，年齡五十五歲以上就可以領勞退金；以及軍公教人員只要做滿二十五年，就可終生拿月退俸，造成了與世界趨勢相反的「搶先退休潮」。

　　在台灣，不管是為自己，或為國家財政，恐怕都需要延緩退休，人人都得找尋第二春。目前能開拓第二春的，多半是原來崗位上累積足夠人脈，退休後就馬上能重回職場，甚至創業。而真正需要工作，以應付未來養老所需的再就業者，既沒有專業機構仲介，政府也沒有輔導措施，協助銀髮族再覓業。所以退休規劃是每一位還沒有達到退休年齡的人共同想要規劃的藍圖，只是在不同的年齡、個性，會有不同的思考邏輯和實行方法。然未來永遠充滿變動和各種不確定的因素，以致於計劃跟不上變化，如此又何必要規劃呢？或者一切按照計劃實施了，但結果不是另人滿意呢？但如果事先無規劃「人生有個萬一？」將如何面對沒有心理準備下的改變呢？或者是既成的事實如或現在對生活最不滿意的地方是工作，想要做個改變；很有抱負，現在的挫折感跟工作有很大的關係。或者對目前工作感到很不快樂，但為了生活開銷留下來，好讓家人維持

一定的生活形態，或是心中還沒有完全準備好要退休的，尤其是尚有小孩要讀書了，覺得自己被經濟因素困在工作裡。這種無法改變的事實，是當下一些尚有子女就學的父母所面對的問題，如何心理調適或開始第二春的規畫是當務之急。

避免「家無隔夜糧」的生活型態下，一定要提前思考我一定要到六十五歲才能「退休」嗎？工作、收入都不穩定能規劃退休嗎？先建立退休新觀念，才能規劃符合自己的退休生活。因此計算退休所需如要多少退休金？目前財力能讓退休生活不愈匱乏嗎？評估投資性向並活用投資工具如存款、債券、保險、股票、基金、房地產等，時常不斷調整規劃如出國、結婚、生子、換工作等都會影響退休規劃，適時檢視，才能精準掌握。但另外一面，有些不虞生活的退休者，選擇奉獻公益事業，如到陽明山擔任解說員。有的還能夠創造就業機會，開花店或咖啡館。但也有很多人不得不再就業，不管被逼或自願，都得面對一個永不退休的人生。

二、晚期生涯輔導方案的含義

在晚期生涯中，個人正準備退出或釋放主要的工作責任。Super（1990）使用「衰退」（decline）一詞，以指出次要工作角色的急切性。幫助年長工作者評定因組織生活與自己的未來生涯的落差現象，所產生的組織成長與自職場逐漸淡出的複雜心態，建立新的身分認定與自我認同，是這階段裡的主要諮商目標。在此階段中，組織將不再為生涯提供高度結構化的準則；個人在生涯發展中，必須要能更自我肯定。自我肯定與適應新的、不同的工作情況的能力，是生涯發展中主要的因素。所以幫助年長工作者透過對多方面的環境與工作狀況的觀察，監督者與工作者之間的關係、升遷的機會、與同輩間的一致性，以評估在工作情境中的自我，他們需要輔助，以使經驗傳承發揮功效。

當個人可能需要再評估他們在組織中的生涯方向時，學習與年輕的工作者共事、處理競爭與化解衝突是此階段的任務，當個人整合技巧及認知到組織的

職業徑路時，相關的諮商目標是，幫助個人建立一套新的生涯目標。因衰退與生涯高原而產生的危機，顯示出諮商方案須鼓勵持續的教育與訓練。

第三節　組織中的諮商需求

生涯諮商師必須接受一些專門的訓練，以滿足個人在組織中諮商的需求，包括幫助工作者：(1)確認工作中的危險性；(2)發展配合工作職位的工作風格；(3)處理與工作有關的壓力；(4)處理與雙重生涯角色有關的問題；(5)處理工作轉換的效應；(6)處理工作上的人際問題；(7)處理工作損失；(8)處理家庭問題；(9)處理醫療保健問題；(10)準備退休（Osipow, 1983）。生涯諮商師必須幫助員工學習親自處理變化與容忍不確定的曖昧。在另一方面，組織應為生涯發展提供一輔助性的環境，使個人可使用內部的人力管理系統，以探究各種工作角色與經歷組織中的各種工作職位。

壹、員工輔助方案

在過去的十年裡，美國的企業組織已大量應用員工輔導方案，因應他們員工的各種諮商需要。員工輔導方案的功能，隨不同的組織可能有顯著不同的變化，通常他們會執行下列一個或一個以上的功能。生涯諮商師可提供給員工的服務，和透過員工輔導方案所提供的特定服務。例如，托兒所規劃、年長親戚的醫療規劃、退休前的諮商，以及「單親」團體的規劃，將是未來員工輔導方案服務的焦點。由於生涯諮商師在員工輔導方案提供有關心理壓力、工作與健康間相互作用的指導、連接社區心理健康與家庭服務、增加對工作者生產力與士氣的關切、促進勞工與管理者維持穩定勞動力的價值認知等貢獻，員工輔導方案因而盛行。

貳、安置諮商

　　何謂安置諮商？以建華金合併北商銀為例，因應建華金合併北商銀，兩家公司著手整併，其中行員年資較低的建華金，因為優退成本較低，因此預計裁減 20% 人員。名目上建華金為存續公司，不過，旗下銀行整併卻是由北商銀主導，因此人員離、退將以建華金為主。建華金旗下子公司員工約有五千人，其中建華銀行二千三百人，建華證券二千人，至於海外則有七百人。依 20% 裁減比例來看，共有約一千名建華金員工將面臨轉換職場。

　　建華金董事會聘請麥肯錫擔任整併顧問，中、高階主管的離、退職潮將在評估報告出爐後展開。建華金落實裁減工作績效排名倒數五名的員工後，才推出優退方案。至於績效不差，卻有離、退意願的員工，除非年資加年齡滿六十，才可以適用 2n+2 的優退條款。由於建華金從籌備至今才十五年，要適用優退條款，等於年齡至少為四十五歲以上。據瞭解，目前適用優退條款的員工不到一百人。由於建華金的優退條款不但條件嚴格，且不優厚，因此多數的中高階主管都在等待。一方面是趁著這兩個月的緩衝期找尋下個職場生涯，另一方面則是等待麥肯錫報告出爐後，董事會是否會推出新一波的優退計畫。當員工遇到上述情形時，非常需要安置諮商。

　　安置諮商主要是用來輔助成人在生涯上的轉變，因此可鼓勵被解雇的員工釐清可適用於其他組織的經驗與技巧，而興趣的識別與價值的澄清，則是諮商的重點（outplacement counseling）。這已逐漸被用來作為企業、政府組織與教育體系提供給失職員工的諮商服務。科技的日新月異，電腦網路的使用頻繁、奈米技術的提升，已造成很多傳統員工被裁撤。企業體競爭激烈，併購、改組，使得很多公司的中、高階主管將被解雇，一些組織將發現由於多變的經濟狀況，不得不接收、合併與奪取，很多公司被兼併，它必須視情況不定期地裁員。有很多經理由於各種因素，例如，精疲力竭、離婚與認定危機，而使其工作效率

下降，無法專注於工作上，以致遭遇解雇的命運。一些組織原本具有專業的工作者因為落伍與過分的專業化的結果，被組織裁撤後，將很難在其他職業上使用他們高專業化的技巧。譬如，航空工業吸引了很多工作者進入高度專業化的工程職位，但當航空工業衰退時，很多的工業專家即因此失業。如早期台灣的核子工程師，也曾面臨類似困境，後來也都轉業。也有些經理人員晉升到無力負荷的職位上，可能沒有基本的管理技巧與能力，因管理不善，而遭到撤職的命運。然社會價值系統的變遷，被組織裁撤的困阨，已不再被視為奇恥大辱了。

安置諮商是幫助被解雇員工的特別需求，是學習一些策略，以幫助他們處理忿怒與挫折等情緒管理。有效的策略會幫助失職者瞭解到，他們的忿怒其實是一很正常的現象。提供個人或團體發洩忿怒與挫折的機會，將有助於正面臨生涯轉變的成人。撰寫履歷表與面試技巧的發展，是生涯諮商師在安置諮商中所要表達的其他需求。

參、退休諮商

根據內政部所發布的台灣地區人口統計資料顯示，我國六十五歲以上老年人口在 1993 年 9 月便已達到一百四十七萬二千人，佔總人口數的 7.02%，首次超過聯合國的分類標準中「老人國」7%的標準比例，正式邁入高齡化社會的階段；2003 年 7 月，六十五歲以上人口佔總人口的比率更超越了 9%的水準，在十年之間，老年人口的佔比便增加了 2%。在未來的十年裡，退休的人數將會顯著增加。

退休諮商（retirement counseling）為生涯發展歷程中的一部分，當個人達到退休年齡時，個人能依本身在退休時的財務狀況、時間管理、財務規劃、閒暇的選擇方案，以及婚姻與社會的關係決定退休的時間點。然有些方案是需要專家的協助規劃，才能更有效將合宜的方案提供給退休人員有關生活津貼與其他福利的幫助。退休方案類型頗多，一般最為熟悉的分類是有限的（limited）

與綜合的（comprehensive），有限的退休方案，基本上提供生活津貼計畫、社會安全與醫療資訊、健康保險方案，與在各種年齡退休的退休福利資訊。綜合性的方案包括有限方案的內容，尚有保持良好的健康、退休時的婚姻與情感觀、閒暇的活動、重新安置的優點與缺點、法律上的關切（遺囑、不動產規劃、繼承法規）、家庭關係、就業的可能性，與生活風格的改變等服務項目。

面臨退休的年長工作者，人生閱歷豐富，但他們面對生命中另外的階段發展，特有的任務與轉變，是需要經驗豐富或專業度高、能體貼老人的諮商師協助調整態度，與依照本身的需求，追尋自己的生活風格。假若年長工作者依舊身體健壯，可以建議從事支薪的兼職工作或義工，延續他們的經驗或智慧，使他們對自己的未來仍舊有使命感，可減緩心智的退化。也可充分運用餘暇時間從事創造力的工作，例如，美術、工藝或寫作。此外參與宗教或其他團體的機會，保持人際互動網絡，既可修身又可以交友，避免孤獨寂寞感的侵襲。有些單身老人或沒人照應需要特別的健康與營養者，可以依經濟狀況安排老人安養院的住宿與看護。

第四節　生涯轉換中成人所面對的問題

全球性的經濟狀況，直接影響很多人的生涯發展。由於每一時代的人，彼此都有相當的差異性，且每一代人的社會需求與影響職業供需的功能，與前後一代人之間亦不同，所以我們不可能期待諮商方案符合大家的需求。傳統上來說，生涯諮商方案只重視初期的生涯選擇策略，卻往往忽略了對生涯轉換中成人的輔導。高科技的發展下，勢必造成一些工作的淘汰，但亦創造出一些新的工作。一般而言，成人常缺乏指引以做出令人滿意的生涯轉換，很多成人並未發展生涯探索的技巧，例如做決定，且不知道有關提供工作描述、需求等等的資源（Brown & Minor, 1989）。基本上，很多成人並不清楚未來的方向與到哪裡去尋找幫助，生涯輔導方案在進行成人生涯轉換的能力培養時，當事人心態

上如何因應變化，是生涯轉換中成人的諮商焦點，內容包括幫助當事人再重新評估生涯決定的各項因素，因為這些因素將導致生涯發生轉換。

壹、轉換跑道原因

每年到了特定的時節（例如農曆過年前後、鳳凰花開時節），總會開始業界的大風吹遊戲，許多人突然發現自己身旁座位多了個人或少了個人，雇主關係永遠處於不穩定的失衡狀態。沿著生涯階梯向上爬升的情形，已被從一份工作跳到另一份工作的趨勢所取代（Kanter, 1989）。轉換跑道的原因可能是當事人重視自己的專長，可能是對公司或是職務的不滿或倦意或被迫轉換，也可能是因為人、錢或是理想。

以工作能力衰退為例，很多成人在他們專業領域的發展中並未迎頭趕上，最新的工作技術、程序與業務上的變化，致使工作者無法滿足其工作上多變的需求時，他將會逐漸產生工作衰退。所以衰退是由於組織中的專家缺乏最新的技術知識，以維持他們在目前或未來角色中有效率的表現（Kaufman, 1974）。

因此我們必須鼓勵個案改革技術技能，以配合科技的提升。專業的衰退未必與中年生活或年紀有關，而是與專業訓練的急遽需求更有關係。職業的訓練亦需要不斷的革新，由於其變化的速度是如此快速，甚至於才剛完成專業訓練，就發現又無法趕上職業領域中最新的領域。工作衰退可發生在各層級的工作中，亦可能隨時發生在工作者一生中的任何階段。衰退的潛在原因與個人的因素、能力與動機更有關係，缺乏動機已被視為是造成衰退的最大單一因素（Kaufman, 1974）。有強烈成就需求的人，容易有動機在他們的領域中保持最先進的地位，個人受到高層次的成長需求的刺激，較易達到自我發展，不容易遇到工作衰退的情形。企業體強烈的競爭、衰退的製造業、日漸枯竭的能源影響商品價格，與公司解構等等，造成組織的縮編，大量的裁員，也是促成員工轉換跑道的原因，組織的縮編導致成人必須面對生涯的轉變，故需要生涯的處遇措施，

在工作場合中建立生涯的方向。生涯諮商師必須提供專業的輔導，以幫助個人對工作角色能有確實性與清楚的方向，並發展這些技巧。

「往後我將往哪裡去？我現在正在做什麼？我的生活與工作的目的是什麼？」這些問題都是對工作感到不滿意的工作者所存有的想法，他們在現實與工作目的之間，尋找互通的管道。我們也必須體認一些對工作感到不滿意的事件，工作的枯燥未必是與工作本身有關，也不是單純社會階段的問題，此問題普遍存在於全部的勞動力中（O'Toole, 1977）。

許多人熱切地進入職場，期望在工作崗位上能經歷長久的、有挑戰性的任務，能從工作中獲得許多收穫，但事實上，有些人卻遭遇到完全不同的經驗。對這些人而言，工作的真相在某種程度上被曲解了，所以會有工作不滿意的感受。一些對工作感到不滿意的在職者，工作的枯燥未必是與工作本身有關的，諮商師可以幫助沒有充實感的工作者從原先生涯承諾的時間開始，重新架構目標，幫助尋找工作中的自主性、挑戰與意義。因此諮商師必須瞭解問題是否來自於個人目標與組織或雇主目標間缺乏一致性？是否對目前的工作內容、工作目標、自我認知的能力與運用這些能力之間，產生認知上的差異？是否在同儕或非正式組織中的目標與價值缺乏一致性，以至於產生孤立的感覺？在過往的成就與有潛力的未來中，缺乏成就感的感覺？

中年危機或更年期也會影響自己在職場上的表現，美國精神分析師艾理福在研究中年危機時發現，男人在三十幾歲、四十歲出頭這一段時期，常會有絕望和壓迫的感覺。人近中年時，許多人常在事業上卡住了：懷才不遇，升遷無望，對現狀不滿，此外也有人經歷事業和婚姻生活的低潮。中年危機（midlife crisis）對生涯變化的影響，對有些人而言，可能會有一些深遠的衝擊，於是以變換工作、改變思想與行為、與家庭疏離、意志消沉，以及很多的外顯行為等形式表現出來。對某些人而言生涯變化的影響並不大，更年期（menopause）對兩性而言，對老化與時光消逝的認知，或許是生命中最難適應的一段時期，經常被用來解釋中年女性在行為上的變化，而男性則會發生肌肉協調性較差與性

生活減少的現象，伴隨著體能及精力的減弱，學習接受老化的過程，也可視為是諮商的主要目的。「空巢症候群」（empty-nest syndrome）是另一個造成潛在中年危機狀況的因素，這時期意味著最後一位小孩離開了家庭。對許多人而言，生命的主要目的之一已經結束；但對其他人而言，也許會感到自由，且經驗另一種不同的生活風格，開始一嶄新的生涯。

貳、成人轉換期的生涯諮商內涵

　　成人生涯轉換期所做的生涯諮商方案，主要的考量是個人在工作、閒暇、家庭與個人生活風格的經驗，可以提供給諮商師與個人豐富的資訊，從中決定朝向哪一個生涯方向，重新出發。

　　成人轉換期的生涯諮商內涵的主要目的之一，是仔細評估過去經驗是否能應用在未來生涯選擇方案的可能性。因此如何將當事人過去教育水準、經驗背景，與興趣、工作需求、具備的專業技術、特殊經歷、價值觀、態度與未來其他職業相關的變項聯結在一起，是諮商師和當事人必須有效地評估和呈現的重點。在諮商師進行面談或工作經驗分析，或兩者同時應用後，才能有效考慮生涯轉換，面談的主要目的是幫助當事人評估與潛在的職業選擇相關的工作經驗、休閒經驗、訓練與教育。大致而言，面談應提供決定進入下一個諮商步驟的基礎。

　　生涯諮商師協助成人轉換職業生涯的努力時，必須注意到興趣及其與潛在職業選擇間的關係。有些成人能確認出不感興趣的任務與工作，但卻不能確認出明確的興趣，故對這些人來說，興趣確認是非常有必要的，因此可以採用量表。興趣量表的使用，應小心地選擇量表，如謹慎評估當事人的教育水準、未來的期望、閱讀水準，以及各因素中最重要的教育與訓練潛能。將興趣與職業性變數及教育與訓練機會加以聯繫，以確保所有的內涵都能整合良好。

　　有關專業技能的確認，Bolle 建議可使用「快速工作搜尋地圖」（quick job

hunting map），將工作者先前的工作、興趣、社會活動、社區義務工作，以及其他的休閒經驗等發展出的技巧輕易的辨識出來。Holland 也提供一透過自我評估能力，以確認發展性技巧的方法：第一種技術選項是發展技巧的「自我分析」，透過工作，與休閒經驗的分析表，來分析自我的發展技巧。第二種技術選項是發展技巧的「自我評估」，使個人以「好、普通或不佳」的等級，來列比出各種功能性、適用性與技術性的技能。第三種是透過標準化的測驗。此外市場上許多性向測驗都提供以常模資料來評估技巧的方法，特定技巧確認的重要性，在於鼓勵工作者從各種經驗中發展技巧，以作為生涯探索中的重要因素，為未來的目標提供更真實的評估。

工作的成人可以透過教育與訓練資訊提升並改變職業的技巧，加強生涯決策的歷程。例如透過出版刊物材料的應用、微縮軟片系統的使用、電腦化的生涯資訊系統，在合理的通車距離下，提供在維持職業與家庭義務的同時，仍可接受到訓練機會。教育訓練機會的取得，無疑的將鼓勵很多成人，考慮提供他們的技巧，以取得較高水準的工作機會，以防止工作能力、技巧的退化。

終身學習是當今社會發展的必然趨勢，為學習者提供多種多次受教育的機會。現代「終生教育」的理念是於 1965 年聯合國教科文組織（UNESCO）國際成人教育促進會中由 Paul Lengrand 提出。在過去三十年由此而產生了「學習社會」（learning society）之概念，使人人可隨時隨地學習。更於 1990 年代全世界有共識地推行「終生學習」（lifelong learning），以強調個人做主體出發去學習比由他人去「教」更重要。終生學習在職場上的功利觀點是，使自己的專長能因應快速變遷的科技變化、迎頭趕上資訊爆炸的時代、升級的技能可減少衰退的機會。

就諮商的觀點而言，改變員工安置的生涯目標，並創造出一有效的規劃需求，如增強職業的變化與個人需求的變化，像是工作、休閒及生活風格所必須具備的決定技術。這些技巧不只是提供了形成目前計畫的方法，且為將來持續終生學習提供規劃的策略。以做決定練習為例，幫助個人有效的決定與他們將

來有關的選擇。當成人面對繼續教育與練習的選擇與生涯選擇時,學習如何決定,就變得非常重要。諮商師應幫助釐清生涯初始目標與重新修正目標間的差異性,說明個人優先順序的改變,將如何改變生活風格型態。有效的生活規劃策略,幫助個人發展選擇與做成有效的決定。此外增進生活規劃策略,強調為未來而建立其他計畫的特定任務,確認技巧和個人生活風格偏好,以提供其他方案的基礎,而達成未來的目標。我們應視終生學習計畫為一循環性的歷程;個人內在的變化和外部狀況的變化,可能需要個人一再地重複諮商內涵。終生學習計畫是一持續性的計畫,但存有間歇性的暫停,透過這些內涵所學習到的技巧,將是發現與使用資源資訊、澄清個別需求、做決定,與計畫未來的有效方法。

Chapter
8

性別與生涯發展

前言

　　在社會發展的過程中，社會不平等最初緣起於生物上的不平等；同一個社會的人可能因為性別、年齡或種族等生物上的差異，而獲得不同的社會待遇，也決定了不同的人生命運。隨著社會型態的發展與轉變，這些生物基礎仍然影響著社會結果，其中，性別之間的差異性是最普遍存在的。兩性生理結構之不同，除了表現在體型、骨骼、重量、肌肉等差異，也同時反映在生理功能、感官、認知能力上。從外型來看，男性比女性更為強壯有力，但是就此一體能上的差異，造成許多人類社會中由男性支配女性的性別階層。然而，此差異並不能成為現今許多社會中男性社會地位高於女性社會地位的合理化解釋。

　　在許多社會發展的初期，一旦男尊女卑的階層模式形成之後，便影響到後來社會角色的界定（例如職業區隔）、社會／家務工作的分配（男主外、女主內）、社會資源的分配（財產的分配與繼承）等。從理性的社會分工角度來看，角色的適當分配是有助於社會整體工作效率的提升；但是此任務或活動的界定一旦與性別之刻板印象連結之後，性別角色也會變得僵化，失去原本社會分工的理性精神。性別刻板印象是因為性別的屬性，而對於特定性別產生的一種固

定且僵化的看法，男生都立志要當科學家或醫生，而女生則許願要做白衣天使，或是賢妻良母；在體育競賽中，男生理應馳騁球場，女生啦啦隊則在場邊歡呼加油。

在傳統的性別刻板印象之下，往往會轉化成對特定性別的偏見，進一步造成性別歧視。在過去的社會中，女性沒有與男性相同的就學機會，也沒有就業機會。而在現代社會中，許多統計數字也都顯現出女性在高等教育上的比率代表性不足，也就是說，雖然在義務教育階段，男女性的就學比率在近年來已經達到相同的水準，但是擁有博士學位的比例上，則女性遠低於男性；在職業結構上，女性在管理階層的比率也遠低於男性，薪資結構亦然，即使是擁有相同學歷、同樣專長、訓練背景，男性的薪水卻顯著高於女性。因為性別的刻板印象，讓人對於特定性別的能力、特質有了先入為主的觀念，因而限定了本來應有的發展與表現機會。

在現代社會中，我們可以觀察到性別角色已漸由傳統模式走出來，但這樣的觀點在世界趨勢潮流下，開始有了變化。職場競爭不再是只需要勞力，而女人不再是靠美麗的外貌，因為新經濟是以「腦力」為主的時代。女企業家憑著對行銷、服務、顧客想法的敏銳度，以及關懷別人的特質。在掌握顧客需求及顧客心理制勝的時代，轉化為商場上的絕佳優勢。台灣過去以男性為主流的資訊服務業，目前都有女將領軍加入（如惠普何薇玲、微軟邱麗孟、英特爾吳惠瑜），呈現出一個有別於過去單一男性主導、更多采多姿的世界。

第一節 女性生涯型態的探討

壹、婦女的生涯發展型態

一、Super 的七種婦女生涯發展型態

　　針對女性的生涯發展，生涯發展理論家 Super（1990）強調婦女的生涯發展型態，且將其區分成七個範疇；穩定的家管（stable homemaking），傳統的（con-ventional），穩定工作（stable working），雙軌（double track），中斷（interruptd），不穩定（unstable）及多重嘗試（multiple trial）。其中家管與職業生涯之間的衝突，是令人關注的，故必須在生涯諮商方案中加以強調（Wilcox-Matthew & Minow, 1989）。對許多女性而言，在全力衝刺事業時，會有心理上的障礙，因為一些女性不願意為了職業，而喪失了較易為社會接受的傳統女性身分。身分的喪失，會威脅著她們，並嚴重嚇阻了她們對生涯發展的重視（吳芝儀，1996）。

　　中國傳統的性別角色觀念認為「男主外、女主內」，女性在社會上扮演的角色應當是「賢妻良母」。她們的職責應當是相夫教子，她們與男性的關係應當是主從式。那種為追求事業的成功而不顧身家的，才華橫溢遇事有主見、敢做敢當、敢抓敢管的，被稱為「女強人」，對待她們，許多人的態度是敬而遠之。許多「女強人」在婚姻家庭問題上的失敗，使得傳統的性別角色觀念更加頑固，甚至形成一種社會輿論，左右著對女性的評判，有悖者，則被認為是「不規矩」、「不安分」，甚至有人出來鼓吹「讓女性回家去當專職太太」。正因為傳統的性別角色觀念對女性的人生有著如此巨大的影響，因此，女性往往被動地用社會認可的性別角色標準來規範自己，犧牲上進心。

所以婦女的職業選擇深受社會上其他變數的影響，家務和家庭責任深深影響到女性的職業選擇（Bet & Fitzgerald, 1987）。根據 Zytowski（1969）的看法，社會中典型的女性生活角色是家庭主婦，透過職業的參與，婦女可能改變她原本典型的生活風格，因此女性的職業參與型態，深受進入工作市場時的年齡，工作時間的長度，及從事何種性質的工作等因素的影響。此外個人的動機、能力，及財務需求的環境情況（Wolfson, 1972），以及女性本身的差異，或個別需求的不同，都會影響女性的職業參與型態。

二、生活發展階段理論家對女性生涯發展型態的看法

生活發展階段理論家在敘述女性的發展時，認為婦女同胞的生涯發展型態是階段性的（Erikson, 1950; Havighurst, 1953; Kohlberg, 1973; Levinson et al., 1978），所以生涯的意義在早期被界定為循著一定階梯攀升的歷程，且生涯被認為是具延續性的，如果一個人進入某一行業即離職，便表示其生涯承諾並不高。女性工作者經常為了家庭而中斷工作，欠缺生涯承諾等，然而這些看法有些缺失（Zunker, 1994）。階段理論家並未說明預期外的、重要的生活事件，及無數形成婦女生活型態的特殊影響。女性的生涯週期，並不依循著發展性任務的路徑前進，但卻以類似代表獨特經驗和重要事件衝擊的正旋曲線發展（sine curve）（Zunker, 1994）。Sanguiliano（1978）將女性的生涯發展型態分為冬眠期（hibernation）、更新期（renewal）、延宕期（post-ponement）及實現期（actualization）等四個階段。她認為男性與女性發展型態的基本差異之一，是自我認同（self-identity）看法的差異，男性很早就學習到他們的男子氣概，並為了適應生活的改變做一些因應調整，所以能事先預備生涯的規劃。但女性卻無法清楚地釐定出適宜的性別連接角色的界限與形象。

Spencer（1982）支反對女性的發展是沿著僵固的路線進展，他認為女性的發展性任務是沿著獨一無二的發展型態，並不似男性的任務。Spencer用轉換的概念來看女性的生涯發展，分別是早期的轉換期（十七至二十八歲），三十歲

的轉換期（二十八至三十九歲），中年的轉換期（三十九至四十五歲），及老年轉換期（六十五歲以後）。以下簡單說明 Spencer 的看法：

　　女性早期的生涯轉換期，為一個已重新評估存在結構的時期，開始找尋個人身分認同（Erikson, 1950; Levinson, 1978）。Spencer 認為，年輕女性比年輕男性較難脫離父母的家庭；女性在變得獨立之前，將承受較少的社會壓力及較少的鼓勵。女性欠缺適宜的支援系統，以鼓勵其在衝突的社會中表達自我。在本質上，女性需要較長的時間發展自我認同。在三十歲的轉換期間，女性普遍遭遇到婚姻的衝突，因此找尋新的生涯方向。一方面，被社會化的女性，只視本身為家庭主婦，在另一方面，她們又有一很強的需求，以求在職業的生涯中表現自己。女性必須奮鬥，以體認出較大的自由和滿意。

　　女性中年轉換期，將重新評估過去，並連續找尋生命的意義。對女性而言，生活就反映在先生與小孩或其他人的行為上，當她們的兒童離開家庭後，女性很難再創造一新的身分認定與一新的生命目的。女性老年的轉換期，繼續重新評估在社會中的自我，根據 Spencer 所言，這時期的主要任務是在個人的生命中，獲得正直的感覺。Spencer（1982）和 Sanguiliano（1978）認為，女性有不同於男性的發展型態：(1)女性的經驗，使其早期的發展，產生角色的混淆；(2)較抑制女性表現自我；(3)由於家庭的責任，以至於女性耽誤了她們的職業生涯抱負；(4)女性的發展型態將更個別化。這些獨一無二及個別化的發展型態，在做生涯決定時，將造成顯著的干擾（Zunker, 1994），值得生涯諮商者與兩性研究者關切。

三、女性在非傳統職業中的生涯發展型態

　　早期社會學家對於女性工作者所做的探究，隱含許多文化刻板印象。社會所模塑的「男女有別」的刻板印象有：男性是積極、進取、粗心的等等；女性是溫柔、被動、細心的等等。在這些特質的區分下，「男主外、女主內」的意識型態復被強化，因而家庭成為女性的生存空間，婚姻始終會將其歸為一項解

釋女性較不具企圖心的原因。然這種說法與現象不是必然的，居里夫人的故事粉碎了這種說法。

居里夫人原名瑪麗亞，求學過程，除生活上飢寒交迫外，在學業上她也有很大的困難。她的法文不好，又加上以前在波蘭受的教育不夠應付法國大學的課程，尤其是物理學科所必備的基本數學知識。因此，她把所有的閒暇時間，都花在圖書館裡，憑著精確的頭腦、清晰的思維和堅強的意志，她的成績慢慢的進步了。1893 年，瑪麗亞拿到了物理學碩士學位，1894 年，她又獲得了數學碩士學位。後來，瑪麗亞甚至還得到「亞歷山大獎學金」，這是波蘭華沙政府給予海外優秀留學生的獎學金。

1895 年初，瑪麗亞與比埃爾‧居里結為夫婦，秋季，居里夫人生下了她的長女愛琳。雖然有了女兒，但是並沒有打消她對理化研究的興趣，她的目標是物理博士論文，她選定的主題是當時最熱門剛發現的 X 光射線，不過研究的對象卻是當時鮮為人知的鐳射線。居里夫人雖然從此開始獨立研究，但是在放射學理論與實務上的成就卻越來越高。1911 年冬季，她收到一封瑞典斯德哥爾摩的電報，通知她獲得當年諾貝爾化學獎。居里夫人成為有史以來，第一個兩度獲得諾貝爾科學獎的人，而且是個女性。

「在科學上，我們應該注意事，不應該注意人。」這是居里夫人研究科學的執著精神，但是一旦科學應用到人身上，她卻發揮了對人群社會的無比關愛。居里夫人原本有許多發財的機會，但是都拒絕了，她對於功名也一樣看得很淡，因此在她獲得各種獎金前，窮得連醫藥費都沒著落，後來人們勸她申請「鐳」專利，她也斷然拒絕了。第一次世界大戰以前，鐳漲到每公克十萬美元，居里夫人卻仍然毫無積蓄；戰後，當她成為為世界名人常被各國政府邀請時，竟連一件像樣的晚宴服也沒有。居里夫人是女性的驕傲，全人類的驕傲，居里夫人當科學家對人類的貢獻，要比當賢妻良母大得多！

許多研究針對女性在非傳統職業中的特質與背景特色（建設業、技能工藝、技術領域、科學、法律、工程、醫學）做了研究，研究顯示選擇非傳統職

業的女性，通常具有男性的人格特質。譬如，她們較傾向於自主、自動、支配、個人主義、智慧，且在心理上比選擇傳統生涯的女性（社會工作、育嬰、教書、內勤工作）有男性化傾向（Chusmir, 1983）。選擇非傳統性職業的女性，具有強烈動機的特質，此與男性的特性相類似：成就導向、追求地位，及對自我關注和覺察的強烈需求。參與非傳統職業的女性，其背景特色為較佳的教育、更好的心理健康、很少或沒有孩子、是家中長女或獨生女、晚婚、較年輕的父親且擔任管理角色、教育良好的父親，與參與女性研究的課程。Chusmir 認為，選擇非傳統性職業的女性，其個性與動機性的特質，是在青少年的時候形成的。顯而易見的，研究者應重視女性的早期發展型態，為擴展女孩在職業方面的選擇所設計的處遇策略，應在小學時代加強宣導。

　　兩性之間本來就有差異，自進入幼兒期起，男性喜歡表現自我、從事體能運動及與人競爭；女性則喜好敘事（故事）性事務，熱愛秘密分享與照顧他人之需要。因此，女性容易在團隊中合作且心思細膩，善於傾聽與關懷；男性普遍缺乏耐性，容易專擅獨行，其所建立之人際關係往往脆弱空泛。在以往比較同一世代的兩性生涯發展，以女性的角度來看男性，可以看到很多不公平的問題。例如在我國強調「妻要以夫為貴」、「賢妻良母、相夫教子是女性應有的天職」但對傳統女性而言，在經濟無法獨立下，不可能掙脫此一環境。究其原因，兩性的不平等是因根本上人文教育的缺乏，而且在生長的過程中，影響到心理的結果，而追根究柢則是父母在養育、教育小孩時，先天對男女即有差別的心態所致。綜上而論，女性的一般生涯發展型態，說明了女性的生命週期應與男性的生活階段模式不同。與男性相較，女性的自我認定發展較慢，可能是性別角色刻板化的結果。

貳、女性已開始全方位的尋求終生生涯

　　女性在以往的生涯諮商方案中，只能在職員、老師或護士的職業中加以選

擇。戰後出生的女性,雖有更多受教育的機會,但也很容易隨著環境而放棄,尤其生長在傳統家庭中,常需要在事業和家庭間掙扎。然而目前生涯諮商師們發現,女性已開始重新安排她們生涯的優先順序,已全方位的尋求終生生涯。事業第一,婚姻第二,是目前女性最新的生涯順序(Zunker, 1994)。女性已不在傳統的工作中找尋出路,相反地更積極的在事業道路上衝刺,然而在路上仍遇到許多障礙,例如在工作世界中,仍存有性別歧視的情形(Fairley, 1980; McBride, 1990; Wentling, 1992)。當女性具有與其先生相同地位的生涯發展時,常會發現她的角色會受到質疑或挑戰,極少獲得其他男、女性的支持(Betz & Fitzgerald, 1987)。而男性與女性的諮商師亦會堅決反對女性改變其生涯的優先順序(Harway, 1980; Kahn & Schroeder, 1980)。

對現代女性而言,終生的職業生涯是全新的概念,並與早期社會的教條相牴觸。早期社會的女性在家庭中的角色,從為人女兒、到為人母親、到為人祖母,僅視其本身為廚房的產物,女性的天職是照顧子女,是一種無酬的工作(unpaid job),工資可能只是零用錢(pin money)。先生則在外發展事業,是一種有酬工作(paid job),所以有人認為男性才是 breadwinner。這些年來,由於社會的進步,教育的普及,使得女性在學習知識、贏得學歷方面的弱勢狀況有所改變。對傳統性別角色價值的快速轉變,產生了許多其他的因素,以致影響到目前的女性在其做出生涯決定時的型態與規模。目前家庭的財務需求,亦促使雙薪家庭的成長。同時,以前僅適合男性的工作,現亦開放,接受女性的應徵。

第二節　女性在生涯選擇時需考量的特別需求

雖然現今的社會已大量雇用女性擔任非傳統性的工作,今日的趨勢則是朝向工作機會的均等,特別是由男性主宰的工作。女性軍人在軍隊中服役,受到男女平權觀念的影響,對女性開放的職務越來越多,也開放戰鬥性職務予女性

亦是大勢所趨，且對女性是否參與戰鬥職亦有熱烈的討論。近年來，美國由於高等教育入學門檻降低，使得軍校招生殊為不易，一些戰鬥性職務的基層軍士官員額仍然不足。由於女性勞動力的充沛，在勞動市場供過於求的情況下，大量高素質的女性投入軍中的意願甚高，而台灣也是有相同的情況。

以美國而言，遠從美國獨立戰爭開始，就有女性服役於軍隊，並從事戰鬥性的職務。二次世界大戰期間，美國也有大規模的女性參與戰爭，她們所從事的工作大都為行政性或輔助性的工作，但隨著二次大戰的結束，美軍停止招募女兵，雖然並沒有女兵被派遣擔任戰鬥性職務，但有很多女兵是在作戰的狀況下作戰。由於戰後許多男性軍人大量的復員返鄉，造成技術人才的流失，使軍方重新考慮徵召女性軍人，並準備立法使其成為長期的編制。1948 年國會通過並由總統杜魯門簽署女性軍隊服役整合法案（Women's Armed Services Integration Act），使原來的陸軍女兵大隊（Women's Army Corp, WAC）成為軍隊的正式編制。

在波灣戰爭過後，美國國防部長錢尼曾公開讚揚說：「女兵在這場戰爭中有很大的貢獻，沒有她們，就無法取得勝仗。」女性軍人在波灣戰場的大量出現，加上媒體的渲染，使得女性擔任戰鬥職的問題又重新被提起。女兵們的表現也稍微化解了大眾對她們能力的疑慮，波灣戰爭顯示女性與男性一樣出生入死，也面臨同樣危險狀態，但女性並未獲得應有的尊重、認同與利益，或與戰鬥有關的職務。

一般傳統印象均將戰爭視為男人的事，但女性軍人加入行列，這種刻板印象勢必要改變。許多軍校女學生在入學前，非常的女性化，但是經過四年的軍校教育後，這些女性並沒有變得比較男性化，而是變得兩性化（androgynous）。性別的區分如果由性格特質來看，大部分的性格特質是兩性化的，即個體的特質相當複雜，會隨著情況的不同而有不同的表現。因此一個具有強烈刻板女性特質的女性初次進入軍中，必定會倍感無法適應及勝任戰鬥職，但經過軍事訓練後，女性性格特質會呈現多樣化，決斷力與堅強毅力不見得比男性

差。

正如專業的職業婦女般的具有獨立，有企圖心和自信，有這樣的特質，足可擔任戰鬥性的職務。女性在技術性職業方面的工作數目與日俱增，因此導致女性工作態度的改變。以陽剛氣息為主要素訴求的耐吉公司也開始以女性化、強悍、時尚感的發展主軸來滿足具有此特質的女性。未來兩性的新關係是性別差異漸走向中性化、由主從的依賴到自主的夥伴、相互尊重。由於女性再進修、從事職業機會增多、從事政治、企業活躍、婚姻成為需要而非必要、關心生態環境、國際婦女交流活動增加。兩性平等化的趨勢強調了許多女性的特定需求，其中之一的需求是，對女性非傳統性職業資訊資源的需求。女性的非傳統生涯規劃（Alexander, 1985）可幫助女性考量一些非傳統的職業。女性在生涯選擇時需考量的特別需求包括專業生涯資訊的提供、涯夫妻及雙薪夫妻、工作環境、女性二度就業的需求。

壹、專業生涯資訊的提供

目前在中學甚至大學階段，許多學子面臨生涯的想像與規劃時，仍然選擇傳統刻板印象與傳統性別分工下的職業，能夠跨入非傳統領域的女性仍然沒有明顯增多，所謂「男理工、女人文」的現象，並沒有比十年前改變多少。如何跳脫一般以性向規劃職涯諮詢的原則，並與側重企業管理、領導訓練或職場生存技能有所分野，並能於教育過程中融入性別意識，解析傳統性別角色對生涯選擇所造成的限制，促使學生能有跳脫傳統性別框架的生涯與職業選擇。在生涯發展與規劃上，能擁有更多選擇權和可能性。是未來提供專業生涯資訊的一大課題，讓不同科系學生面臨未來職涯選擇時，能有多元思考及評估，規劃探索個人與生涯發展，並藉著周圍相關資源系統的支持，能跳脫傳統性別角色的侷限，破除性別區隔迷思，真正發揮潛能，以因應社經環境快速變遷。

女性需要生涯資訊，以擴增她們的生涯多樣性，尤其是以前為男性所主導

的行業。對技術性勞工及技術性職業有興趣的女性透過明確的行動與其他的方案，引導與鼓勵。女性的非傳統生涯規劃（Alexander, 1985）可幫助女性考量一些非傳統的職業。包含了三種主要的內涵：(1)訓練職員以明白女性對宏觀生涯規劃需求，及職業的選擇將如何影響終生的收入；(2)課堂的指導，提供學生有關勞工市場與其他主題的非性別歧視的資訊；(3)在社區中建立非傳統性工作的探索；(4)女性向在非傳統性職業裡工作的女性請益（Zunker, 1994）。楊淑娟所著快樂女木匠（2003）一書中，介紹一個家庭主婦化身木工師傅的裝潢故事。一位嫁給英國人的堅強女子——康斯坦，以少少的花費、大大的巧思，把荒蕪的廢墟打造成山中桃源，並在木工實做中創造截然不同的生活趣味，證明DIY的領域沒有性別之分。美國空軍雷鳥小組的特技飛行表演享譽國際，更特別的是裡面有一位女飛官妮可，她是美國第一位女性的戰鬥機飛行員，跟男性同僚一起作特技表演，一點也不遜色。美國空軍目前有四千多名男性飛行員，和八十五位女性飛行員，但是能夠入選雷鳥小組的女飛官只有她一人。女性從事非傳統的職業的類別雖有增加的趨勢，然薪資不平等，根據行政院主計處2001年人力運用調查報告，顯示女性受雇者每月主要收入佔男性比例，在64.5%～88.7%之間，不分職業受雇者收入性別差異74.6%，顯示勞動市場中女性薪資僅佔男性七成五。顯示女性進入職場後，隨著分發、配置、考績、陞遷、或接受教育訓練等機會不同，而使得平均薪資較初任薪資低於男性兩成。

貳、雙涯夫妻及雙薪夫妻

　　二次大戰後，為了舒緩家庭經濟的狀況，對許多家庭而言，需要夫妻雙雙外出工作，以支付財務的需求，導致已婚女性就業（全職）人數的增加。過去典型化的家庭，如男主外、女主內的情形已不常見。越來越多的女性，身兼兩職，雖然職業婦女的雙重角色已獲致較多的肯定，但在職業婦女的生活中，仍需釐清個人的矛盾（Nadelson & Nadelson, 1982）。

夫妻雙方的就業變得很普遍。1996 年，美國已婚夫妻中有 60% 是雙方都有工作，它代表了美國勞動力、經濟與社會兩方面的壓力都促進了這個趨勢。雙聘夫妻一般可分為雙涯夫妻及雙薪夫妻，雙涯夫妻是指夫妻雙方都非常投入他們的事業，並將工作視為他們自我心理感覺及個人身分整體所不可或缺的一部分。雙薪夫妻則是指夫妻中的一個或兩個人，將其職業定義為諸如支付帳單的錢、保持忙碌的機會或渡過難關的另一個資源。雙薪夫妻並不都將其職業視為他們自我定義整體的一部分。

研究顯示，雙聘夫妻的最大挑戰是，不易平衡因個人生活與職業生活的衝突所導致的時間短缺。而雙聘夫妻的最大優點是，收入的增加及將此當作一個家庭背後助力的心理好處。雙涯夫妻的狀況會使雙方的生涯都複雜，譬如一個需要遷往他處的生涯機會，便會對夫妻及他們自己的組織帶來明顯的問題。其他雙涯夫妻的潛在問題則包括幼童看護的需要、時間的權衡及情緒壓力。在潛在問題成真前，生涯規劃有助於雙涯夫妻將這些問題先提出來。

參、工作環境

台灣的經濟發展已邁入跨世紀的時代，不過女性的勞動參與率卻遠低於世界各先進國家。在深入研究台灣女性的勞動參與率問題，發現台灣在二十五歲以前兩性的勞動參與率並無顯著的差異，但在二十五至三十九歲的生育年齡，女性的勞動參與率就驟減。研究顯示，離職擔任家庭主婦者的原因有照顧小孩，或因為結婚而離職，或因為生育而離職。職場中的性別歧視依然存在，女人在職場工作權方面，還潛藏著重重的難關與不平等的對待，阻隔了女人在工作上的發展。

從考試與招募開始，就是諸多限制。我們知道，有許多企業的招考，甚至部份的國家特考，完全扼殺女性的報考機會，民間如此，政府機關也不例外，大家都知道特考中的某些項目在招考上只收男性的事實已行之有年。女性工作

者在通過招募而錄取後，接著必須面對的是同工不同酬的薪資差別待遇，這樣的現象與職業隔離有關，因為男性的工作領域多分布在專業及管理階層，收入自然較多。而除了職務位階不同之外，同樣性質的工作，男女員工的薪資亦有差異，原因無他，只因「男性要養家」。職務的分配通常是差別待遇的合理掩護，總是強調女性心細應處理細密的一般行政事務工作，而男性較理智可以處理業務等工作。工作中也常有分派不平等的現象，也就是在職務分派時以性別來區隔。女性總是被迫去做低階瑣碎的事務、次要的工作、沒有發展性的職務，而升遷管道中，女性往往無法進入主管階層，這從一開始的招募就做了區隔，即便是在兩性比例各半的工作情境中，女性要晉升為主管的機率仍然比男性小得多。

女人在職場上不平等的對待尚包括單身條款、懷孕歧視。銀行與信用合作社行之有年的單身禁孕條款，就是最明顯的懷孕歧視。雖然銀行業已不再要求女性行員簽訂單身禁孕條款，也較不會以此來解雇，但是，懷孕生產的那一年，考績將敬陪末座，女性也只能默默接受。許多貿易公司亦經常要求懷孕員工離職，為的是節省產假。另外，也有許多女性雖然沒有因為懷孕被解雇，卻因為懷孕被迫留職停薪，空服員就是這種規定下的最大犧牲者。由於有相當數目的女性會出外工作，因此，更加需要一些有關生涯的資訊，以告知女性在工作環境中的處境與應對。以空服員為例，在歐美國家可以發現執勤的空服人員，時常是親切的中年婦女，雖然身材變形了，但其專業程度時常是東方空姐不能相比擬的。

女性工作者對教育與訓練投入越多，她們越不願意承擔全職的家庭責任，包括生兒育女（Benin & Agostinelli, 1988）。當要求男性平均分擔家事的壓力越來越重時，男性會開始從事些家務事。Coleman（1988）發現男性已花費他們時間的一半與孩童遊玩，而女性則只花費其十分之一的時間於同樣的事。另一些證據顯示，女性時常不願意將家庭工作付託給男性（Bernardo, Shhan, & Leslie, 1987），也有研究顯示，許多組織以發起家庭友好政策與計畫來回應雙

涯夫妻的需要。較先進的企業計畫包括幼童與老人看護、彈性工作時間表、工作分享、兼職工作、電訊通勤、雙親假及個人時間等等。

肆、女性二度就業的需求

依近年來女性勞動參與統計情形顯示，女性離開勞動市場的主要原因還是家庭角色的牽絆，多半是因為必須照顧小孩、家人或處理家務。很多工作、家庭，與女性的個人困難，都是從照顧兒童方面所衍生出的。與工作有關的例子有：上班遲到、下班早退、排班問題、曠職，及無法專心於工作任務上。與家庭有關的問題是，夫婦在排班照顧兒童時，發生了家庭衝突。個人的問題則是通常涉及壓力與衝突，而其來自於欲在工作中尋求好的表現，及想成為負責任的雙親。一些女性可能決定不接受升遷，因為這新的職位可能妨礙她照顧孩子，其他人可能決定在分娩之後不回去工作，因為在照顧孩子的問題上，無法獲得圓滿的解決。許多報導顯示，更多的公司提供彈性的工作時間或彈性的時間表，並資助已存在的外部日間托兒所，或在公司內或附近提供托兒的服務（Fernandez, 1986），這都將會是一股趨勢。這些負擔其實應該視為是社會成本，政府應該立法保障負擔這些受雇者的工作機會和權益；而更積極的作法則是普設托兒及托老的設施，以及使照顧工作專業化，使得小孩、病人或是老人可以受到專業、完善的照顧，也避免女性因為必須承擔這些工作而被剝奪發展其個人主體性的機會。

這些女性離開勞動市場之後，再回到工作世界的比率並不高，然女性就業有其正面的個人性、家庭性以及社會性意義。工作世界的文化刺激和人際互動刺激，二度就業可以使自己做中學、學中做，加上職業訓練或工作訓練機會，使自己有所成長，可以滿足我們人的基本需求，也就是 Maslow 理論所講的自我實現。有不少國外研究指出，職業婦女比家庭主婦之生活滿意度較高，最主要的原因是職業婦女可以獲得工作所帶來的自尊、肯定、自主性、成就感和自

我實現等等，這些是家庭主婦比較不易獲得的。女性二度就業的工作世界給予經濟自主和家庭經濟效益，更主要的是可以拓展家庭的互動和家庭的網絡，藉由社會關係和工作網絡的建構，使家庭的觸角延伸到社會之中，增強家庭和社會的互助關係。二度就業之後的家庭，子女獨立性比較強，解除婦女無生涯期的危機，隨著女性就業，使得家庭的生命週期有新的詮釋，家庭的關懷觸角，豐富著整個家庭的生命。

2000 年被喻為不得不多用女性的跨世紀年，原因是女性人力資源的開發有其相當的迫切性，據悉至少有二分之一的新職業將由女性人力來填充或擔負，男性人力資源的開發已經有其限制性。簡單的說，未來社經發展世代是個不得不多用或敢用女性人力資源的時代。根據勞委會 2005 年 3 月的統計，女性勞動參與率僅 47.68%，顯示仍有一半以上的女性尚未在職場發揮所能，尤其已婚女性重返職場更顯得保守。但面臨經濟不景氣所帶來的家庭生計壓力，許多婦女紛紛決定重新投入職場。目前市場上提供給二度就業婦女的工作，仍然以業績性質的工作居多，例如直銷和保險業，不然就是以兼職或短期的勞動工作為主，像是速食店和便利超商等等。

許多家庭主婦俱是以其先生的事業及養育小孩為重心，由於她們過往的生活型態，使得很多卸任家庭主婦的女性，缺乏找尋工作的技巧，並對進入一職業，毫無周全的準備。因此二度就業準備的需求中，除了提升專業技術外，價值的澄清、技巧的確認、壓力處理、時間處理、肯定的訓練、履歷表的準備，及面談技巧的訓練都應加強。

有關提升專業技術，在現在資訊爆炸的時代，不論商業、工業等各行各業，都需要電腦輔助教學及作業。懂得 Word 文書處理是基本知識，若不懂網路，那麼將會喪失很多賺錢及工作的機會，所以未來的就業環境發展趨勢，若不懂電腦的話，將什麼也看不見、聽不到。目前台灣婦女參加電腦培訓，都只是為了興趣，希望可以跟上時代的腳步，其實這不但可以作為就業前的自我調適，也能幫助她們克服對電腦的恐懼，提升基本的競爭力，使她重新融入職

場的生活。然接受短期訓練的婦女，出去找工作比不上一些資訊科系畢業的學生，雇主的接受率很低。就業市場上往往還是期待二度就業婦女提供低技術的勞務，因此參加電腦課程的學員，她們的求職成功率，遠遠比參加「居家看護照顧」課程的學員低得多。

對二度就業的婦女來說，創造力可以提升就業新契機。CQ英文是creation intelligence quotient，為「創造力商數」。科學家在研究人成功的特質時發現到一件事，有的人有高的IQ與EQ，但為何還不能成為「成功者」呢？到底尚欠缺什麼呢？那就是CQ。未來要在職場上開闢新天地，極需要高CQ的工作者。婦女可以透過多重管道，培養自己的藝術人文涵養，學習用創造力解決周遭事務。在就業市場上，其有國際觀及外語能力的人，將成為市場的新寵兒。尤其是在金融業，若員工不懂外語，在瞬息萬變的金融市場上，將毫無競爭能力。企業肯定已婚或二度就業的女性求職者，認為她們穩定、認真，具有細心、耐心與愛心等「三心」特質，更是企業尋找業務或服務人員的首選。因此，已婚女性若希望求職順利，應先瞭解就業市場的需求，調整職務目標和心態，才能快速就業，獲得派遣或創業的機會。綜合觀之，若想要在這新的就業環境打上漂亮的一仗，都必須持續不斷的進修，增進自己的外語能力，對電腦資訊的掌控，讓大腦隨時保持高CQ的狀態，具有此三種能力者將是職場的新贏家。

伍、離婚女性的需求

有一部以詼諧的手法詮釋的電影「真情假愛」，描述了女性離婚後如何以美貌與手段贏得財富，電影中年輕貌美的女主角瑪麗蓮發現她所託付終身的地產大亨流連花叢，因此決定打官司爭取贍養費，以保障離婚後的財務獨立，然而因為對方律師技高一籌而輸了官司，落得一無所有。心有不甘的瑪麗蓮旋即又嫁給石油大亨，藉由一連串的假結婚來詐騙夫婿的贍養費。電影情節總是天馬行空地滿足人們的想像，透過誇張的劇情讓女性思考離婚後的財務難題，點

出了真切又殘忍的社會現象。

美滿的婚姻是人人嚮往的美夢，女性只要透過婚姻關係來依賴男性，就可獲得經濟保障，但事實上，這種保障卻是一種「缺乏控制」、「缺乏權力而產生的義務」的依賴關係。離婚是男女雙方、甚至是雙方家庭衝突後的結果，而離婚女人卻常必須獨自承擔衝突後果，會出現矛盾、無奈、委屈和憤慨、被操縱（喪失自主性）、無力感、挫折感。不僅承受壓力和負荷，而且還歷經各種情緒感受的煎熬。離婚女性對自我的充實，是毫無準備的，且常有幼小的孩子依賴她們，不但有一些壓力迫使她們必須就業，且必須負起養育小孩的責任。女性必須學習設定日常生活的優先順序，包括有日間托兒所、資訊傳輸，及迅速有效的食物準備方法，以有效的同時符合家庭和職業責任。

許多案例顯示前夫家庭對其言行的指責，常造成離婚女性及其子女開始新生活的困擾，這卻是離婚女性必須面對的課題，學習如何坦然面對此一事實是必要的，會有想逃避、憤怒的感覺也是正常的，要跨越這樣的心理障礙，是極為困難的。離婚女性要去面對的是自己的內心，想想自己所真正需要的，試著在人際關係上做一些取捨，例如先建立起最基本的人際網絡，從找幾個親密的好友開始。因為他們將是最好的支持伙伴，容易幫助自己走出過去，同時，子女也可以在自己的人際關係逐漸穩定後，獲得正面的鼓勵，不再被傳統的聲音所箝制，勇敢的迎向未來。

許多報導顯示三十至四十四歲之間的女性離婚比例最高，約佔女性離婚者的六成。處於此年齡層的婦女，子女大都未成年，可說是照顧負擔最重的時期。分居、離婚或喪偶女性的勞動參與率低，而同樣處境的男性卻較高，從這兩者的差距可發現，就業市場與福利系統對離婚、喪偶女性的不友善（排斥、缺乏良好的托兒系統等），使得單親女性要進入勞動市場以養活自己和家庭很不容易。女性單親家庭淪為貧窮的機會高，現有的法律系統其實仍不利於女性，所以女性單親的處境往往更為艱難。成年女性選擇結婚組織家庭者仍佔多數，但離婚人數的增加，以及因離婚或喪偶，加上社會支持系統的不足所導致的女性

生活上的壓力、經濟上的匱乏，是有待關注處理的議題。

陸、內部的限制與玻璃天花板

當一位深受傳統性別刻板化環境影響的女性，要進入以男性為支配中心的非傳統職業時，常是相當的困難。因此，許多女性僅考慮傳統性的工作，如老師、護士，或文書工作，並發現其他的工作，對她們是遙不可及的。女性就業市場上所受的不公平待遇是長期的，不分階級、職業與產業，而且是顯現在勞動市場的各個層面。女性在職場中受到偏差待遇並非是台灣特有的現象，只是程度或形式會有不同。在大多數工業開發國家，為了解決女性受雇者的特殊困境和制度上的偏差，會設計出一些措施或立法，用以促進兩性職務的平等。美國於 1965 年推動積極措施（affirmative action），為保障婦女、少數民族或其他特殊條件人士從事某些職務時的一些優勢，這不但增加了企業對弱勢團體的雇用，並且也使得他們有機會躋身管理階層。

以往美國的社會從不鼓勵女性從事與商業有關的職業（Epstein, 1980），當女性考慮全職和（或）非傳統角色時，她們可能會遭遇到內部的限制。由於社會文化的現象，男性通常被視為是領導者，並能更有效率的執行所要求的任務。已身為領導者的女性，常被視為是個樣板，她們的能力與技能常被質疑，女性常視自己是組織的局外人，並被所存在的正式與非正式的結構所排擠。過去，決策階層幾乎都是清一色男性的現象，也就是所謂的「玻璃天花板效應」（glass ceiling effect），是一種於晉升階段產生的性別不平等現象，此為組織人為態度偏差所致，是一種無形的晉升障礙，使得女性在組織中擔任管理階層職位的機會降低，難以升到高級主管的位置，被迫接受職位或薪資較低的工作，無法獲得與男性員工公平競爭的機會。許多組織結構中發現的一種看不見卻真實可察的障礙，是一無形的障礙，包括敏感的態度與偏見，它阻斷女性及少數民族在公司內升遷至主管的機會（Dominguez, 1990）。

美國勞工部於 1991 年因公民權利法案，成立玻璃天花板委員會，此委員會是將更多的公眾注意力集中在消除不平等的障礙，並推廣勞動力多樣化。他們主要的任務是檢視目前的職場使用的報償制度及報償結構，檢查公司組織如何遞補管理階層及決策的職位，如何為升遷訓練及發展員工。根據委員會最初的報告，造成玻璃天花板的最常見的原因有：(1)招募人員時沒有表明想要有多元的候選人選；(2)女性及少數族群缺乏發展的管道。因此委員會瞭解造成玻璃天花板效應的因素是來自「依個人的印象雇用」，所以只有當所有的員工是在平等的基礎上被評價、雇用及升遷時，玻璃天花板才會被消除。此外，教育員工尊重玻璃天花板有關性別、種族、國家及文化差異的現象；發起協助平衡男人與女人的工作與家庭責任的家庭友好計畫等，也有所助益（Sorge & Warner, 1997）。

根據美國人口統計局最新統計資料顯示，讓女性在工作職場中升到一定地位後就無法再繼續晉升的「玻璃天花板效應」降溫，翻開《時代雜誌》2002 年底出爐的「年度風雲人物」，三位揭發假帳、弊案，引發滔天巨變的女人登上封面。女性在商業界的影響力，從幽微轉為清晰，已是世界大勢所趨，但離兩性同工同酬的理想目標仍遙遠。該數據顯示，1998 年有七百一十萬女性擔任全職主管、行政人員或經理，較 1993 年躍升 29%；同時，則有九百四十萬男性擔任類似重要職位，但較 1993 年則只增加 19%。史丹福大學企管、科學及工程學教授梅爾森表示，「玻璃天花板效應」的確存在，但同時，也有越來越多女性突破該項限制，上述數據就顯示，越來越多女性進入有生產力的職場。

1998 年位居經理之職的女性較 1997 年整整多出五十一萬四千位，在同時期男性則只多出三十九萬二千位。研究顯示，該現象背後的原因包括職場中有越來越多單身母親和雙薪家庭，但是這並不代表兩性同工同酬時代已經來臨，因為男性所賺的錢仍舊較女性為多。由紐約「催化女性組織」所做的調查則發現，全美五百大公司經理級人士中有 11.9% 是女性，較 1995 年增加 37%；有兩位以上女性主管的公司則由二百二十家增加至二百八十二家，增幅為 28%。但

是，所謂「火線工作」則 93% 是由男性擔任，「火線工作」是享有決定公司盈虧權責的工作，有許多女人在晉升主管階層時，其實是在如人力資源部門和公關部門工作。

柒、女性的事業嘗試

曾聽過一位女棋王如此說：「該殺的時候要殺，該捨的時候要捨，下棋時心中絕對沒有性別。」許多企業體的女性主管也有相似的看法，「做生意也一樣，以為自己是女生有比別人多的武器，其實是比別人多的包袱」。近來女企業家興起，因為社會的性別解放，讓她們自我認知解放，漸漸不再為自己設限，性別解放的也包括男性。

Wentling（1992）認為，想要達到資深管理位置的女性需要有些行動方案：(1)教育資格證明──至少具有一個企管碩士或同等的學位；(2)努力工作──已有心理準備，樂意每星期在辦公室工作五十四個小時，並把工作帶回家；(3)仿效的楷模──發現並與最有資格的楷模相聯絡；(4)人際／群體技巧──女性的主管要有一些普遍的特性，包含管理人們的能力；(5)在工作上展現能力──期待接受比男性更嚴苛的評估和考核；(6)願意冒風險──是創新與始創的計畫。由這個行動方案可瞭解女企業家要完全發揮實力，先生的支持還是十分重要。傳統都以為「創業」是男性的專利，事實上，女性迸發的創業精神、創意思維，已寫下新的典範。歐美研究顯示，越來越多男性不願意離開家，爭取不要太多加班、外派，以免犧牲家庭和生活。美國《財星》雜誌（2005）所做的「五十位最有影響力的女企業家」的報導，就統計出這五十人的先生，有三分之一無全職工作，甚至專心當「家庭主夫」，太太賺錢養家。《時代雜誌》三位「揭弊女英雄」，也有兩位的先生是全職家庭主夫。這種趨勢雖然在台灣社會還不明顯，但反映了社會的隱隱改變，能幹的女性越來越多，男生的生涯選擇也增加。

隨著社會多元化發展，特別是越來越多職業婦女、女性消費者，企業需要的人才也更多元化，「男性單一主流」不再能創造最大利潤，資本主義是只要能幫企業賺錢的人都重用，多元化為女性在企業界的發展鋪出新路。一份蓋洛普調查顯示，X 世代女性 61%寧願為女人工作。但是女企業家影響力興起，不只是因為女性的優勢凸顯，更大的因素是社經環境的改變。女性的消費能力是未來最大的商機，因為 80%的消費產品是女性購買，女人的採購不限於為自己，還包括先生、小孩、整個家庭，女性消費勢力的竄起，也使更多女人乘勢而起——靠著瞭解女人賺女人的錢。二十年來台灣的女性就業率，大幅成長了8%。1981 年時只有 32.8%，2001 年已達到 41%，大專以上學歷的佔 30%，比男性的 27%還高。這些越來越優秀的女生，企業要留住她們，就必須要晉升女主管作為示範，讓她們看到未來。

捌、同性戀的女性

愈來愈多的男同性戀與女同性戀，正要走出黑暗，並討論他們所面對的問題，特別是在工作的場合中。男同性戀與女同性戀，正在建立支援網絡，教育共同的工作者，並為了利益和自由，推動革新，以便能沿著職業生涯的階梯往上爬。一般而言，環繞在同性戀四周的議題，將影響生涯發展及在工作場合中的歧視。

第三節　女性生涯諮商

壹、女性生涯諮商需求

過去女性在勞動場域中，通常被視為補充性勞動力，當國家需要大量勞動

力時，便以經濟動員的方式鼓勵女性投入，然在遇到經營不善或經濟不景氣時，卻又先拿女性開刀，首先被裁員的通常也是女性。二十一世紀的今天，台灣產業型態轉變，女性工作人口漸漸地從工廠釋出，轉移至蓬勃興起的服務業中。從金融、百貨到餐飲、旅遊、保險、醫療服務⋯⋯等，女性逐漸在服務業工作場域中扮演著舉足輕重的角色，也在各個專業領域中有相當優異的表現。

女性在新的勞動市場上，已經躍升為都市新貴族，這些「穿水水、抹胭脂，吹冷氣、真嬌氣」的服務業女性，已經躍升為都市新貴族。然專業上較弱勢的女性即使大量投入勞動市場，仍舊是屬於弱勢的一群，尤其是在階級與性別的雙重因素下，更是弱勢中的弱勢。雇主掌握了在工作上的生殺大權，每天工時超過十個小時，不准坐只能站。在低劣的工作條件下，女性上班族只好不斷換工作，天真地以為總有一天會找到一個「好」的工作。女性需要特別的幫助，教導女性如何使用職業性的資訊，鼓勵女性評估多層面的職業生涯，以準備申請那些主要是保留給男人的工作。女性生涯諮商需求包含找尋工作的技巧、職業的資訊、自我概念的釐清、處理雙重角色的策略與角色模式——家庭主婦與工作者、肯定的訓練、各種工作環境的資訊、生活風格的釐清、朝向獨立價值的發展。

一、工作搜尋的技巧

幫助個案確定工作的意義，工作不是一個死板、固定的職位，它是投注心力與智慧去完成某件事，然後得到想要的東西。釐清個案的工作條件，瞭解自己擁有哪些未開發的潛力，自己的體力好嗎？如果未婚，如何規劃時間？如果已婚，有足夠的家人支持嗎？還有，知道自己在什麼狀態下，最能發揮效益嗎？知己知彼方能在職場上百戰百勝。為因應高度專業時代，提醒個案別忽略了證明資格的重要性，現在的成人教育訓練資源相當廣泛，可依照所需去考執照、拿證書、修學分，時間允許的話，也別放棄公司提供的在職訓練，或者外部進修機會。保持學習的熱情，在腦力勝過體力、民生超越威權的新世紀裡，女性

將有優於過去的表現空間。

　　女性需要學習面談和撰寫履歷表的一般技巧。外表是給人的第一印象，必須適度的修飾，所以在包裝自己之前，請先認清外在的自身，依年齡、體型、膚色，再配合工作位階，選擇最適合自己的髮型、化妝、服飾及色彩，適度地打扮，做個出色的女性，在工作場所贏得讚美。但若一味地追求時髦，追逐流行，美容塑身，充其量不過是個被物化的櫥窗美人，內心世界找不到生命的跡象，虛有其表，那只能算窄化的出色而已。諮商師可以幫助個案剖析內在的自我，把潛在的自我挖掘出來，審視其正面的個性、性向、嗜好、自我潛藏的優缺點，盡一切可能以文字呈現，會更懂得發揮己長，修飾己短，做個從內到外得體的出色女性。一個真正出色的女性，會主動積極設定目標，從內到外適度包裝自己，選擇自己所需，選擇自己所受。

　　同時她們也必須準備處理與「性別角色」刻板化有關的歧視事件。女性有時還要面對的是工作中會發生的困窘情境，職場性騷擾的恐懼與侵害。性騷擾本來就是女性揮之不去的夢魘，而職場中的性騷擾，又因為加害者可能是女性無法避免見面的上司或同事，或是與業務相關的客戶，更使女性處於一種不知所措的情境。常見的職場性騷擾有四種：性的交換、敵意的工作環境、他人利用性來獲取較高的待遇或職務、非公司員工的性騷擾。不管是哪一種性騷擾，都對受害者帶來很大的傷害，去留之間，盡是為難。台北市政府於 2006 年 3 月通過的工作場所性騷擾防治要點，仍需要加強宣導與教育。諮商人員可利用研習會、團體與（或）個別諮商，與資源探索等組合，提升女性在職場上搜尋各種工作的技巧。

二、對工作現況的掌握

　　目前的就業環境發展趨勢是一個新的兩性平權觀念，此一新的議題承認傳統的思考模式及處事方法，已經無法應付這種複雜的職場生態，在各方面激烈變動的今天，身在此種變遷社會的「上班族」，倘若無法充分瞭解就業環境的

發展趨勢，那麼將會毫無生存能力，被新的社會所淘汰。女性在職場中的處境十分艱難，台灣女性的勞動參與率遠低於世界各先進國家，近十年來只停滯在45%左右便未見成長，相較於美國的 56.6%，英國的 64.5%，日本的 51%，和瑞典的 80%，台灣的數字顯然是偏低。根據勞委會「婦女勞動狀況調查報告」的結果，對於曾經有工作而目前離職擔任家庭主婦者，有些女性是為了照顧小孩而離開職場，或是為了結婚、生育而離職。女性的勞動參與率所表達的，除了女性因為婚姻與生育而有參與上的斷層之外，也隱含了目前職場中不利兩性平等工作的事實。在翻開報紙的徵人啟事版，就可以發現許多招募時的性別限制，諸如「儲備幹部限男性」、「行政人員限女性」等字眼。

職業婦女所面對最嚴重的問題是，男性與女性之間賺錢能力的差距，這問題的基本原因是，性別上的給薪歧視與職業上的性別差異。女性似乎一直是在有限的選擇範圍內選擇更有限的職業，並且合適的職業越來越少。

女性需要特別的幫助，以回應一般人對女性工作者的典型刻板化印象。諮商人員可利用角色扮演、團體討論，與有效的視聽材料之組合，來完成這部分的特定工作任務。此外邀請演說者分享其經驗、「傾聽」的練習和澄清果斷、猶豫不決的人格特質，與瞭解分辨個體自身積極行為與消極行為間的差異等，對工作現況的掌握皆有幫助。

三、生活風格技巧

女性一生的角色可能會是女兒、學生、職業婦女、家庭主婦、太太、媽媽、婆婆、奶奶，女性在人生的每一階段，應清楚自己扮演的角色和當時的需要。一個真正出色的女性，會了解自己的需要，主動積極設定目標。有了人生目標，又善於妝扮自己，充實內在，成功應唾手可得，但如果忽略了健康的生活，美好的現在，滿懷希望的未來或將如過眼雲煙，過度的汲汲營營，過度的工作，過度的疲勞，那只會給自己增加壓力，降低效率，有損健康。諮商師應讓當事人瞭解每一位女性是一獨立的個體，她有特定的優缺點，像其他人一樣，

應積極的向外傳達這樣的觀念。鼓勵有計畫地展開行動，上課、聽演講、看報章雜誌和書籍、欣賞表演、參觀展覽、參加活動，甚至利用逛街吸收流行資訊，日積月累，實力增長，知識豐富，自己的努力就是最好的化妝師。

在今天這樣一個處處競爭、壓力重重的社會，職場上大家為力爭上游，經常你爭我奪，互相較勁，在拚鬥中，為求勝算更是不計代價、不惜犧牲，每一個成功背後總是血淚交織的故事。女性在有限的時間與體力限制下，要完成家庭與職場的工作任務時，總是會有天人交戰的時刻。以雙薪家庭為例，夫婦都在追求全職的職業生涯，通常會面臨負擔過重的兩難，如家庭管理與養育小孩，或生活適應上的衝突，如自己認為的適當生活方式和其他人所認為的適當生活方式不同，而導致夫妻失和。夫妻面臨角色衝突和角色生命週期的兩難，如有關生活角色的基本衝突或者有關家庭生命週期的衝突，例如一個小孩的出生，孩子長大離開家，和其他家庭內的問題，都會對職業生涯的發展產生壓力。

現實生活中，一個家庭的正常運轉，總是需要做許多繁雜瑣碎的家務事。雖然隨著社會的改變，越來越多的男性參與做家務，但是在這一方面還是女性的責任重。難怪一些累得精疲力竭的職業婦女們發牢騷，從前是男耕女織，現在的女人又耕又織。諮商師可以強化女性對自己的生活更多的控制力，加強人與人之間工作關係的肯定訓練，分享責任的練習、時間管理的技巧、有效的規劃父母親角色，以及建立個人和家庭的優先順序，是完成這工作任務的技巧。在女性就業的議題上，不只講究「量」的提升，更重視「質」的改善。除了「職業訓練」與「就業服務」的提供外，更不應忽視職場上的性別歧視與家務勞動所帶給婦女的就業障礙，減少女性在就業歷程上的絆腳石，為自己開創一個自信、自足、自我實現的工作生涯。

四、社會支持

每一個社會在分配資源時，往往會根據一些不同的特質而將人分群或分層，並且讓不同群或層之間擁有的資源不相同也不相等，這種現象是社會不平

等。當這種不平等的現象重複又穩定的發生，並且形成比較定型化的結構而一代傳一代時，就是社會階層化的現象。擁有越多社會資源的團體，歸屬於其中的成員越能在社會生活中獲得優勢。

性別階層化就是指社會依性別將男性與女性劃分屬於不同的社會階層，加上父權思想，男性階層高於女性階層，以至於女性擁有的各項社會資源都較男性短少，形成兩性之間不平等的基礎。有些女性為了家庭或養育子女，不得不淡出職場，或更換較非專業性的職務，這是女性將個人的發展重心放在家庭，因此生涯發展就成為一個奢侈的理想。女性在同時必須扮演為人妻、為人母的社會角色下，往往陷於追求個人發展與照顧心愛子女的雙向衝突，但是男性卻較少有此衝突。許多職業婦女在面對家庭無假無休的付出中，經常面臨高度的身體勞累、社會疏離與心理壓力，是一群被社會忽略的「隱形病人」。

社會支持是個體得到所處社會網絡中所提供的支持活動，此活動能幫助個體因應壓力、適應環境（Liu, Mok, & Wong, 2005）。社會支持系統平時的運作在提供個體預防的功能，而當個體遭遇重大的生活事件與危機時，啟動得更加明顯，這個階段的社會支持就具有緩衝與應用的功能了（Cassidy, 2005）。根據國內外多項研究（林秀華，2000；胡湘明，1996；Skarsater et al., 2001）顯示，社會支持系統的運作與個人心理健康有絕大關聯，社會支持可以增加個體的自我價值感，提高個人的自我效能。

因此職業婦女應盡可能善加利用社會支持系統，女性員工之間（不論是否在同一工作場所）應該互通聲息，形成自己的網絡。對於工作待遇及環境等，隨時交換經驗及注意觀察。對於不平等之待遇應該採用集體的力量要求改善。女性可經由職業生涯，主動的表達她們的需求，亦可能從配偶、家庭成員、親戚與朋友處得到幫助。每一個人都有需要依賴他人的時刻，唯有透過社會成員的扶持、相挺，步伐才能穩健、踏實而持久。

貳、諮商師的偏見

以往性別偏見經常發生在男性和女性諮商師在從事職業生涯諮商時，兩性的諮商師會勸阻女性從事傳統男子氣概的角色。諮商師不應勸阻女性遠離任何符合其資格的職業生涯，應鼓勵女性去追求工作的自由，及那些傳統上僅保留給男性的職業。諮商師應鼓勵女性找尋那些符合她們條件的教育或訓練方案，在教育方案中的所有職業生涯選擇，應是所有個體在生涯探索時的生機，其中不牽涉到性別。在職業生涯諮商方式中，諮商師應接受挑戰，多考慮男女平等的模式，評估他們對工作世界的個人見解，與瞭解其他可能合法的不同見解。所以諮商師應支持女性，並給予女性在就業、工資及教育（訓練）方案上同等的待遇。

第四節 男性生涯諮商的議題

男性已開始重新檢視他們自己的角色、信仰與價值觀，及他們與女性之間的關係。Marciano（1981）提及，在社會其他的領域裡和工作場合中，男性很難對女性採取平等的態度。為改變他們男性角色的觀念，男人將改變他們的信仰，即男性應該支持女性的觀念。男性生活風格的改變，將會很困難，因為他們是社會過程的產物，因此男人天生被賦予應該是侵略性的、競爭的，及像個保護者和供給者。然而，當男性面對一套新的價值觀——建議男性改變其傳統的角色時，他們已被搞糊塗了。

男性生涯受性別角色的影響

一、父母的影響

以前一般人談到「性別」時，是單純的就「性徵」而定，雖然一般人都會以男女之外表或生殖器官而分辨，但這是錯誤的看法。「男性」或「女性」，其實是指在一個社會環境中，社會文化體系所認定的男性及女性所應有的一切行為、態度與興趣。男女性徵的生理差異不會因時空因素而改變，但是男女性別的差異，卻因為不同的社會文化而賦予男性與女性不同的性別角色認定，包括了男女不同的行為模式、態度、價值觀、言行、服裝、禮儀、應盡的義務與責任、可享有的權利。

孩子的性別角色經由觀察並模仿成人或其他示範者（model）的行為學得，媒體（如電視、電影、錄影帶等）中的人物、小說雜誌中對男女性別行為的描述，乃至教科書中的人物，亦都成為今日孩子習得性別角色的管道之一。父母親會透過增強方式而進行性別角色的練習，當一對夫婦知道自己將為人父母時，即已開始性別的「標籤」作用，諸如男嬰該買什麼衣服，什麼顏色，哪一類的玩具，女嬰亦復如此，出生後的教育中，父母亦不知不覺的告知孩子什麼是男生的行為，什麼是女生的行為，而對待男女嬰的態度，亦有所不同。心理學家Kohlberg認為，當孩童接納自己是「男孩」或「女孩」的「標籤」時，性別刻板化歷程於焉開始。

有一些證據指出，雙親對兒童們早期的對待與期望，將助長兒童發展的形式，而這些形式可能決定未來的角色行為（Hantover, 1980）。根據認知發展理論，一旦兒童發展出性別確定，則必隨之產生許多的行為（Lindsey, 1990）。父系社會對於傳統的男性角色的認知是，傳統的男性角色是慣於攫取的，一個男人必須成功、強壯、自信、聰明、永不懼怕。然而追求成功只是男性角色的

一面而已，男人應表現得十分自信、自立、並不介意敵對、強壯而沉靜，許多男人往往力圖克制其感情，不善於流露情感。有學者認為，由於父母對男孩與女孩的期望不同，會影響到兒童對他們未來的生涯與其他角色的發展。瞭解個體在兒童時期的生活環境裡與成人互動的社會化經驗，對洞察當事人舉止態度與其在生涯諮商前的行為具有指標的關聯性。通常男性較常用刻板化的想法來認定小孩，認為男孩應該是獨立與具侵略性的特質，而女孩是被動的與依賴的（Schaffer, 1980）。

　　常有人詢問父母們，他們期待其子女在成長後會如何？通常男孩被父母賦予苦幹的、聰明的、誠實的、雄心勃勃的、侵略性的、獨立的，與成功的特質。在一些文化裡，男孩會被要求在球賽中學習爭勝，在運動裡捨死忘生的硬拚。但過分的強調這種男性角色，會造成悲劇的結局，在我們的社會裡，男人較易被牽引到各種的犯罪行為。男性角色強調冒險，時常要面對挑戰，應付被奚落、被擊敗的場面，以及應付更高明的對手。

　　父母則期望女孩能成為好母親，婚姻美滿，個性親切，可愛與吸引人。傳統的女性性別角色假定女人需要男人的保護，並因而有所回報，做感情上的支持。理想的女人是美麗的（至少是吸引人的），並不太好強，是個好聽眾，有適應力，能安慰人。除了照顧其丈夫外，女人也期望做母親。如果不能親自照顧子女，她——而非她的丈夫——要安排委託照顧等的一切事宜。

　　父母們曾經歷過社會化的性別角色，故必以此同樣的模式身教於自己的子女，而子女們亦主動地從與自己性別相同的雙親中，尋找認同的對象。當男孩學習性別的概念時，將會逐漸同意成人的刻板化（Leahy & Shirk, 1984）。大體而言，父母透過家事的分配，來加強男孩與女孩對性別角色的認知。雖然母親在分配家事於子女的態度上已有所變更，但工作的傾向仍具有性別的象徵（Rosenwasser, 1982）。心理學家 Maccoby 和 Jacklin（1974）表示，他們考察所有自 1966 到 1970 年代早期有關性別差異的心理學研究，發現人們在成見中設想的許多兩性差異並無根據。

二、學校的影響

　　性別角色的形成肇因於社會化的過程，以學校為例，初等小學常被描述為是很女性化的，因為那裡的老師大都是女性，故為兒童們提供女性的楷模。而且證據顯示，初等小學的老師對待男孩與女孩的態度並不同，以球場打籃球為例，由於場地有限，獲得資源的方式通常是用球技來一較高下，贏的人就有使用球場的優先權。女生因為球技不如男生，所以總是佔不到球場，球場在社會默許下自然地成為男生的專用資源。

　　在教室內，不同的班級、社群、科目中，男生時常主導了教室中的溝通。當男生不管是好求表現或喧鬧耍寶而被老師關注、指責時，女生總是習慣性地擔任旁觀者的角色。如果教師沒有意識到這個問題的話，整堂課往往會變成老師與男學生之間的對談，於是男生的發言能力在教師間接鼓勵和經常練習的情況下，更形出色，而女生更形退縮與沉默。

　　學校所採用的教科書雖然對性別角色的描述與插圖，已有所改善，但是實際上，仍然有不少地方係採用傳統性別角色的描述，而身為老師者，其在教導歷程中，亦常常不知不覺的表現出傳統性別角色的行為模式，或是對孩童的期望亦因男女之別而有異。在校園內成人鼓勵男孩們具有侵略性的觀念，而女孩則較偏向依賴或依附的行為，男孩被塑造是機智的、勇敢的與有創造力的，而女孩則被塑造成是被動的、無助的與不活潑的。隨著孩子的成長，同儕對其影響亦不斷增加，孩子為了能歸屬於團體，因此無形中受到團體對男女個別應有行為的看法之影響，繼而習得了性別。台灣在學校教育中推動兩性平等教育始於檢視教科書的內容，1985 年由師大黃政傑、歐用生兩位教授啟其端，兩人針對國小「生活與倫理」課本中的性別問題提出批評。1988 年婦女新知基金會繼之全面體檢國小及國中、高中的文史公民等課程內容，發現兩性偏頗的問題相當嚴重，此結果引發廣大的回響與重視，而關心層面也從教科書擴展至其他議題，譬如就學機會、人事結構、師生互動、校園空間分配、安全與性騷擾等等。

欲達成建立兩性平等社會的目標，當然必須由學校、家庭與社會三管齊下才能竟其功。

2000 年 4 月 20 日，葉永鋕因為「娘娘腔」在校園中遭到歧視及性別暴力對待，倒臥在學校廁所裡，他的不幸往生帶給親人、師長、朋友無限的懷念。無論是種族、階級或是性別歧視的運作，都不會旗幟張揚地昭舉在特定的事件或場所，相反地，通常是透過細微的方式不自覺地被傳遞、接收，不管是教室中的對談、教材、師生互動、突發事件都可以是複製父權的幫凶，也可以是抗拒父權的戰場。性別教育是沒有時間、地點的限制，只要抓到適當的機會，就可以隨時切入討論，隨時激發學生的批判意識。

三、媒體（電視）的影響

我們每天翻開報紙、打開電視，都會看到許多與身體、性別相關的訊息，不知不覺改變了我們對身體與性別的觀念。而這些媒體內容的品質往往會影響兒童的思考、觀念、態度和價值。根據調查，兒童每日花在電視、電動玩具或電腦的時間在一至二小時，如果這些媒體傳達了錯誤的性訊息或性概念，會誤導兒童信以為真，而學習媒體中處理人際關係或其他事情的方法，造成嚴重的後果。研究證實，人們長期接觸媒體造成的「媒體真實」，會取代了他們的真實社會經驗，導致「媒體化的世界觀」的形成，兒童的性別態度的確會受到媒體形塑的性別態度影響。許多研究更證實，媒體常慣性地強化傳統社會性別刻板印象，所以大眾傳播媒體對性別角色的影響力更是不容忽視，在電視、電影、雜誌、電動玩具、電腦等，均可發現男性絕大多數扮演支配者、勝利者、權威的角色，女性則擔任依附、被動、情感性的角色。

電視節目對兒童們的價值與性別角色的塑造，有潛移默化的作用。電視節目上男性與女性的角色，可能影響兒童們對現實的認知，電視上的男性通常表現出具侵略性與支配性，而女性則是恭順的（Doyle, 1983）。兒童們看見較多的男性扮演明顯的角色，而女性常被貶謫到微不足道的角色，例如哈利波特中

的妙麗只是一個配角。電視廣告亦提供兒童們對性別角色刻板化方面的認知，產品廣告裡，男性表現較多的變化，且描述男性從事許多支配性的角色，女性通常是演出廚房或浴室的產品廣告。有大量的證據顯示，在兒童們的圖畫書本上，有高度對男孩與女孩的刻板化印象，另外，雖然在一些漫畫書和連環畫中也有女英雄的角色，如女超人（Wonder Woman），但男性仍繼續在我們的文化中塑造男性化的角色。漫畫書裡的超人英雄，實際上已留下深遠的影響，如超人、蝙蝠俠、蜘蛛人、綠巨人等，從這些角色與劇本中，我們學習到一些重要的概念，即傳統男性為保護者的角色，女性為被保護者的角色，仍繼續存在（Zunker, 1994）。

廣告文本中有關女性外在的美貌包括白皙的肌膚、纖細的身材、披肩的長髮等，暗示著理想的女性氣質，而在日常生活中，女性對於個人的外貌與行為的標準，也受到同儕的影響，這些影響也同樣表現在廣告的文本內容中。一般而言，媒體所再現的刻板形象相當局限，並且危及兩性發展出完整人格和成為有價值的社會成員。媒介內容常呈現的女性，多半是傳統所認定的年輕貌美，並且受制於她們的先生、父親、兒子、老闆與其他男性時，那麼女性的特質就會認為是被動、消極、優柔寡斷、溫馴順從、依賴與無能力等等；甚至連色情暴力的訊息也不斷物化女性，並合理化為性暴力的對象和目標。相對的，媒體對於男生的呈現也同時被刻板化。

第五節　男性在生涯選擇時需考量的特別需求

在學校中或職場甚至於家庭內可以實踐性別平等？關於這個問題一直有許多爭議。有人認為從均等（equality）的角度出發，在教育的起始點上利用教育的模式以達成平等，先進國家男女平等的概念，已經解放了男女兩性僵化的性別認知，並開始多元考慮可選擇的生活方式與工作或休閒行為。生涯諮商師應注意這一股潮流趨勢，以因應社會的變遷，因為男女平等的概念會影響到家庭

與工作中的生涯發展與人際關係的發展。

壹、男性在生涯選擇時的挑戰

一、對女性的恐懼

　　許多女性正逐步進軍以男性為中心的工作城堡，例如有大批的女性進入法律界、醫學界、政壇或是工商企業界，有些甚至已成為各行各業的傑出菁英。在現代企業界中，女性的能見度的確已經大大提升，有人將其歸因於新經濟的原動力旺盛，致使人才非常短缺，於是很多企業必須被迫在佔約半數的女性當中找尋適當人選。另外女性由於教育程度日漸提高，連帶也使得工作機會大幅增加，甚至接受更高教育被視為女性最銳利的武器，使得這些粉領新貴得以出類拔萃。成功的企業女性通常不但能像男性一樣在對立的氣氛下從事競爭，而且她們更善於在男性的世界中，適時地發揮女性具有同情心及善於與他人合作的特長。

　　傳統社會對男性與女性的態度是不同的，男性主導社會的發展，女性有耐心、愛心、細緻，比較適合養兒育女，操持家務；男性粗獷、衝動、有活力，適合開創事業，保護家園。現在大部分人都相信，「男女無別但有異」。在道德價值與自我發展的機會上，男性與女性應該是一樣的，這是「無別」的部分，但是男性與女性本質上的差異也應被重視，所以以對待男性的方式對待女性或以對待女性的方式對待男性是不合宜的。

　　女性解放運動使傳統男權社會發生重大變化，男性逐漸認識到女性強悍的一面。男人必須由內在反省做起，必須處理男人內在的衝突，不只是外在的道德或政治訴求。當男人在說他自己的經驗時，不能單獨只看男人的經驗，而需要把男人經驗放到女性經驗的脈絡裡來理解。有些男人會認為女性主義是反男性的，反映的其實正是男人防衛機制的表現，來抵抗深層的恐懼。長期需要女

人精神與生理慰藉與支持的異性戀男人尤其會感到恐懼。有關性別角色研究的結果顯示，認為男性的恐懼會像女性一樣（O'Neil, 1982; Solomon, 1982），男人對女性的恐懼來自於：⑴他們對成就與成功欲望與限制的自我覺醒（害怕他們的思想和行動和女性特質有關）；⑵由衝突中所衍生出的健康問題；⑶壓力與緊張（O'Neil, 1982）。

　　男人必須接受自己的認同，因為唯有肯定自己，才能清楚瞭解自己所處的位置，而女性主義者也不可對於男人的痛苦視而不見。男人在瞭解自己痛苦的同時，也必定要同時瞭解男人如何造成別人的痛苦。所以在肯定男性經驗的同時，不是回到傳統的男性氣概，不是回到傳統男性權威的位置，而是去尋找男性內心潛藏多年、受到積壓的真實人性。男性有避免和其他人產生情感上的親密趨勢，女性比男性更有意願宣泄出其親密的情感（Stroke, Fuehrer, & Child, 1980）。根據Levinson的研究，成人期早期的發展任務，使得男人很難從已學習到的男性角色中脫離出來，恐懼女性是男人迴避親密情感的主要因素（Zunker, 1994）。為了幫助男性瞭解他們性別角色社會化的效應，恐懼女性的特質，是切入男性生涯輔導主題的關鍵。

二、成就與成功的展望

　　在中國人傳統家庭觀念中，男人、女人還是有很大的分別；男人事業的成功與否直接影響到女人一生的幸福，而女人的事業對男人來說卻只是錦上添花。男人事業有成意思係指有自己的事業、良好的經濟能力、家庭生活無憂。三十而立的男人，猶如旭日東升，一切蓄勢待發；四十不惑的男人，事業再攀高峰，也可能面臨中年失業的危機；到五十歲大關，絕大多數的男人其人生已定型，開始思索後半輩子的生活。不論是年輕力壯的三、四十歲，或是該起步規劃老年生活的五十歲，男人這輩子總繞著工作、家庭兩大因子，面臨種種壓力。儘管人生只有一次，不能重來，但從社會現象、專家建議與許多經驗中，或許可指引中年階段的男人實踐自我，讓人生更圓滿。

男性的工作，是表現他的社會經濟狀態與測量成功的主要基礎，男性勤奮的工作行為，將刺激其追求權力與控制，並變得相當積極的達成成功的展望。男性勤奮的工作行為，可協助他們在未來得到成就與成功，因此職業生涯的成就與成功，是成為一個成熟人與男性化的主要指標（O'Neil, 1982; Russo, Kelly, & Deacon, 1991）。

三、學習放鬆

許多的報導指出，男性的特質（如競爭、獨立，與較不易信賴他人等），很難讓男性學習放鬆情緒。大體而言，男人的休閒活動，未必一定有益於鬆弛，譬如，網球或高爾夫球的友誼比賽，常變成高度的競爭活動，而這與鬆弛是背道而馳的。

在休閒時間學習放鬆，是過度雄心勃勃與具競爭力的男性重要的需求。休閒的選擇與控制，對男性自尊和身心健康有很重要的關聯（Herr & Cramer, 1992）。這個概念在諮商師輔助個人決定實用的、滿足的與放鬆的休閒規劃時，有很大的助益（Edward, 1980）。休閒的諮商，是專業性諮商師的一個有生產力的活動。休閒諮商（leisure-counseling）活動包括：(1)工作和休閒價值的澄清；(2)興趣和態度的澄清；(3)休閒機會的認定；(4)決策技巧的運用，於第十一章有詳細的說明。

四、情緒的限制

不論西方或東方的社會，對男性的情緒管理都有一個迷思：生氣是男性的情緒、男兒有淚不輕彈、勇者無懼，種種的標籤限制住男性的情緒。不能悲傷、不能害怕，因為這些都是軟弱的象徵，似乎只剩下生氣是被允許的，但是更多的男性連憤怒也必須被壓抑，因為憤怒在一般人的眼中是一種破壞性的情緒。在長久以來的文化桎梏下，中國男性代代相傳的情緒發洩方式真是寥寥可數，不是壓抑就是只能感到憤怒。兒童時期的情緒經驗，會影響個體日後的情緒宣

泄習慣。從小被父母情緒或身體的虐待，對自我的價值有了扭曲的概念，活得無力無助，似乎只有在自我傷害時才感到自己是可以掌握的，各種方式的自我傷害像是酗酒、使用違禁藥品，甚或自殺。另一種是透過傷害別人表達男性的憤怒，這是放縱他們的憤怒，而女人或小孩則成為犧牲者。

有時我們的情緒是很複雜的，長久的習慣要一下子改過來是不容易的。如果說，我們長久的習慣是練習來的，要改變一個習慣，也同理可證需要不斷的練習。多觀察周遭的人是如何有效的處理情緒：避開憤怒情境、積極傾聽、不做負向思考、不自以為是、誠實面對自己的問題、幽默化解危機、適時的休息與放鬆，都是不錯的方法。如果性別上差異所導致心智上的差異是天生的，那麼我們的教育方式應該如何改變，使老師能從學生最熟悉、最擅長的能力切入，將學生帶入領域？我們需要從科學的觀點來瞭解性別差異的真正內涵，我們的大腦怎麼建構深切地影響我們的思想、學習、如何看東西、聞味道、跟別人溝通、成功或失敗。

1981 年，諾貝爾醫學生理獎得主 R. Sperry 將左右腦的功能差異歸類整理如下：左腦：左腦與右半身的神經系統相連，掌管其運動、知覺，因此，右耳、右視野的主宰是左腦。最大的特徵在於具有語言中樞，掌管說話、領會文字、數字、作文、邏輯、判斷、分析、直線，因此被稱為「知性腦」，能夠把複雜的事物分析為單純的要素，比較偏向理性思考。右腦：右腦與左半身的神經系統相連，掌管其運動、知覺，因此，左耳、左視野的主宰是右腦。右腦掌管圖像、感覺，具有鑑賞繪畫、音樂等能力，被稱為「藝術腦」。具有韻律、想像、顏色、大小、型態、空間、創造力……負擔較多情緒處理，比較偏向直覺思考。

男人把情緒集中在右腦處理，但是表達感覺的語言卻是在另外一邊，男性連接兩個腦的纖維束比女性小，訊息的交替就較受到限制。男人常覺得表達情緒很困難，因為他右邊的情緒感覺不是這麼流暢地就到左邊掌管說話的大腦來。女性比較不容易區分理性和感性，因為女性情緒是分布在兩邊的大腦上，所以她在處理情緒問題時，常無法排除理性的干擾，使得兩者糾纏不清。但是她情

緒的大腦很容易和說話的大腦整合起來，因為都是在同一邊，因而女性很擅長
於用言語來表達她的親身感覺。

　　人際相處常會受到情緒的左右，過度焦慮與憂鬱者不利良好人際關係的建
立，因為個人的負向情緒狀態會使人際關係產生不安狀態，讓對方不願意維持
較長久的關係。容易生氣的人也容易在人際中傷害他人，不利人際關係的建立。

　　以害怕為例，害怕被定位為怯懦，造成很多男人抗拒開放、誠實與表現，
因為這樣的表達，被認為是脆弱的。合宜情緒的表達與宣洩需要練習，但男性
有時會限制情感的流露，導致男性自己在男性之間，男性與女性之間，及男性
和小孩之間，是造成人際關係貧乏的一個主要原因（O'Neil, 1982）。男人不強
調人與人之間的溝通，反之，女性則傾向表達更多且更著重於人與人之間的過
程。溝通的不同層次與模式，在很多社會狀況下，會引起誤解與衝突，包括家
庭與工作場合的相互作用。《情緒管理》的作者 Daniel Goleman 是美國哈佛大
學心理系博士，他的研究提高人們生活的品質，從公司如何雇用人員、夫妻如
何促進婚姻關係、父母該如何教育孩子，到學校該如何教育學生等，都可運用
情緒特質來加以衡量，可作為提升情緒技能的參考。

五、處理競爭與辨識自我破壞的行為

　　有些男性認為他們的男性化是來自於工作上的競爭。在工作場合裡，男人
之間強烈的競爭，可能造成一些男人很不情願對他們的同儕團體誠實，以及發
展人與人之間的關係。

　　男性與女性，在平均壽命上有顯著的差別，至少部分可歸因於性別的差
異，例如與男子氣概及不佳的健康狀況有關。男性的 A 型行為較女性多（Gol-
dfried & Friedman, 1982），而職業婦女亦比家庭主婦多趨向於 A 型行為（Wal-
dron, 1978）。一些調查曾下如此的結論，即 A 型的行為比 B 型的行為，易造
成較高比例的心臟病與死亡。A 型的人給人的印象是，他們能夠面對全部的挑
戰，並能成功地應付任何挑戰。學者針對這個現象提出認知重建（cognitive re-

structuring）的方案，以有效的修正 A 型的行為。在認知的再建構中，透過確認不切實際與不合理的信念（beliefs）（這些信念曾增強他們 A 型行為的模式），使個人學習辨識自我破壞（self-destructive）的行為（Goldfried & Friedman, 1982）。在諮商期間，諮商師力促認知的重建，以幫助他們辨識由某些狀況中所引起的焦慮，並採取行動以改變他們的行為（Doyle, 1992）。

根據 Beckett 與 Smith（1981）的說法，職業婦女的丈夫比家庭主婦的丈夫，要負擔較多的家庭工作。有研究顯示丈夫被他們的同輩朋友嘲笑，因為他們幫助太太照顧孩子和家庭工作，因此後來丈夫都抗拒幫助做家事（Zunker, 1996）。幫助做家事的這個責任會因薪資多寡而有不同，研究發現當丈夫與妻子工資有較大差異時，就會有很大不同。丈夫的工資一般而言比太太多時較不喜歡做家事，如果丈夫的工資較少，則丈夫就比較會參與家庭的工作。檢視這些研究時發現，決定丈夫參與家務事、照顧孩童活動的最大要素，是性別角色的觀念（Rosenwasser & Patterson, 1984）。

家事是在家裡面所應處理的事務，家事工作的內容是相當多而且繁瑣，也會因個人對家務工作意涵的認知差異，以致對家務工作所包括的項目內容有所不同。但大體而言，不外乎是環境的整理、佈置家裡、衣物的清洗和整理、清理餐後洗碗、切水果、燒開水、購物、買菜、購買日常用品和家具、植物和寵物的照顧、電器維修、開車接送家人、子女的養育、甚至經濟管理、生活規劃……等等。家事困難度並不高，然而需要時間與心力，而這是雙薪家庭最大的考驗。一般而言，雙薪家庭中先生和妻子都必須面臨工作與家庭兩方面的壓力。在社會變遷下，背負著新時代的意義，也是夫妻角色分擔的開始，所以在雙薪家庭中會面臨其獨特的壓力與難題。雙薪家庭的挑戰舉凡工作與家庭的雙重心理壓力、家事分工、托兒問題、時間管理與休閒安排、親密關係的維繫、職場文化與公共政策……等多方面的議題繁多（高淑清，2000）。

在對雙重生涯夫婦所做的一個研究中，Wilcox-Matthew & Minor（1989）指出一些關切點、利益，與諮商的含義。因為男人已被社會化，並扮演著「山

霸王」（King of the hill）的角色，他們可能在分擔家庭的角色與對養育的角色上，很難感到舒適與自然。其中一個主要的問題是，家庭工作的管理（Zunker, 1994）。諮商師需要鼓勵身處雙重生涯家庭裡的男人分擔家庭的責任。分擔責任的觀念，是接受新學習模式的一步，那將會改變雙生涯家庭中先生與太太的角色。

六、家庭主夫的需求

　　二十世紀晚期，英文字典上出現了「家庭主夫」（househusband）這名詞，它點出有一群男性願意與妻子互換角色，返家主持家計。一九八一年，美國作家 Hakon Torjesen 更寫下一篇論文，名為〈家庭主夫：變遷社會的反映〉（Househusband: Reflections on a Changing World），自此家庭主夫現象越來越受到矚目（商業周刊，2005）。根據《財星》雜誌（Fortune）二○○二年的調查，全美最有影響力的五十位女性中，超過三分之一「家有主夫」，包括全錄執行長 Anne M. Mulcahy、前惠普董事長 Carly Fiorina、福特營運長 Anne Stevens 等，在她們亮眼的職涯背後，都有一位提早退休或辭職回家帶小孩的家庭主夫。

　　這股家庭主夫的趨勢，逐漸從歐美向東方擴散。這是由於核心家庭型態普遍化與家庭價值愈來愈受到重視的結果。核心家庭普遍，傳統的家族功能弱化，以夫妻為主的小家庭，必須找出最適分工模式，共同賺取所得、養育小孩。此外人們追求的不止名利，夫妻雙方願意以更創新的方式追求來自家庭的幸福指數（林正峰，2004）。林正峰認為男人回家當主夫的成因，主要有三類。第一類：「家有英雌」型，妻子工作能力相對強，發展潛力相對大，在家務與子女乏人照顧下，由先生扛起重任。第二類：主夫「自我覺醒」型，有些男人個性適合主內，卻礙於過去傳統的性別框架，在職場上載浮載沉，直到主夫意識覺醒，加上妻子支持，得以如願。第三類：「形勢所迫」型，因為失業，或因病無法工作，只好先變身主夫。雖是迫於形勢而留在家中，然而這段沉潛期，不僅對維繫家庭有幫助，甚至可能成為更上層樓的契機，名導演李安正是一例。

男性對投入照顧家中工作的角色感到厭煩，是由於男性同輩團體所給予的壓力，故需成人間的互動（Russell, 1982）。其實分擔照顧小孩工作的父親，會親身體驗到父子關係，並因此而增強了此種關係，或許男人需要瞭解到家中主要的工作，與分擔家庭責任與照顧孩童工作的好處（Russell, 1982; Radin,1983; Sagi, 1982）。有關男人面臨照顧孩童與家庭工作的問題時，諮商師可能需要考提供適當的準則。同時，為家庭主夫所考量的諮商內容，可能包含有處理同輩團體間嘲笑的方法，對家事的厭煩感，管理家庭，角色衝突，與平衡職業和家庭工作。

七、離婚男性的需求

離婚男性若育有尚未成年的小孩，將發現平衡父母責任與管理家庭工作間有一絕對的需求。Halle（1982）研究了二十六位離婚男性，根據訴請離婚的太太報告，當她們與這些男性相處時，所遭遇到的問題有：挫折、自我責備、自殺的念頭、盛怒、妒忌、新需求的壓力、脆弱、對男人評價不高，及在教養小孩時所需要的幫忙。諮商師面對離婚男性，應引導男性學習使用有效的方法，且鼓勵在角色扮演上符合家庭與職業的責任，與他人發生良性的互動。

八、非傳統生涯的男性

花蓮慈濟醫院急診處有兩位男性護理人員，一位是副護理長洪炳旭，一位是護理人員黃啟璋，夾在眾多娘子軍陣容中從事護理服務，相當受好評，證明在護理行業中應也是男女平等沒有工作性別差異的。護理工作需要的細心、耐心，以及各項護理服務，並沒有性別區分，而且男性護理人員對醫療護理工作的各種狀況應變及判斷能力，有時反而還比女性更勝一籌，由於男性在體力上略勝一籌，因此有時候需要移動病床、抬重物時，還顯得特別重要。所謂男性非傳統職業，有四種職業是女性所主導的，如社會工、看護、小學教師，與行政工作。雖然男性對非傳統職業生涯有較大的接受度，但仍會面臨偏見、嘲笑，

與對選擇這些工作的男性有負面的認知。生涯諮商師應澄清並幫助解析傳統性別角色對生涯選擇所造成的限制，促使當事人能有跳脫傳統性別框架的生涯與職業選擇。破除性別區隔迷思，真正發揮潛能，以因應社經環境快速變遷，培養平權生涯知能與生涯態度，配合思考適性發展，儲備未來生涯變動或轉換的應變能量，創造更多元的生涯規劃與選擇。

九、同性戀的男性

由於多元價值觀的來臨，同性戀者逐漸尋求讓大家瞭解他們的性別傾向，在工作場合中尋求認同，及除去歧視與禁止他們生涯發展的障礙。同性戀相對雙性戀者來說，男同性戀對其職業生涯較不具確定性，及工作滿意度較低。許多報導指出男同性戀者較敏感於負面的刻板化工作（例如，一些專門為他們所設計的職業），就業歧視，及限定的角色模式。Eldridge（1987）對諮商師提供以下的建議：(1)牢記對異性偏見的敏感及隱藏的本性，與使用隨時可反出的知識；(2)使用中性的語言；(3)對認定同性戀的資訊相當熟悉；(4)找一個可供諮詢的諮商師，當你和同性戀案主工作時，他能提供你有益的資訊或回饋；(5)熟悉同性戀的地方支援網絡。

貳、男性生涯的諮商內涵

一、表達的訓練

男性較女性難以處理他們的情緒狀態，他們較難表達幸福、悲傷、親切、歡樂、悲哀，與得意洋洋等方面的情感（Dosser, 1982）。Jourard（1964）開啟了自我覺察的研究，並提出男性比女性更少做自我的表達。研究顯示，自我覺察與自我認知和人際間的功能有高度的相關性（Dosser, 1982）。

大致而言，男性時常低估了他們認為是屬於女性的特質，如溫順、表現性

與順應（O'Neil, 1982; Solomon, 1982）。在工作環境中，男性比女性較常使用心理防衛機制，為了避免將其弱點暴露在其工作的同事面前，會拒絕某些可能會顯露其弱點的工作（Lindsey, 1990）。由於男性較難以處理他們的情緒狀態，所以在很多的關係中，欠缺表達的經驗將會導致高度的溝通功能不彰，例如與工作環境中同輩團體、兒童們、配偶與朋友間的關係。

諮商師應針對男性的溝通表達的經驗、人際互動的感應能力，設計研習方案。例如，缺乏表達的行為，可透過電影或電視的劇情介紹發表，或其他的影像媒體做簡潔的舉例說明。可應用角色闡明的練習，來示範缺乏表情的行為對人際關係衝擊的情形。撰寫看完電影或電視後的心得，可幫助當事人感受他人可能的看法與行為反應，進而學習推估合宜或不合宜的表達行為可能產生的後果。男性在社會化的情形下，欠缺表情的態度被視為是男性化的特質。因此在不同的時間裡，我們可以運用人際互動的感應能力設計研習方案，提出方案架構，使得男性在此架構可得以學習到，確認欠缺表情與富於表情行為間的差異，及判斷男性逐漸變得有表情時的進展。

二、肯定的訓練

男性在表達感情、欽佩與稱讚時，較女性需要更多的肯定（Wople, 1973）。Wople 認為應區分心懷敵意／侵略行為與肯定之間的差異，並指出一些人在表達感情、欽佩與稱讚時，可能會碰到一些困窘的情形。因此男性需要學習，如何與同仁和配偶間合作互動的關係，及與他人相處時能小心處理自己的競爭性與侵略性（Goldberg, 1983）。諮商師主要的特定任務為輔助男性釐清侵略與肯定之間的差異，透過諮商技巧方式提供策略，以一種直接和誠實的方法，來幫助他們與可信任的人在一起又想維繫這份關係時，可以適度的表達自己的情感、想法與信念。

肯定的訓練能為男性在工作上與同輩，及在家中與家人互動時，作為修正其積極態度的行為準則。適宜言辭與非言辭行為的範例，可幫助男性在修正其

行為時，以某些特定狀況為目標。在肯定的訓練中，致力於正面情感的表達是有利的。目前時下常使用的肯定訓練包括發展肯定的哲學、角色扮演、角色反轉、反應的練習、建設性的評論、造形、放鬆、誇大角色的取用、姿勢與聲音的分析訓練，及家庭作業。

三、對雙重生涯的諮商策略

綜觀世界各地，雙重生涯家庭的生活型態逐漸增加，但並未改變男性或女性對其婚姻的價值、信念或行為的觀念。男性可能有些困難從傳統式的工作男人／家庭女人的態度，轉換至協商式的雙重生涯與家庭的角色。由於長期社會化的過程，將刻板化性別角色的模式，以致傳統上堅定的態度與適宜男性角色的認知，將會逐漸消失。

隨著時代變遷，父親在家庭制度中所扮演的父母角色，因著社會結構改變，難免受到影響。傳統的男主外女主內的家庭分工方式，女子三從四德的女德觀，已有改變。家庭各分子的角色已異於往昔，在這種變化中，常因角色的不夠明確清楚，以致角色扮演困難，角色—角色（role-role conflict）和角色—我（role-self conflict）之衝突因之而起。人類學家 Ruth Bendict 發現社會的急遽變化，對角色期望影響很大，使現代社會中的婦女遭遇到實際的與潛在的困難，和現代家庭中父親角色所遭遇的困難相似，理由相同。角色期望衝突是形成角色扮演困難的主要原因，父親或母親同時扮演傳統的嚴父與慈母，可能含有某種程度的衝突；後者是兩種並行不悖，但由於時間與精力的限制可能無法兼籌並顧。

因此雙重生涯家庭中的角色變換，充實了諮商內涵，如何幫助先生（父親），調整他們對其妻子職業生涯願望的態度，及展現出父親能參與其子女生活的優點，鼓勵男性負起家庭管理的責任，將是諮商人員的一大課題。

四、鼓勵男性多參與支持團體

　　由於社會變遷，經濟環境的改變，失業率的節節高升，以及後 SARS 時代的來臨，男性越來越重視本身的職業生涯，因為他們已視自己是養家活口的主要負擔者。此外，女性意識的抬頭，男性可能對成功的女強人有負面的反應。再者，傳統的性別角色認知作祟，使得男性在改變與改善人際互動與溝通關係時，可能將經歷到困難。休閒時代的到來，勤奮的男性可能較難在工作與休閒上尋求平衡點。

　　諮商師可運用技巧方式和特定任務，透過團體討論或支援性質的組織，提供男性們表達自己對與職業生涯有關的問題與生活方式的關切。男性支持團體是一個有效的環境，提供男性自由表達情感的機會，透過角色扮演與團體討論，以鼓勵男性分擔責任，並使當事人可以表達性別角色及與職業生涯有關的問題（Stein, 1982; Zunker, 1994）。我們應鼓勵男性表達與婦女角色相通的情感與行為，諸如：溫順、悲哀、照顧與養育。相對的，也應鼓勵他們表達典型的男性角色的特質，如肯定的、主宰的，及在適當時的競爭。應鼓勵男性改善傳統的、刻板化的行為形式，以建立不需要他們訴諸硬式的、陽剛角色模式的人際關係。在人際互動上，男性應熟悉如何反應，及與他人的關係。這些經驗應被設計來幫助男性在工作環境中獲得合宜的人際關係發展。

　　男性的支持團體同時也提供機會以介紹特定的興趣論點，如擔任父母的困難、達到成功的過度需求、情感的表達、分擔家庭工作，及在公作中的競爭。這團體可被分成二人一組和三人一組，以討論特定的興趣論點。男性支持團體的一般目標，是改變硬式的、性別角色的男性行為，以建立與女性及其他男性更好的關係。在男性團體中，同輩間的互動，將導致較富彈性的人際關係。

第六節　有關兩性在職場上的重要議題

壹、一個真實的故事

　　美國著名的爵士樂手桃樂西‧提普頓，從十九歲起便化名為比利‧提普頓，她出生於一富裕的家庭，但在第二次世界大戰後，因戰亂而家道中落，她為了幫忙負起一家之責而出外尋求工作。在當時仍算是極為保守的年代，性別平等的觀念自然是相當缺乏，因此，想要成為一名傑出的爵士樂手，除了自身的才華之外，性別在當時的社會中也是相當重要的一環，女兒身的桃樂西，便因為這個不平等的錯誤，使得她懷才不遇，被人排拒於外。

　　迫於環境，也為了對音樂的執著與熱愛，她做了一個在當時來講，算是非常大膽的嘗試──女扮男裝。她喬裝為男生，並以「比利」的這個身分出去應徵工作，因為她的才華出眾，很快的，便被錄用了。剛開始，在她周遭的親朋好友都知道這個秘密，她通常是在出去工作時扮演「比利」的角色，而在回家之後回復「桃樂西」的身分。然而，隨著大環境迅速的轉變，以及身邊的親友相繼過世或流離不知去向，這個秘密慢慢的變成她自己心中的小秘密。漸漸的，或許是她已習慣了這樣的改變，她便一直扮演著「比利」，再也沒回到「桃樂西」了。在接下來的歲月裡，她隨著樂團到世界各地去表演，和所謂的「同性」爵士樂手，一起工作，一起同樂，在這中間沒人能發現她與大家的「差異」。

　　比利的感情世界也是令人稱奇的一部分，雖然她在生理上是個「女生」，但在扮演「比利」之後，她就和一般正常的男人一樣，有著豐富而細膩的感情，在她的一生中，有著五段刻骨銘心的愛戀，她也因為喜歡小孩，而認養了三個小孩，乍看之下，和正常人真的沒有什麼不同，但誰知道這個屬於她大半輩子的秘密，卻在她七十四歲那年，因為氣喘發作，被急救的醫護人員揭開了

這個秘密。而她的小孩和妻子除了震驚還是震驚，他們都難以置信這活生生擺在眼前不爭的事實。

在這個傳奇性人物的傳記當中，有許多兩性的議題值得我們去省思與探討，而在此最重要的一點，便是「桃樂西」用行動來證明性別的差異，不但沒有影響在職場上的能力，而且表現非常出色。對於爵士樂團來說，是一名不可多得的好樂手。如果，當初桃樂西不是迫於家庭的窘境及本身對於音樂的執著，毅然決然的走上這一條路，不論是對於音樂界，或是喜愛「比利」的樂迷們，都是一大損失。而「桃樂西」受到如此性別的歧視被拒絕於職場外，只是在這世界的冰山一角，相信在當時甚至是現在，也有許多像她一樣有雄心壯志及滿身才華的人，原本希望能貢獻所長，卻因為一些迂腐而錯誤的守舊觀念，使得他們無法實現他們的理想，也使得國家及社會少了許多棟梁。

人們常常為了追求自己的理想，而需要做出些犧牲和抉擇。如同我們所敘述的人物比利·提普頓，她在十九歲以前一直保持女性的裝扮，卻因為當時社會中男女階層歧視的問題，使得比利·提普頓為了要堅持自己的興趣及環境的考量，進而做出了改變她一生的決定。比利·提普頓打破「性別差異」會影響職場能力表現的迷思，釐清了錯誤的觀念。

貳、職場的不平等

在現今的社會中，異性戀、雙性戀、同性戀等問題層出不窮。大眾對於這些問題似乎慢慢覺得稀鬆平常，並且有越來越多的人願意用正面的態度去面對，敞開心房去接受這些新時代的觀念。然而，當這類的問題出現在二十世紀初時，就不是大家所能接納的了。即使在這個強調民主、人權及兩性平等的時代，社會仍背負著傳統既定價值並以其作為衡量的標準。因此現今仍存在許多不平等的待遇及現象，需要我們去正視與解決。

一、兩性在工作職場的不平等現象

男性和女性並非完全不同，其中最重要的是他們如何扮演好自己的角色，但社會總是會先判斷其性別，再決定其該做些什麼。故男生和女生並非自然形成，而是受限於大量的社會約束及價值觀，而形成他們的「社會性別」。在這個提倡兩性平等的民主社會，世人一樣用這既定的眼光和價值來衡量彼此，使得兩性在工作的領域中，受到許多不平等的對待。如認為女生就應該屬於哪類的職位或階層，而男生就應該屬於哪類的職位或階層。這樣不正確的觀念，從小時候父母在小孩抓週的儀式中所流傳的一句俚語：「男則用弓矢筆墨，女則用刀尺咸縷」，就可明顯的看出。也就是父母會因為性別的差異，而對小孩有著不同的生涯發展期待。

在職場的環境中，女性接受著一連串不平等的待遇，如因社會的觀念、資本利益的考量，而對女性員工降低薪資，甚至以低估工作評效的不肖手段來打擊已婚或懷孕婦女。早期還有不公平的「單身條款」，指女性必須是單身身分，若結婚則必須自動離職；以及「禁孕條款」，即女性一旦懷孕，則必須自動離職。然而對於男生而言，結婚和小孩卻是工作上加分的標準，因為這證明了一個男性更加有責任感及安定性。即使現在沒有了單身條款，但仍有許多婦女因結婚或懷孕而被以調職或表現不佳來威脅，使其知難而退，甚至將其革職。

此外，即使是同樣的一份工作性質及內容，對於資歷與能力相當的一男一女而言，所獲得的薪資卻是不相等的，以百分比來說，男生可以拿到 100%，而對於女生而言，只能拿到 67% 至 70%，約是男生的 2/3 左右。這樣同工不同酬的不公平待遇，只因為社會認為男生的薪水是家庭生活收入所需，而女生的薪水是家庭中的第二份薪水，不需養家活口，所以不需要給得這麼高。

然而，縱然家庭的開支大部分皆落於男生的身上，這並不表示女生的薪資就應該被無端的縮減。再者，「升遷」和「做決策」對於女生而言，已成了一個專有的名詞──「玻璃天花板」，也是就說這是看得見的目標，但卻永遠也

不可能達到。在現今的社會，事實上還有許多兩性不平等的問題存在於職場上。如職場性騷擾、工作文化及家庭照顧責任……等諸多不平等的現象，都是女性若選擇了職業婦女的這一條路，所必須奮戰及面對的問題。

二、打破「性別差異」會影響工作能力的迷思

如何消弭性別差異於職場上的不公平，以及樹立職業不分性別的觀念，是國人應努力的方向。其實「兩性的差異」是外界依據其「既定的價值」而加諸兩性的身上。「男」與「女」只是兩個不同的「符號」，任何人都不應該再用既定的眼光對兩性有著不同的期待與限制。如此才能使其各展所長，竭力貢獻一己之力給社會甚至世界。

雖然近些年來，台灣不斷有婦運團體不遺餘力的為了兩性的平等及女性的權益在打拚，但在傳統孔子思想及父權統制的包袱下，仍然無法讓兩性達到真正的平等。兩性本來只有先天生理上的差異，卻因為後天人為的力量，使得這個差異轉變為「權利差異」。

從「桃樂西」這個傳奇的故事可以看到，一般世俗認為大多數的女性缺乏勇敢與執著的特質，然而桃樂西用她的一生來證明世俗錯誤的價值觀，用她的行動來實現她的理想。在瞭解到這一位偉大的爵士樂手的故事之後，企盼我們不要讓社會的價值與潮流成為做事的唯一準則，而失去了自身的價值觀及一本初衷的理想與權利。

一個兩性公平的職場環境及社會環境不只是靠少數的有心人士力爭，而是需要這社會每一位成員共同去努力，尤其是女性，更不能向環境低頭，因為任何一個人的屈服，都將使所有人的努力付諸流水，大家皆應以正確的觀念，為落實兩性的平等努力奮鬥到底。

從古至今，女性在就業市場中多處於弱勢的一群，埋沒了許多真正有能力與男性抗衡的傑出女性。如代父從軍的花木蘭、一代女皇武則天、今日的副總統呂秀蓮、大陸工程董事長殷琪，以及此篇書中的主人翁桃樂西‧提普頓……

等,皆是巾幗不讓鬚眉的最佳典範。此外,現在也有不少男性以護士之職為終身職志,甚至也有不少專業的男性彩妝大師等,在他們的職業中也都有一番輝煌的成就。由此可知,打破職場上性別的界線是刻不容緩的事宜,因為只要有能力,加上肯努力,不分性別,大家都能開拓一片屬於自己的天空。

參、職場上的性騷擾

兩性問題始於兩性之間生理或心理的差異,導致彼此間因不瞭解而產生誤會和摩擦,造成諸多問題。「性騷擾」可說是存在於兩性之間的嚴重問題之一。職場上性騷擾的發生,包含兩個要素,一個是「性」,另一個是「權力」。就如電影「桃色機密」中,黛咪摩兒以女性主管的身分性騷擾男性屬下一樣,性騷擾的產生,往往是握有權力的一方向權力弱勢者施以與性相關的騷擾行為,受騷擾者往往因其地位而陷入困境。而根據許多研究指出,對當事人來說,性騷擾會留下許多影響,如影響身心狀況、情緒、甚至是當事人對生涯發展的規劃;因此探討「性騷擾」問題之所以形成的背後原因及其解決之道,是不容忽視的問題。筆者認為,諸如性騷擾之類的兩性問題之所以產生,在於兩性之間沒有達到良好的溝通。

一、性騷擾的定義

在 1970 年之前,「性騷擾」尚未有明確的名稱,婦女們只能將此類不愉快的經驗稱之為「小強姦」(little rape)。對於當時的女性而言,她們無法明確的講出何謂性騷擾,而這樣的情況對於女性而言是很不利的,因此許多婦女運動者認為應該對性騷擾仔細的下定義。之所以需要對性騷擾明確定義的原因在於,「明確的定義」可增進對這類生活經驗的討論,有助於受壓抑的經驗浮上檯面,並受到重視。最重要的是經由討論,也可以加強個人對己身經驗的自覺和反省,並使我們瞭解異性的經驗和感受,學習和自己經驗不同的人相處。

二、性騷擾的類型與影響

目前我們所常談到的性騷擾通常可分為下列四種類型：(1)性的交換（交換條件式的性騷擾）——此類的性騷擾，在於明示或暗示以性方面的要求，作為員工或求職者取得職務或喪失職務或變更其勞動條件的交換。也就是說，女性員工若拒絕上司或雇主的性要求，就可能會喪失某種工作上的權益，包括得不到晉升的機會，甚至會遭受到降級、減薪或其他工作上的刁難與報復。因此，對於女性的人格尊嚴及工作權益造成相當大的侵害；(2)敵意的工作環境：所謂的敵意的工作環境是指在工作場所中，單方面以與「性」有關的語言、舉動或其他方法，對員工或求職者造成困擾。此類的性騷擾，從口頭上的開黃腔、吃豆腐、色迷迷的窺視、肢體上的毛手毛腳、到被迫陪老闆應酬等；(3)性的徇私：有人透過和上司有性的交換的方式，而換得較好的工作待遇，對其他受雇者，也是一種不應有的騷擾。例如，和上司有曖昧關係而得到升遷，或工作就比較輕鬆。這樣的現象會影響到工作氣氛，令其他員工覺得不公平；(4)非雇主或非受雇員工的性騷擾：被公司以外的人性騷擾，通常是客戶。

上述的性騷擾的類型與影響，是針對目前職場上常見的性騷擾類型所下的明確定義。而一般的性騷擾受害者在當下常有的反應，包括了「困惑」、「無助」、「感到憤怒或被羞辱」、「擔憂」等。在性騷擾發生之後，根據研究，受到性騷擾的當事人會有一些共同的影響，如情緒上的反應：焦慮、生氣、困惑、有罪惡感、羞恥感。生理上的反應：頭痛、失眠、做噩夢。對自我認知的改變：無助感、感到弱勢。對社會關係、人際互動、兩性關係的影響：害怕陌生人、自我防禦、改變原本的社會人際網絡、消極負面的人際關係、改變原來的生涯規劃。在瞭解性騷擾這個兩性之間嚴重問題的定義之後，我們所迫切需要去探討的，即是如何藉由兩性溝通去解決像性騷擾這樣的兩性問題。

肆、兩性溝通的重要性

　　人類自出生以來，即立刻與異性（父或母）產生關係，從進學校到戀愛、工作乃至於結婚生子，無時無刻不是處於兩性的關係中。而這樣的兩性關係，卻往往容易讓人輕忽，甚至刻意無視於它的存在，也因此兩性之間常產生問題，如上述的職場性騷擾問題（校園中亦有所謂的性騷擾事件）、年輕學子的婚前性行為、未婚生子等。反觀這些問題的產生，在於兩性對於彼此之間的差異沒有深入的瞭解，缺乏兩性之間的溝通，因此以下將針對兩性溝通的重要性做探討。就兩性溝通的重要性而言，可分為以下五點：

1. 它可以幫助打開兩性間彼此的隔閡與誤會，以免因衝突而傷害了相互相處的關係。兩性互動或人際間的互動，往往常因彼此一些小誤會，或不知道問題發生的原因，而導致彼此惡言相向，甚至造成衝突，這些都是因為不懂溝通的重要。如果發生問題或誤會時，能相互理智溝通一下，看看誤會是怎麼產生，而問題是從何而來，能在事情發生前先行溝通，就能避免誤會和問題繼續擴大，使衝突和傷害降至最低。

2. 它可以使彼此瞭解對方的性格、喜好及特質，使雙方都能將對方「摸」得很清楚。相處時的溝通，最大作用就在於能讓雙方互相瞭解，經由溝通去摸清楚對方的特質、想法與性格，等彼此都摸熟了，且能有效掌握對方的心態及感受後，相處起來自然就順暢無礙。

3. 它可以幫助雙方清楚對方的心理及感受。相處時較困難掌握的部分，當屬如何清楚對方的心理和感受，這部分必須經由有效的溝通才能達到。

4. 它可以使彼此明白所處的立場和環境，而相互體諒並配合調整。兩性相處麻煩的地方，就是彼此所處的立場和環境不同，若雙方均能為對方的立場和處境多多著想，許多問題也就迎刃而解了。

5. 它可以讓雙方有效掌握彼此的需要與目標，相互滿足，相互激勵，建立

成榮辱與共的共同體。相互溝通最重要的地方，在於讓雙方有效掌握彼此的需要與目標，這些需要和目標必須由溝通來達成，才能真正的相互滿足，相互激勵，並自發的建立為相互支持的共同體。

伍、兩性溝通的技巧

就兩性溝通的技巧而言，可以分為以下三部分：

一、打開心靈的耳朵──積極聆聽

兩性在溝通時必須懂得運用「積極聆聽」的技巧，讓對方能夠充分表達自己的意見和看法，而聽者本身必須仔細、完整、耐心且積極的聆聽，聽後並能細心體會對方話中的正確含義。

二、試著去懂對方的心

兩性間相處溝通的第二個竅門，就是要試著去懂對方的心，也就是要揣摩對方的心意。其辦法包括從日常生活中觀察對方的習慣，行為舉止及對事物的看法、想法，以歸納出屬於對方的特質。多關懷體貼對方，經由心靈交流，瞭解對方的心。用心體會對方言語行為所透露出的訊息，分析研判對方的意念，以開放的態度建立意見溝通的模式與管道，自然就較容易懂對方的心。

三、時常用讚美代替批評

學說好話，兩性溝通靠的是言語，所以想要溝通順暢，打開溝通管道，建立良好的互動與溝通模式，「學說好話」是無可替代的唯一途徑。這些好話包括讚美、鼓勵、感謝、道歉、接受批評、贊同等。因為說好話，是不需要付出任何的代價又收效奇佳的的方式。若兩性之間相處能常常相互鼓勵、讚美，則彼此的互動及溝通一定十分良好。

在職場上，兩性所受到的不平等對待是眾所皆知的，傳統社會的觀念所帶來的後遺症之巨大，更是不可否認的；然而，在一味批判或檢討過去價值觀的錯誤，進而不斷地剖析現今職場上許多血淋淋的案例之外，教育下一代使其擁有正確的價值觀，才是當務之急。

而為了傳導正確的觀念，身受上一代不正確價值觀之害的教師們，一者，應多自我進修，透過聽演講、參加研習、閱讀書刊等方式，充實兩性教育的知識，並改變傳統刻板性別角色觀念，有豐富的知識與正確的觀念，才能給學生最好的引導。再者，教師應以開明態度面對學生問題，除了兩性教育相關知識的充實及刻板性別角色觀念之調整外，教師在教授兩性教育相關議題及面對學生有關兩性教育的問題時，必須秉持開明及自然大方的態度，因為教師對性話題的態度如何，將會影響學生對性的認知與態度；因此在看待學生談戀愛的問題時應抱持理性的態度，而在處理同性戀議題時更應謹慎。兩性教育，讓學生建立正確的兩性觀固然是目的，但為了達成這個目標，環境的醞釀、教師的自省等，都是成功不可或缺的因素。

生涯發展與壓力管理

前言

　　曾有人形容美國人的拍片過程,是事先的規劃是相當精確,但在實施計畫時,鼓勵用創意、創新的方法。這使人聯想到事情可以事先規劃,實施過程可以彈性運用與變化,就像是生涯規劃。生涯規劃在許多人的眼中,等於和「未來」畫上等號,它是屬於空幻而浩瀚的,沒有任何一個人知道自己接下來會發生什麼事,而生命之中的危機又何時會出現?出現時我們又要如何去面對它?這些未知數對有些人而言會帶來憧憬、刺激、挑戰,對另些人而言可能會帶來緊張、擔心、壓力。真實生活中有許多不可知的未來,如何才能確保我們的生活不至於受到影響?本章將探討個體成長發展過程中發生危機時,如何利用壓力管理去因應此危機,並將「危機」轉化成「轉機」,以便消除心理壓力,並運用在未來的生活當中。將生涯輔導的理論實際應用在真實的世界中,讓自己來輔導自己,也幫助他人來瞭解自己,讓大家一起來面對生涯的危機。

　　壓力在今日社會已成為我們生活的一部分,適度的壓力可促使個人的動機、能力、潛能得以激發成長,但壓力若過大,容易導致不良的後果,呈現負面的工作表現,也會造成個人生理、心理的困擾(吳榮福,2002)。壓力既然

無法避免,因此,尋找解除壓力之道,以緩和壓力的緊張,減少壓力對個人健康及其所處的組織造成負面影響。利用壓力管理來達成個人成長,促使我們在面對生涯危機時,有能力去消除此時期的壓力,將危機轉為轉機。雖然我們都想逃避過量的壓力,但在人生的每一個階段都會有不可避免的壓力,然而實際上可藉著它來增加我們對人和世界的瞭解,幫助我們建立更實際的人生目標和價值觀,以及增強我們的能力與面對壓力的容忍度,進而提升個人成長。

第一節　壓力的定義

壹、壓力的基礎理論

　　壓力(stress)最早的概念源於物理學和工程學上的用語,指的是將力量用到物體和系統上,使其改變型態的一種力。壓力之父 Selye 認為壓力是身體對於任何需求所做出的非特定反應,即當個人面對刺激時,為重新恢復狀況所做的反應,不論該刺激是否超過個人負荷程度,凡有此反應,就表示正處於壓力之下(Selye, 1956)。

　　不同的心理學派對壓力有其不同的解釋,諸如:行為心理學派認為壓力是因應刺激而產生某種經過學習的反應;心理分析學派認為壓力是人生早期時的矛盾衝突;社會心理學派認為社會及文化的因素造成壓力;認知心理學派則認為壓力起因於個人對事情的想法。不同的壓力模式對壓力也有不同的觀點說明壓力的整個過程(Liu, 1996)。壓力之定義無一定論,大致可分為三種:(1)將壓力定義為一種刺激;(2)將壓力定義為一種反應;(3)壓力為與整體環境的互動因素。因此可歸類為特別強調刺激、反應或互動三種取向。分別說明如下:

一、刺激取向的壓力觀點

此學派的學者認為壓力是環境的刺激，即外界的力量施加於個體上會造成個體生理上的反應（緊張），換言之，壓力源是因（agent）而緊張是果（effects），兩者的回饋（feedback）合併界定為整個系統的「負荷」（load）（Cox, 1978），如圖 9-1 所示：

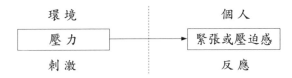

資料來源：Cox（1978）。

圖 9-1　刺激取向的壓力模式

由於個體對壓力的容忍程度具有個別差異，不同的個體面對相同的情境時，可能會有不同的知覺歷程與處理方式。因此，刺激觀點取向的研究重點在於辨別各種情境刺激，試圖找尋各種壓力的來源，而對於個別差異的因素則較為忽視（Cox, 1978; Liu, 1996）。

二、反應取向的壓力觀點

反應取向壓力模式的學者認為，壓力是個體對於外界壓力源（stressors）的生理或心理上的反應，如圖 9-2 所示：

Selye 強調個體對於壓力反應的非選擇性（non-selectivity）和非特殊性（non-specificity），即個體對於來自環境中的任何要求，都會產生身體內部生物化學成分的改變，此種機體的適應反應稱為「一般適應症狀」（General Adaptive Syndrome, GAS）（Selye, 1956），而有機體對壓力適應的演變過程可分為三個時期（Selye, 1979）：

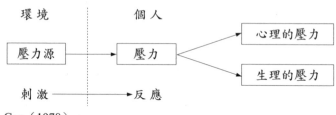

資料來源：Cox（1978）。

圖 9-2　反應取向的壓力模式

1. 警覺期（the stage of alarm reaction）：個體開始知覺到環境的變化，使自我抵抗能力降低，而產生心跳加快、血壓升高等各種症狀或其他身心反應。

2. 抗拒期（the stage of resistence）：個體全神應付壓力，以改進壓力引起的症狀，以有效適應環境。

3. 衰竭期（the stage of exhaustion）：個體適應能力有限，可能產生倦怠現象，由於壓力繼續存在，個人變得消極、疲憊，導致身體的衰竭現象產生。

Miller（1981）認為壓力是外界環境輸出過多的情報量，以致耗費了個體系統的能量，而使系統無法負荷時所產生的狀態。

三、互動取向的壓力觀點

對壓力持互動觀的學者認為，壓力是個體知覺一事件或範圍超出其適應能力。舉例來說，壓力可能定義為「（知覺到）需求與反應間失衡的能力，在某些情況下無法滿足需求的結果」（McGrath, 1970; Liu, 1996）；或者「壓力不僅是刺激，也是一種反應，若是壓力為外在刺激事件，則偏重環境因素。若將壓力視為個人反應，則為個人因素」（Lazarus & Folkman, 1984; Liu, 1996），因此他們認為壓力是個人和環境交互作用的結果。持此觀點的學者認為，壓力是人與環境在不斷互動時，發生內在需求、資源與限制之間的缺乏配合，透過

個人心理特質與現實狀況的中介歷程後,產生不平衡現象的動態系統(Liu,
1996),如圖 9-3 所示。

　　壓力是個體與環境互動時,外在環境、人、事物與內在能力無法相抗衡,
所產生的威脅或緊張等狀態,即為壓力。其有可能是正面積極的激勵作用,但
也可能因為長時間處於壓力的狀況下而導致消極、焦慮的情緒,甚至造成身心
的疾病與傷害。

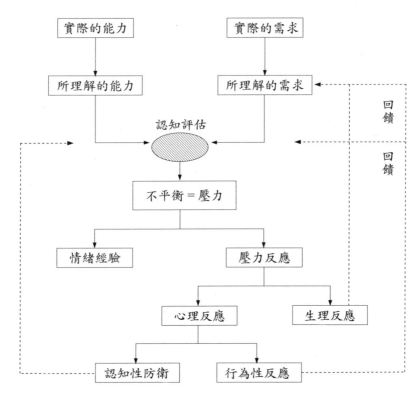

資料來源:Hamilton(1980)。

圖 9-3　互動取向的壓力模式

貳、工作壓力的定義

Selye強調不論正面或負面的事件，所引發的壓力反應都可能是有益或有害的。他同時也指出壓力並不只是神經緊張，壓力能夠產生正面的後果；所以壓力不需要躲避，但完全沒有壓力的情況就是死亡，所以這些觀點說明了壓力是無可避免的。我們應該努力去處理壓力，而不是把精力浪費在逃避它。個人因工作環境與個人互動的結果，導致工作因素產生不平衡的現象而引起的壓力，可稱為工作壓力。工作壓力可能是因為職務要求、期望和職責，及因工作情境因素引起不愉快的負面情緒反應而感受到的壓力。此外當個體在面對具有威脅性的工作情境時，一時無法消除威脅、脫離，而產生的一種被壓迫的感受或緊張的狀態，也是一種工作壓力。然影響個體工作壓力的知覺則受到許多變數所影響，如人格特質、個人認知與外界工作環境，加上自我期許與他人期許之間的交互作用等。

House（1974）提出傳統壓力模式，其中包含五種變項：(1)客觀的社會情境導致壓力；(2)個人對壓力的知覺；(3)個人對壓力的反應，有生理的、認知的、情感的、行為的反應；(4)較為持久的壓力知覺與反應症狀；(5)個人或情境的制約變項。在圖9-4中，實線的箭頭方向表示各變項之間的因果關係，虛線箭頭表示制約變項在預測(1)(2)(3)與效果變項(4)之間具有互動關係。此研究模式強調社會條件與結果的關係，以個人知覺為仲介（House, 1974）。即造成壓力的症狀是取決於個人的特性，進一步說明了工作壓力與人格特質具有某種因果關係存在。

有一些國外學者在研究過程中發現，若個人察覺到工作情境中發生某種狀況，以致威脅其心理的平衡時，此種現象即成壓力（Beehr & Newman, 1978; ManNeil, 1981）。工作壓力是個體在工作環境中面臨某些工作特性之威脅所引發之反應，包括生理和心理方面（Gmelch, 1983; Steers, 1988）。綜合以上國內

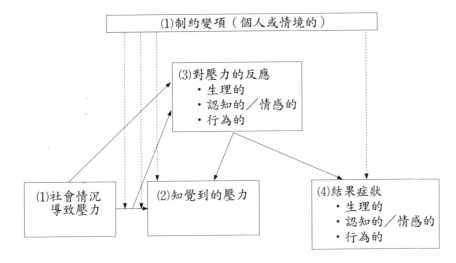

資料來源：House（1974）。

圖 9-4　傳統工作壓力模式

外學者之看法，可將工作壓力歸為三類（李勝彰，2003）：(1)強調工作環境因素：將工作環境的特質視為引發個人感受壓力的主因；(2)強調個人反應狀態：將個人因應工作要求的生理、心理的失衡狀態視為壓力；(3)強調個人與工作環境交互作用：將個人與工作環境交互作用的結果，導致身心的失衡狀況。

　　適度的工作壓力可以激發工作人員的潛能，發揮工作能力，增進工作效率。然而，過高或過低的工作壓力都會減損其效果，特別對於過度的工作壓力，可能會造成工作者緊張、不安、焦慮、不滿等情緒，而造成脫序的現象，甚至影響工作者的身心健康（周文欽等，2004）。所以工作壓力通常是指在工作環境中，個人由於其能力、資源無法滿足工作的要求，導致超過其心理或生理所能負荷的程度，因而引發緊張、壓迫等身心失衡的反應。

參、壓力的本質

壓力基本上有三個相互牽連的層面，壓力事件、調適性的反應、個別差異的影響。一種因外在行動、情境或事件而對一個人產生某些特殊的生理或心理的要求，結果導致個體做出的調適性反應，這類反應通常與個人特質、心理過程有關。現代社會中，壓力幾乎是生活中無法避免的，若我們沒辦法消除壓力，便應該瞭解壓力的本質並學習如何去因應它。

談論到壓力時，有五個因素會影響到壓力的嚴重程度（level of severity），分別是：壓力的重要性、壓力的持久性、壓力的多樣性、壓力的急迫性，及壓力的強烈性。

1. 壓力的重要性，是指事件對個人有重要的意義及影響，例如，親人死亡、離婚、失業，或生重病等事件，對個人的意義越重大，則壓力越大。

2. 壓力的持久性，是指壓力存在的時間越久，其影響程度也越嚴重，不但體能耗盡，且心理的負擔也加重。

3. 多樣性是指許多不同的壓力在同一時間發生，對個人造成的影響，遠比這些壓力分開來單獨發生嚴重。例如，某甲在同一天內，發生車子被撞、趕交某件公文、感冒生病又需要抽空去拿藥……等，這樣多的壓力同時在一天內發生，對他的影響絕對大於這些事情分開發生。

4. 壓力的急迫性，是指當壓力逼近時，其影響程度越大，學生在即將面臨考試時，其壓力最大，反之，則僅表現出輕微的焦慮。

5. 壓力的強烈性，則是指個人會更加困難去處理它，不過因為個人對壓力強烈程度的認定是主觀的，所以人多半依據過去的經驗及目前的感覺判定壓力的強弱。

每個人對壓力的容忍程度不同，有時，我們可以觀察到某事件對某甲是壓

力，但對某乙卻不構成壓力。這種差異的形成是基於個人對威脅的知覺（perception of threat）、對壓力的忍受，以及外在的支援等不同的緣故。

　　個人對壓力的看法及認為自己處理事件的能力，都影響他如何處理壓力。當我們不確定自己有能力處理某種壓力時，我們就可能經歷較多的威脅。如果我們面臨新的改變是未曾預期的，則在缺乏準備的情況下，我們會有極大的壓力。若某種壓力是我們自願選擇的，則個人會相信他有能力完成。「壓力忍受」（stress tolerance）是指個體忍受壓力的能力。能力可說是因人而異的，一般學說也同意我們從早期的家庭經驗中，學習到如何處理壓力，我們從小學習父母親處理壓力的模式，也由父母親的教導中學習如何去思考及分析事情。假設父母親從小教導孩子樂觀地去看挫折，孩子便有自信去處理困境，長大後，也較有信心去克服及承受壓力。相對地，早期的創傷經驗可能會致使個人在面對某種壓力時，特別脆弱和不堪一擊。

肆、壓力的來源

　　壓力研究者 Mic Matteson 和 John Ivancevich（1979）發展出一種職業壓力模式，可以清楚的介紹壓力源（stressor）。如圖 9-5 所示，「壓力源」引發「壓力」，反過來又產生多種「結果」。壓力源係指會製造壓力的環境因素，換句話說，壓力源的存在是要經驗壓力反應的前提。圖 9-5 顯示了四種主要的壓力源型態：個人的、團體的、組織的，以及組織外的；個人層面的壓力源是指那些直接跟個人職務有關的事件。這個模式也特別指出數種會影響此「壓力源—壓力—結果」的個人特質（中介變項）。所謂中介變項是指，在兩個變項（例如壓力和結果）之間的關係會因中介變項的關係而變強（對某些人）或變弱（對另外一些人）。

　　壓力是一主觀的現象，端賴當事者如何想、如何解釋與如何應付。心理的壓力來源時，有三種心理狀態能帶給個人壓力，分別是：挫折（frustration）、

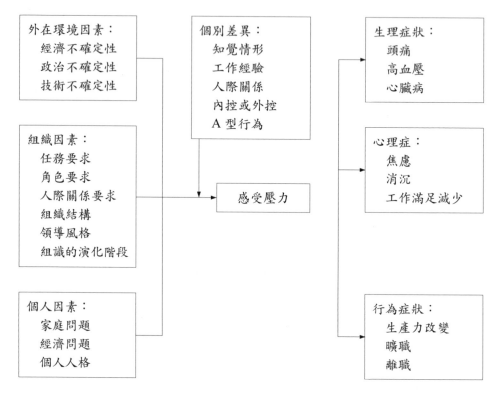

資料來源：Matteson, M. T., & Ivancevich, J. M.（1987）.

圖 9-5　四種主要的壓力源型態

衝突（conflict）及壓迫（pressure）。當這些心理狀態產生時，壓力也隨之而生。

　　挫折是因為個體的需求和想達到的目標被阻礙而產生的。阻礙又可分為外在及內在，因外在環境的阻礙而引起的挫折，例如，意外事件、不睦的人際關係、偏見、歧視、孤立……等。因內在及本身的阻礙而引起的挫折，例如，身體殘障、缺乏能力、缺乏某些技術、寂寞……等。最常見的壓力源是角色超載，角色團體層面的壓力源是由團體動力及管理者的行為所引起的挫折，管理者因

下列情況而製造員工的壓力：(1)表現出前後不一致的行為；(2)不能給員工支持；(3)缺少關心；(4)所下指令不恰當；(5)製造高生產力的環境；以及(6)只注意到缺點而忽視好的表現。

壓力可能因為兩個或多個生活事件的衝突而產生。以下有三種形式的說明，有助於我們瞭解衝突。第一種是趨避衝突（approach-avoidance conflict），這是當個人必須從兩個或多個目標中選擇其一，而每個目標都各有其優缺點或正負面。例如，選擇工作時，可能不知道要選擇高薪但忙碌的工作或低薪但穩定的工作。

第二種是雙趨衝突（approach-approach conflict）。這是當個人必須在兩個或多個具有吸引力的目標中，選擇其一時，雙趨衝突便產生了。這種衝突通常是因為個人的時間、空間、體力、財力及處理能力有限而產生的，例如，當個人處於兩個具有吸引力的工作機會之間，或處於兩位很理想的男友（女友）之間，而個人必須選擇其中之一時，他得放棄某些自己想得到的東西。第三種是雙避衝突（avoidance-avodiance conflict）。這是指當個人必須在兩個或多個不想要的目標中，選擇其一時，雙避衝突便產生了。就像意外懷孕的婦女，她既不想要孩子，也不想墮胎。通常，處理這種衝突的方式是決定選擇受傷害較少及痛苦較少的那一方面。

壓迫也是一種心理因素來源，壓力會因個人迫使自己達到某些目標而產生。例如，在學業或工作上，個人為了達到好的分數或爭取工作績效，而壓迫自己去加倍努力，這自然會帶來壓力。若個人有強烈的自我期許，且不容許自己失敗的想法，則會造成個人在適應上很大的壓力。

壓力的來源主要是來自環境因素，像是生活事件的改變，亦即外在環境的改變。有一些生活事件，諸如家庭成員的死亡、遭受到暴力攻擊、搬家、親密關係的結束、生了重病，或參加重要考試等等，都會產生壓力。它們之所以會產生壓力，是因為伴隨這些事件的是一些重大的改變，需要重新做生活上的調整和適應。因此，具有壓力的生活事件，我們賦予它的定義乃是：一些與工作

無關的改變，但會干擾到個人的生活方式和社會關係。這些生活事件乃受到最廣泛的討論與研究。

Holmes & Rache（1967）及其同事的「社會再適應評量表」（Social Readjustment Rating Scale），說明了生活事件與壓力之間的關係。所謂「社會再適應評量表」，是測量因生活改變的事件引起的壓力，可用作個人的壓力測量尺度，而壓力的評量是以「生活改變單位」（Life Change Units, LCUs）為準。每一個生活改變的事件都被給予特定的分數，例如，結婚的 LCUs 是五十分、度假是十三分……等。要知道個人承受了多少壓力，只要把自己最近兩個月內所有生活改變事件的分數加起來，即 LCUs 的總分，就代表個人壓力有多少。

由 Holmes 與 Rache 所發展的「近期經驗量表」（The Schedule of Recent Experiences, SRE），是用來評估一個人所累積的生活事件壓力的最主要工具。SRE 共有四十三項生活事件，每項事件都被賦予一個相對值，稱作「生活改變單位」，代表的是處理此一事件所需要的社會再適應的程度，值越高，這個事件帶來的壓力便越大。這些值的取得，是經由三百九十四位樣本對每一事件的壓力程度給予評值而來的。研究結果顯示，在 SRE 總分與隨之而來的疾病之間，存在著正相關的關係。舉例來說，如果總分在一百五十以下，那麼就有機會在明年享有身體健康；但是，那些總分介於一百五十和三百之間的人，便有 50% 的機會會生病。而那些分數超過三百的人，則 70% 明年有生病的可能。不過分數高於一百五十，也不需要把自己關在無菌室裡。SRE 的分數高並不保證你一定會生病，它只表示說，在統計上，你得病的危險性提高了。

若一事件對個人的影響越大，表示其壓力越大，即評量表上分數越高。Holmes 等人發現，身體疾病與 LCUs 之總分有強烈相關，其研究結果建議，若個人遭受生活改變事件的總分數超過兩百分，則個人有 80% 的機會生病。從「社會再適應評量表」中，可歸納出生活的改變、壓力與身體疾病三者間的關係。生活改變的事件越重大或越多，則壓力越大；壓力越大，則人生病的機率越高。

第二節　壓力的中介變數與對人的身心影響

壹、壓力的中介變數

「中介變數」是指能夠造成壓力源、壓力及結果三者之間的關係，對不同人有不同程度差異的中間變數。有這種認知的諮商人員，能以下列方式來面對個案的壓力：對這些中介變數的覺察力，能夠幫助諮商人員或個體辨別出哪些人最容易受到影響而感受到壓力並產生負面的結果。針對這些高危險群，提出一些減低壓力的措施，才是最有效的。中介變數的本身便可能是減少工作壓力，降低負面影響的解決良方。四種重要的壓力的中介變數，分別是個別差異、社會支持、調適、強韌性格以及 A 型行為。分述於後：

一、個別差異

對於同一項壓力源，人們感受到的壓力程度或者顯示出的壓力結果均不盡相同。如同我們即將要討論的，對於那些擁有良好社會支持網絡以及適應技巧的人來說，壓力源並不一定會產生壓力。因此對壓力源的認知程度（perception），也是一項重要的中介變數。要是一個壓力源被視作具有威脅性，則那個人便感受較大壓力，也會出現較多負面的壓力結果。有一項針對九十對夫妻的研究發現，在吵架時，男方和女方所經驗到的壓力程度並不相同，在事情變得很棘手時，女方會比男方更有壓力。最後，一個人的人格特質，諸如總是充滿敵意或憤世嫉俗均是壓力的中介變數。研究顯示，生性多疑、好生氣，或不信任別人的人會較正常人多一些機率罹患冠狀動脈阻塞疾病，只要我們肯學著避免這種傾向，便能保護自己的心臟。

二、社會支持

　　根據許多研究證明，積極的社會和家庭關係能夠緩和或減低壓力對個人的影響；反之，像沒有人際關係的支持，或是缺乏外來資源的輔助，都會使得壓力更加尖銳，同時削弱個人處理的能力。因此，類似離婚或喪偶等事件發生，倘若個人孤單無人支持，其壓力要大於那些被家人關心支持的人。但是，家庭的成員往往會相互影響，假設家中有一位成員生重病或有其他困難的問題，則家中所有成員的緊張程度可能都會增高。個體感到壓力大、害怕或寂寞的時候，與家人或好朋友談一談，或一夥人一起聊聊天，會使負面的情緒得到適當的宣泄。有意義的社會關係，能讓人在面對壓力的時候得到許多協助而處理得較好。社會支持便是從社會關係而來的幫助，更重要的是，一個人社會關係的質與量決定了社會支持的程度。

　　一個人必須先對自己所擁有的社會支持網絡有所認知，然後才會充分運用。支持網絡係由五種來源演變而成：文化規範、社會制度、組織、社團或個人。譬如說，相較於美國、日本的文化就相當強調對老年人的照顧。日本老年人的社會支持網絡便受到文化的強力支援，這些不同的來源提供四種型態的支持：(1)自尊心的支持：讓個體知道，不論他有什麼樣的困難，他都是被接受與被尊重的；(2)資訊上的支持：在對問題的定義、瞭解和調適上提供協助；(3)社會性的陪伴：與他人一起從事休閒及娛樂性的活動；(4)工具性的支持：提供經濟協助、物質支援或其他需要的服務。

　　如果一個人覺得自己可以得到支援或協助，那麼他就要決定是否要真的去用它。一般來說，運用社會支持，其目的可以有兩個，也可以是兩者之一。第一個目的是全面性的社會支持，包括了全部四種來源所能夠提供的所有支持，可以在任何時間，運用於任何狀況。另一種目的則是比較狹窄的功能性社會支持，它可以緩和特殊情況下壓力及壓力源所造成的影響。如果在錯誤的情境下，依賴這種功能性社會支持，便無法得到需要的協助。在感覺寂寞的時候，朋友

的陪伴會比工具性的支持讓人窩心得多。當為了一種或兩種目的而引入社會支持之後，它的有效性便可以決定了。如果壓力的感覺沒有得到紓解，便有可能是使用了錯誤的支持型態，意即社會支持的「效果」無效，表示說在必要的時候，可能需要尋求其他來源的支持。

許多研究結果顯示，全面性的社會支持與死亡率之間為負相關，換句話說，缺乏社會支持的人會比社會支持網絡很強的人早死。更進一步來說，全面性的支持可以預防憂鬱症、精神疾病、妊娠併發症、焦慮症、高血壓，以及其他許多病痛的發生。相反地，負面的社會支持等於是一個人在破壞另一個人，會對人的心理衛生有不好的影響。我們都知道應該要躲開那些會破壞我們的人。另一方面，不論是全面性的還是功能性的社會支持，它對壓力結果產生的緩和（buffer）效果，並沒有清楚的型態可循。我們雖然知道它會有緩和效果產生，但卻不知道為什麼，也不知道何時會產生，這一方面需要更多的研究來加以探討。

三、調適

調適是指「一個人面對一些非常耗神或已超過個人資源限度的內（外）在要求時的處理過程」。因為調適得好，有助於減低壓力源與壓力帶來的衝擊，所以若能好好地瞭解此一過程，個體生活和處理技巧便能大為改善。個體在認知上對壓力源的評估，是反映出一個人對情境或壓力源所做的整體評價。在調適過程中，「評估」這一部分是相當重要的，每個人對同樣的壓力源可能做出不同的評價。例如，有的人認為沒有工作很好、很自由，但其他人則認為失業是不好的經驗。

認知上對壓力源做評估，通常將之區分為有傷害性的、有威脅性的和有挑戰性的，我們應對這些區分有所瞭解，因為評估的結果會影響人們所做的調適。對傷害的調適，通常是對已造成的事實加以補救。相反地，對「威脅」則根據預期來做調整，意思是說根據對未來的預測做準備，以防止傷害的發生。

「挑戰」也是如此，只不過它與「威脅」不同的是：對挑戰的調適，重點放在能獲得些什麼，而不是會失去些什麼。最佳的調適策略要視個人所遭遇的情境而定。躲開壓力——例如去度個假——有時候會比跟壓力源硬碰硬要來得好，目前正有許多研究者試圖弄清楚這種不定的關係。調整自己以適應組織中的壓力事件時，應採取一種「因事制宜」的方式，而不必拘泥於某一種固定的調適策略。管理者應先教導員工去辨認那些他們認為是有害或者有威脅性的壓力源，然後再以訓練或其他支持手段來協助員工去處理，乃至於去除那些最嚴重的壓力源。

四、強韌性格

Suzanne Kobasa 是一位行為科學家，她認為有一些人格特質的特性，能夠沖淡職業壓力所帶來的負面影響，這些人格特質的總合，她稱之為強韌（hardiness），是一種能化解壓力的人格特質。強韌意指能夠在認知上或行為上，將負向的壓力源轉換為具有正面挑戰意義的能力。其中包含的人格面向有對事物的專注和投入、自我控制力，以及挑戰的精神，專注與投入反映出一個人無論做什麼事的涉入程度。肯做許諾的人，做事有目標，不會在壓力下輕言放棄，他們往往把自己投入到情境當中。

具有內控能力的人，往往相信他們能夠影響那些會左右他們生活的事件。具有這樣特質的人，常能事先預見可能發生壓力的事件，而去避免過度暴露在那些令人感到焦慮的情境中。更進一步，他們所具有的掌控感也使他們傾向於積極主動的去處理問題。具有挑戰精神則是相信「改變」是正常人生的一部分，因此，改變被視作是成長與發展的機會，而非對安全的威脅。另一項研究則發現，具有強韌性格的大學生在遭遇有威脅性的任務時，相較於性格不甚強韌的同學，其心跳速率和心理的困擾程度都較低。他們也較傾向將壓力源視作有正面意義和可以掌控的。

貳、壓力對人的身心影響

一、壓力對心理的影響

壓力理論家認為壓力所及，在行為上、認知上和心理上均會產生一些後果，或稱之為「結果」。許多研究的結論均認為壓力會對人產生不良的心理影響，但對於壓力與行為及認知之間關係的研究則僅起步而已。不過，這些少量的研究也指出壓力和離職率、工作滿意度，以及工作表現均為負相關。

精疲力竭（burnout）是指經由長期無效的壓力處理方式後，個人在生理、情緒和精神各方面，都呈現能量耗盡的情況，這種情形的產生是因為重複的情緒壓迫和長期的強烈投入於壓力中。精疲力竭的人會呈現無助、絕望、否定自我，對工作、生活和其他人抱持否定的態度。最常看到的精疲力竭現象是工作倦怠，通常工作倦怠的發展是有階段性的，它跟許多個人的壓力源、工作及組織的壓力源、缺少回饋、工作滿意度低、離職率、缺席率、與家人朋友的人際關係不良、失眠，以及工作表現的質與量等，都有顯著的相關性。許多研究特別強調，組織需要去減少這些由壓力而引發的工作倦怠問題。預防「工作倦怠」的產生，最直接的方法便是去除個人、工作和組織上的壓力源，個體可以藉緩和的方式來降低「工作倦怠」的負面影響。

二、壓力與生理疾病間的關聯

凡生理疾病主要致因於情緒的或心理的因素，就稱它為心身病（psychosomatic disorder）。這個英文字 "Psychosomatic" 是源起於希臘字中，"psyche" 及 "soma" 二字之意；"soma" 表示 "body"，即身體之意。有哪些相關的原因會造成心身病呢？

研究證實，壓力與多數的心身症有關聯。例如，胃潰瘍、偏頭痛、緊張性

頭疼、氣喘、高血壓、皮膚病、關節炎、消化不良、睡眠困擾、循環不良、中風及心臟病等,都是較有可能因情緒因素及長期壓力所造成的生理疾病。

三、性格特質對壓力反應的影響

Friedman 和 Rosenman（1974）首先發表某種人格特質會導致冠狀性心臟病的研究結果。他們稱這種人格特質為 A 型人格（非指 A 血型）,具有 A 型人格的人會製造很多壓力。

Friedman 和 Rosenman 的研究說明,A 型性格的行為模式不只引起高的壓力,也是導致罹患心臟病的主因之一。延續其後的相關研究,討論 A 型性格特質如何影響冠狀動脈,研究結果是個人的壓力致使身體的邊緣地帶血管收縮,並且加速心臟的跳動。最後他建議並非所有 A 型性格之人的特質都有害,如驅策力、野心及成就欲望都值得保留,但是匆忙和搶快則需要去除。他以為認真全力投入工作是個人追求生命意義的來源,真正對心臟有害的是,個人強烈地想要在很短的時間內完成很多事情的欲望及習慣。

四、壓力與胃腸病

有許多胃腸方面的問題,經過證實與壓力、神經敏感、情緒不成熟及無法適度釋放攻擊力有關。醫學報導指出,恐懼、敵意,和內在的憤怒,可能是導致胃腸潰瘍的主因。「胃腸潰瘍的發生,是消化液在胃壁或十二指腸壁燒出一個洞來。胃裡幫助消化的酵素和鹽酸,在情緒激動時也會分泌。這些物質如果在空胃裡待上一段時間,也就等於在消化胃本身。當然我們也必須瞭解,還有許多其他因素,例如,基因、人格特質、環境因素等,亦會影響胃腸潰瘍的發生,壓力並非單一的致因。

五、壓力與癌症

Bahnson（1975）認為心臟病的發生多與強調需要外來肯定的家庭相關;而

癌症則與內在取向為主的家庭相關。內在取向的家庭通常將他們的情緒反應內化，因而使得體內荷爾蒙失調或影響免疫系統，而荷爾蒙與免疫系統都對抗癌有重要的意義。在壓力與癌症方面，詳細及實證的研究仍舊缺乏，有待更進一步的探究。

第三節　面對壓力時的因應策略

壹、因應的意義

　　個人對於壓力因應的能力足以決定壓力對工作和健康的影響，因應（coping）一詞之定義眾說紛紜，一般人會將壓力因應與其類似的概念如克服（overcome）、防衛（defense）和適應（adaptation）混用。因應是個人在認知及行為上不斷努力，以處理外在或內在的特定要求，而這些要求是足以對個人資源構成負荷的（Folkman & Lazarus, 1980）。

　　因應是個人選擇減輕壓力的一種過程，因應行為是介於壓力事件與適應結果之間的主要因素，因應的預期效果將會減輕壓力所帶來的痛苦，以維持個人身心健康與幸福，故因應方式是一種可維持有效工作績效的最佳辦法（Gmelch, 1983; Bellings & Moss, 1984; Liu, 1996）。因應是「一種處理訊息及內外在需求的動態歷程，當個體遭遇超過自身所能承受的內外在情境時，個人經由外在與內在評估，而選擇最符合自己需求的因應策略」（Folkman & Lazarus, 1980; Liu, 1996）。

貳、因應的理論基礎與模式

　　壓力與因應的概念分析最早是由 Lazarus 於 1966 年所提出，他認為壓力因

應包括認知評估（cognitive appraisal）與因應（coping）的歷程（Liu, 1996），為個人和環境間壓力關係的重要緩衝媒介。而因應的理論與模式，經過心理學家及社會學家的努力，目前最具體的部分有三，茲以人格特質導向、認知評估導向與互動導向等模式分述如下：

一、人格特質導向

許多國內外學者認為人格因素會影響選擇因應的方式，所以形塑人格的因素，一般也會影響選擇因應的方式。例如：(1)先天的遺傳如基因、智商、性別、容貌、種族等，都會影響個體的選擇能力與問題解決的方式，內向或外向的人的因應方式或因應策略或許有不同；(2)環境影響如生存於非洲、南北極的居民因應方式或因應策略由於環境的不同而有不同；(3)社會文化影響如北美洲的生活價值觀與南美洲有許多相異處，如生活步調、工作的節奏感不一樣，因應方式或因應策略會有不同；(4)教育影響如教育程度的提高，使個體有更多的知識研判評估事件的可能情況，因應方式或因應策略自然不同。

二、認知評估導向

個體會對個人資源、社會資源、個人因應能力與問題解決難度有所瞭解，爾後再對壓力採取因應的方式。Lazarus 和 Folkman（1984）認為，壓力因應的過程與認知都是評估的動態過程，而認知評估是一切因應的基礎，其仰賴個人因素與情境脈絡而決定，認知評估的歷程可分為下列五個步驟（圖 9-6）：(1)可能發生的壓力事件：包括影響個人的重大生活事件、日常困擾等，其涵蓋的範圍相當廣；(2)初級評估：評估壓力刺激對個人的意義，個體通常會自問：「我會有麻煩嗎？」；(3)次級評估：個人評估面對壓力刺激時，其所擁有並可取得的因應資源；(4)因應方式的使用：將以問題為中心的因應策略與情緒為焦點的因應策略綜合起來；(5)適應的結果：壓力適應的結果可能造成社會功能、士氣和生理健康三方面的問題。依此模式來看因應，個體為了減少情緒衝擊或處理

情緒上的痛苦，常用認知、替代、壓抑、否認、反向作用、投射和理性化的防衛機制來減輕痛苦，而不是以實際行動來減輕壓力（Folkman & Lazarus, 1980）。

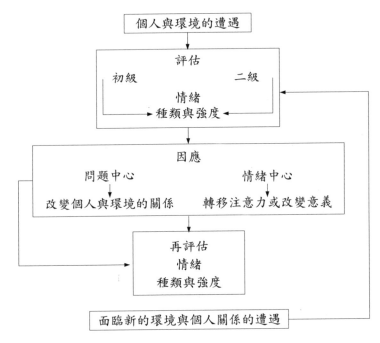

資料來源：Folkman & Lazarus（1988）。

圖 9-6　因應評估模式

三、互動導向

互動學派的學者認為因應行為是個體與環境互動過程中的一種結果，個體會影響環境，環境也會影響個體。壓力事件的性質與個人因素、因應資源，都會影響對因應策略的選擇（Lazarus & Folkman, 1984）。認知能力高的人，對壓力的知覺程度較高，所以會傾向於「處理問題」的因應方式；反之，則較不易

掌握壓力刺激的關係，因此傾向於「逃避問題」，也不易帶來健康與幸福。如圖 9-7 所示：

Lazarus 與 Folkman（1988）針對此因應模式，提出了個體與環境互動因應之量表，認為壓力因應是個體與環境互動的結果，即壓力事件的環境系統與個人系統皆會影響因應方式的選擇。此量表涵蓋了八種因應方式，分別敘述如下（Lazarus & Folkman, 1988）：(1)面對問題：堅定自己的立場，爭取自己想要的，並試圖改變對方的心意或情境；(2)疏遠：運用認知的努力使自己遠離並將情境的意義減到最低，繼續過自己的生活；(3)自我控制：控制自己的感覺；(4)尋求社會支持：尋求資訊的支持、實際的支持與情感的支持；(5)接受責任：承認自己在此問題中的角色，並試圖將事情解決；(6)逃離—逃避：希望此種情形快點雨過天青，藉吃喝來逃避；(7)計畫性的問題解決：謹慎的使用問題焦點解決法來改變情勢，通常會有一個邏輯性的方法；(8)正向的再評價：經由個人的成長創造正向的意義，尋找新的信念。所以因應為一處理壓力的動態歷程，當

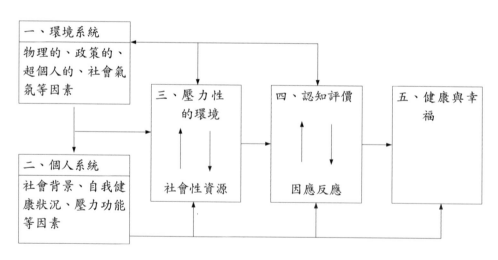

資料來源：引自陳文俊（2001：46）。

圖 9-7　「個體與環境互動」壓力因應模式

個體運用對自身最有幫助的各種策略時,不僅能緩衝壓力帶來的不適應感,也經由不斷評估來處理壓力事件。

參、因應策略的類型

因應的目的是將心中的想法建構成實際的行動並且確切的去執行,個人因人格特質、環境養成、接收壓力的評估不同,而採取不同的因應方式。不同學者因研究取向或研究對象的不同,提出了不同類型的因應方式。Collins 與 Mowbray(1999)認為因應策略分成三個類型:(1)積極策略,其係指問題解決與尋求幫助等;(2)中立策略,指內在情感的調節或接受;(3)消極策略,指逃避或情感上的躲避。壓力因應的類型粗略有積極正面的挑戰壓力或被動的接受壓力的威脅,不同的因應類型會產生不同的因應結果,若能以正面的態度來面對,不但能減緩壓力所帶來的不適感,甚或可獲得工作的成就感。

壓力因應策略若依 Lazarus 與 Folkman(1984)的分類,分為「問題取向」與「情緒取向」兩個層面。而問題取向策略包含「理性解決」與「尋求支持」兩個向度;情緒取向策略包含「延宕逃避」與「自我調適」兩個向度。理性解決係指當問題發生時,會針對問題主動積極的多方蒐集資訊,並以各角度瞭解問題真相,進而尋求解決之道,以化解可能產生的工作壓力。

尋求支持指當個體面臨工作困難時,會尋求別人的意見與支持的力量,或尋求精神上、心理上的慰藉,以減少工作壓力的困擾。尋求的對象包括心理諮商團體、宗教、家人、朋友等。延宕逃避是以暫緩解決處理或逃避不理會的心態來消極面對壓力。自我調適是指當個體感受到工作壓力時,嘗試各種方式,使自己在心理上得到紓解與調適,或是讓情緒得以宣洩,以減低工作壓力的不適感,如藉由運動、與朋友聊天、休假旅遊等方式來減輕壓力。以下將以一般的因應策略與壓力調適的策略來探討:

一、一般的因應策略

　　一般人面對壓力時，會有哪些因應策略？若依某些通則，可分為三個層次，分別是生物、心理互動及社會文化等。在生物的層面，個體遇到壓力時，會有免疫系統抵抗疾病；在心理互動層面，個體會學習適應的模式、有自我防禦的心理，及尋求親友的支援；在社會文化層面，有團體的模式來共同面對壓力，像工會、宗教團體及其他組織。處理壓力時，個人會有兩種挑戰：第一是要達成壓力源（stressor）的需求；第二是要保護自己的心理不受到損害。所以人們在這兩個挑戰間努力，既要解除壓力，也要保護自己。通常有工作取向（task-oriented）與防禦取向（defense-oriented）兩種處理模式。

　　工作取向的因應是指當個人覺得有把握處理壓力時，他傾向於工作取向，也就是以直接行動去解決及達到壓力源的需求。基本上，這表示個人同意並接受此一壓力情況，而且採取行動去找出最好的解決方式。工作取向的反應可能包括改變自己或是外在環境，甚或是二者同時進行。例如，職業婦女最常碰到家庭事業無法兼顧的壓力，其反應可能是改變家事處理方式，請先生多幫忙或請傭人等，這是改變外在環境；另一種方式則是降低自己對事業的要求，慢慢以家庭為重心，這是改變自己。

　　防禦取向的因應是指當個人感覺無法處理壓力且深受其威脅時，他的反應傾向於防禦取向，也就是保護自己不受到傷害，而非採取行動解決壓力情況。防禦取向的行為亦大概有兩大方式，第一種方式是類似「心理損害復元機能」（Psychological Damage-Repair Mechanisms），以哭泣、反覆敘說及悲傷等過程，來應付壓力的情況。第二種方式是以 Freud 的自我防禦機轉（Self-Defense Mechanisms）來應付壓力，但此種方式較易造成不良的適應行為。「自我防禦機轉」簡單地解釋是，個人潛意識中運用某些心理建構的方式，來避免個人受到外來的威脅。「自我防禦機轉」是用於處理心理的傷害、焦慮和外來威脅，而個人幾乎是自動地和習慣地運用某些心理防禦機轉，卻不自覺。雖然心理防

禦機轉可以幫助個人在嚴重的情況下，不至於受到傷害，但是這種方式可算是扭曲事實和自我欺騙，或許會嚴重阻擋了個人採取行動來解決問題。

二、壓力調適的策略

調適策略指的是以特定的行為和認知來調整自己，目的在適應所面對的情境。通常人們會混合三種方式來進行調適過程。第一種叫作控制策略，係認知上和行動上直接處理或解決問題。它是一種主導局面的方式，直接處理問題、解決問題。正相反的另一種策略，乃是逃離策略，是腳底抹油、溜之大吉的意思。不論在行為上或認知上，都在躲避或逃離那個情境。使用這種策略的人，由於無法當面對抗造成壓力的原因，而只能逃開或消極的接受該情境（例如辦公室中討人厭的同事）。最後一種策略叫作症狀管理策略（symptom management strategy），是指使用一些方法，如放鬆、冥想或藥物來處理這些因壓力而起的症狀。

肆、無效與有效的壓力因應

一、無效的壓力因應

如果個人應付壓力的行為是無效的，又長久持續下去，對生理與心理都造成傷害。無效的壓力處理方式有：自我防禦行為、藥物濫用及酗酒，然而最後導致的結果是個人身心兩方面的耗竭、過勞（burnout）。過勞是一種面對工作的慢性情緒性和人際壓力源的長期反應，它的概念可以被視作是個人在複雜的社會關係中所經歷的壓力。過勞有三種類型，分別是(1)情緒耗竭（emotional exhaustion）指情緒過度緊繃的感覺和一個人情緒資源被剝奪；(2)人格解體（depersonalization）指的是對受照護者或被服務對象的一種負面的，冷漠的、過度超然的反應；(3)個人實現降低（reduced personal accomplishment）指一個人對

其工作能夠勝任完成的感覺下降。很多人都習慣在頭痛時服用阿司匹靈、在焦慮緊張時服用鎮靜劑、在失眠時服用安眠藥……等，現代人使用藥物來控制緊張或其他情緒，久而久之，便對藥物有依賴性，最後就上癮了。

身為 IBM、惠普、貝爾實驗室等知名機構諮詢顧問的 Tom Demarco，認為 1990 年代的知識遺產中有一個共同而危險的錯覺：「一個組織是否有效率，就看全公司人員是否都經常處於極端忙碌的狀態下」。他在《偷懶：克服過勞、忙碌工作以及效率的迷思》（*Slack: Getting Past Burnout, Busywork, and the Myth of Total Efficiency*）一書中指出，知識工作者和他們的老闆們都應該善用這段經濟低迷的時間，重新思考自己的工作，調整他們的部門，甚至重新確立公司的使命。有些人慣於建立所有事物的嚴謹過程，希望從每位員工身上榨盡每一滴的努力。Demarco 不認為忙碌就等於高生產力，適度的偷懶可以增加個人和組織面對變革的承載力。

大部分高生產力的人，都難以接受偷懶一下是好事的想法，其實是根據精神分析學家 Erich Fromm 所謂的「逃避自由」（flight from freedom）。儘管手上有一大堆累人的工作；在這同時，遵循別人的指示做事，可以帶來某種程度上的舒緩，也可以感受到責任的減輕。當公司員工並非時時刻刻都很有效率的時候，不要妄下批評，或許他們是在放慢步調或是忙中偷閒，嘗試新鮮的事物，可能暫時會成為一個初學者，而無法完全掌握新的任務，這就是變革會令許多組織煩惱的緣故。個人或組織必須建立一種習於變革的環境，學習成功的放慢步調，以便挑戰不可能的任務，大家應該趁此機會學習這種新的工作態度。

一項對美國數千個工人的調查中，超過 40%的工人超過工作負擔，並且說他們在下班之後，感覺「被用盡（used up）、被消耗光（emotionally）」。缺勤、物質濫用、睡眠障礙、抽菸、酗咖啡是最常使用的負面因應策略。現實治療法（reality therapy）的創始大師 William Glasser（1984）在他的著作《控制理論》（*Control Theory*）中提到，如果我們持續使用會上癮的藥物，感覺有多好，我們將永遠失去更多且失去控制自己生活的能力。當我們使用藥物和酗酒

來麻醉自己與扭曲事實，我們等於阻止自己去尋求直接而有效的方式來處理壓力，最後變成壓力控制我們，而非我們控制壓力。

二、有效的壓力因應

經過大量心理學研究證明確實有效的壓力因應方法大致有三類，第一類為放鬆療法，尋求社會支持及重新評估壓力事件。「放鬆療法」主要的目的是希望通過控制肌體的生理活動，如心跳、血壓、肌肉緊張度等來減輕壓力的感受。「靜坐」現在已被廣泛用作壓力紓解的技法，靜坐者一般要重複一個單字或聲音，同時將自己的意念完全集中到一件特定的事物，可以是牆上的一幅畫、陽台上的一盆花等等。一般在約二十分鐘的靜坐後，人們都會覺得輕鬆、平靜，壓力感顯著降低。

此外的放鬆技巧稱為「漸進放鬆法」。採用這種方法時，先選定一個肌肉群，如額部肌肉，收縮肌肉，皺起眉頭，稍後再完全放鬆。依此更換練習，盡力體驗肌肉處於收縮與放鬆狀態的不同感受，由此便可學得什麼叫放鬆，而當自己感覺有壓力時，便要盡力回到那種放鬆的狀態。另一種紓解壓力的有效方法倒是提高肌體的活動水平，像是運動。研究發現經常運動的人心跳較慢，血壓較低，呼吸也較平和，而這些都是對壓力最敏感的生理反應。另外，運動還能使人感覺對自己身體有控制力，並獲得成就感。運動也能使人們暫時逃脫有壓力的生活情境，對睡眠也有幫助。

第二類的壓力紓解方法便是尋找社會支持，保持社會網絡的暢通。知道親朋好友都關心我們，就足以減輕壓力感，也能使人更有效地去因應壓力。從親朋好友得到的社會支持一般有三種：(1)具體的幫助：當工作壓力太大時，或許可以請父母或朋友幫忙生活瑣事，留出更多時間和心力去應付工作的挑戰；(2)情感的支持：當感情生活遭遇挫折時，可以與好友小敘，讓自己覺得依然是有能力、有自尊、受人喜愛的；(3)資訊的幫助：當自己對某事疑惑時，朋友可以藉由資訊管道提供自身經驗和訣竅。社會支持雖不能完全消除壓力，卻能增加

我們因應壓力的能力。

第三類壓力紓解技巧是「重新評估壓力事件」。生活中要完全避免壓力是不可能的，然而壓力的感覺在很大程度上取決於個人的認知，同樣一件事情，對有些人可能是機遇、是挑戰，而對另一些人則成了壓力和負擔。故而改變我們對某些事件的成見，重新評估整個情境，尋找新的涵意和生機將思考方向轉個彎也是一種紓壓方式。假如感覺工作超過負荷，整天疲於奔命，還是不能做完你要做的事，也許應該改變一下自己的行為，學習一種更有效的方法安排時間，學會把某些工作委託給別人去做，給必須做的事情排出先後順序等。關鍵是自己要對情境要有控制力，要始終保持冷靜，有條不紊，才不會被壓力壓倒。

伍、建設性的壓力處理行為

大部分有效的壓力處理方式，是建設性的壓力處理行為。例如，若個人感受到強大的工作壓力，或許除了努力工作外，也可以改變自己的工作方式，使自己承受較少的工作壓力，譬如學習時間管理，以有效地運用時間做更多的事；或是分散工作權責，讓其他同事一塊參與自己的工作以減輕壓力，因此我們有必要學習多種方式來幫助自己有效地解決壓力。此外，更重要的是建構自己的生活態度和方式，以活出健康的人生。描述有建設性的壓力處理行為是健康和調適的，包括下列的特質：(1)直接面對問題；(2)不離開現實世界；(3)正確地和真實地評量壓力情況，而不是扭曲事實；(4)學習認識壓力，並拒絕用有傷害性的情緒反應去處理壓力；(5)意識清楚且理性的去評估選擇可行的行動；(6)不採用不實際的想法，也就是不異想天開。

陸、調適壓力的方式

一、健康人生的六大層面

　　健康模型中健康的原則是指在日常生活中，個人能夠達到各個不同層面的均衡和整合的狀態。Hettler（1976）提出的健康模型（six dimension of wellness）（請參考圖 9-8）有六個生活層面，分別是：生理（physical）、精神（spiritual）、感情（emotional）、社交（social）、智性（intellectual），及職業（occupational）等。要達到健康的狀態，個人必須參與每個層面，且積極地做決策以改善自己的生活。

　　第一個生理層面是瞭解身體發展、照顧身體、發展正向的身體活動態度與能力，包括所有滋養人體的必要和充分條件，例如運動、日常飲食、定期的醫

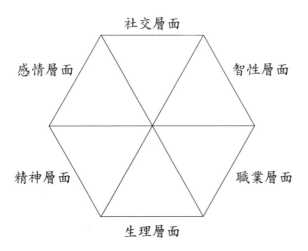

資料來源：Cuidepost-American Association for Counseling and Development（1990, September），Vol. 33, No. 4, p. 1.

圖 9-8　黑德勒博士（Hettler, W.）的健康模型

院健康檢查、避免飲酒和使用藥物，及注意自身安全等，都是生理層面的重要組成要件。第二個是感情層面，包含個人的感情和內心世界。在此一層面最重要的是，個人能察覺自己的感覺，並能將之表達出來與他人溝通；思考清晰，情緒穩定，成功的調適壓力，保持自律與自制。所以，個人應該培養自己能隨時體察自己的感受，像常問自己：「我現在覺得如何？」「我的情緒會受到哪些人、事、物的影響？」等問題，有助於瞭解自己。然後，可以練習將自己的情緒向周圍的親朋好友表達，讓他人知道你的感覺。

第三個是智性層面，主要是由自我觀念、創造力和學習組成。在這個層面，若能鼓勵個人追求自己的興趣、保持常念書和讀報習慣及追求新知，都能增強個人的自尊和自信。第四個是職業層面，包含個人專業的選擇、工作的滿足程度、事業野心及學業表現等，這些若能滿足，則個人可達成自尊（self-esteem）。學生在校時，可以接受某些性向測驗、能力測驗，及工作興趣測驗，經由協助，學生能更瞭解自己這方面的需求，轉而能努力的去追求。

第五個是精神層面，包含信仰、價值觀和社會倫理，以及尋找個人生命的意義，設定人生的目標，擁有愛人與被愛的能力。在此一層面是強調個人信仰與個人對更高權力間的關係。第六個是社交層面，包含個人與家庭、朋友、社區、環境、社會，乃至於世界之間的關係。關心配偶、家人、鄰居、同事和朋友，積極地與他人互動和發展友誼。個人需要覺察他們有能力去改善周遭的人際關係；關心社區生活改造，注意文化和社會事件，能接受公共事務的責任。

這個模型強調六個層面的均衡，可運用此模型來瞭解自己目前的生活型態，亦能改善某些不均衡處，以使自己達到健康的人生。這六個成分雖各自獨立，但彼此相關而影響了生活型態的品質，也呈現出了「人本身之生長發育」、「人與人、社會、文化之互動」、「人與自然、面對事物時如何做決定」三個層面的全人健康（total well-being）。

二、壓力的緩衝盾

　　壓力的緩衝盾是一個盾型的圖案（圖 9-9），這個盾的內部被劃分為五個區域，其代表的意義是，如果我們能運用這五個區域中的資源來處理壓力，就好像我們手拿了一個盾來保護自己不受到壓力的傷害。以下分別討論這五個部分。

　　第一個區域中的資源是生活經驗（life experience）：當個人年齡越長、接觸社會與世界的層面越廣、經歷的事情越多且越複雜時，其生活經驗也越形豐

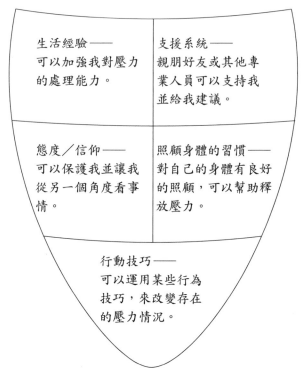

生活經驗——
可以加強我對壓力
的處理能力。

支援系統——
親朋好友或其他專
業人員可以支持我
並給我建議。

態度／信仰——
可以保護我並讓我
從另一個角度看事
情。

照顧身體的習慣——
對自己的身體有良好
的照顧，可以幫助釋
放壓力。

行動技巧——
可以運用某些行為
技巧，來改變存在
的壓力情況。

資料來源：Structure exercises in stress management. Vol.1 (1983), MN; Whole Person Press. p.72.

圖 9-9　壓力就像是一面盾牌？——壓力緩衝盾的應用

富。這些生活經驗可幫助我們在面臨壓力時，有多種管道供自己選擇適當的方式去處理壓力。第二個是支援系統（support system）：我們從小經由家庭、學校及社會三大系統中，獲得社會化和成長，個人周遭的支援系統，包括親人、朋友、同事、團體和組織等，都能在自己處於壓力時予以協助，不論是心理的支持或是外在資源的輔助，皆能多少化解個人的壓力嚴重程度。其他如社工人員、心理諮商人員，及某專業研究人員，都是個人支援系統中的資源，可以加以利用。

第三是態度與信仰（attitudes and belief）：態度和信仰是屬於認知層面，美國理情治療學派（Rational-Emotive Therapy）大師 Albert Ellis 主張，人是先有思考，再有行為，再產生情緒。壓力情緒之持續與否，完全端視個體面臨壓力時，對所感受之身體或心理上之不舒適做何解釋，然有些非理性思維會導致不必要的壓力。Ellis 列出了數項錯誤的思考模式，稱之為非理性假設（irration-alassumption）：(1)一個人的所作所為非常需要每個人的讚許；(2)某些行為實在可惡，冒犯者應受嚴厲處分；(3)如果事情不能如願，該是多麼糟糕；(4)人類的苦為外在因素所產生，是環境裡的人及事所加之於人；(5)如果某件事確實是危險或可怕的，就應該覺得很不想去做；(6)避免人生困境要比去面對它來得容易；(7)每個人都需要倚靠大於自己的東西；(8)人人都應該絕頂能幹、聰明，及在盡可能廣泛的領域內有成就；(9)由於過去曾經驗過一件事予人極大衝擊，它的影響力是必然且長遠的；(10)每個人對環境必須具備某些完善的控制力；(11)人類的快樂可從無為中獲得；(12)一個人是無法控制自己情緒的，因為有些事情實在不能不這樣去想。綜上所言，所以要省察自己是否有非理性的想法，避免不必要的思維造成壓力，進而干擾生活。

第四種是行動技巧（action skill），有效的適應技巧是需要學習的，一般像冥想（meditaion）、放鬆（relaxation）、打坐及治療性的按摩（therapeutic massage）可經由專家指導後，自己反覆練習，就可以在面臨壓力時，運用這些技巧來幫助自己釋放壓力。第五種是改變自己不良的適應方式，學習有效益的

方法來做事。例如學習新知與時俱進，可以幫助自己下判斷、做決策；學習實用的管理技巧，可協助工作管理及自己生活上的管理。其他如散步、聽音樂、賞花等活動，是因人而異的休息方式，亦能減輕壓力。

　　以上所敘述壓力緩衝盾中的五大區域，是個人可運用於處理壓力時的五大方向。有壓力時，個人便從過去的生活經驗中尋找有用的資料，協助綜理壓力情況；周遭的親人、朋友們可以分擔部分責任或提供相關的支持和援助；思索這些壓力事件帶給自己的意義及正面的挑戰；在疲憊時可運用某些方式使自己消除疲勞；及應用某些行為技巧使自己能夠達到事半功倍的效果。

　　壓力是生活的一部分，愉悅與不愉悅的事都會造成壓力，只是不愉快產生的壓力通常比較高。每個人因為主客觀因素不同，在面對壓力時，會有不同的生理與心理反應，輕者緊張、擔心、焦慮；重者沮喪、絕望、憂鬱、胃潰瘍、失眠，甚至失去生存意念或喪失健康。因此，個體必須面對與學習如何因應或調適壓力。下表為「精疲力竭」測量表，可供個人參考是否身心俱疲了，提醒自己目前的生活方式是否太過忙碌或緊張了。

「精疲力竭」測量表（The Burnout Scale）的應用

請先反省你的生活，在過去半年到一年時間中，你的生活改變了多少？其中包括你的工作、人際關係，及家庭。由自己評量各題的分數，從零到五分。如果你覺得現在的情況跟以前一樣好，甚至比以前更好，給自己零分；如果你覺得情況比以前壞很多，給五分；如果是介於最壞與最好之間，自己衡量一下，給一至四分。

1. 你很容易疲倦？覺得提不起勁來？
2. 你煩惱於他人告訴你，「你最近看起來不是很好」的說法？
3. 你的事情越來越多，但完成的卻越來越少？
4. 你逐漸地增加「冷嘲熱諷」及「驚醒」的現象。
5. 你常有無法解釋的傷感襲上心頭？
6. 你變得健忘或忘記帶走自己的物品？
7. 你變得容易發怒？脾氣暴躁？並且對周遭的人們越來越不滿意？

（續）

8. 你變得不常探訪親人及朋友？

9. 你忙碌到無法做一些例行性的事情，例如，打電話聊天、看報，或過節時送卡片？

10. 你的身體有某些不適，例如，頭痛、身體某部位的疼痛，或持續性的感冒？

11. 當一天的活動突然停止，你會覺得不知所措嗎？

12. 你避開去尋求愉快的經驗嗎？

13. 你無法自我解嘲，把自己當作開玩笑的對象？

14. 性對你而言，困擾多於其價值？

15. 你與他人沒有什麼話好談？

結果：零至二十五分，表示你的狀況不錯。

二十六至三十五分，表示你需要留意了。

三十六至五十分，表示你已處於壓力之中，並離精疲力竭不遠了。

五十一至六十五分，表示你已經被壓力弄得精疲力竭了。

六十五分以上，表示壓力對你的健康已造成顯著的威脅。

資料來源：Freudenberger & Richelson（1980）。

時間管理

前言

> The race is not to the swift or the battle to the strong, nor does food come to wise or wealth to the brilliant or favor to the learned: but time and chance happen to them all. （快跑的未必能贏，力戰的未必得勝；智慧的未必得糧食，明哲的未必得資財，靈巧的未必得喜悅；所臨到眾人的，是因為「時間」與「機會」。）
>
> ——引自《舊約聖經·傳道書》第十一節

這是台積電董事長張忠謀在哈佛第一年念書時讀到的，成為他日後的工作哲學——賽跑不是跑得最快的人會贏，打仗也不是最有力氣、最勇敢的人會贏，食物也不是給最有智慧的人吃的，「時間」和「機會」是當中很關鍵的因素。張忠謀認為別人比你有錢、比你成功，並不表示他的能力比你高，並不表示他比你有智慧，而是時間和機會佔了很重要的因素，由此可知時間的重要性。

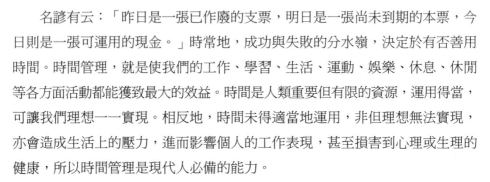

第一節　時間的重要性

名諺有云：「昨日是一張已作廢的支票，明日是一張尚未到期的本票，今日則是一張可運用的現金。」時常地，成功與失敗的分水嶺，決定於有否善用時間。時間管理，就是使我們的工作、學習、生活、運動、娛樂、休息、休閒等各方面活動都能獲致最大的效益。時間是人類重要但有限的資源，運用得當，可讓我們理想一一實現。相反地，時間未得適當地運用，非但理想無法實現，亦會造成生活上的壓力，進而影響個人的工作表現，甚至損害到心理或生理的健康，所以時間管理是現代人必備的能力。

若是一個人的生命有八十年，以天為單位，一共是 29,220 天，以小時為單位則是 701,280 小時，扣去三分之一的睡眠時間，僅剩 467,520 小時。467,520 小時，是多？是少？而能被妥善運用的時間又是多少？在這段時間內可以完成多少事？

壹、時間的重要性

一、現代人的時間寫照

現代人常感時間不敷使用，每天總有許多事情忙不完；「忙、盲、茫」是大多數現代人的生活寫照。現代生活的共同特徵就是忙碌，也因此導致現代人就像陀螺一般，每天從早到晚轉個不停，因而分秒必爭，每天過著與時間賽跑的生活。從食的觀點而言，過去吃飯強調慢條斯理、細嚼慢嚥，現在則是快餐、簡餐、速食盛行。食、衣、住、行、育、樂等各方面流行著「速食文化」。

現在的通訊方式，由以往「寫信方式」變成使用電話、傳真、電子郵件、電腦網路等更為快速便捷的通信方式。採購日用品的方式也不一樣，現代人習

慣到大賣場、量販店、百貨公司採購，一次可以購足所需生活物品，節省分別到各處採購的時間。科技的發達，帶動經濟的富裕，省力省時工具不斷的翻新，然而現代人卻越來越沒時間，活得越來越辛苦。「我時間不夠用！」是現代人的口頭禪。忙碌症候群正無孔不入的向人類社會襲來，人人難以倖免。現代人被時間逼得「窮則變，變則通」，都在參與一場與時間追趕的遊戲與賽跑。

　　如何在最短的時間內做最多的事？如何在同一時間內做更多的事？如何在有限的時間內完成重要的工作？如何提早自我實現？如何善用休閒時間與家人團聚的機會？如何改善時間的使用方式？如何做好時間管理？是許多共通的想法和亟欲突破的瓶頸。許多人都在設法擁有更多的時間、更多的財富，實現自我，乃至不斷超越自己或別人，以期達到快樂、實在，過個充實而有意義的人生，而這些都涉及到一個共同的觀念——時間管理。

二、有效使用時間是現代人關切的課題

　　從一般人生活困擾或時間困擾來說，經常覺得時間不夠用，覺得有太多的事情要做。經常超時工作，而且工作到很晚，或者還利用週末、假日做上班時間無法完成的事情。世上最快樂、最滿足的人就是那些每天完成他們工作的人，而工作需要時間，工作與時間如何調適，人人需要學習。每個人每天都擁有二十四小時，然而有許多人都沒有足夠的時間。因此，問題不在於時間本身，而在於我們如何使用它，使投注的時間和努力得到更好的結果。人生苦短，其間有喜、怒、哀、樂、悲、歡、離、合的時候，總有些日子不能稱心如意，每過一段時間就更逼近人生終點，以至從人生舞台退出或消失。如不及時把握，則稍縱即逝，以致「來也匆匆，去也匆匆，白走一回，船過水無痕」。所以，有效使用時間是現代人關切的課題。

三、名人的時間座右銘

　　時間像奔騰澎湃的急湍，它一去無回，還毫不留連。美國科學家Banjamin

Franklin 認為時間就是金錢，一個「今天」等於兩個「明天」，即今天的價值是明天的雙倍；當時間用完了，生命也就到了盡頭。法國 Napoleon I 認為除了時間以外，他可以得到一切。美國管理大師彼得杜拉克認為時間是最稀有的資源，除非有效的管理它，否則其他的資源就更無法管理。英國大文豪莎士比亞認為自己荒廢了時間，時間便會荒廢自己；Alan Lakein 則認為控制時間等於控制人生。由以上的觀點可以瞭解，他們之所以能在自己的崗位上有所成就，乃是在認知上深怕時間不夠用，將一天二十四小時當十二小時的有效運用。

貳、時間的特性

　　在現代分秒必爭的資訊化社會裡，如何利用最少的時間獲致最大的收益，已成為管理科學研究的重要課題。瞭解時間的特性後，將更清楚如何掌控時間，運用時間管理。朱文雄（1999）將時間特性分為五種：(1)時間無法暫停，沒有人能阻擋它前進；(2)時間一過，一切都將成為過往雲煙；(3)時間不可回溯，只有前進，沒有後退；(4)時間不能買賣；(5)時間是公平公正的，無論億萬富翁或窮光蛋，一天都只有二十四小時。所以 M. Gorky 認為時間是最公平合理的，它從不多給誰一分。勤勞者能叫時間留下串串的果實，懶惰者時間留予他們一頭白髮，兩手空空。時間無法蓄積，時間不能像人力、財力、物力、資訊與技術那樣地被積貯儲存。赫胥黎認為時間最不偏私，給任何人都是二十四小時；時間也最偏私，給任何人都不是二十四小時。

　　「回想起自己學生時代，由於對未來沒有夢想和計畫，過著頹廢荒唐的生活而感到後悔。」或許這是許多人共有過的經驗。管理學大師 Stephen R. Covey 所寫的《與時間有約》提出的問題值得深思：目前最迫切要做的是什麼？我最大的本領和才華在什麼地方？如果辛勤工作、講求效率與速度仍無法解決問題，該怎麼辦？家人和朋友希望自己花更多時間與他們相處，但如何能做到？自己要如何在個人生活與工作之間取得平衡？有太多的事情要做，而且都是應該做

的事，自己該如何取捨？要到哪裡去找和諧的人際關係、心靈的寧靜、身心的平衡感？這些提問使我們瞭解生涯與時間的重大關聯性，如果當事人現在不知道要做什麼，學習時間管理或許會清楚的知道自己的目標在哪裡，明白自己要達成目標所要付出的是什麼條件。由時間的觀點來探討應該如何的充實自己，培養自己的能力，也是一種生涯規劃的思維。

　　從有效運用時間的觀點來看，個體在生涯規劃方面，在有限的時間內為自己的未來設定方向，可以有效率的朝著該方向邁進。在學習成長方面，利用時間，把握時效，吸收新知，終身學習成長。然做事可以講求效率，對人恐怕很難有效，但生命中真正的成就和喜悅常源自互動的人際關係。在溝通人際關係方面，充分的時間，有效的溝通，讓自己與他人建立更為親密的人際關係。在解決問題方面，有效運用時間，激發新的想法與創意，才能面對各種挑戰，迎刃而解。有些創意的作品，時間需較寬裕，事情多一點時間來處理總會比較好，就像一道菜，把構思的時間拉長，呈現出來的成品自然會更完善。在促進健康方面，時間寬裕，壓力紓解，身心愉快，才能充滿朝氣與活力，使工作與生活平衡調適。

第二節　時間管理
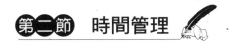

壹、時間管理的意義

一、時間的意義

　　富蘭克林曾說，時間就是「構成生命的要素」；時間就是「金錢」。也有人認為時間就是「人類發展的空間」。時間原為物理學名詞，後來引申為時間就是「行動或過程所進行的期間」（《韋氏大辭典》）。不同的人對時間會做

不同的解釋，這是古往今來，人們曾因事、因時、因地、因不同的環境和社會
地位，從不同的角度，概括了對時間的認識。

　　不同文化背景的人對時間的感覺和時間節奏的體會可能完全不同。在紐約
街頭的行人，走起路來相當急速；但在巴西與人約會，要有對方會遲到一個小
時以上的心理準備。美國人注意一段時間中發生的事件；而對日本民族而言，
沒發生的事情，往往比實際發生的事情還重要，他們會注意事件與事件之間的
間隔。林懷民早年寫的小說《蟬》描述主角一夥少年，從煙霧濃厚聲音嘈雜的
野人咖啡屋走出來，走在車水馬龍的西門町街頭，突然聽到幾聲清亮的蟬聲，
在這裡，紛亂忙碌的步調與自然的生命節奏同時並存，形成強烈的對比。管理
就是使人做好事情的過程；將一個人身邊有限的資源做最好的運用以完成工作。

二、時間管理的意義

　　James Gleick 在《毫秒必爭》中指出，聯邦快遞在 1980 年代使郵遞成為
「隔夜送達」的服務後，人與人的平等就恢復了，因為以往只有富裕的人才能
享有時間快速所帶來的便利性。但網際網路出現後，就不必再等待第二天聯邦
快遞的送貨車了。透過網際網路，每件事在每個地點都同時發生，無論人在何
處，只要坐在上線的電腦面前，都能在同一時刻目擊網頁的更新，所以時間已
經超越了空間。每人每天的時間都是二十四小時，非常公平公正，可是每人使
用的結果，成就各不相同，只因會不會「善用」時間，會不會「管理」時間，
因此時間問題就是管理問題。時間管理的對象不是時間，而是與時間有關的「自
己」。因此，時間管理也是一種自我管理。

　　時間管理（time management, TM）就是將時間用在與目標相關的活動上，
使自己的成功更早、更快、更好、更大和更為持久，因而有人將時間管理又稱
為目標管理。時間管理，就是「妥善有效地運用每天的二十四小時，確保上班
時間或工作時間或全天候的生活時間達到最具生產力的運用」。投注最少的時
間，獲得最大效益，必須將身邊有限的時間，做最充分和最有效的運用，完成

活動，達成心願、目標和理想。然而善用時間，需要學習，需要花心思，需要時間智商（time quotient, TQ），所以 TM 和 TQ 有相關性。

貳、時間管理的目的

　　時間管理的主要目的是建立正確的時間觀念和時間意識；有效運用時間管理的原理原則和技巧方法；有效度過每一天，減少浪費時間的可能性。充實自我，追求卓越，完成目標，實現自我，進而造福人群和社會。要達成時間管理的目的須先瞭解人們如何浪費時間。

　　Mackenzie（1988）針對十四個國家的管理人員的抽樣調查結果，發現管理者最常見的浪費時間現象分別是：(1)電話打擾；(2)順便來訪人員；(3)會議；(4)突如其來的危機──危機管理；(5)缺少目標、優先次序、每日計畫；(6)辦公桌上雜亂無章和個人混亂；(7)無效授權；(8)即刻想做的事太多（即一心多用，想在同一時間內完成許多事）；(9)訊息聯繫缺乏或不明確或無效──即溝通不良；(10)不充分、不準確，過時的訊息資料；(11)猶豫不決和拖延；(12)混淆職責和職權；(13)不敢說「不」字；(14)擱置未完成的任務；(15)缺乏自我約束（書泉編輯部編譯，1988）。時間可分為不可控制的時間與可控制的時間。「不可控制」的時間，例如，年幼無知的時間、生理時間、失去自由的時間、被打擾的時間。「可控制」的時間是可由自由意志調節的時間。控制管理原理，主要在於盡量把不可控制時間變為可控制時間。

　　上列第(15)「缺乏自我約束」，可以說是許多浪費時間因素的一個基本原因，因為缺乏自我約束包括：(1)沒有確定目標，優先次序和最後時限；(2)辦公桌上雜亂無章和個人混亂；(3)猶豫不決和拖延；(4)不敢說「不」字。

　　控制管理可分為：「事前管理」、「事後管理」和「綜合管理」三種。「事前管理」始於「計畫」，要有效地控制自己的時間，必須從有計畫的安排時間著手。「事後管理」就是把時間管理的重點放在事後發生問題進行補救措

施上，據說美國國務卿 Kissinger 博士無論多忙，睡前總要留一段時間獨自關在房內對全天工作做出回顧，再安排一下明天的工作。所謂「綜合管理」，就是在時間管理過程中，既用「事前管理」又有「事後管理」，做到行動之前有科學的預見，行動之後有迅速的反饋，進行及時地調整。

一、影響浪費時間的因素

㈠內在因素（即個人因素）

每個人每天都有二十四小時，然而運用的方法不同，結果也是相差迥異。時間是一種非常有限的資源，稍不留意，時間就靜悄悄地流失，為杜其流失，需要加以控制。控制就是管理，管理就是控制。有效地運用時間即在適當的時段做適當的工作。通常人類的意識（conscious mind）僅能專注在一件事上，所以需要腦力的工作一次只能做一項，例如醫生開刀。有些工作最初常要全神貫注，但熟練後則無需太多的注意力。如剛有駕照上路的駕駛必定是戰戰兢兢，心無旁騖的開車，但過一段時間後，這位駕駛便可以一邊駕車，一邊聽音樂，一邊與人聊天。人類的前意識（pre-conscious mind）則可同時處理多樣事情，但這些需要的是熟練的工作。有些工作無需太多的注意力就可完成，甚至在同一時段可以同時進行兩種以上的工作，例如清洗碗盤、聽新聞。

個人常見影響浪費時間的態度是偷懶拖延，如面對難做、不喜歡做、卻又不得不做的工作時，事情處理態度容易拖拉推延。此外面對事物容易有混亂失序的態度，如對於工作場所或所用辦公桌，所需工具、設備、資料、文件、檔案等之擺置，未做適當整理安置，以致要用時找不到，須花額外時間尋找。

另外害怕說「不」的態度，不敢拒絕他人的請求，如對於⑴不該自己去做；⑵不能、不可去做；⑶無法去做；⑷與目標無關；⑸不重要的事情等，不敢拒絕別人的請託，照單全收，因而浪費了很多時間。有些人對事物缺乏興趣，導致提不起勁，態度消極，而浪費時間。有些人貪求過多：一口氣想做多事，

或同時做很多事，以至於什麼事都沒做好。有些大四的學生，在有限時間內準備考托福、高考、證照考試，結果一事無成。完美主義者因為過度投入，凡事力求十全十美，也容易浪費時間，不敢授權，事必躬親（DIY），大小事一把抓，不知如何委派工作。尚有些態度也容易浪費時間，溝通不良、時間估算得不切實際、私務太多等。

個人若有些習慣如經常賴床，早上晚起。覺得時間太多，飽食終日，無所事事。閱讀緩慢，不善利用零碎時間。個人欠缺紀律，生活複雜。說話喜歡繞圈子，沒有仔細聆聽意見；容易分心；做白日夢等，容易造成浪費時間。個人若有身心狀況問題如筋疲力竭，心餘力絀；消極情緒：憤怒、悲傷、憎惡、不安、驚慌、恐懼、委屈、痛苦、不滿、嫉妒、張皇失措、萎靡不振等；自我束縛：自卑、悲觀、缺乏自信、缺乏安全感、勇氣不足；優柔寡斷：不能當機立斷；角色不清：做不該做的事，越級干預，都很容易有浪費時間的現象。所以若有以上態度、習慣或身心狀況者，容易有浪費時間的現象。

(二)外在因素：環境因素

電話干擾、尖峰、等車時間、通勤時間過長等外在環境因素，造成個人在日常生活中有浪費時間的感受。上班時信件過多，處理費時；資料不全導致解決問題的資訊不周全。例行工作太多，雜務瑣事太多，與業務無關的活動太多。此外未擬定工作的前後順序，擺脫不了人情的包袱，也會造成浪費時間的現象，其他如午餐佔用過長的時間、電腦當機、缺乏溝通，也是容易造成浪費時間。

張忠謀曾說：「有時候我的書房亂七八糟，我會花一天的時間和體力把它整理好，這對我來說絕對是工作，對社會的影響是沒有，但我覺得有一個很大的滿足感。」「因為我是喜歡有秩序的人，書房亂，會影響我的情緒。」（引自吳婉瑜，2002）適當的工作環境，燈光、音樂、溫度、濕度等都會影響一個人的工作績效。不同的工作需要的光線亮度不同，較精細的工作需要較亮的光線，工作環境中每處的光線亮度最好一致，範圍比周圍環境亮會造成眼睛的疲

勞，因為在工作時，工作者很自然地眼光會隨時移動，當眼光從高亮度的地方移至低亮度的地方，瞳孔會放大，而從光線低處移至燈光亮處，瞳孔會縮小，瞳孔連續的放大、縮小會造成眼睛疲勞。至於光線來源以自然光線較佳，每人每天都需要接觸自然光線，否則身體的化學功能會被損害。

工作環境中的噪音會使個體緊張、興奮，當個體在九十五至一百一十分貝下，血壓會上升，心跳加快，瞳孔擴張，即使在噪音停止後的一段時間內，血管仍然在緊張狀態。長期暴露在噪音下，血壓變高還會導致心臟病，而且噪音會造成肌肉緊張。顏色影響個體對空間的感覺，深色會使空間感覺較小、較暗且封閉，淺色則會使空間感覺較大、較亮且開放。空間中的溫度、濕度及空氣的流動交互影響人體的感覺。在濕度低、空氣流動佳的環境下，我們可容忍較高的溫度，工作環境的溫度、濕度及空氣的流通狀況都會影響工作的量及品質。工作空間的規劃以方便、實用為原則，當然亦要考慮受干擾的狀況。工作或讀書空間須具備工作需要的設備，書桌、檔案櫃、書架、文具等。其中書桌的擺設最為重要，書桌安排在較不受干擾，能專心工作的位置是很重要的。桌面不一定要長保整齊，個人能夠運用自如即可，不必浪費時間在整理上，至於抽屜及檔案櫃都應有標示，以方便取拿物品。

一般人傾向把浪費時間的原因先歸咎於別人、自身所處的組織或環境因素，後來才逐漸發現這些外在因素可能是自己造成的。有一實驗可以說明浪費時間因素的「外在因素」主要來自「內在因素」。Alec Mackenzie 在《時間管理新法》一書中，曾舉述一則實例，以探討浪費時間的外在內在因素。Mackenzie 邀請了四十位任職於電器公司的總經理來共同觀看一部名為「時間管理」的影片；片中，有一段管理大師彼得杜拉克與一位公司負責人的對談，這名公司負責人曾在時間管理方面犯了諸多錯誤；而從兩人的對談中，有關浪費時間的外在因素與內在因素，則逐一呈現。事後，這四十位總經理各自重新檢討其管理時間的方式，結果意外發現：浪費時間的外在因素大都來自內在因素。

一般人在浪費時間的因素當中，各因素所佔的比重可能因個人的身分、職

業、地位、職務（如總經理、經理、秘書、上司、部屬、學校、行政人員、家庭主夫與主婦）而略有差異。時間管理也因人而異，對某人的浪費時間因素（如空想）對另一個人而言，可能是節省時間因素（如創造性思維）。工作之餘喝一杯咖啡，會使一位管理人員精神振作，然而同樣一杯咖啡，卻會使另一位面臨最後時限的管理者精神更加緊張。

二、如何得知時間損失或時間浪費

如果把一個蘋果切成兩半，讓果肉暴露在空氣之下，慢慢的，接觸到空氣的果肉開始氧化，便會逐漸變成鐵銹般的顏色。正因為它有了變化，才能反映出時間的存在，才能知道時間是過了幾秒鐘呢，還是過了幾分鐘，或是經歷了更長的一段時間。當我們理解這個簡單的道理之後，才瞭解什麼是「時間管理」，其實真正在管理的是「事件」。由事件的過程可以瞭解時間損失或時間浪費。如何得知個人的時間損失或時間浪費呢？可從五個方向去調查而找出原因來：事件開始行動之前的時間損失、因混亂無度所導致的時間損失、因工作以外的活動所帶來的時間損失、因斤斤計較於繁文縟節而形成的時間損失、閱讀習慣等的錯誤而造成的時間損失（引自蘇惠昭譯，1991：26-30）。

開始行動之前的時間損失，是指起得太晚，醒來後還賴床、每晚臨睡前未行擬好翌日的工作計畫表、早上閱報的時間過長、早餐時，是因抽煙、喝咖啡而延誤了上班時間；開始工作之前，與同事聊天而浪費了許多時間；先處理私務，再開始工作、先泡茶、喝茶、爾後才開始工作；到了公司後，先看報紙或雜誌，才開始工作；對工作毫無興趣，而漫不經心、延宕時日；工作前是否因缺乏充分的準備，而導致半途而廢，必須從頭做起。

混亂無度如何能導致時間損失呢？通常的情況是指在同一時間分頭進行數種不同性質的工作，部屬同時對你提出幾個不同的問題，不能把握住一個主要的工作目標，不能把時間集中起來，用在重要的工作上；沒有考慮工作的重要與否來作為安排其先後順序的標準；沒有將生產的時間、創造的時間、準備的

時間，以及這三者以外的時間，分配得當；不是在精神最佳狀態處理最重要的工作，導致事後要花更多的時間善後。有時在上班時間，處理工作以外的活動以致損失時間，如在上班時間外出購買私人物品、溜去看電影、溜進咖啡廳喝咖啡、混時間；或在電話中與朋友閒話家常、參與與業務無關的會議和活動、與訪客晤談太久、打電話或接電話的次數太多等等。

個人因斤斤計較於繁文縟節而形成時間的浪費，如明知事件即使再繼續討論，也無助於問題的解決時，仍舊不敢當機立斷，結束談話。明知瞭解問題的關鍵，卻仍把時間浪費在討論與關鍵無關的分枝末節上。此外因閱讀習慣等的錯誤也會造成時間的損失，如閱讀與工作無關的書籍，沒有擇書而精讀，無法掌握書中所揭示的中心要旨。在撰寫書信、記錄或報告時，沒有採用重點式的摘要記述法、例行的書信沒有採用既定的格式撰寫，以節省時間。撰寫一般公文時，沒有使用精簡、明暢的語法，省掉不必要的贅言冗詞、沒有以某種固定的格式來撰寫例行的記錄或公文。

三、不良時間管理的徵兆

職場上工作者常自問明明已經很努力、很盡心做事情了，為什麼事情還是做不完？更苦的是還加班加不完？為什麼每到中午吃飯就緊張，因為時間實在過太快，到了下班還是不敢走，因為轉眼一天過去了，感覺專案都沒有進度？怎麼除了上班工作外，回到家還是在工作？是工作太多還是雜事太多？或是根本沒有做好時間管理？當投入時間不等同工作績效的時候，時間跑到哪裡去了？

不良的時間管理徵兆，通常的情形有行事曆上總有排不完的活動。每週工作超過五十五個小時。經常在晚上和週末工作。幾乎很少度假。無法趕上最後工作期限，不斷地延遲，感覺一直在追趕進度。缺乏處理問題的能力，倉卒的決定，沒有考慮它們可能遭遇到的失敗。害怕去委派工作，或害怕接受別人主動提出的幫助。總是追求短程收穫，勝於中、長程收穫。在處理日常危機時，總是在做「臨時滅火」的事，沒有能力拒絕新的工作。通常高績效、高效能的

業務、專案經理、經理人都有一個共同特點，便是他們都是管理時間和應用的高手，而低效率、低績效的工作人員，則無一倖免的都不善於管理自己的時間。

參、時間管理的步驟

大多數的人都肯定時間管理的重要性，然有些人單純的把「時間管理」看作一種技巧或方法，認為只要學會這種技巧或方法，便能輕易讓我們的生活改善。但老是跟著「時間管理」的方法做，而沒有從個人的價值觀或使命上去著手，即使有所改變，也僅只是短暫且無法維持長久，甚至會因此增加許多壓力及挫折感。「時間有限」是現代人每天必須面對的壓力，雖然我們不能創造時間，可是我們能有效地利用時間，有效地時間管理則能將「時間壓力」轉換為達到目標的原動力。

通常時間管理有三個步驟，分別是設定目標、時間規劃、執行計畫。設定目標的理由是澄清自己想要達成的目標及其重要性，爾後訂定長程、中程、短程及每天的目標。若無明確的計畫，目標很容易因為每天處理瑣碎的事而擱置。時間管理的首要條件是整體，有架構的目標。目標明確後則可做有效的時間規劃——捨棄不重要的工作，專注處理與完成目標有關的工作。沒有明確的目標造成每天窮於應付接踵而至的工作，雖然每天處理很多事，但完成的工作可能都是不重要的瑣事；而且人在不清楚的情境下容易產生焦慮，感到疲倦，造成工作效率的下降。

時間規劃是依據個人特性、工作特性，有效地規劃時間。通常目標要訂定清楚，不是使用飛黃騰達或功成名就這類模糊的形容詞，而是可明確評估的目標，例如為自己訂下了三個月之內要學會游泳的目標、至歐洲自助旅行等。目標必須合理，不實際的目標只會造成自己不必要的壓力及挫折。目標並非定下後就不能更改，隨著對目標的瞭解可能對目標做彈性調整。一個大目標往往令人卻步不前，或是在追求目標的過程中喪失衝勁而無法堅持到底，因此可以將

目標分為長程、中程、短程以及每天應達到的目標，然後逐一達成。

當確定目標後，釐清並評估欲完成目標所具備的能力、技術或條件等，評估並規劃獲得這些能力、技術或完成條件所需的時間；然後將評估結果安排在長程、中程、短程及每日的計畫中。執行計畫時，每天僅需完成當天的工作，而不必擔心是否能完成終極的目標。各階段目標均需明確，可評估且有時間限制。將目標分為若干階段，可以減輕開始著手時的壓力，而且完成每階段的工作都是一次鼓勵與回饋，促使往下一個目標邁進。

預定計畫是有效運用時間的重要一環，計畫做得越周詳，越容易且越快完成工作。若事先吝於花時間定計畫，則在工作進行時必須花更多的時間處理未預想到的突發事件。工作計畫不可安排太過緊張，必須預留時間做彈性運用，即使再周詳的計畫都會有疏失，而且隨時有突發事件需要撥出時間處理。每天可利用的時間有限，當發現實在太多需要處理的時候，則是需要重新考慮是否每項工作都必須親自處理。其實大多數的工作都可請他人代勞，處理過量工作的結果就是工作品質的下降，有效地授權或請他人幫忙不但有利於工作的完成，可以有多餘的體力或時間將其他事物處理的較為完善。

計畫若永遠停留在「計畫」階段，即使是完美的計畫也無法幫助自己達成目標。當發現自己遲遲逃避某件事而不願處理時，第一步先找出原因。通常會發現是情緒上的因素，「不願意做」──因為此事並不是我分內的工作；「害怕去做」──怕遭到挫折或阻礙等；「要好好做，不能隨便開始」──追求完美的人往往考慮太多而裹足不前；還有一種最常用的理由是還有時間，等一下再做。解決拖的習慣並非僅是消極地解決「已拖延的工作」，而是積極地建立不拖延的習慣。

執行計畫時，是否善用利器也會影響時間的運用，電腦、計算機、傳真機等皆是現代人的寵物，一部電腦工作量可抵過數人的工作量，傳真機縮短訊息傳達所需的時間，確定對工作有助益的工具，就應投資。記事簿雖非「文明」產物，但其功能不亞於任何利器，有時在腦海中突然浮現一些想法，任其消逝

是很可惜的，隨手記錄，以後再翻閱時可能可獲得很好的靈感，除此之外，隨手記下該做的事，不但可以備忘，也是減輕大腦工作的負荷。執行計畫時難免會遇到阻礙，觀察、反省找出解決問題的方法是積極的態度，但別忘了隨時鼓勵一下自己，這是支持計畫繼續執行的動力。

第三節　時間管理的法則

壹、重點管理──80／20原理

　　80／20原理是義大利總體經濟學家巴雷托（Vilfredo Pareto, 1848～1923）於十九、二十世紀交替間在研究該國財富所發現的一個現象，他發現義大利80%的國家財富集中在20%的人口之中。巴雷托法則（80／20法則）又稱為猶太法則。此法則主張「團體中的重要項目，是由全體中小部份的比例所造成的」（黑川康正，1989），例如組織中少數人決定整個公司的運作，對一個的整體印象是來自此人的部份特質。80%的人掌握世上20%的財富，20%的人掌握世上80%的財富。80%的人負面思考者，20%的人正面思考者。80%的人受人支配，20%的人支配別人。80%的人做事情，20%的人做事業。80%的人重視學歷，20%的人重視經驗。80%的人知識就是力量，20%的人行動才有結果。80%的人在乎眼前，20%的人放眼長遠。80%的人錯失機會，20%的人把握機會。80%的人早上才想今天幹嘛，20%的人計劃未來。80%的人按自己的意願行事，20%的人按成功的經驗行事。80%的人今天的事明天做，20%的人明天的事今天作。80%的人受失敗人的影響，20%的人受成功人的影響。

　　80／20法則用於單一的工作上，是一件工作開始20%期間已經決定80%的價值。花大量時間修改問候函內文字的排列是毫無意義的，為了防止消耗太多時間在無意義的吹毛求疵，可在工作進行前先設定工作完成的時限。他認為太

過追求完美，要求每項細節是浪費時間與精力。

根據他的發現，政府如要徵收所得稅，只要掌握那 20%的大戶人口，就可徵得 80%稅收。這一個事實告訴我們：掌握重要的少數只佔 20%，完成做事的大多數卻高達 80%。Pareto 所發現的原理，也適用於日常生活現象：(1) 80%的閱讀書籍都是取自書架上 20%的書籍；(2) 80%的教師輔導間都被 20%的學生所佔用；(3) 80%的病假是由 20%的員工（或學生）所佔用；(4) 80%的討論都是出自 20%的討論者；(5) 80%的看電視時間都花用於 20%的節目；(6) 80%的垃圾是來自 20%的地方；(7) 80%的檔案使用量是集中於 20%的檔案；(8) 80%的心靈滿足都是來自 20%的適當時間支配。

有些時間管理專家認為只要掌握重要的少數（20%），即可完成事情的大多數（80%）。重要的少數與瑣碎的多數原理係指在一堆事務中，屬於「重要的少數」只佔 20%，而屬於「瑣碎的多數」則佔 80%。在做事時，如能掌握那些只佔 20%的「重要少數」的事務，則能獲得 80%的效益；但是如果致力於80%的「瑣碎多數」的事務，則至多只能產生 20%的效益而已。80／20 原理的意涵是用最小的努力獲得最大的收益，便是時間管理的最佳效果。

重點管理就是掌握關鍵，80／20 原理的主要精義在於用 20%的創意，可達80%的成效。亦即一天當中，若有十件待辦事情，那麼其中有兩件事情是比較重要的，先做好這兩件事，即完成當天 80%的工作效果了。集中精力在能獲得最大回饋的事情上，別花費時間在對成功無益的事情上。要瞭解「關鍵」的概念，如關鍵工作與少數重要工作，關鍵人物，關鍵活動等。

80／20 原理認為原因與結果、輸入與輸出、努力與報酬之間，存在著無法解釋的不平衡。換言之，一小部分的原因、輸入或努力，通常可以產生大部分的結果、輸出或酬勞。這個原理所顯示的意義，你所完成的工作裡，80%的工作成果來自於你所花的 20%時間。此種不平衡現象是有違一般人的預期，惟確實不折不扣的存在此種不平衡的現象。也就是 80%的輸出來自於 20%的輸入，80%的結果歸結於 20%的原因，80%的成績歸功於 20%的努力（謝綺蓉，

1998）。

貳、目標設定原理

實施目標設定時，管理者必須具有目標意識。目標意識，即是任何人在做事之前，知道先建立明確的目標；等到目標建立以後，又能確實把握並實現目標。設立特定目標，隨即擬定達成目標的計畫，有了計畫就必須採取配合的行動，根據行動安排進程（schedule），分配適當時間在期內完成目標。這即是目標管理的原理與精神所在。設定目標是時間管理成功的先決條件與秘訣，目標有助於將力量匯聚在真正的重點上。

一、目標設定重點、原則、分類

通常目標設定有三個重點：(1)要以「何者」（what）來作為目標？（將夢想、理想、期望轉化）；(2)「何時」（when）要達成目標？(3)要達到「何種程度」（how much or how many）的水準？目標管理就是一種時間管理，目標管理可以助人成功，完成心願，自我實現。目標的功用有找出方向、導出重點、具有向前推進的力量、集中精神和資源於目標、杜絕拖延怠惰、節省時間。

許多研究顯示目標設定要有原則，管理上常用 SMAR 原則：Specific（S）表示目標要清晰明確，切合實際；Measurable（M）表示目標可以衡量；Attainable（A）表示目標要具挑戰性且可達成；Relevant（R）表示目標要在組織目標及個人目標間互相調和；Time（T）表示目標要有時限。

目標的分類有許多種，一般的目標、多向度目標、階段性目標、多層次目標。一般的目標分類有：(1)健康目標；(2)家庭目標；(3)工作目標（或稱職業目標）；(4)財務目標（或稱物質目標）；(5)人際關係目標；(6)學習成長目標；(7)休閒娛樂目標；(8)公益目標（或稱社會目標）——捐血、捐款、捐時、捐地、捐衣、義工、志工、愛心活動。多向度目標包括有：(1)工作目標：如事業、金

錢與學習；(2)生活目標：如家庭、休閒、嗜好、人際關係與健康；(3) 社會目標：如參與服務、加入社團、投入政治，和回饋社會等。

　　階段性目標的分類有：(1)長程目標（終生目標）：如終生志業、身心健康、服務社會等；(2)中程目標：以高中生為例，升大學與出國進修計畫等即是中程目標；(3)短期目標：如學生的本學期功課目標，每週每日讀書計畫，寒暑假讀書計畫，聯考前一百日應試計畫等。多層次目標包括(1)首要目標：人生的意義為何？(2)次要目標：我要選擇哪一行？(3)附屬目標：我要做到什麼職位？

　　目標進程的概念是指在確立某一種目標時，必須衡量實現該種目標所需的總時間，通常就是所謂遠程目標，以三年為度，其次按年區分成「年目標」，依此類推，再分成「季目標」、「月目標」、「週目標」以及「日目標」，形成所謂「時間金字塔」。有人生目標，又有目標進程，如能循序漸進，會發現不僅引導了生活方向，而且會使個體感受到自己的命運是可以透過努力加以控制的。

二、「目標坡度」與「達成目標」之關係

　　目標坡度，原來是屬於心理學上的專門用語，其定義如下：目標坡度＝目標高度／所需時間。「目標坡度」設定術是一種有助於目標達成的技巧。茲以圖10-1來顯示「目標坡度」的概念：圖中以橫軸代表完成目標「所需時間」，以縱軸代表「目標高度」，以具體數字顯示其難易程度。作圖時，以目前的時間點作為原點 0，根據「所需時間」及「目標高度」的資料來決定「目標坡度」。「目標坡度」是將「原點」與「座標點」（即具體數字點）連接所得到一條傾斜的直線，這條傾斜直線的斜率即為「目標坡度」。「目標坡度」傾斜程度愈緩和，表示對應目標愈容易達成；如果傾斜程度愈陡峭，則相反。

　　「適當目標坡度」，就是指對自己而言不會太難，也不會太簡單的坡度。要成功地完成「目標坡度」的設定，其訣竅在於所選擇的「目標高度」之「座標點」與「所需時間」之長短必須切合自己。例如「講電話以三分鐘為限（長

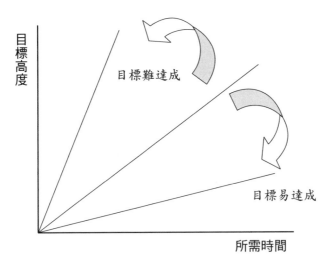

目標坡度＝（目標高度）／（所需時間）

圖 10-1　目標坡度的概念

話短說）」是『適當目標坡度』。如果我們以高年級學生來概算他的時間分配：假設他睡眠八小時，上課八小時，吃晚飯半小時，洗澡半小時，做家事半小時，看電視或玩電腦一小時，其他瑣事用去半小時，共用去十九小時。一天可利用時間是 24 － 19 ＝ 5 小時，再減去不是每天都有的補習，一天至少還有足足三小時可以運用；國中生因為學習難度較高，建議應減少部分睡眠時間（減為七小時）或節約其他娛樂時間，以增加讀書時間，是『適當目標坡度』。不是每個人都是有效率支配時間，因各個項目所需的時間是因人而易，總的來說：將二十四小時－固定使用時間＝可運用時間，是『適當目標坡度』。

參、「設定優先順序」原理

　　在講求速度的現代工作環境，我們不可能增加時間，但是可以減少浪費時

間，只要我們稍微改變一下工作的方法或態度，時間是夠用的。彼得托拉克曾說：「做正確的事」要比「按正確的方法把事情做對」來得重要。每天空出一段時間如在比較安靜的環境（家裡或辦公室）訂計劃，來設定時間使用的優先順序，有時拿一個小時來訂計劃，可以事半功倍的效果出現。

所謂優先順序，就是說：凡事有輕重緩急，本末先後。有條理、有系統的做事，較具效率，節省時間。事情有輕重，表示「重要性」；事情有緩急，表示「緊急性」。一般人使用時間的順位是緊迫性，接下來才是重要性，結果完成了不重要的事。如許多想讀的書買了卻沒時間讀；心儀已久的音樂家終於來台演出，卻抽不出空去看表演，時間運用不當，所造成的挫折都讓生活不再新鮮有趣。然時間管理專家提出一些設定優先順位的看法分述如下：

一、時間管理專家對優先順序之設定法

1.重要而且緊迫的工作，排列第一優先。

2.重要但不緊迫的工作，排列第二優先。

3.緊迫但不重要的工作，排列第三優先。

4.不緊迫也不重要的工作，排列第四優先（屬於例行性工作）。

5.例行性工作但可以不做，排列第五優先。

二、運用「能力曲線」原理，或稱「黃金時段」、「首要時間」原理

工作有其特性，時間也有其特性。有些時段容易受到干擾，適合安排無需全心全意的工作，甚至可以安排兩件工作同時進行，譬如一邊接聽電話，一邊將檔案歸檔。有些時段不受干擾，則可考慮安排思考性的工作。零星時間常常因忽略而被浪費，這是非常可惜的，其實零星時間佔有很大的時間比例。我們常常需處理一些瑣碎但必需的工作，譬如上市場買菜、到郵局劃撥、到銀行提款機提款、7-Eleven處理水電費帳單、打電話回家問候父母身體是否健康等等。

將這些瑣事列在記事簿，隨身攜帶，若有空檔則審視一下所列的事，揀其可行的事處理。有些固定的零星時間可以規劃運用，譬如利用每天等車時間背英文單字、看書。

　　一個人的能力，每天有高潮、低潮的時候，在不同的期間形成波浪起伏的曲線狀態。所謂運用「能力曲線」原理，就是運用每個人每天在體力、能力、活力、精力、精神、意志等身心狀態最旺盛、最充沛、最高潮、最高峰的時段，做事最有效率，這一個時段，稱之為黃金時段，或首要時間。把重要的工作安排在能做得最好的時間裡來做，將有事半功倍的效果。在一天當中，每個人的工作能力與效率，都呈現固定的起伏韻律狀態，具有週期性反覆循環。基於黃金時間或首要時段是一天之中最好的時間，應該用在最重要的事情，別讓他人打擾了你，直到你把事情做完為止。所謂運用「能力曲線」原理，就是針對不同時段的特性，選擇適合的工作來處理，那麼對時間管理會有相當的助益。規劃時間亦須考慮各人的特性，有些人精神最佳時段是早上五點半至七點，有些人最佳工作時間是凌晨一點至三點。因此必須親自規劃自己的時間，才能對時間做最有效的安排。

　　就大多數人而言，他們的能力曲線運用狀況大致如下，上午八點至十一點，處理規劃性、思考性、挑戰性、創造性等最重要的工作。下午時間則安排次重要、例行性、庶務性、人際性、休閒性、被動性等工作。晚上時間安排家居生活、家人聚晤、親友聯繫、處理私務、學習成長、自我充電、備妥翌日計畫；晚上十點以後睡覺等，以上是按一般人的身心狀態（包括體力、能力、活力、精力、精神、意志等）所做的配合安排，不同時間安排不同工作。然而並非每個人均是如此劃一，因人有個別差異，例如，有的人身心狀態，清晨體能、機能特別好的人，就是屬於所謂夜貓型的人，例如小說家、作曲家、科學家、歌星明星、夜生活的夜貓子等。

　　根據醫學研究顯示，工作中也得休息，最佳休息值：是每工作一小時休息十分鐘。休息並不是時間的浪費，而是補充能量，重新再出發。基於能力曲線

原理，上午效率最好，應該處理一天當中最重要的事情，所以大家必須特別重視「一天的開始」，「有好的開始，就是成功的一半」，「有好的開始，必然有好的結果」。而「要有好的開始」，前夜需先行做好「翌日計畫」。因此，有效的度過一天，就成為時間管理的重要課題。找出做事最有效率的時段，把最重要的工作安排在這段時間來處理，可以有效的度過這一天，這就是「能力曲線原理」的最佳運用。許多研究顯示，早上的時間比下午可貴；下午又比晚上十點以後要清醒一些；到了深夜，絕大多數人都是昏昏欲睡。所謂「一日之計在於晨」，絕對沒錯，一般而言，創造力最大的時間是出現在早上十點鐘左右。一年當中，不同的時間也各有其關鍵時間，就是黃金時間，如一天中的早上，一週中的週二至週四，一月中的月初，一年中的旺季。其他的關鍵時間，諸如洞房花燭夜、聯考放榜時、棒球比賽要看最後的結果等。

肆、其他時間哲學觀

一、帕金森定律

　　C. Northcote Parkinson 是英國當代極負盛名的歷史學家、社會學家、經濟學家，早歲在英國劍橋大學、倫敦大學獲得博士學位，1960 年代移居美國，並出任哈佛大學教授。著作二十多種，尤以帕金森定律（Parkinson's Law）一系列叢書，使他聲名大噪。Parkinson 認為：「工作時間越充裕，工作進度就越慢」。也就是說「工作總是要拖到最後一刻才完成」。為了要避免這種拖延的現象，最好的方法就是將完成工作的期限提前，如此便可使閒散的時間緊縮，提高時間的使用。

　　Parkinson 指出：「一般人總會把工作拖延到期限的最後一天完成。」他擬定了一個定律：「事情增加是為了填滿完成工作所需的多餘時間」。例如自己可以用少時間完成一項工作，該項工作就會用完所給的全部時間，若給自己一

項工作更多時間，就會花更多時間才完成工作。Parkinson認為：人會有拖延現象的原因，是因為我們很少把分配到的時間用在實際的工作上，假如我們有一整天的時間做某件事，通常只有在最後一小時才會有真正的生產力。在最初的幾小時，我們常會浪費時間去做並非真正重要的事，拖拖拉拉，以致浪費了時間。

　　帕金森定律的目的，在於克服拖延的習慣，杜絕時間之浪費。他認為：克服拖延現象的唯一辦法，便是對每項工作設定較為緊密的期限，並把握時間在期限前完成。Parkinson曾描述一位無所事事的伯爵夫人老太太花上一整天的時間寄一張明信片給她的侄女的故事：「她花一個小時找那張明信片，花一個小時找眼鏡，花半小時查地址，花一個半小時寫明信片，花二十分鐘則是用來想到對面一條街去寄信時是不是要帶把傘。這件只要花一個大忙人三十分鐘時間的事情，就這樣讓另一個人花了一整天來猶豫不決、擔心、操勞，而且疲累不堪。」

　　在台灣，參加喜慶婚宴，時常不準時開始宴會，往往超過請帖所訂時間的三十分鐘至六十分鐘才舉行。其他各種會議，參加會議的人員，如果來自台灣全島各區，那麼遠地或外地人是最早到達會場，準時與會，然而開會所在地的當地人可能是遲到與會，不遵守開會時間。克服拖延的習慣，是使自己養成「不再拖延」的習慣。「現在做」、「馬上做」、「現在就開始」，讓「果斷」成為工作習慣。如果養成「現在做」的工作習慣，就可以克服拖延，而且從這種習慣中解脫出來。另一種方法是以「分段處理」的方式來工作，尤其是對於繁雜工作之處理，每做好一部分工作，小小犒賞自己一下，等大功告成時，就可以大肆慶祝一番了。

二、莫非定律（Murphy's Law）

　　Murphy是六世紀愛爾蘭國王，他認為完成任何一件事所需時間都比他所預估（所應耗費）的時間為長。莫非定律原有三個重點：(1)任何事情都不像它看

起來那樣簡單；(2)每件事情做起來都比原來想像的要多花費些時間；(3)如果事情會出錯，那就無法避免——會犯錯事一定會犯錯。莫非定律中還有兩條假定的推論，雖然不如上述三條使用得頻繁，但也經常被引用：(1)時間太多而金錢太少；(2)工作太多而時間太少。

三、賈琪華德定律（Jakie Ward Law）

Jakie Ward 是一家電腦世代公司（Computer Generation）的執行長，這家公司專門為旅館業設計與生產電腦軟體。他提倡一套獨特的節省時間技巧。「先做不喜歡做的事，可以消除恐懼，避免痛苦，減輕壓力，減少疲累，身心愉快，節省時間」。Jakie Ward 舉例說，「如果你知道你必須打一通不愉快的電話，主持或參加一個不愉快的會議，那麼你就必須把它們解決掉，然後拋到九霄雲外去，然後你才可以繼續過著愉快、有生產力的日子。這樣立刻處理不愉快的狀況，就不必忍受心裡七上八下的感覺了。

四、運用「個人效率系統」原理

PEP（The Personal Efficiency Program），就是「個人效率系統」，是教人「如何在最短時間完成最多的事」的一種做事方法（how to get oranized to do more work in less time）。PEP 的內涵是：「現在就開始做」，是 PEP 的首要信條，這是做事有效的原因，它使你「不再拖延」，讓「果斷」成為自己的工作習慣。Edwin Bliss（1991）所著的：《現在就做——就是時間管理的起步》（*Getting Things Done, The ABC's of Time Management*），強調做事一開始就要「系統化」。PEP 可以提高工作的效率、完成更多的事情、掌握更多的情況、完成重要目標、工作量減少、生產更好的產品、做得更為輕鬆、有更多的時間、有時間可以休閒、更滿意自己的工作和生活。

五、「時間的意義化」原理

在一般人的觀念裡，時間是平淡、沒有快慢、起伏的，只是靜靜、默默地流逝，較不具活動性和變化性，不易引起人們的注意與目光，但一旦時間消失，又不易追回。所以如何有效防止時間流失，可以從時間的移動、走動、活動、變動等概念性著手，讓時間本身具有刻度、區隔、前進、周而復始、自強不息等象徵性意義。將時間予以刻度或區隔，就是所謂「時間的分節化」，又可稱之為「時間的意義化」，這樣便可以讓時間具有起伏性、活動性和變化性，使時間具有鬆緊變化，產生更大的意義，這是人類所創造出的重要方法，而且也是時間管理的第一步。如果能將時間給予下列的刻度或區隔，便可以將時間予以有效運用，達到控制時間的目的。

所謂「時間分節化」、「時間意義化」、就是將「時間刻度化」、「時間區隔化」，亦即將時間刻度出或區隔出「單位」來，賦予時間具有單位的意義（或數據意義），所以時間便有所謂的「單位時間」或「單位量」。如一般通勤時間，是以「一個小時」為標準，超過這個標準便容易令人感到冗長；又如打一通電話，以「三分鐘」為度；開會中發言也以「三分鐘」為原則。隨著活動的不同，其所需的「單位時間」、「單位量」也會有差異，如果能夠在適當的標準下進行時間管理，並致力於分析本身時間的運用方式，時常反省自己對時間資源運用的狀況，避免不必要的浪費，如此可以提升時間運用的效率。

六、運用「系統管理」原理

所謂系統管理，就是從系統的角度，以系統的方法去管理時間。所謂系統，就是一組有聯繫的元素的集合。例如，人體組織，有各種不同的器官，相同功能的器官組成一個系統，而有所謂消化系統、循環系統、呼吸系統、排泄系統、生殖系統、神經系統等，各個系統各自發揮自己的功能，各個系統彼此協調統合，身體運作良好，若有些人突然身體不適，手邊事務必須停下來就醫

或休息，所以保持身心健康，也是一種節約時間的方法。

　　要對時間加以有效的管理，必須先找出與時間有聯繫的一組元素，然後對這一組元素加以有效的管理，構成一套所謂時間管理系統，就是由各種時間管理要素所組成的系統。這一套時間管理系統，依據李光偉（1996）之研究，可概括為三大類、六要素，分別為：第一類是人，人是時間管理系統中的主體，人分為兩要素：(1)人的需要；(2)人的素質。這兩個要素影響到時間的利用。第二類是事理，事理主要包括兩要素：(1)目標；(2)訊息。任何工作都要有明確的「目標」，沒有目標就談不上時間管理；「訊息」是反映實現目標的一切活動過程。第三類是時間，時間分為兩要素：(1)數量（即時數）；(2)質量（即時效）。在工作、活動的時候，時間可分為：總時間、純時間是在完成某一系統目標中不受干擾的時間或可以控制的時間；效率是單位時間完成工作量的大小。如何將總時間與純時間的善加利用，是系統管理的精髓。

　　時間管理系統要以系統的方法做好時間管理，首先要有「目的」觀念：每個系統都應有明確的目的，不同的系統有不同的目的。具有目標意識，做事具有績效。有今日目標，必有今日計畫，必能「今日事，今日畢」。第二要有「整體」觀念，凡事從大處著眼，小處著手；善用「整體」效應，注意時間的合理消費，當快則快，當慢則慢，使高效率與身心舒暢並存。第三要有「層次」觀念：區分高、低效時間，區分工作之輕重緩急先後順序（李光偉，1996）。

　　一般人認為「效率第一」，就是在指定的時間內達成的事件越多，就表示能力越高，更懂得管理好您的時間。其實，這樣的解釋並不是完全正確！現今社會上有很多人非常專注認真的把握每一分鐘，做了許多事情，到了晚上就寢時問自己：「今天做了些什麼事？」，才發現原來自己竟在一天中做了許多冤枉的事，做成的卻並非真正想要做的事情。

　　對於時間管理要建立一個正確的觀念，那就是我們的價值觀，因為不同的價值觀形成不同的態度，正確的態度會影響正確的行為，進而影響所學習到的時間管理的技巧或方法。生活當中有什麼事情是重要的呢？是金錢？是生命？

是家中嗷嗷待哺的小孩？父母手足親情？或者是其他呢？在設定行事計畫時，是隨心所欲去做呢？還是會衡量價值呢？人生以服務為目的與人生以賺錢為目的的時間管理態度會有所不同。當有了計畫，也懂得如何管理自己的時間，別忘了最關鍵的是行動，要有馬上去進行去做的專注態度。如果現在可以做，就不要等到明天才做！因為往往到了隔天，原先那些激勵自己的感受也將會隨之消失不見。

Chapter 11

休閒管理

前言

　　IMD 瑞士洛桑管理學院的競爭力 2002 年報告指出，台灣人是全世界最拚命努力工作的人群，台灣勞動人口九百三十八萬人，每年工作時數 2,282 小時，勇奪世界第一名，是全世界工作時數最長的國家，堪稱全世界工作狂之最。台灣人是亞洲國家最有技能的人群，受良好教育及技能的工作人在亞洲四小龍中排名第一名，但是個人生產力卻在亞洲四小龍排名第三。每位工作人所貢獻的每小時的國內生產毛額（GDP）是 13.88 美元，遠低於香港人的 22.82 美元，新加坡人的 21.05 美元。

　　法國是全世界工作時數最少的國家，但是每個工作人所貢獻的每小時國內生產毛額卻是全世界第六名，所賺的錢卻是台灣的 1.8 倍。因為他們重視品質甚於效率，懂得生活、品味、文化、創意，成為全世界湧入最多觀光人數的國家，帶來無限財富。以往台灣經濟及產業發展的思考模式總是以生產效率謀生，而不是創新維生；因為我們的企業總是善於降低成本，弱於增加價值。台灣人需要很大的學習與改變，包括產業模式的改變，企業老闆對於員工生產價值的改變，個人上班族心智模式的改變。全世界工作狂之最的我們，不是要更努力

工作，而是要學習放鬆身心、激發創意，讓自己工作有方法、有智慧，讓生活有品味、有快樂。

第一節 休閒理論

B. C. Forbes 認為，考驗一個國家文明品質的最佳方法是測試其休閒品質。休閒行為理論，是社會科學家藉以解釋為何人們如此這般的休閒，以及未來將會出現的休閒模型。大凡各種行為之發生，其背後必有其脈絡可循，瞭解休閒行為理論，其目的在於瞭解休閒與人類其他經驗的關係。學習休閒行為理論的重心，在告訴學生如何解釋人類或不同的文化為何偏向從事某種休閒；進而預測與控制這些未來休閒行為模型，使其更發揮功效。

休閒知識理論關心的是學習得更快、更有效率。我們可以用「不要浪費時間」一言以蔽之，亦即有系統的學習。人在瞭解休閒行為理論之前就學了許多事，也發展出許多休閒類型，這主要是依常識、無意中的發現或只是試試看。這樣學習偶爾也會有效，不過是既緩慢而又不確定，正如西方古時相信發狂是由月亮造成的，所以稱之為 lunatic，因為這種學習方法無系統，所以既慢而又不確定。以下簡介休閒行為理論，以利系統性的概念瞭解。

壹、休閒的定義

根據韋氏線上辭典（Webster's Dictionary）的資料顯示，「休閒」或「餘暇」（leisure）這個英文字可追溯自十四世紀，其主要的意思是「免於活動所獲得的自由」（freedom provided by the cessation of activities），特別是指「非工作或執勤時之自由時間」（time free from work or duties）。

休閒的三個基本定義是：休閒是剩餘之事（free time）（當其他的事都處理妥當後，最後剩餘之考慮）；休閒是一種心靈狀態（state of mind）、一種態

度、一種做事的方法（state of being）；休閒是有功能的，是一種自由選擇的活動（activities），並進而塑造人格。這三種休閒觀念的基礎在於，自必要或責任義務羈絆中解脫出來（Bammel & Burrus-Bammel, 1992）。大多數休閒專業人士，較接受休閒為生活的態度或狀況的觀念，但是一般人對於休閒最常用的定義，則是強調從責任義務中解脫之自由：休閒就是你想做的事，而不是你必須做的事。

一、休閒是最後剩餘之事

休閒是一切必要之事都處理完畢後剩餘的時間，休閒視為自由時間、休憩或遊戲，把休閒定義為「非義務羈絆時間」，人們不受責任義務羈絆時，就是休閒。退休社區被稱為「休閒村」，即因為人們認為退休的人脫離了工作與責任義務，如今可以完全的休閒了。將休閒定義為最後剩餘之事的人，認為休閒包括時間用於休息或放鬆，為各種休閒活動的代名詞，用來填充多的空閒時間。「閒來無事且讀詩」，既是閒來無事時的選擇，只需當下放慢腳步，暫停與暫忘一切，讓自己靜下來，以一顆柔軟的心面對「詩中天地寬」的境界。

二、休閒是一種心靈狀態

休閒是一種存在的狀態，以其存在本身為目的，不為任何其他目的而存在。也就是說，人們從事休閒活動，目的在於休閒活動本身所提供的樂趣或意義，而不是為了謀生或是得利。休閒是一種心靈狀態，無關時間、空間與活動，亞里斯多德最早將休閒定義為免於勞動的自由時間，並以其享受此自由時間為目的本身，同時邁向自我實現以及更好的社會。亞里斯多德認為「音樂」和「思想」，是最具休閒性質的活動，因為他認為這類活動是人類才能的最佳使用，亦即由深思冥想（muses）啟發，藉音樂呈現，如詩作、歌唱、舞蹈，還有樂器彈奏等。所以思考、欣賞與歡慶乃是人類休閒之最佳表現。

將休閒視為心靈時，通常需要安靜的心情與易感的眼光。「行到水窮處，

坐看雲起時」，在山巔水涯，聽樵歌漁唱，「白髮漁樵江渚上，慣看秋月春風，一壺濁酒喜相逢，古今多少事，多付笑談中」，這種意境的領略，凡是有山有水之處大概都有殊勝的趣味。一般休閒時從事藝術性或文化性活動，視休閒為從忙碌中解放，從繁瑣無謂的雜事中滌淨心靈的機會與時間，通常是較具內省與沉思精神的人。所以張心齋說：「人莫樂於閒，非無所事事之謂也。閒則能讀書，閒則能遊名勝，閒則能交益友，閒則能飲酒，閒則能著書，天下之樂，孰大於是」，而「春聽鳥聲，夏聽蟬聲，秋聽蟲聲，冬聽雪聲，白晝聽棋聲，月下聽簫聲，山中聽松聲，水際聽欸乃聲，方不虛此生耳」，只要我們能善用一點閒情，隨時隨處都能獲得這些令人舒暢的情懷。

休閒是一種心靈狀態，具有放鬆、娛樂和自我發展的功能，人們藉由運動、競技、體適能（慢跑、有氧舞蹈）、慶典活動、手工藝、藝術欣賞、電視、閱讀、宗教信仰、觀光、戶外遊憩（如公園、森林、水域、露營）等休閒活動，以獲得「喘一口氣」的機會。休息確實是為了走更長遠的路的必要手段，工作雖然提供了喜悅和可能的富裕，但是唯獨休閒可以豐富我們的生命，所以我們應該改變對休閒的態度，享受休閒所帶給我們愉悅的感動。

有些人將休閒視為狀態或態度，如樂意當義工，做事不談代價，純為歡喜而做。真福德雷莎修女雖然已返天鄉，但她的德澤至今仍持續不斷綻放生命的光彩，包括她在世界各地所散播的仁愛、所行的善業，和思想上的真知灼見。德雷莎認為最好的休閒活動是工作，因為幫助別人付出愛心與關懷是最快樂的事。有越來越多的人利用自由時間幫助需要幫助的人，如到紅十字會或醫院、監獄服務，這些活動的參與給人成就感。這些活動因這些人的態度，可以說都是屬於休閒活動的一種。愛爾蘭人「這一天的禱告詞」的內容充分表達了將休閒視為心靈、狀態或態度的意境。摘錄內容如下：

　　你愛生命嗎？那麼別浪費時間，多運用時間去思索，這是成功的
　代價；費點時間去思索，這是力量的泉源；花點時間去遊戲，這是青

春永駐的秘密；抽出時間去閱讀，這是智慧的基礎；勻出時間來對人友好，這是快樂的大道；要點時間來夢想，使人挾泰山以超北海；找點時間來愛人和被愛，這是通向無私的捷徑；用些時間放聲大笑，這是靈魂的音樂。

三、休閒是一種自由選擇的活動

休閒是一種自由選擇的活動，休閒就是你想做的事，而不是你必須做的事。人類的性格是由部分責任、部分義務以及部分即興念頭與休閒活動而共同形成。我們很難說明休閒是什麼，但是通常當我們在休閒時，我們就會知道，特別是在工作時就會知道，等一下要如何休閒。

現代人最為可悲的是將工作視為至高準則和肯定自我的唯一方法。有些人聲稱沒有工作，日子就沒有任何意義。然工作是生活的一部分，不要把工作看得那麼重要，也不要沉迷物欲，這才是現代人明智之舉。工作過度勞累就如同一支兩端都在燃燒的蠟燭，提早結束生命，「過勞死」的疾病，就是因工作過度而致猝死。農業時代埋頭苦幹的「勤勉」觀念，並不符合現今主張「工作與休閒兼顧」的新理念。

休閒就是「一個人在工作以外所花的時間，用以做自己想做的事」。任何人都可以依照個人的需要來決定什麼是工作，什麼是休閒。不管處境如何，都可以利用不工作的時間，學習新事物，追求人格成長。休閒的另一面則是充滿積極樂觀的意義，是安靜地、熱切地沉潛在一些事情當中，而做這些事的目的只是為了其中的樂趣，和工作完全不相干。

一般人以為休閒是上課、上班以後做的事，其實有人在處理繁忙公務時，仍然吹著口哨怡然自得。有人透過旅遊趕場，跑馬看花，緊張兮兮不得安逸；有人匆匆跑到凡爾賽宮，在門口拍張到此一遊的照片，就開始心浮氣躁的等人，唯恐耽誤待會兒逛街購物的大好時光。性格與價值觀、態度決定了休閒的樂趣。

休閒是一種自由選擇的活動，喜歡以看電影來打發時間的人喜愛驚奇，平凡的生活會令他厭倦。喜歡游泳的人需要一個躲避每天沉重生活壓力的地方，而水中便是最理想的避難所。喜歡散步的人可能是個充滿自信、愛獨立的人，會利用散步時間想出解決問題的方法。喜歡種花養草的人，是個勤勞的人，園藝能給他十分實際的收益。喜歡聽音樂的人是經常需要激勵的，音樂是最好的刺激。喜歡釣魚的人耐性是這種人的特長，而且希望獲得報酬，願意長時間耐心地等待。

貳、休閒行為理論

休閒現象五花八門，是現代社會越來越受到重視的一個領域。在經濟上，休閒本身即是一個重要的產業；在社會層面，休閒同樣透過每日生活中的活動形塑我們的內外在。有人將休閒當作工作之後的次要活動，有人卻將休閒當作意義的來源。休閒一般是相對於「工作」，但是對於所謂工作狂（workaholic）的人而言，工作才是屬於他們自己的時間；同樣地，很多人以工作以及社會成就定義自我，一旦離開工作便惶然。休閒乃是指相對於工作的閒餘時間。另一方面，人們從事休閒活動時，也有時間以及經濟資源上的限制，休閒不是一個很容易就能夠清楚的概念。

休閒觀念（concept）是我們揣想休閒事物的方式，意即我們如何思考休閒事情。休閒觀念是思考的基本工具，且可用定義表達，但是休閒理論則闡明觀念與觀念之間的關係。休閒理論可從微觀的角度來探討休閒現象的意義，也能夠從鉅視的角度來討論。微觀的角度可以協助我們瞭解個人的休閒體驗、少數人或小團體之間的互動與動態；這種角度以個人為主體，瞭解社會與個人如何互動、個人的休閒經驗，以及這種經驗的意義。另一方面，鉅視、結構的觀點，則以團體、機構或是組織，甚至文化乃至國家與全球的角度來觀照休閒此一社會現象；並瞭解這些超越個人的社會機制（social institutions）如何影響人們的

行為。休閒理論企圖說明事物間的關聯，使人瞭解休閒與人類其他經驗間的關係。過去已有各種休閒行為理論被推演出來，而無庸置疑的，未來還會有更多新的理論出現，這些理論現分述於後。

一、休閒是人類所有活動的目的

最早的休閒行為概念於西元前四世紀由亞里斯多德在其著作《人類倫理學》（*Nichomachean Ethics*）中所提出，認為生命中的任何事都與休閒有關，休閒是所有人類行為之目的，其他一切行為皆是為休閒而做，且休閒活動本身即為其目的（Linder, 1970）。人們戰爭是為了求和平，勞動是為了要得到休閒；聽音樂，或從事藝術性的活動，或純欣賞，或者安靜冥想思考都是休閒的型態。「休閒是相對免於文化及物質環境所強加於人的外在力量之自由的生活，並因此能夠發自內心的熱愛，而以個人所喜悅，直覺上富有價值，並且能夠提供信仰基礎的方式來行動。」（Godbey & Parker, 1976）

歐美人士的休閒觀，並不一定要花很多錢，而是參與有意義的休閒、為生命核心興趣的活動。因為他們認為人唯有在休閒時，才是最真實的生活著；生活中的其他每件事，都應朝著由高貴思想與美德善行衍生的自我成長機會發展。週休二日實施以後，我們的休閒時間倍增，媒體雖大幅擴充休閒相關的報導，但一般人的休閒品質卻未見明顯的提升。其實華人社會一向重視工作遠勝於休閒，重視物質生活的「量」遠勝於精神生活的「質」。由於國內社會環境快速變遷，使人們的生活節奏緊湊，工作壓力漸增，尋求適當的解放一直是國人思考的問題，且因為壓力造成的生理上的功能衰退已成為國人的通病，而如何透過有效的方法來紓解壓力，恢復健康正常的身體，更是許多人所追求的目標。

如何妥善安排假日的生活來達到紓解壓力且獲得健康是發展的焦點，在為了同時獲得健康與休閒的目的之下，許多運動休閒的觀念油然而生。而運動休閒的獨特性在於不僅能夠滿足人們的休閒需求，且最能引起人們參與的動機，在現代人追求健康的強烈企圖心之下，運動就是獲得健康的最佳良藥，從事運

動性的休閒活動，不僅可以放鬆身心，忘卻煩惱，擺脫一成不變的生活型態，也兼具了娛樂、滿足成就感、社交功能、改善健康等諸多效果。人類所有活動的目的是為了什麼？有人說是為了走更長遠的路。

二、補償理論

補償（compensatory）理論是最普遍、最常被提到的休閒行為理論。其基本觀念在於，認為休閒與工作相關聯，但有時又令人費解的不相關聯。工作被視為生活中的主力，而休閒則被視為工作無聊或激越之餘的補償。建構於馬克斯與恩格斯的理論之上，強調休閒乃是為補償工作上的挫敗與每日生活之辛勞。恩格斯與馬克思同是共產主義之父，也是最早提出休閒行為補償理論的作者（Bammel & Burrus-Bammel, 1992）。Harold Wilensky 分析了恩格斯的文章內容後，提出一份較為現代化、較為適切的說明，以下是現代版補償休閒理論的例子：

> 一個底特律的汽車工人，每天八小時鎖在生產線上，做些重複而又低技術性、毫無成就感的機械式工作之後，匆忙走出工廠的大門，像鬼似的開著二手的凱迪拉克跑車，以每小時八十哩的速度衝向高速公路，停下車買杯啤酒，又開始了酒吧間的爭執，回到家揍老婆，稍後在多餘的空閒時間裡，得空拿些石頭去丟那剛搬到附近的黑人。總之，他休閒的慣例就是為工廠生活中那令人窒息的節奏，去尋個強烈爆炸式的補償。（Wilensky, 1960）

現在人們工作忙碌了一段長時間，常以旅遊散心作為鬆弛自我、補償犒賞自己前一陣時間的忙碌。補償理論的假設是，一個人只要有機會避開他平常的例行工作，就會找件完全相反的事來做（Burch, 1969）。《商業週刊》曾報導，一群都市人，放棄一輩子經營的事業，帶著妻小離開都市，隱居在合歡山

上，以種花、種菜、經營民宿等方式來維生。一般人很少敢灑脫的拋棄一切過這種生活，大家努力工作賺錢，卻是希望在四十歲、五十歲、六十歲退休，再去深山裡享受自然的生活。這是一種補償心理，當個體有機會逃離日常生活常規性工作時，希望尋求與平常事物無關的活動，以求平衡與互補。可以解釋為什麼居住在都市、從事室內工作的人，在有假期時，即走向戶外回歸自然傳統的生活，來求得身心平衡的補償作用。

人們是用空閒時間來平衡謀生或每天單調辛苦的工作，城市居民渴望在森林鄉野或海邊漫步從事休閒活動。筆者曾趁著暑假，全家四人與教會的二十二個家庭至台東延平鄉的布農部落生活，那是一個自給自足的原住民社區，由當地人白牧師領隊，像是個世外桃源的小型社區，在那提供多方面的休閒空間，有小木屋，有菜園，有原住民雕刻工作區，有原住民手工藝區，也有著天生好歌喉的原住民演唱等。我們遠離塵囂，在山上的日子裡每日看到好山好水，我們不但可以與原住民互動，分享大自然的寧靜祥和，更可以藉由部落體驗活動，使繁忙的現代人尋回失落的幸福感和生命力，回到生命的原點，重溫部落生活之淳樸與自然，藉由對部落的瞭解，增進生活的創意與閒情。大多數工作者都是在室內長時間坐著，做著單調的工作，所以遇到休閒日，大都希望能夠到戶外去，做些如遠足、打獵、釣魚或騎馬等體能活動，或是到自然中，完全沒有人工的環境裡去。相反的，鄉下、山上、海邊的居民對於到大都會遊玩，也會產生無比的驚奇與快樂。

三、後遺休閒理論

後遺休閒理論也是由恩格斯與馬克思所提出（Wilensky, 1960），其主要假設是工作時所發生之一切，像後遺症一樣帶到餘暇時間來，並決定了人想做的事及如何去做。個體疏離了工作也疏離了生活，會將其勞動而造成的心智愚鈍延伸到休閒。Wilensky（1960）做了一個生動的描述：

另一位汽車工人下了班安靜的回家，累倒在沙發上，獨自吃喝一頓，感覺一無所有，什麼也不讀，一無所知；也不去參與任何投票，遊蕩在家中或大街上；看電視至半夜，順著電視節目一個接一個，累得連起個身換台，活動一下都懶，無聊得連按個鍵都懶。（Wilensky, 1960）

基本觀念為休閒與工作平行發展，或為其結果，如果工作使人感覺非常興奮、順暢或刺激，那工作者會持續這樣的感覺。例如一位賣賓士跑車的副理，其下班休閒活動是選擇較令人興奮、流暢、刺激的賽車、飆車。一位茗茶的店長酷愛泡茶，雖然上班時間泡茶給顧客是其工作，但其在下班閒暇時間，與三五好友聚在一起，且由其執壺泡茶聊天，其亦樂在其中，則在其休閒時間泡茶則為其休閒行為。

研究顯示，那些享受工作、且為職務感覺興奮的人，通常有較良好的休閒，並且也追求較為刺激的休閒。良好生活品質的最基本條件是，一位具有較好體能的人，比較有活力完成每天的工作，常感到活力充沛，有餘力享受工作，所以休閒與工作是可以互為因果關係。而那些工作無趣的人，若非要求立即補償，便是將其無趣的工作慣性帶到無趣的休閒活動（Parker, 1971）。酒吧和小酒店為休閒研究者提供了觀察的好例子。部分常流連公開飲酒場所的人，耍賴皮、吵鬧，然而另外有一部分人則是獨自靜靜坐在角落裡，或抽煙，或喝酒、聽音樂，但很少和人說話（Bammel & Burrus-Bammel, 1992）。於同一個場所中，有人選擇吵鬧，有人安靜，呈現不同的休閒行為，是有趣的現象，也值得深入研究。

四、熟悉理論

熟悉理論的假設是，那些人已在社會生存中覓得一條自在的生存之道，其安全感遠勝過經由不安全感而來的可能收穫（Burch, 1969）。有些人由於所受

之訓練、傳統或習性的原因，習慣以粗暴喧鬧的方式休閒，而另外有一部分人則是選擇安靜欣賞別人製造熱鬧。因此有些人因為習慣於或安於某些習慣而做某些固定的休閒，這些休閒者將休閒行為與慣例相連，如個體喜歡從事自己容易做的事，因此同樣的，當個體做那些曾經令自己有成就感與喜悅的事情時，便會有輕鬆和精神奕奕的感覺。這類行為的最佳例證就是，許多人會選擇回到同一個地方去度假。熟悉理論說明了許多休閒行為，打獵和釣魚的人可能是固定的重複童年時習得的慣例典儀。

自然景物可以讓休閒者有能力釋放輕鬆；但也有很多人選擇玩牌、看電視或看報紙、種植花卉或與寵物玩耍，來作為一種熟悉安適的放鬆方式。喜歡安頓的人，尋找的是高度的穩定感，一生都住在同一個地區，做同一份工作，尋找的是重複喜樂而熟悉的休閒經驗；另一類則是流動者或是總要尋些新鮮的人，他們很容易感覺厭倦，而只有新鮮和驚奇才能帶給他們刺激。按照B. F. Skinner的看法來說，這是一種「操作制約」（operant conditioning）。

如果休閒是個人感覺最好的時候，那麼有可能環境因素造就了這個休閒行為反應（Bammel & Burrus-Bammel, 1992）。觀察那些處在困境或有大損失的人，很明顯的，他們常會躲到過去覺得安適的地方或事物的記憶裡去。在困境中的人常會花很多時間，在舊時熟悉的鄰里穿梭，並且反覆重回生命中特別事件發生的場地去。這也說明在緊要的時刻，為何有些人不想去嘗試新鮮的、未曾經驗過的事物，反而去尋回過去美好的感覺藉以安慰，也有很多人厭倦熟悉的事物，反而需要透過不斷地追求新鮮事物方能快樂。

五、個人社交理論

個人社交理論的假設是人類是喜社交又喜群居的，所以休閒活動通常是團體活動，而且同伴常有同樣問題、同樣背景，可以彼此切磋琢磨；此外有同樣的宗教信仰或政治歸屬感的人，有同樣的生命階段或歷程，會聚集在一起分享信仰或力量（Burch, 1969）。有相當高比例的休閒行為受到同儕團體的影響，

如同年齡、同階層、同學、同事、工作環境，或是鄰里環境等。我們所從事的休閒活動，其形式多是因某種已然熟悉那活動的人所啟發。如下了班，同事邀約去唱 KTV。

人是社會動物，為了滿足自己對安全保障、地位、自尊、親和、權力及目標達成等需求，大多數的人都隸屬於不同的團體（劉玉玲，2000），因此有很高比例的休閒行為受到同輩團體影響。人一生中所玩的競技遊戲，大多數是經由已熟悉那遊戲的人引介。我們呈現的休閒行為，其形式有時是因某個同輩對該活動相當熟悉，個體受到啟發而願投入，如動態的休閒成為登山社友、滑雪社友，較具冒險性的活動如滑雪、滑水、攀岩等，需要有同伴一起，而且常需要一群人的鼓勵，通過基礎技能學習的艱難階段，方能享受當中的樂趣。較靜態的休閒如沉思、冥想、下棋，甚至獨處，通常需要較年長或個性安靜的人啟蒙。

六、休閒三部曲理論

Joffre Dumazedier（1974）是一位法國社會學家，認為休閒活動是個人隨性的事，它綜合了輕鬆、多變化，及可增廣見識等因素；常是社交性活動，並且需要個人的創造力。Dumazedier 稱此為「休閒三部曲理論」，因為休閒具有三個相互貫通的功能：放鬆、娛樂及自我發展。如在巴黎的露天咖啡座喝咖啡是為了鬆弛自我；下班後回到家看電視，是為了娛樂自己；或下了班去補習班進修電腦課程，是為了自我成長。

現代休閒倚賴的是一個安全而穩定的社會。高科技的來臨，有更多的科技產品幫忙每日的雜務，使我們有較多閒暇時間，我們可享受到古人無法享受到的樂趣。貝多芬或米開朗基羅沒有網際網路的技能，根本欣賞不到後現代的音樂與藝術活動。

顏和正（2002）在《CHEERS》雜誌法國專題報導「一年看三百部電影的郵差先生」中提到，郵差和消防員是法國最受歡迎的職業，他訪問郵差先生布

魯諾，文中描述布魯諾喜歡在外面走，喜歡跟人接觸。而他的工作地點在第五區位在河左岸最有名的拉丁區旁邊，將遠方人們昨日投寄的掛念，在今天轉交給大都會裡寂寞的人群。

「我的工作一直在流動，時光反而好像沒有流逝一般。」儘管四季更迭、歲月流轉，郵差自有他的詩意美學生活觀。布魯諾在工作上沒有野心，從不想要去考主管特考，他說自己的學歷不高，他很清楚自己的條件與機會有限。而且他不想當上主管後，必須長時間工作，犧牲了他當郵差最大的好處：自由。每天下午，如果沒有特別的任務，他一點半左右就可以下班，夏天陽光好，他喜歡到塞納河畔去曬太陽。坐在被羅浮宮與奧賽美術館簇擁的河堤邊上，布魯諾像許多其他法國人一樣，穿著一條短褲，袒胸露背的享受歐洲夏天的陽光。要不，他就一個人去看電影。他酷愛電影，因為「電影讓他發現另一個世界」，他說，電影中有很多不同的元素，像是攝影、音樂，令人喜悅。而且看許多外國片，也讓他可以認識其他地方的人如何生活（顏和正，2002）。

對於多數人來說工作是最重要的，因為工作是基本求生之外，還要活得像樣的根本需要。期盼中的休閒黃金時代，並沒有提議免除必要的工作，但是將休閒當作增加放鬆及自我成長時間，已是現代社會的一項權益了。對相當數量的人來說，個人的成長遠比工作更重要（Bammel & Burrus-Bammel, 1992）。休閒因此成為生活之主要目的，工作則成為支持休閒成長所必需。布魯諾在巴黎第五區送了十五年的信，從沒考慮換工作。因為中午以後的自由時間，讓他可以充分享受最愛的電影和古典音樂。

Dumazedier 在發展休閒三部曲理論時便說，世界並沒有過真正的休閒時代。十九世紀視休閒為讓工作做得更好和有更高生產量的理想，亦即休閒是為走更遠的路，休閒是為工作衍生出可豐富個性與獲得生活樂趣的視野。布魯諾是白天的郵差，夜晚的藝評家，他的另一個休閒是聽古典樂。晚上在家，他放了舒伯特的「一位年輕女子與死亡」的樂章，坐在沙發椅上，安安靜靜地聽那悠悠淡淡的旋律，奏出人生淒美的悲傷。他說，真正讓他感動的，都是這些有

些悲傷的作品。布魯諾在疏離冷漠的大城市中，他安靜地生活著，沒有很多錢，也沒有很高的社會地位。對於人生，他或許有些悲觀主義者的特質，但就像大多數人一樣，在平凡無奇的生活中，他努力嘗試過得好。

「布魯諾有什麼夢想呢？他有點遲疑，有點不確定地側側頭想了一想：就是過得好吧！沒有什麼了不起的夢想吧！」過好的生活，不也就是我們都在追求的嗎？

Dumazedier 相信，隨著服務為導向的趨勢，休閒也會更形重要。他預測終有一日，個人的成長，而非工作營生，將成為生活之主要動機。相形之下，另一位屬亞里斯多德傳統的休閒理論家，則對休閒潛力並不如此樂觀；Sebastian de Grazia 便提醒道：「休閒尚無法被完全認知，因此理想只是理想……休閒是一種生命狀態，是人的情況，很少人去渴望追求，更少人達到那境界。」

布魯諾買了巴黎兩大電影院系統的會員卡，平均一個星期上電影院看四部片。「若再加上在家裡看 DVD 或是錄影帶，或是電視上播的電影，我一年大概會看上三百部影片。」郵差幾乎一天看一部電影。他什麼都看，尤其愛看老電影，希區考克、卓別林、史丹利庫柏，一部部片子他都如數家珍。他也看侯孝賢、蔡明亮、王家衛。他看蔡明亮的「愛情萬歲」，為了楊貴媚在片尾坐在大安森林公園的長凳上，一個人哭了十多分鐘，感到震撼。看到那些在台北市生活的中產階級的寂寞與疏離，他一個人坐在電影院裡，眼淚安靜地落下。「那種人與人之間的無法溝通，不論在台北還是巴黎，還是其他地方，都可以看到。」郵差有顆很敏感易觸動的心靈（顏和正，2002）。

Dumazedier 認為休閒幫助個人成長的功能應被關注，人透過工作所做的努力也幫助個人成長。一般人努力工作，是希望將來能有錢、有時間去休閒。我們的個性與生俱來，連我們死後也會帶著離開。然而，工作只是暫時的，它會消失，也是我們成長的工具。我們會辭別工作；而只要活得夠久，還會從工作中退休下來。但我們無法因個性的緣故而辭職不幹，更無法因個性的緣故而退休。如果將個性的成長看作是休閒的成果，那麼很明顯的，休閒就是人類存在

的最主要成就，而其他一切都是附帶的了。

　　工作影響生計、金錢、地位，甚至也關係著心底的自尊、每日的情緒。工作影響全球上億人口的社會問題，也深深影響心理與生活的個人問題，要工作滿意，真的不容易。現在企業只在乎獲利，除了獲利還是獲利，主管只是一味地要求。要如何才能轉變工作的不滿，維持個人內在的平靜與滿足？工作太簡單，讓人無聊得發瘋；工作挑戰太大，精神又緊繃得受不了。一定要選擇挑戰高的工作，才代表上進、有成就感嗎？

　　宗教精神領袖、諾貝爾和平獎得主達賴喇嘛的著作《找到工作中的幸福》（*The Art of Happiness at Work*），有關工作上帶來的難題，達賴喇嘛有別於他人的看法。他認為快樂的生活應該是多元、完整的，一個人不應該只專注在工作或金錢上。一般來說，工作越困難，滿足感越大。挑戰可以刺激、促進發展與創意。在挑戰的環境中，個人的創造力充分展現、運用，不論是心理上或是身體上要更進一步，就必須有挑戰。相反的，在一切是例行事務、沒有挑戰的環境，心就變得軟弱、有停滯的危險。

　　不過，生活永遠會給我們挑戰，我們不用再自己額外找問題增加挑戰，而是要把碰到的挑戰轉換為創造更大幸福的機會，歡迎挑戰、甘心擁抱，把它看作是鍛鍊自己、達到更大幸福的方法。如果所做的工作是重複的動作，覺得無聊是自然的。而且，不論是多好的工作、多難得的升遷，到某個時間點後都會逐漸成為習慣，變得疲倦、不喜歡、不情願或是缺乏熱情。

　　每個人有不同的性情，不見得每個人都覺得挑戰高的工作比較好。有人的工作是非常重複、例行的，不但不具挑戰性、甚至本來就很無聊，還必須從很早工作到很晚，但是，這些人還是可能很快樂，而且，其實這樣的人很多。對那些人來說，工作不見得是他們主要的滿足來源，他們的滿足感與成就感來自其他地方。

　　對於工作變化較少的人，如果工作是唯一的滿足來源，而在工作之外沒有個人生活、只有少許的時間與家人和朋友相處、甚至沒有在工作中與同事培養

友誼，就很可能不快樂，嚴重的甚至會有精神問題。相反的，雖然工作可能無趣，但是有個有趣的生活，有工作之外的興趣、能夠花時間與家人相處、與朋友出遊，就會比較快樂，就是把工作當作賺錢的方法，而由生活其他方面得到滿足與成就。快樂的生活，應該是多元、完整的。如果抱持的工作態度是工作就只是為了錢，除了賺薪水之外別無所求，即使把工作當作是事業，還是很可能不滿足。成就與滿足與個人的動機有關，如果關心的只有事業的升遷、頭銜、任務，得不到就會挫折、看到別人升遷就嫉妒，當然不會滿足，甚至還有處處樹敵的危險。但是，如果瞭解工作更高的目的、把工作看作是志業，就比較能得到內在的滿足。

第二節　休閒活動的類型

壹、正面性的休閒活動

「休閒活動」，對工作者而言，是指上班以外，能依自己的意願做事的時間；對學生來說，就是上學、做功課、幫忙做家事後所剩下的時間。亦即用自己喜歡的方法，在享受樂趣的實際時間裡所從事的活動。在家裡睡懶覺或從事不正當的娛樂，都不能算是休閒活動。而同一種活動，對某些人是一種休閒，對另外的人可能就是工作了，例如打球對一般人而言，是休閒，對於職業球員而言，就是他的工作了。其間的分別，在於活動後，個人所得效益的差別。然而實際上，要嚴格的區分二者間的界限，並無多大意義。deGrazia（1962）認為休閒首先是一種態度、一種心理狀態、一種做事的方法。Dumazedier（1974）認為別的不提，休閒就是個人成長的機會。

休閒活動對個人的影響是可增進身心健康。現代的社會競爭激烈，往往容易導致身體的疲勞和精神上的煩悶，藉著休閒活動，不僅可以舒活筋骨，鍛練

身體；也可以調節情緒，滿足心理上的需求。休閒是放空自己，可培養創造力與毅力，休閒活動是自己選擇的興趣，很容易激發創造力，甚至有時為了達到某種理想，往往廢寢忘食全力以赴，無形中培養了堅毅不拔的精神。休閒過程與好友喝咖啡聊天，既可交換經驗，增廣見聞，又可排除孤寂。有些休閒活動，是要與人合作或競爭的，如下棋、打球、郊遊等，可以學習別人的長處，培養忍耐、諒解、領導等能力，更可交到不少志同道合的朋友，所以休閒活動可增長人際關係。參加休閒活動可拓展生活領域，使生活多采多姿，擴大胸襟，體驗生命的真諦。有些休閒活動可以養成良好習慣，如做手工藝品、插花、烹調等，活動時，為了節省材料與時間，常養成節儉及物歸原處等美德，活動後要清理環境，收拾工具，以保持環境整潔，這些好習慣皆可在休閒活動中予以培養。

全家一起培養共同的休閒活動，可以縮短家人間的距離，建立家庭中的親情與友愛，增加家人交流的機會。青少年在休閒時間從事正當活動，可以減少偏差行為，減少犯罪傾向，預防青少年犯罪行為的產生。休閒活動使人們因接觸而相互瞭解，可以學習到許多生活準則、價值判斷和社會規範等，無形中提高社會意識，因此能幫助個人社會化，達到寓教於樂的目的。

一、運動

一般人從事運動的內容與競技遊戲不外乎游泳、徒步、騎自行車、打保齡球、跑步、做韻律操、打高爾夫、柔軟體操、打網球、打迴力球。競技遊戲和其他都市形式的戶外遊憩，較偏向自然的活動，如露營、健行或賞鳥。人類對偏遠戶外遊憩型態之需求，可能會因都市生活的壓力，驅使人們向大的開放空間旅遊（Clawson, 1959）。但也有些休閒學者認為，習於都市生活與刺激的人們，不覺得到鄉野休閒有什麼樂趣（Bammel, 1978）。過去經驗顯示，人們一旦習慣於都市生活的舒適（指熱水與抽水馬桶），那麼到森林裡度週末，遠離電視機和零食，可能就不具吸引力了。由於個人的興趣及喜好的緣故，有的人

追求活力充沛的戶外遊憩活動，也有的人要的是沉靜的都市休閒（Bammel & Burrus-Bammel, 1992）。人們可能在生命某個階段尋找刺激，而在另一階段尋求安適舒服。

許多報導顯示可以提升我們體能的運動，便是健康體能的運動，例如有健行、慢跑、騎腳踏車及游泳等等。「體能」就是我們生活中的「身體基本活動能力」，健康體能是由「心肺適能」、「肌肉適能」、「柔軟度」與「身體組成」等四種不同特質的身體能力所構成。「心肺適能」是指個人的肺臟與心臟，從空氣中吸入氧氣輸送到組織細胞加以使用的能力。以藉著快走、跑步、游泳、騎腳踏車等運動來增強我們的心肺適能。「肌肉適能」主要是指肌力與肌耐力。有良好的肌力和肌耐力可促進健康，預防傷害與提高工作效率。當肌力和肌耐力衰退時，肌肉本身往往無法勝任日常活動及緊張的工作負荷，容易產生肌肉疲倦及痛楚的現象，甚至形成慢性的肌肉骨骼系統傷害。伏地挺身屈膝仰臥起坐，可增進肌肉適能，且是滿方便就可以進行的運動。

「柔軟度」是指人體各關節所能伸展活動的最大範圍，而不致使身體姿勢破壞的能力。我們可以藉著伸展操、瑜伽等運動來改善我們的身體柔軟度，身體柔軟度較好的話，比較不容易有運動傷害。「身體組成」主要指身體脂肪百分比，由於體脂肪較高者，不便進行一切活動，並且肥胖不單使個人體態不美，還會引發一些慢性病，所以我們可藉著一些低強度長時間的有氧運動如步行、快走、游泳、慢跑、爬樓梯、騎腳踏車等，降低身體脂肪百分比。一般來說，良好的健康體能是建立良好生活品質的最基本條件，一位具有較好體能的人，比較有活力完成每天的工作，常感到活力充沛，有餘力享受休閒娛樂生活，亦可輕鬆應付偶發的各項身體活動上的事件。因此，等我們的體能提升後，我們對日常的工作如念書，便較不易感到疲倦了。

Roger Bannister 是世界級賽跑選手，曾定義體適能（fitness）為「一種生理與心理的和諧狀態，能讓人在工作上發揮極致並處於愉悅狀態」。多數工作者長期坐著工作，體能狀況容易不佳；很多人突然意識到自己需要健身。慢跑與

跑步（jogging and running）常被視為維持健康的兩個良方。此兩項隨時可為的練習，由於非常普遍，更值得我們特別注意。慢跑與跑步可能成為重要的休閒形式；但是多數做這活動的人，是基於認為它有益健康。James Fixx（1982）說過：

> 多數跑步的人發覺，他們比不跑步的人體力好得多，這是對生活更有掌握的一種感覺……經過六個月有計畫的體能訓練之後，大致每個人都反映說工作能量增加了，並且有相當比例的人說他們每天入睡前感覺不那麼疲累……多數開始跑步的人都發現，他們的精神及外觀氣色有了改善。

凡事有利有弊，跑步與許多有氧鍛練活動一樣，雖不如競技遊戲那般刺激，但很多人停止有氧鍛練，就是因為趣味消失了。也有一些跑步者設定一天跑五到十哩，年復一年；但很多人終究還是換成別的活動，例如游泳或走路。在堅硬地面跑步的壓力，對於膝蓋和腳踝特別重，而隨著跑步者的年齡增長，跑步對於肌肉骨骼造成的壓力與害處，已超過對心臟血管的益處了。

相當多證據顯示，體適能佳的人心臟血管及呼吸系統較健康，同時較少受到傳染病及重感冒之苦。大多數推崇持續體能訓練的人堅稱，運動的人不但在生命的各個階段比較健康，而且壽命也長二到十年左右。規律的體能訓練有助於身體健康的四項基本條件：心臟血管的耐力（可做至少二十分鐘激烈活動的能力）、肌肉的強度與力量、肌肉的耐力，以及彈性。研究證實，有規律做有氧訓練的人，增進了自尊，減輕焦慮，甚至在某些情況下，還解除了憂鬱和沮喪。

二、嗜好、藝術及手工藝

嗜好、藝術和手工藝的界定不容易，古時手工藝品是源自必需品的製造

（如編縫被子、家具製造、縫紉或編織等），是為了實用的目的，然隨時間推移，「藝術品」漸漸成為人類創作的樂趣。所有嗜好、藝術及手工藝品的精髓要素，就在於只為其中的樂趣而創造、製作或者蒐集。藝術、手工藝與嗜好是非常重要的休閒活動，此三者變化非常多，而其持續性使得它們成為極具治療功能的活動。藝術無所不在，舉凡繪畫、雕塑、文學、音樂、戲劇、舞蹈、建築、電影、設計等，皆是藝術表現的形式。藉由觀賞藝術作品、參加藝術活動、瞭解生活中各種藝術表現形式的注意與認識；藝術作品之基本構成元素、文化背景、創作緣由與各種形式間的關係和相互激發；藉由「感覺」來「欣賞」藝術，經由「分析」來「理解」藝術，近而享受發現藝術的樂趣。

例如拼布藝術需要花費許多精神和時間，不過因為拼布藝術可以美化生活，也能培養耐性，再加上可以和環保結合，所以許多人深深喜歡這門藝術。蒐集某類東西，對某些人來說是一種相當熱中的嗜好，有人蒐集郵票、模型汽車、啤酒罐子、棒球卡、貝殼、別針和補靪貼布等等，有無限的可能性。有手藝或嗜好的人，就像是擁有可攜帶式的內在心力資源一樣，不論遭遇怎樣的不幸，只要擁有一項手藝或嗜好，便可於受困時投入其中，將全部注意力投置於已熟習的事物之上。看過「第六感生死戀」的人多半都對劇中男女主角捏塑陶土的畫面記憶猶深，其中也有一些人曾有玩陶土的經驗，能在養家活口的工作之餘，培養藝術創作，是一件愉快的事。以陶土上色的釉為例，釉會產生變化萬千的色彩，全賴各種原料配方在經過高溫後，所產生的化學變化，但儘管配方一樣，在加入溫度、時間等變數後，每樣作品均不盡相同，並且在燒窯過程中失敗的可能性極高，一個成品的呈現，必須投入許多成本、時間與心力，才有收穫，但這過程的樂趣非可比擬。

有些人因休閒樂趣使自己的副業變成正業，佛拉明哥（flamenco）是來自遙遠的西班牙南方安達魯西亞的音樂舞蹈藝術，原本是懸壺濟世的牙醫師李昕，遇見佛拉明哥後，毅然決然一頭栽入，到西班牙朝聖，受教於許多佛拉明哥舞蹈老師門下。原本滿腹經綸的英文碩士林耕，也在鑽研多年佛拉明哥藝術文化

後，辭去大專院校英文講師職位，繼續到西班牙安達魯西亞，浸淫在醉人的佛拉明哥藝術中。他們獨特的人生故事，許多媒體爭相報導，從而讓更多台灣民眾首次聽聞「佛拉明哥」或「佛朗明哥」。從此，佛拉明哥在台灣，不再只是刻板印象中咬玫瑰跳艷舞的女郎，也不是偶爾有一兩個西班牙小舞團來困惑台灣觀眾而已。透過演出，越來越多人感受到佛拉明哥震撼人心的節奏；透過教學，越來越多人解放自己的肢體，接觸到佛拉明哥舞蹈藝術的神魔。

在其他廣泛的嗜好中，攝影或許是最為普遍的休閒活動。幾乎每個人都可以有一架不貴的相機，而對有專業相機的人而言，照相與沖洗照片便是其主要的休閒活動了。照片是家庭與個人的紀念，照片也是每個人在重要地點，如淡水漁人碼頭或中正紀念堂的記錄。攝影的人可能一直停留在最初級階段，也可能進展到以使用特殊鏡頭及底片為活動的要項。

嗜好、藝術及手工藝是不分年齡的，任何人都可以參加，小到兩歲娃兒的芭比蒐集或汽車蒐集，年長到退休的老人，或許有發掘潛藏多年才能的機會。

三、影視娛樂

曾有人形容放假時的休閒是，一大早起來吃然後看電視；中午吃完飯，接下來看電視；吃完晚飯後，再看電視；吃消夜後就去睡覺。這些人看一整天的電視比看電腦還累。但為什麼會被無聊的節目纏住一整天？一般人看電視的理由是為了打發時間、為了不跟時代脫節、很好奇、因為沒別的事做等。心理學家 William Glasser（1997）說：「挫折感源於居家附近的休閒遊憩設施太少，而且要到鄉間也沒有公共交通工具，更多人轉而增加看電視的量，以及轉向體內化學快感──毒品和酒精。」也有作者直接描繪比較電視與毒品的魔力，William Glasser（1997）說：「不費力、不必外出、不必去發明遊戲和同伴相處；他們就這樣上鉤了。」

十多年前，美國的有線電視台已涵蓋新聞、資訊、音樂、綜藝、宗教、氣象、體育及購物等內容。今天的台灣，也如十多年前的美國，有數十個頻道在

有線電視上，播出新聞、股票、綜藝、宗教、體育、音樂及購物等節目。從1990年開始至今，網路大量普及化、媒體充分發展，電視是現代人生活的一部分，看電視已是日常娛樂，尤其台灣的娛樂節目更是不勝枚舉、任君選擇。在網路傳輸速率越來越快的環境下，在網路上看電視已不是新聞了。

各類休閒分析學者都認為，美國人有40%的休閒時間用在看電視。很多教育專家視此數據為警示，並舉證說明過度看電視是標準測驗成績低落的主因。文化批評家及心理治療專家或會不斷為電視節目品質的低落及電視觀眾的逃避心態而悲嘆。電視一直被形容成文化荒漠，是麻木心靈的毒品，然而，對於那些有良好休閒的人來說，電視倒可提供替代遠距離休閒享受的一塊魔氈；且還可提供尋求全新休閒世界的刺激，或者一份幻想。電視上的國際旅遊節目播著歐洲的小小民宿，煙霧裊裊之中綰起髮髻的女旅客在溫泉浸潤其間，接著畫面有海濱，浪花的旋律就會裹著熱帶果汁，而旅客泡在泳池中恰好看到海天那一線。躺在舒服的沙發上的閱聽者，彷彿置身其間。

電視的教育的任務之一，就是為善用休閒時間的人做準備。善用電視的教育功能，可能是良好休閒準備的必要部分。台灣的有線電視頻道真的很多，其中旅遊、探索與日本台是許多人喜歡收視的旅遊頻道了。其中旅遊生活頻道（Travel and Living Channel）筆者喜歡勇闖天涯，通常每一集的勇闖天涯會介紹一個地區或都市，由於一集的時間大約是五十分鐘，因此有關當地的介紹會加以濃縮，只剪輯出精彩的部分。每次看到這一系列的節目，就彷彿自己也在當地旅行一般，真的非常享受。Discovery旅遊生活頻道的《部落格玩天下》這是個令人耳目一新的旅遊節目，讓五名帶著高科技配備的旅遊部落客，以最低的預算每週五百美元的預算展開冒險故事並且帶大家世界各地走透透。他們面臨的挑戰不變——捨棄那些中規中矩的旅遊路線，動動腦筋。每一位旅遊部落客將利用部落格與影音網誌，分享自己在每個城市的獨特體驗，同時透過部落格玩天下的互動館，與觀眾即時互動。

以往，人們總是擔心新傳播科技的出現會淘汰原有的媒介；譬如以為廣播

會淘汰報紙，或以為電視會淘汰廣播。經過近百年的演變，印刷媒介不曾被視聽媒介淘汰，反而相輔相成，相得益彰，使人類的傳播活動更為多采多姿。所以如此，是因為印刷媒介與視聽媒介的性質不同，各有獨特排他的性質之故。如今，因為電子技術的突飛猛進，使數位媒介成為最新的傳播工具，儼然有淘汰、取代印刷媒介和「舊」視聽媒介之勢。根據過去的經驗，很多人不再擔心新媒介會淘汰舊媒介的說法。電話普及之後，電報、電傳一樣為人所需；電視出現以來，廣播不但沒有萎縮，反而蓬勃發展起來；電視流行以後，電影業依然票房不墜，沒有關門歇業，甚至不用去電影院，可以在家看 HBO 的電影。數位媒介的發達，原來在電腦上玩的虛擬實境也可在電視的大螢幕中享受。現代社會各界也在悲嘆電視螢幕的獨佔性與無所不在，可能因此而忽略了電視在教育、放鬆和娛樂方面的貢獻。電視為這個世界開了一扇窗，它創造了所謂的「地球村」，並且也極可能為廣大的觀眾帶來高品質的娛樂經驗。電視的力量是任何其他休閒媒體所不能及。水能載舟，也能覆舟，良好的電視休閒行為也是應該培養的。

四、閱讀

自從文字發明以來，閱讀的本質從來就是一種「發現」的樂趣。閱讀是心靈交會的火花光芒，是人間世事的反射映照，亦是排除現實一切的純然精神饗宴。如果書是心靈旅館，閱讀則是到達旅館的必經旅程。透過閱讀我們可以跨越時間與空間的限制，遨遊古希臘文明建築之美，與古今文人吟詩賦文，並可開拓「心」的視野。

對大多數的人而言，閱讀是獨自的活動；對某些人而言，閱讀是優先的休閒活動。大學教授是閱讀量最多的人之一，此外相關新聞從業人員也必須大量閱讀，這是職業環境使然。有些讀者常喜歡獨處，並刻意將自己與傳統社會的社交模式分隔開，有些人在公共場所完成休閒，如搭乘地下鐵和以公共交通工具通勤的人，從閱讀報章新聞到教科書都有。英文有一句話說："We are what

we eat"，我們吃什麼就變成什麼，這句話也適用於我們的閱讀："We are what we read"，我們讀的書至終就化成我們的思想，影響我們的品味與眼光。

古人所言：書中自有黃金屋，書中自有顏如玉，當然是誘人閱讀的策略，並非每個人都能找到閱讀的門路，享受讀書的樂趣，其中最大的關鍵乃是閱讀能力的培養，唯有具備閱讀的能力，才能享受閱讀的樂趣。生活在二十一世紀終身學習社會的人們，如果沒有強化閱讀能力，疏於培養閱讀習慣，不論工作或生活，終將面臨極大的困難。越能夠獨立思考、能夠自己與書對話，才是能夠自主閱讀的人。能夠自主閱讀，閱讀才不會只是一時的興趣和熱情；面對一個知識日新月異、價值混亂的時代，閱讀必須是一種能力。

閱讀在文明社會中仍是很多人喜愛的消遣，以往一張椅子和一個燈泡就可以閱讀，閱讀是一項安全又不甚費力氣的休閒行為。隨著數位化技術與網際網路的發展，人類的閱讀行為即將發生變化，而科技的發展研發出與一般實體內容無異但閱讀經驗更優的電子雜誌，提供數位閱讀的樂趣。透過網際網路，數位版本的雜誌可傳送到電腦，隨時享受閱讀的樂趣。人類是卓越的資訊處理者，而閱讀是處理新而刺激的資訊的有效途徑。

五、宗教信仰

宗教活動究竟是不是一種休閒活動呢？這要看信仰者的內在是否真心誠實面對自己與神的關係。亙古以來，宗教始終與人類共存，影響著人類社會中的生活型態、倫理結構、空間建築、思維方式、價值體系等，各類宗教的意義與精神，也透過信仰者而展現無疑。英國哲人 A. H. Whitehead 所說的：「宗教是一種信仰力量，用以清潔我們的內部。」

Erich Fromm 在其著作《生命的展現》中認為，新人類具有許多特徵，其中之一是：「愛生命，尊重生命——對生命的萬象都待之以愛與尊重。」在二十一世紀初的今天，人們如果要消除社會或心理的混亂，必須拋棄以佔有為主的生存型態，改為以生命為主的生存型態。愛是慈悲精神的展現，不但愛自己、

家人、朋友，且能尊重一切生命，視其如己。信仰，是人類精神的補品，靈性的要求，亦是開發人類智慧的主要力量。人的生理，固然需要飲食營養，以延續性命；人的心理，同樣需要精神食糧，才能健康正常。

被迫參加宗教服務儀式並非休閒活動，只能算是盡義務或職責。對有些人，宗教信仰是生命的全部，因宗教信仰之名所做的活動都屬自由選擇，並無職責可言。當亞里斯多德說到，冥想靜思最高貴而美好的事物是休閒的根本時，就是意指有些人與神（或上帝）做宗教性溝通是休閒之精髓，所以對有信仰的人來說，宗教信仰是最重要的休閒活動，且在西方宗教禮拜儀式，與所有宗教活動一樣，是在不需為生計忙碌時舉行。原本是嚴肅的儀式過程，但這些舞蹈、音樂、戲劇逐漸融入人民們的生活中，成為人們抒發情緒或藝術展演的活動。宗教對於休閒的發展有著重大影響，卻是千真萬確。同時，宗教仍然是許多人休閒活動的主要部分，而且對於每日在社區團體都安排了禮拜與宗教服務的人們說來，宗教更是重心，且影響力瀰漫其生活。

六、觀光

「旅行」是十九世紀現象的特徵，源自學生及較高階層的人們旅行到雅典、巴黎或開羅，研究及實際體驗另一文化的生活方式。觀光旅遊發展自十九世紀開始，由於其對經濟、民生影響深遠，故亦被獨立為第四產業。以下分別就觀光旅遊類型趨勢分述之：

(1)基本休閒遊憩的需求：主要目的為身心真正的放鬆，目的地包括海邊、郊區、山林、野外等。觀光客的需求為吸引人的風景、與大自然接觸的機會；(2)觀光、旅遊與文化交流：目的地以著名的風景區、市中心區為主。觀光客的需求為四處遊覽，希望看遍所有的名勝地區，原因為自我教育、追求自我或炫耀，觀光就是在累積與蒐集經歷；(3)商務旅行：商務旅遊雖以生意為目的，但同時也消費、娛樂，如同一般觀光客。目的地非一般觀光地區，而是重要的大城市，以歐美為例，如日內瓦、法蘭克福、布魯塞爾、格拉斯哥、伯明罕等；

(4)獎勵型的商務旅行：始於 1960 年代美國地區，為老闆對屬下的一種獎勵，國際觀光客中每年有四百萬人屬於此一類型的旅遊；(5)遊樂園（Commercial Recreation Park）主要是以電動機械設施為主，諸如雲霄飛車等。而主題園多屬於洋溢著親子歡樂、兒童夢想、神奇之旅的遊樂王國，運用無比的想像力，帶給遊客不同的感官刺激與享受。

目前旅遊的型態較偏向多旅遊點、活動安排密集的方式，以致每個旅遊點都未能深入瞭解，而且過於密集的活動安排，未能充分達到紓解身心的效果。因此在未來國外所流行的「定點、純休閒式」的度假方式將會增多，為因應此種趨勢，整合性的度假村將很有發展潛力。遊憩活動潛力大、停留天數長、使用大眾運輸工具比例較高、旅遊動機以親近自然為主。隨著旅遊活動的日趨蓬勃與多樣化，單純的欣賞風景已難滿足旅遊者的需求，必須配合優美的自然景色，開發各類的休閒活動與設施，才能因應此種多元化的旅遊需求。

觀光的型態隨著人類生命週期的發展而有不同的方式，背包加睡袋式可能較適合某個階段，而旅行房車式則能適合另一階段。觀光與多數休閒形式一樣，對每一種人、每一個人都有貢獻。一趟週末之旅與休假一年以環遊世界享有相同的益處。觀光旅遊作為一項產業，便應以提供大眾高品質之休閒娛樂為目標，大眾應視旅行為個人成長，同時為輕鬆娛樂的機會。

貳、負面的休閒

一、毒品與酒

1881 年間，一位西班牙醫生接生了一個死嬰，他狠狠吸了口雪茄朝嬰兒臉上一噴，本來死寂的嬰兒開始抽動，接著臉部一扭，哭出聲來。這嬰兒即是畢卡索出生時的故事，煙味使嬰兒甦醒。藥物主要的目的是在改善情緒、帶來快樂、強化意識，因忽視這些好處，而去強調藥物帶來的副作用，是法律將其視

為禁忌的原因。越來越多的毒品管制法出爐，但卻抵擋不住毒品的蔓延。

人類使用迷幻藥物最早始於原始部落的宗教儀式，藉由藥物的刺激達到天人合一的境界。在漫長的人類歷史，人類以各種不同的方式（打坐、宗教儀式），試圖讓個人更貼近神靈及整個宇宙，而到了現代社會，人類又重新並且大量的使用這類迷幻藥物。儘管使用藥物追求的目的與宗教的目的並不相同，但是卻意外地經由類似的過程與經驗，達到相仿的世界價值觀。自有人類文化開始，飲用酒類即是一種遊憩放鬆的行為，毒品與酒提供了逃避每日現實生活的短暫去處。

搖頭丸、安非他命、天使塵、scoop 是「設計者毒品」的名字或俗稱，之所以稱為「設計者毒品」，是因為它們是特別設計的，而且經常被其製造商加以變化。它們是合成的，所產生的效果酷似天然毒品，但強度更大、更容易上癮，它們也是非法的。

商周出版的《迷幻異域——快樂丸與青年文化的故事》，作者強調，快樂丸文化之所以能夠滲透到英國各大小城鎮，在社會各階層造成革命性的影響，理由非常簡單——快樂丸文化是絕佳的夜間娛樂，但另一方面，它也提供人們無限的可能性。在英國從遊民到中產階級、從音樂到衣著、從街頭商品到法律政治，到處是快樂丸文化的影子。英國「舞曲—藥物」的文化儀式不但沒有止息的跡象，反而越燒越旺，蔓延到世界各地。

毒品使用已在其他遊憩活動造成了廣大的影響，音樂活動及政治聚會已結合毒品的使用而被視為理所當然。有人喜歡在駕汽船、騎車，或滑雪之前、之中或之後注射毒品，以感覺其變化。各式的毒品可能在聚會中供應，就像別的場合中的雞尾酒一樣。

搖頭丸廣泛使用於盛大的通宵舞會，稱為「瑞舞」。在那兒有時會有數千名年輕人跳著舞，伴隨著高音量、由電腦合成的「科技」音樂，而地點常常在廢棄的空屋、公園，或鐵路調車場。大部分的瑞舞是非法的，而且很不安全，有些年輕人在這些舞會中因吸毒而喪命。政府公部門以正當的地點、時間之內

公辦舞會，號召青少年從事正當的舞會活動，讓青少年有適當的發洩管道，也是一種正面的教育。

根據國外的資料，有數千名十七、十八歲的青少年，甚至很多更年輕的，從十二歲開始，就在瑞舞中服用搖頭丸。對很多人來說，瑞舞之夜表示著任何事都可以辦得到，他們認為自己可以經歷一些別的事情，或暫時成為其他人，以逃避那種似乎不適合他們、卻又圍繞著他們的日常生活。因此，遠離生活的門票就是搖頭丸。

卡維波（2004）認為，醫療化權力體系不太有利於藥物資訊流通以及自主使用，以目前網際網路發達的時代，透過網路購買藥物並不是一件難事，法律根本無法制止這些私底下的交易行為，既然國家無法管制，不如把用藥經驗更進一步的流通，或者是醫學界對濫用藥物有更多正面的介入，而非如目前的狀態——國家壓制它，醫藥界忽略它，改變禁毒策略或許也是一種不錯的逆向思考方法。

有些勞工們借助化學反應或發酵反應來放鬆，也有人至 pub 或啤酒屋飲酒作樂。從事娛樂性的工作者有時會使用藥物（毒品）透過使用毒品給人恍惚或神秘的感覺，放鬆情緒與壓力。但使用酒與毒品，是一種化學誘引的休閒（Watts, 1962），真正的休閒經歷會豐富及提昇休閒者對美，對世事之通達，和與人談話之收穫等享受，都對休閒者有正面的效果與助益。良好的休閒或遊憩經驗會提升、豐富並增益休閒遊憩者。使用毒品和酒精物雖然可以讓人放鬆，可是濫用之後則會妨礙真正的休閒，導致更多的問題與壓力。

二、賭博

一般人對「觀光賭場」直接的聯想就是「拉斯維加斯式」的賭場，也就是 "casino"。casino 根據牛津字典解釋是 "a public room or building for gambling and other amusements"，指的是一個「提供賭博還有其他休閒娛樂的場所」，是一種以賭戲為主並附帶有其他遊憩設施的「複合式賭博遊憩場所」。在真正

大型的觀光娛樂城中，賭博只是附設在五星級大飯店中眾多娛樂的一環，周邊有太多值得留連的主題樂園、表演節目，適合全家大小各年齡層一起前往度假。

台灣的政府向來都禁止賭博，但是賽鴿、大家樂、六合彩、電玩、柏青哥、鬥狗、賽馬、職棒簽賭等相繼風起雲湧的現象，似乎只讓我們感覺到台灣是「越禁越賭」，而地下賭場普遍存在，亦早已是民眾們普遍的認知。因此，許多有志之士認為既然賭風禁之不絕，與其睜一隻眼閉一隻眼，任其在地下繁衍，不如因勢利導、化暗為明，開放賭場納入正常管理，以疏導民眾好賭的「天性」，又可兼有稅收、休閒功能，國人也不必再遠渡重洋赴異鄉豪賭。

《美國新聞與世界報導》（*US News and World Report*）於 1996 年指出，美國在 1994 年的全國犯罪率下降了 2%，但是設有賭場的地區之犯罪率卻提高了 6%（Goodman, 1996）。賭博（賭場特區或是樂透）合法化後，偏執性賭徒（強迫性賭徒）在美國總人口中的比率自 0.77% 增加至 1.5% 到 5% 之間，也就是上升了二到七倍之間，合法賭博開放程度越大的州，就有越多的問題賭徒與偏執性賭徒。

為何台灣的賭風會如此猖獗，而台灣人又為何會去賭？事實上，除了賭是一種「人性」外，還有許多因素加在一起，才會導致這步田地。從這些因素著手，才是正本清源的辦法，且讓我們列舉一些明顯的因素：人們沒有正確的休閒觀念、普遍缺乏休閒技能；社會沒有足夠的休閒遊憩的場所、普遍缺乏休閒遊憩的建設；國家不夠重視休閒教育、普遍缺乏休閒專業人才。追根究柢，「有錢有閒」卻無適當管道（軟、硬體）來運用這些錢與閒，才是台灣種種社會問題（賭風問題只是其一）的主要根源。根治之道在於國家能夠確實加以重視休閒教育、多多培養休閒專業人才；政府能夠加強休閒、遊憩與觀光方面的建設，讓人們有良好的休閒地方與場所去善加運用自己的錢與閒；人們能夠建立起正確的休閒觀念、培養出良好的休閒技能（葉智魁，2004a）。

三、漫畫、網路休閒

　　資訊休閒業（網咖）是資訊時代之產業，寓有輔助全民學習電腦操作及上網應用於生活層面之功能。面對資訊時代之全面來臨，網咖店已蔚為一股商業風潮。時下青少年最熱中的休閒場所是哪裡？很多人或許會回答KTV、保齡球館、撞球間、舞廳或 PUB 等地，但近來所謂的「漫畫休閒館」、「網路遊戲館」已以黑馬之姿擄獲了廣大青少年的心，其一分鐘只要一元的消費方式，免費暢飲飲料，還提供免費室內電話、最新流行歌曲 CD、毛毯抱枕、置物櫃、象棋與跳棋、上網等服務，消費便宜，隱蔽性又高，就有青少年利用這種特色，在內從事不法勾當。例如業者規定不能賭博，仍有青少年自行帶撲克牌、麻將來此狂賭，成了越來越多的不良青少年聚集的場所。

　　許多漫畫休閒館闢有和式小房間，網路上甚至流傳許多 Z 世代少年將此當成「賓館」，形容「只要花一百元，就能享受極度快感，還有免費飲料可以解渴」，隱然成為衍生社會問題的危險場所。台北市警方查獲多起在網路遊戲館內上網交友卻被騙的案例，也查獲多起利用網路遊戲館電腦與網路設備犯罪的案例。政府應拿出魄力，結合各局處單位，拿出一套有效合理的管理辦法，防堵漫畫、網路休閒館成為青少年吸毒、賭博兼「辦事」的溫床。由於網咖店提供之遊戲軟體內容精彩，易使青少年沉湎其間，耽誤課業；其次，網路賭博、色情事件層出不窮，引發社會各界關切；再者，現階段各縣（市）政府受理網咖業登記之寬嚴標準不一，業者難以適從，且取得合法登記不易（已登記家數佔總家數比率約為30%）。社會各界不斷要求政府制定專法管理，以淨化行業之營運，並促進產業發展。

　　經濟部於 2002 年 3 月 25 日重新提報行政院，案經行政院於 4 月 8 日核轉立法院審議，立法院 2002 年 5 月 22 日逐條審查竣事，並於 2002 年 6 月 2 日朝野協商時，達成初步共識。條例草案共五章，計二十七條，條例公布實施後予業者一年緩衝期，俾便因應。民眾對網咖店原存有負面印象，學生家長也不放

心其孩子至網咖店內消費。因此，管理條例草案之通過立法有其迫切性，將使執行於法有據，並有強制力可導正行業營運；另可統一事權，各縣（市）政府有共同遵循之標準，對輔導網咖產業之發展當能發揮實質效益。

國內家長團體早期一向對網咖發展抱持反對態度，不過近來部分家長對網咖發展開始朝正面思考，這也與新型態優質網咖的現身有關。網咖發展初期，家長並不瞭解網咖的實質內容，因為家長本來就對學生聚集場所特別關心，再加上網咖產生的負面新聞不斷，當然會對網咖抱持負面評價；但近來許多家長團體都抱持贊成優良網咖發展的態度。

一間間號稱五星級的新型態網咖，正如雨後春筍般地在街頭現身，網咖內不再只是背著書包尋求網路遊戲刺激的學生，許多上班族、銀髮族正逐漸被吸引著，甚至成為家庭假日休閒活動的場所，創造出另一股流行新趨勢，一股網咖維新運動正勢如破竹的展開。許多新型態網咖目前展店坪數超過兩百坪，且提供完整複合式服務的網咖，數量不到五十家（國內網咖總數約在四千二百家），而這類新型態網咖投資成本往往在數千萬元以上，重金打造的硬體環境更可說是全世界頂尖的網咖設備。位於台北市東區的麗華行，從一到四樓總坪數超過三百坪，包括電腦設備、裝潢等硬體費用，初期成本約二千萬元，這種重金打造的上網環境，得到大眾的青睞。

位於北市大樓地下一樓的天行者多媒體休閒館，總坪數超過三百坪，機器設備、裝潢成本三千萬元左右，電腦採用的是技嘉全新套裝電腦，再加上數十台的大型空氣清淨機、廚房烤箱設備、人體功學座椅、店內藏書與櫃台系統，堪稱是最豪華的網咖設備了。新型態網咖除了要求優質硬體與環境，軟體服務也要給人一種賓至如歸的感覺，從消費者進網咖消費開始，就應該可以享受到有如日系百貨公司的服務態度，整齊的制服、專人帶位、遞送餐飲都是必備的服務，這也是其之所以能吸引上班族的主因之一。

台灣網咖（資訊休閒商業）同業公會不斷在為網咖產業發展與形象做努力，目前有近半數的網咖已開始進行自律工作，雖然對於煙害、環境的問題，

目前仍無法完全規範業者，但色情、賭博等掛羊頭賣狗肉的案例已經減少許多。若中央網咖條例出爐，可規定網咖業者必須透過網路連線方式，二十四小時將店內影像傳輸到各地管區，能大幅降低網咖成為治安死角的問題。有關網咖社區功能，台南縣已進行社區網咖試辦作業外，各級學校也陸續尋求周邊優良網咖合作，希望利用網咖電腦來進行資訊教育課程，甚至進行英文檢定與語言學習作業。至於老人教學與社區數位內容教學方案，公會之前也曾與許多社區管理委員會合作，推動「銀髮族網咖」等活動，為網咖產業塑造更優質且正面的形象。

第三節　生命週期與休閒

休閒的型態必須隨著生命歲月而有所改變，休閒活動的提供者必須對人類的成長及演進有相當的瞭解，才能為不同年齡層的人安排及提供恰到好處的休閒活動。人類的生命可分成四個階段：兒童期（childhood）、青少年期（adolescence）、成人期（adulthood）及老年期（old age）。

壹、兒童

早期兒童是沒有人權的，更遑論有休閒的權力。兒童特別是女童經常是奴隸買賣的對象，尤其是年輕的女童最難抵擋被供奉為待罪羔羊的命運。中古時期，兒童被迫接受嚴厲而殘酷的學徒制度，兒童被毒打或餓死的事件不足為奇。到十八世紀，上流社會的情形逐漸改善，下層社會的兒童仍然被迫長時間工作換取衣物和住宿。當時，童工可因輕微的犯過而遭受死刑的懲罰。狄更斯的「孤雛淚」主人翁奧立佛從孤兒院逃出後，在英國的下階層社會遍嚐人世辛酸，面對紛至沓來的打擊便是最佳的描述例子。目前第三世界的國度裡，童工被剝削時有所聞。曾有美國本土保護兒童人權的人士疾呼不要買迪士尼的玩具，因為

玩具是由國外的童工所製造。臺灣雖富裕但仍舊有童工與雛妓的問題，在我們倡導兒童休閒時，也應正視兒童的人權問題。

　　臺灣內政部兒童局為加強宣導呼籲國人重視並關懷兒童及少年人權，特配合「國際兒童日」（11 月 20 日）規劃於每年的 10 月至 12 月為兒童及少年人權季，希望能結合政府與民間團體的力量，積極辦理各項宣導活動，鼓勵父母親們能重視兒童之「家庭成長權」，為我們的下一代努力，打造一個甜蜜溫馨的家，陪著孩子健康活潑的成長，保障兒童少年於身心尚未成熟之際，得在適於其身心發展的家庭環境中受到妥善照護並安心成長。同時也希望藉此增進各界對兒童及少年人權的認知、關懷與尊重，建立兒童少年權利維護的共識，藉由大家的力量一起來守護兒童人權，兒童或少年是有休閒的權力。

一、兒童期的休閒概念

　　兒童期是一段工作和遊戲合一、滋養心智、塑造人格的時期，潛力因而發展、生命得以自我發現、獲得經驗。限制經驗也就是限制兒童，限制兒童於是造就有限度的成人。兒童期是發育最快的時期，孩童早年獲得的運動技巧是影響日後對遊戲和知識吸收的關鍵。

　　家庭是人類生命中最早以及最重要的社會化機構，因為個人從出生開始，童年成長時期通常在家庭中；其次，家庭成員的親密互動關係，是其他團體無法取代的，而這種親密的互動關係，卻是個人社會化過程最重要的因素。在家庭中，模仿與認同提供了兒童社會化發展的過程，在模仿方面，兒童有意識的模仿或學習某人的行為，例如模仿父親的行為，當父親在家裡練習打網球的動作，兒童在旁觀看，也會做出同樣的行為。事實上這對日後兒童的發展有很大的影響，他有可能將打網球當成自己的休閒活動，或者成為一位職業網球員。

　　在認同方面，認同意指兒童將父母親的行為、態度、價值觀、遵守之規範轉變成己有，換言之，兒童會吸收某方面與己相似的人格行為。例如父母親認為觀賞職業棒球運動是一種有益的休閒行為，而且認為在球場上，球員的奮戰

精神有助於個人刻苦耐勞的精神培養，在球場外，球員熱心公益提倡各項慈善活動，具有良好的社會形象，那麼他們的小孩可能因為這個因素，而將成為職業球員視為人生的目標之一。

在個體成長的過程中，家庭中兄弟姊妹不僅是個體互動的最主要對象，彼此之間會相互影響而參與休閒活動。舉例來說，哥哥時常從事玩遙控車的活動，在閒餘之時所談的所接觸的訊息都是與車有關，當他帶著遙控車的器具前往草坪時，所給予弟妹等的感覺是他正要從事遙控車休閒活動，因此在無形中可能影響其弟妹參與相同的休閒活動。

二、靜態的休閒活動

休閒的型態各色各樣，隨著年齡的不同，居住處境的不同，而有不同的休閒主張，如一位體育老師或許會認為打球運動是他的工作，但是，一位音樂老師卻可能認為打打球是放鬆、是休閒，所以不同的人對休閒便有不同的看法。凡是能讓兒童有安頓意識、開展自我、抒放情懷、樂在當下的，都是好的休閒活動。靜態的休閒活動如「聽音樂」是一項在日常生活中極為普遍的休閒活動，聆聽由歌謠改編的聲樂或器樂曲，由於曲目內容本身的親和力，很容易獲得兒童的喜愛。從認識本國、外國的童謠、兒歌、民歌，進而認識世界著名的藝術歌曲，可以擴展兒童的音樂視野由近而遠。帶領兒童觀賞美展，是引導兒童走進藝術殿堂的美麗花徑，兒童可以透過藝術家凝聚智慧與感情完成的作品，接觸美、感受美、享受美。美展的型態繁多，琳琅滿目的展品各有特色，觀賞的兒童又有年齡的差異，觀賞方法自然不宜齊一。

人類具有愛美的天性，觀賞美麗的自然物、藝術品都會心曠神怡，對於兒童只要稍加提攜，很容易激發潛藏的喜愛美術的興趣。經常安排兒童參觀美術館，增加親近藝術品的機會，自然而然會消除自卑、冷漠、畏懼的心理，順暢地發展天性，增強美術鑑賞的信心。引導兒童觀賞美展，觀賞前鼓舞情緒，以增強對這次美展的期待；觀賞中發掘驚喜，以維持興趣的熱度，或解析疑惑，

以提升鑑賞的程度；觀賞後須回味、共享、整理，肯定其心得，滿足成就感。「博物館」原本給人的感覺是陳列重要歷史文物的地方，可以吸收很多知識，但卻令大多數人卻步。而隨著時代的進步，博物館一詞有了新的定義，美輪美奐的建築搭配精心規劃的展覽空間，「說故事式」的文物展示方式，以及各種特展、活動，使得參觀博物館成為民眾常做的休閒活動之一。兒童的博物館是博物館類型中最特殊的一種，因強調動手做、親身參與的活動方式，使得參觀者與展示內容之間有互動性，往往帶給參觀者「驚奇」，因此無形中將參觀者由被動的參觀轉成「主動」的學習，達到博物館教育的目的。

兒童博物館的觀念首先發軔於美國，是一種以「兒童」為主觀眾群的社會教育機構。兒童博物館的類型有兒童博物館（Children Musuem）、科學博物館（Science Museum）、科學中心（Science Center）、探索中心（Discovery Center）、兒童會館、兒童育樂中心等等，以服務兒童為主的博物館型態的展覽場所。這種博物館與成人博物館相異的特色是：將成人博物館裡面隨處可見的「請勿動手」的告示牌的「勿」字拿掉，變成「請動手」的博物館了。

三、動態的休閒活動

兒童有遊戲及從事休閒活動，以利其發展的權利。健康、安全、遊戲、學習與寧適等問題，是兒童遊戲規劃、設計及經營者需要考量的社會公共福利。兒童遊戲場可以說是一個「環境設計」的精華縮影，如何將兒童遊戲場環境建築成功而完美是一門學問，如社會學者、教育學者、景觀建築師、建築師、幼教老師、工業設計者等共同來關心兒童遊戲的問題，投入各式各樣的主題加以深入研究。

兒童時期的良好活動項目有呼拉圈、跳繩、攀登台、平衡台、彈跳器、各種球類和沙袋。孩童除了需要較大的活動空間外，還需要有不同種類的遊戲器材以促進肌肉神經的協調和強度，並供應他們不可缺乏的社交經驗。今日兒童的生活背景、環境和往昔完全不同了。往昔農村社會多為大家族，兒童從小和

兄弟鄰居社交互動頻繁，童年毫無壓力，生活經驗豐富。而今，家庭子女少，獨生子女亦不在少數，個個皆是寶，又生活在都市叢林中，與同伴互動少，自我意識較強。若能透過學校教育如校外教學分組的設計，讓學生去學習和同組友伴在意見、行動不一致時，如何去尊重彼此，服從多數人的意見，學習忍耐、等待與包容，拓展兒童的人際層面。

父母及絕大多數休閒專業人員最關心的莫過於兒童遊戲場，大約有四種遊戲場，分別是傳統式（traditional）、現代化（contemporary）、探索式（adventure）及主題式兒童遊戲場。

傳統式兒童遊戲場是目前在台灣的一些校園內或舊社區的公園裡會看到的遊戲場，在乾地、草地或柏油面上裝置幾樣設備，如障礙桿、鞦韆、滑梯、蹺蹺板、旋轉木馬等設備。缺點是孩童對這種公園容易生膩，只供應個別單種功能的遊戲設備也因而造就了單調的孩童。單種的遊戲設備只能供給單一和預定的反應活動。遊戲設備底下缺乏吸收撞擊力的地面設備，容易造成孩童致傷，另一個受傷的原因是孩童遊玩時猛烈的和遊戲設施相撞擊。

現代化兒童遊戲場又稱之為「有創造力或精心設計的遊戲場」（creative or designed playground），一種種類繁多而且具有激勵性的新型兒童遊戲場。這種遊戲場中的裝備大致有：木製攀登台、爬梯、輪胎網、吊橋、滑纜、輪胎鞦韆、平衡桿、隧道和滑梯。除有不同形式的裝備及所有裝備都改用木頭和橡皮外，傳統式和現代式最大的不同是所有的裝備已不再孤立和分散，它們彼此互相連鎖（linked）。現代化兒童遊戲場是孩童願在這種公園裡花長時間玩高水準及樣式繁多的遊戲。充分利用色彩的組合、精細的外表、不同的形狀和變化的地形，再配合年紀和程度的差異，加上樹木和植物的使用，可大量提高孩童的興趣。有不同地平面的遊戲公園能供應孩童玩有想像力的遊戲，培養方向感、玩捉迷藏、觀察、滾動、攀爬、溜滑及跳躍。

探索式兒童遊戲場是二次世界大戰後的產物，戰區兒童利用轟炸後的殘破建築轉變成有趣的遊戲場所，因此引起公園設計者的注目，探索式遊戲場於

1943 年始創於丹麥。從此，由孩童自創遊戲空間的概念逐漸普及於北歐、英國和美國，美國探索式遊戲場協會在 1974 年成立。孩童利用個人或團體所捐贈的廢棄木材、木箱、繩索、鐵鎚、釘子、鋸子及各類工具，拼、湊、拆、建他們所構想的遊戲結構物。缺點是其具高危險度的外觀，使保險的責任有極大爭議。據探索式遊戲場協會統計，探索式遊戲場所造成的意外事件，在形式和數量上與傳統式的遊戲公園相差無幾。

主題式兒童遊戲場最著名的即為迪士尼樂園。從小開始，迪士尼幾乎是每個人心目中的夢幻樂園，許多的迪士尼傳說便深深的影響著大家，白雪公主的城堡、米奇和米妮的家、高飛狗、唐老鴨伴隨許多兒童成長。「這世界上應該有一個能讓父母和孩子同時得到歡樂和美好回憶的地方！」因為這個想法，迪士尼樂園在華特·迪士尼計畫了二十年後誕生了。華特·迪士尼擁有兩個女兒，當時他常為了計畫要帶孩子到哪裡玩而大傷腦筋，不只考慮到安全問題，更因為自己總是獨自坐在一旁吃著花生無法參與而感到無聊，於是他許下心願，要建造出世界上獨一無二的歡樂王國，藉著哥哥羅伊的四處籌資，在沒有人相信他會成功的情形下，兄弟倆只花了二百六十五個工作天，便建造出加州迪士尼樂園，並於 1955 年 7 月 17 日正式開幕，至今已有四億多人分享了華特·迪士尼的夢想（前兩座分別在美國加州、佛羅里達州）。

東京迪士尼樂園是迪士尼歡樂王國第一個位於美國以外的據點，是第三座迪士尼樂園，第四座迪士尼樂園是在法國巴黎，全球第五座迪士尼樂園在香港開幕，這也是華人地區首座迪士尼。香港迪士尼從 2003 年 1 月動工，歷經兩年九個月完工。香港迪士尼從設計、完工，到劇場表演，都融入很多中華文化元素，園區內建築物的方位，甚至要風水師認可後才能拍板，因而有西方媒體稱之為「風水迪士尼」，很有「迪士尼中國化」的味道。

四、性別角色影響玩具的選擇

對學齡前兒童在幼稚園學習歷程的觀察研究發現，仍舊有幼教老師在與學

生互動過程中充滿性別偏見；例如介紹玩具並叫學生示範（醫生用聽筒通常會找男生示範、護士會找女生示範等）。以往在學校小男生如果喜歡玩娃娃、小熊之類東西，會被小女生罵變態。然而隨著時代的推移，女孩玩跳房子、男孩玩牛仔和印第安人等典型男女孩遊戲偏好的觀念已逐漸被淡化。女孩日益加入陽剛性活動，男孩也逐漸棄守一向專美於前的遊戲，許多遊戲已不再是男孩的專利。

孩童自幼和相同性別的父親或母親接觸機會不多，可能會造成孩童對其性別角色的錯覺甚或完全誤解。男孩日常與父親或近似父親形象者接觸較少，他們對男性的瞭解經常以母親雌性的觀點為依歸，然通常與事實稍有偏差。例如單親的母親與女兒在對父親角色的詮釋上時常會與一般健康家庭對「父親」的角色有不同的體驗。多數的父母反對兒子玩洋娃娃。一般而言，玩具廣告局限於典型的男女性別角色。男孩的玩具偏重於暴力、體力活動、電腦、佔有（不同於女孩擁有或操作玩具）、英雄形象和權勢的表達。女孩玩具卻與柔順、感情成分頗重的洋娃娃或填充玩具有關。

《威廉的洋娃娃》是一本以小男孩想要洋娃娃為主軸的故事，只因他是小男孩，這小小的心願就惹來哥哥說噁心，鄰居的小朋友罵娘娘腔，爸爸也只肯買別的玩具給他……直到有一天，奶奶來了，只有奶奶願意送他一個洋娃娃，奶奶認為：男孩子也要學做爸爸，不但實現了小男孩長久以來的心願，並且讓爸爸瞭解玩洋娃娃的男孩其實沒有什麼不好。此童話繪本試圖打破兩性刻板印象，幫助孩子學習尊重他人的興趣和喜好，讓孩子明白每個男孩、女孩都很不一樣，大家都可以隨自己的個性、想法、喜好及所接觸的事物發展自己的獨特性。

身為小男孩，他可以陽剛，也可以陰柔，他可以喜歡籃球，也可以愛上洋娃娃；同樣的，身為小女孩，她可以愛玩洋娃娃，也可以玩機器人，她可以迷上足球，也可以愛縫紉。因此，孩子才不會因傳統刻板的性別角色，限制了他的活動和興趣，而嫌惡起自己的性別身分。當然這樣的故事，也可以讓氣質上

與傳統刻板性別角色格格不入的男孩女孩，感到心安、不孤單。

　　這雖是孩子生活中小小的故事，但是從兒童發展心理學的觀點，扮家家酒也是孩子第一次學習做父母呢！透過模擬現實的遊戲，孩子模仿當爸爸、媽媽，而開始他們的社會化過程。

　　國外有研究顯示認為，孩童一旦達到可分辨性別的年齡，他們開始偏愛「適合其性別特徵」的物件（Kopp, 1989），也避免參與他們認為不適合其性別的活動，對成人公認適合其性別的工作則特別用心，以投所好。教師、父母、長輩和同儕，甚至電影、電視或電視遊樂器、書籍和故事中的角色，對孩童的性別行為標準負有很大的教育責任。一味順應典型男女性別角色教化的孩童心理難免不平衡。極度嬌柔的女性經常憂慮不安，缺乏自信心，不能隨遇而安（Bem, 1974），也有研究顯示，丈夫氣概太盛的男性也有同性質的困難（Hartford et al., 1967）。諮商輔導工作者能從性別角色認同和角色扮演刻板印象的問題加予協助，對每個參與者應一視同仁，或視其為中性人（androgynous）。中性人源自希臘語的雄（andro）和雌（gyny）兩字，每個中性人可依其天性表現其最好或最自然的本性，不需受限於典型的性別行為指南。

　　有些托兒所根據這個理論安排其課程，孩童學家政也修工業技藝課。在學校或休閒從業者細心的安排下，一般人對性別角色的誤解可大量減低，例如舞蹈、繪畫、音樂和家政課應避免全部採用女教員；工業藝術、體育課或舉重課也不必非男教員莫屬。各種組織或職業團體，如果能在不同階層平均採用男女工作人員，是不錯的考量。

貳、青少年

　　十二歲左右，青春期開始，孩童也從此變成青少年（the adolescent），青春（adolescence）來自拉丁文，其字義是「長大」（to grow up）。這段成長過程尷尬又彆扭，身體變化急速，性別象徵逐漸明顯。十九世紀末期，美國開始

提出青春期的概念，即所謂的青春期是無憂無慮的兒童與穩定踏實的成人之間的一段正常過渡時期。當時，這是一個很新奇的觀念，任何兩個生命週期間的過渡期可由不同的因素造成，生理上的變化是兒童踏入青少年期的主因。生命中的過渡期有標準過渡（normative）和異質過渡（idiosyncratic）之分，亦即，有些過渡情形每個人都得身歷其境，有些過渡情形卻只發生在少數人身上。

由於每個人遲早都得經歷青春期各種成長變化，它是很明顯的標準過渡。有些人因過於早熟或發育太晚備受困擾，這種身不由己的變化是異質過渡的顯著特徵（Kimme & Weiner, 1995）。青少年的發展可分成三個階段：早期、中期和晚期。國中三年屬於早期，高中三年屬於中期，晚期大約從高三直至個人開始對自我有比較明確的肯定，以及個人對本身的社會角色、價值觀和人生目標有比較明確的認識為止（Kimme & Weiner, 1995）。青少年單純的兒童期踏入未知的成人期前，他們對其身心變化、親子關係和生活目標始終徬徨不已，國內外許多學者認為在尚未邁進成人期的這段過渡時期，青少年就像個邊緣人（marginal person）需要針對其發展的性質給予適當的輔導。

有研究顯示，受訪者被問及其一生中最不愉快的時期為何時，回答將童年、少年或青年期和成年期相比。所幸答案顯示青少年想法各異，由於每個人成長經驗不同，對人生的感受也有很大的差異，23%接受調查的成人指出，青少年和年輕成人期是他們一輩子最快樂的時期，相對的人數宣稱那段時期卻是他們最不愉快的時光（Bammel, 1992）。

英國經濟學家Keynes說：「自創世紀以來，人類將首度面對一個真正、永恆的問題：如何利用工作以外的自由與閒暇，過著喜悅、智慧與美好的生活。」休閒不是一個容易定義的概念，休閒現象複雜萬端。休閒在不同的時空環境下會有不同的解讀，休閒是可以自由支配的時間，人們不受制於任何外界加諸自身的義務。休閒不是因為外在壓力迫使，但樂於全心全意從事的活動。所以休閒是一種閒適安逸、不急躁的、很愉悅、澄靜的心理狀態。如何運用閒暇，必須從小培養休閒的態度及習慣，如何提升青少年生活愉悅的能力，培養活潑健

康的國民，乃當務之急。

　　生活在都會中的青少年，升學競爭過分激烈的結果，加上青年期中的男女學生，其生理發展日趨成熟，體力充沛，沒有適當的場所可資消遣，也不能經常外出旅行，欣賞大自然，生活因而枯燥乏味。此外課業繁重，即使是假期或例假日，也必須溫習功課或整理課業。很少有機會閱讀自己喜歡的讀物，做自己喜歡的事。與非都會區的青少年相較，運動機會太少，也缺乏運動和遊戲的技巧。

　　父母本身對休閒活動的觀念贊成、不贊成，或缺乏興趣等態度，都將影響子女對休閒活動的感覺和認識，父母對活動不重視，也會影響他們的活動興趣。許多教師和家長的教育及成長背景、休閒方式，受其威權教育及社會風氣教化，對今日青少年休閒內涵有許多刻板印象，往往害怕自己的學生及孩子變壞，對孩子所交往的朋友及涉及的場所，懷有不信任及教養焦慮。因此有的家長們在青少年放學後安排補習，假日報名參加一些活動和才藝課，認為孩子在課業壓力下，比較不會變壞。

　　另一類型的家長屬於放任式，對孩子休閒活動漠不關心，已灰心或沒時間管教。孩子打電動、飆車、加入不良幫派、深夜不歸待在泡沫紅茶店、賓館、PUB、KTV、跳舞、看黃色書刊錄影帶、吸毒等，從事不良活動。一些教師對班上問題青少年所從事的休閒活動，具有防衛心理，不希望班上同學被帶壞，採隔離政策保護了一些學生。這些問題青少年為了發洩精力和體力，為了博取同儕強烈的讚賞與回饋，也鋌而走險的從事危險性的活動，將身體暴露在危險的環境中，甚至有性命的危險，如飆車、攀岩、彈跳等危險性的休閒活動。由於缺乏適當引導，導致一些同學把問題青少年視為英雄，對其所從事的休閒活動趨之若鶩。

　　然若有負面的休閒經驗、休閒認知則會深深影響人們的休閒態度。當休閒有負面影響時，其影響是很顯然的。沉溺於網路遊戲的學生，可能翹課、不眠不休，對課業和家庭都有很負面的影響。台灣在週休二日政策施行後，學生休

閒的時間雖然增加了，但大都以看電視、看電影、打電腦、打電動、逛街、閒聊、上網咖打發時間為主（楊朝祥，2001），可見網路影響生活日深。青少年在標榜便宜上網的咖啡館中呼朋喚友，結識新知，不論是應用網路相關資源，或透過即時連線快打以遂其目的，都已形成流行風潮（陳嘉彰，2001a）。網路遊戲所提供的聲光效果，以及模擬角色之鬥智多變，對青少年來說不僅是娛樂，更是一種自我挑戰和同儕認同（薛承泰，2001）。在生育率低的時代中，網咖也提供青少年逃避寂寞的庇護所。由網咖的普及，和青少年的消費過程產生的許多問題中，有正面，也有負面的功能。學者、專家的看法多以提倡正面功能為主，對於負面的部分，則建議以政府的管理而非禁絕來促其轉變。

休閒教育應從休閒認知著手，務求建立正確的休閒認知，才能培養正面的休閒態度，進而學習並養成良好的休閒行為。結合家庭、學校、社區及政府力量，多採納青少年的建議，共同策劃有意義的休閒活動，讓青少年有充實適性的休閒內涵。在現有學校、公園、公共場所中，彈性開放健康的體育場所供青少年從事體能性的活動，設計益智資訊軟體及才藝的活動，滿足青少年多方興趣及需要。在師資和親職教育方面，宜落實健康休閒的生活教育，使他們對休閒態度及對子女管教態度能有正確的認知，也能以身作則，享受快樂的休閒生活。做青少年休閒教育的投資，必先瞭解國內青少年休閒教育實況問題，再剖析青少年休閒觀，從中瞭解他們的需要及想法，與青少年共同決策規劃青少年休閒活動，才不至於所設計出的活動，乏人問津，失去教育。

參、成年人

一、從休閒活動中獲取利益

生活型態（lifestyle）是許多研究用來瞭解成人與其休閒行為的重要變項，生活型態是指個人生活在真實世界中，表現在他所從事的日常活動、對事務的

興趣（interest）與意見表達（opinion）上的生活模式（Kotler, 2000），幾乎涵蓋了影響休閒行為的價值觀、文化、社會、個人及心理等主要因素。一般人認為成年人有充分的能力為自己選擇及安排休息與休閒活動，事實並不盡然。休閒也需要透過教育的歷程，人們需要有人指引他們，才能有效率的安排休閒時間。美國幾個大城已開始成立為顧客提供自我啟發與滿足自我經驗活動的休閒顧問諮詢（leisure counseling）（Bammel, 1992）。

近年來的醫術進步神速及法定退休年齡的延後，嬰兒出生率遞減，成人是人口比率上升最快的一群。成人成為注目焦點的趨勢，促使許多領域的研究人員對成人發展的特性、成人休閒行為及成人休閒利益等問題，產生極大的興趣。成人從休閒活動中獲取不同的利益，可以從生理（physiological benefits）、社交（social benefits）、放鬆（relaxation benefits）、教育（educational benefits）、心理（psychological benefits）、美學（aesthetic benefits）（Bammel, 1992; Verduin & McEwen, 1984）等方向來思考，分述如下：

(一)生理的益處

生活科技的日新月異，電器用品的日新月異，使人們省略了許多消耗體力的機會，導致許多辦公室的人員，很少人能從每天的例行生活中得到運動的機會。一般人來回竟日長坐辦公室，完全以交通工具代步，因缺乏運動而發胖或罹患與心臟血管有關疾病的人數不斷增加，定期的肢體動作活動能確保身體康健。成人因設備短缺及繁忙，使他們無法參加球隊活動，參與個別式或雙人的活動則不至於受影響，跑步、疾行、網球、騎自行車及有氧運動等體適能活動，逐漸受歡迎。

為了維持良好的健康，我們每一個人都應盡可能的把握住機會，藉著持之以恆的運動得到強健的身體。身體健康的人比較會從事積極性活動，而身體不健康的人則傾向於從事消極性活動。許多報導顯示每星期運動三次，每次二十分鐘，可保持體適能的水準，要有所改進，每星期就得運動四至五次，每次二

十至三十分鐘。足夠提高體適能水準的激烈運動必須達到最高心跳率的 85%，計算體適能水準的方法是以二百二十減去個人年齡，再以所得的結果乘以 0.85。偶爾參與體育活動雖然聊勝於無，卻無法獲得體適能的終極利益。

然而這些活動一再重複，容易讓成人感到厭倦，加上因年齡增長，這些活動也越顯得吃力。成人逃避遊憩及體能活動最普遍的幾個藉口，是對現有的活動機會所知有限，沒有必要的活動設備，費用太高，毅力不夠及工作太忙。天天緊隨著忙碌的生活步伐和社會的快速脈動，每天填得滿滿的例行公事會導致人沒有時間思考，同時為懶得思考的惡習找到藉口，再加上無孔不入的資訊轟炸，讓人容易身心俱疲。適度的運動會增加創意來源，有時反而會提升公司創造性與生產力。各種球類、游泳、健身操、騎馬、登山、太極拳、潛水、跳繩等，可以鍛鍊體魄，增進體力，有益身體健康。從事腦力工作的人，尤宜多參加體能活動，藉以調劑身心，激勵進取的鬥志。

(二)社交利益

休閒活動參與之際，志同道合，能分享相同嗜好的成人比在其他場合更容易培養珍貴的友情，休閒活動很自然的達到其「社交潤滑劑」（social grease）的功效。人類的本性適於群聚而居，與朋友在一起給人一種歸屬感，也帶來安全感和認同感。因為朋友在一起大都有共同的愛好，也許是共同的價值觀念，也許是情感。在休閒中相對比較鬆散，也比較有默契，因為大家的目的取向很明確，至少要快樂。好朋友在一起能夠卸載工作的壓力、經濟的緊迫；不必聊與工作有關的事情；美容、購物、拚酒、談異性、回憶青春好時光，因為彼此沒有利益的關係，容易有快樂的氣氛。

彼此分享的好處良多，除了人際網絡的拓展外，也是訓練自己的良方，因為在一次又一次的分享中，不斷修正自己的表達，提升語言的穿透力，甚至對事情的記憶及邏輯分析的能力也相對提升；有時，聽者有不同的見解，也會適時的激盪出漂亮的火花，讓自己的見聞更為寬廣。人際網絡的建立是一個互相

交換想法、作法與建議的互惠過程，這過程使我們的事業與生活都受益無窮。

㈢放鬆利益

休閒應該是安靜地、熱切地沉潛在一些事情當中，而做這些事的目的只是為了其中的樂趣，和工作完全不相干。我們許多人都悖離人生的真諦，犧牲了赤子之心，但唯有赤子之心才能使我們找到滿足與快樂。休閒是一種放鬆的心境，健康的心態，才能過別人所說的「好日子」，沒有任何事物能夠取代健康的心態，使我們獲致快樂的生活。

許多人借重藥品及酒精解決痛苦，有些人卻發現遊憩及休閒活動對減輕心理壓力有莫大的助益。郊遊、旅行、露營、遠足等，不但能夠親近大自然，欣賞各地風光美景，還可以鬆弛緊張忙碌的生活，怡情悅性，增廣見聞。休閒活動採用遠離壓力環境，能解除憂慮、恢復精力、浪漫想像，及精神煥發，以至積極參與耗用體力的活動，可以使參與者達到絕對放鬆的目的，所以休閒活動是以整體觀點力圖保持個人身、心及精神各方面的平衡發展。

㈣教育利益

圍棋、象棋、跳棋、拼圖等，可以培養判斷力、啟發智能及思考能力，所以有人稱之為益智活動。蒐集郵票、卡片、書籤、剪報、錢幣、火柴盒、徽章、貝殼、模型等，這類活動從蒐集、辨識、整理、分類、儲藏、展示的過程中，可以結交志趣相投的朋友，相互研究蒐集的方法，分享心得，更能藉此活動，培養我們的細心和耐心，以及整理的能力。而參加社團，擔任生命線、育幼院、消基會、安老院、紅十字會、張老師等義工人員，可使參加者增廣見聞，發揮愛心，增加社交能力；同時，由於「知足感恩」，更能體會「助人為快樂之本」、「人生以服務為目的」的意義。

寫作、閱讀、運動、跳舞、在公園散步、畫畫、演奏音樂、修一門課，或是把時間用來讀別人的作品，可以輕易得到別人絞盡腦汁的結晶，不斷的學習

也是一種休閒活動。休閒活動提供藝術、人文科學及遊憩技能等不同的興趣領域，可獨自學習，也能和其他人一齊參與較正式的課堂學習。很多成人參與遊憩活動的初衷，原只希望能學習某種技能或參加某個活動，久而久之，興趣範圍逐漸推廣，終有欲罷不能之勢。

㈤心理利益

每個人都有被肯定、認同的欲望，休閒活動包括的範圍極廣，所有參與者都能從不同活動中得到有形或無形的肯定（Verduin & McEwen, 1984）、認同的機會，如獲得獎品、銀杯、獎牌、緞帶、獎狀、獎金等具明顯的有形經驗，無形的經驗也有其不容忽視的價值。聖經上有句話：「人若賺得全世界卻賠上自己的生命，又有什麼益處呢？人還能拿什麼換生命呢？」一般人以為工作努力就一定會有錢嗎？有了錢之後，人生就會幸福嗎？但不可否認，「心靈空虛」不是工作、有錢就能填補。每個人都應該思索工作的意義與目的，以及自己這一生的努力方向，重新調整人生旅途的步伐，才可能樂在工作，獲得成就感，也才可能懂得休閒，樂在不工作；唯有懂得在工作與休閒之間、物質與心靈之間，以及利己與助人之間求得均衡，才能優游於生活，人生也才可能如意。

當志工或義工也是一種休閒，志願服務法中指出：「志願服務，指民眾出於自由意志，非基於個人義務或法律責任，秉誠心以知識、體力、勞力、經驗、技術、時間等貢獻社會，不以獲取報酬為目的，以提高公共事務效能及增進社會公益所為之各項輔助性服務。」許多相關研究報告指出，追求知識、社會責任、社會接觸、成就感以及自我成長、開拓視野、增加吸收新知的機會、重建對自己的信心、改變單調枯燥的生活、結交朋友等因素，都是促使志工參與志願服務的主要動機。秉持「施比受更有福，予比取更快樂」的理念，發揮「助人最樂，服務最榮」的精神；擁抱「志工情」，展現「天使心」，胸懷燃燒自己、照亮別人之德操。

有兩個年輕鄉下人甲、乙一起挑水去城裡賣，一桶賣一元，一天可以挑二

十桶。有一天甲說：「我們每天挑水，現在可以挑二十桶，但等我們老了還可以一天挑二十桶嗎？我們為什麼不現在挖一條水管到城裡，這樣以後就不用這麼累了。」乙認為：「如果我們把時間花去挖水管，我們一天就賺不到二十元了。」所以乙不同意甲的想法，就繼續挑水。甲開始每天只挑十五桶，利用剩下的時間挖水管。五年後，乙繼續挑水，但只能挑十九桶，可是甲挖通了水管，每天只要開水龍頭就可以賺錢了。這個故事有一層意義：我們一般人都像乙，每天都把時間花在公司，白天上班，晚上加班，為的只是要賺取眼前的二十元。為什麼我們不能像甲一樣，挪出一點時間，投資在自己的未來，保障我們未來身、心、靈的生活。樂意當義工，做事不談代價，純為歡喜而做，容易有成就感，容易體會到「給人信心，給人歡喜，給人希望，給人方便」的服務信條，心裡容易得到滿足。

再以當義工為例，讓參與者從每天工作場所或家中聽命從事的情況，轉為有機會擔任領導者，對他人及對周圍環境有絕對的影響力，這些經驗可從擔任義工的幹部或活動中獲得。參與者由各種技藝不斷改進的經驗中獲得成就感，亦是休閒的心理利益。其他類似的休閒和遊憩活動能協助參與者在生活遭受劇變，或因搬家、離婚、長臥病榻、至親喪亡後，做適度的緩衝及恢復心態的調適。

㈥美學利益

幽默大師林語堂說：「生命的奧妙在捕捉美感。」美感是一種令人感到愉悅的感官刺激，它可以使人暫時脫離、甚至超越現實生活的煩惱和痛苦，而得到精神的昇華。藝術能提供美感，藝術雖無助於升學與就業，卻對生命有莫大的意義與價值。許多休閒活動的參與者學得如何欣賞天然和人造的美景，他們由從事藝術、音樂、舞蹈與自然景象中，獲得心靈、情感及靈性的充實與滿足，而有些參與者由宗教崇拜以確認個人價值觀念，並使心靈中達到高超的境界。人人都有認識美的潛能；由於是本能，對美覺察的能力是有差異的，美感的本

能需要培養才能發揚光大。

　　透過自然、美術作品、文化遺產等的鑑賞，瞭解美術與我們的心靈世界豐富與否，有密切的關係。以欣賞電影為例，電影超越文學、繪畫、雕刻、音樂、戲劇等藝術形式的「優點」；話劇與歌劇（這是熔戲劇）、文學、音樂、跳舞甚至美術於一爐的藝術。塑形剪紙藝術，是集剪紙、紙雕、摺紙、草編、壓塑、拓印優點的藝術創作，除了有剪紙的功夫，還加入塑形的技巧，將平面紙張的可塑性發揮到極致，可說是中國民間剪紙藝術最新延伸出來的另一個藝術系統，此外科技與藝術的融合之美，使美的形式無所不在。美學利益是一個容易被忽略且難受激賞的利益，培養人的感性，能夠體會藝術的優點與美感，提升創意智慧。對於人類追求美的事物與更高層次的靈魂生活，能夠產生共鳴。

二、成人與休閒活動

　　成人期隨著年齡的增長有不同的生命週期與生活型態，因此對休閒活動的需要和類型也不盡相同。年輕的成人約二十幾歲，有繼續求學的學生、有在職已久或新就業的人、少數不幸遭受免職、有些在眾生中迷失方向，還有些刻意選擇異常生活型態（Farris, 1978）。年輕人因離家及就業經驗，個人有機會嘗試新興趣、認識朋友、參與新活動、新團體並接觸各種人士。例如年輕成人所關心的事包括職業、與異性的親密關係、家人與朋友，由於物以類聚，所以他們會選擇興趣及喜好相投的人士，修相同的科目、選擇類似的休閒活動，事業上尋找志同道合的人。目前年輕成人的遊憩活動大都由商業或公、民營機構供應，如未婚教師聯誼會、未婚工程師的聯誼會等，這些機構提供許多與異性交往、活動的機會，還得安排多種有意義的興趣範疇，使年輕成人經歷密集的社交配對階段後，還有興致回來繼續參加其他活動。這個階段的年輕成人，身體狀況正達顛峰狀態，尤其是未婚成人，特別熱中能運用全身機能的活動。

　　當成人在年歲二十年代堅信既成的決定絕對不容改變，因為這些決定是人生唯一的永恆真理，但有些成人接近充滿疑惑的三十年代，經歷一連串的高低

起伏生活上的變化後，開始對人掌舵生命事件產生疑惑，自信心動搖。這些人可能變成唯物主義的忠實信徒，四處移動、旅遊、觀光成了許多人的感官需求。另一些成人的生命經歷，由於不再像前十年任何決定都束手綁腳，生命頓然充滿了活力。事業前途看好，經濟基礎穩定，購買力增強。如果他們能繼續保持健康的生活和休閒行為，其身體各部器官機能能維持良好狀況。

成人在三十歲中期至四十五歲為「界線十年」（deadline decade），有人稱之為「中年危機」（mid-life crisis）或「中年」（middle age）。此時男女可能會有更年期的現象，身體外觀有許多的改變，體內大量囤積脂肪，皮下組織鬆懈，臉上皺紋逐漸明顯，皮膚與外表肌質失去彈性，健康不良與體適能不足，限制了他們盡情享受許多活動的機會。年紀越大，遊憩活動與興趣範圍卻越受限制。諮商輔導者除應建議成人給自己多一點的體能活動機會外，休閒教育是另一件當急之務，必須瞭解為使退休前後日子過得滿足、寫意，他們需要培養業餘嗜好，參與體能運動及各類遊憩活動。

通常以一個適婚年齡組成家庭至四十歲後中期，四十歲的中後期成人如四十五至五十歲，身心漸趨平衡，促成中年危機的關鍵問題如已迎刃而解，人生有了新方向，生命有了新構想，這個階段足可成為人生最佳年華。此時兒女可能多已離家自立，夫婦必須重新學習適應改變後的對方。遊憩活動是夫婦間克服潛在壓力及調適彼此關係所需的媒介。他們可由新、舊嗜好及活動的參與中，重新認識經時、空及環境改變後的配偶；同時，也為日後美好的關係奠下基石。

四十歲以前從未參與過任何活動的個人，四十中旬以後不容易開始提起興致。因他們參與體適能活動的人數也非常有限，特別需要外來的鼓勵。未婚或失去配偶的個人，有機會尋覓同性或異性伴侶、摯友或建立伴侶關係，休閒規劃人員必須為他們設計一齊的教育性節目；例如，兩人同時進行的體適能運動，這不但有保健功能，也能提供雙方暢談的機會。有些研究顯示，休憩活動對個人生活滿意程度的貢獻中，旅遊與文教活動對四十至五十四歲的中年人貢獻最大；社交活動與球類運動次之，戶外、家居活動及社區團體活動則貢獻最小。

人過了五十歲或退休前，在心態上某些方面漸趨成熟，從較不自我至時常以他人為重，關懷別人漸趨圓熟。在生理上，雖某些身體功能不斷衰退，但有許多替代運動能讓成熟與經驗彌補逐漸衰退的體能。我們應該供給中年人更多的休閒訓練，鼓勵個人終生保持工作與休閒活動的均衡發展。退休前計畫節目能改變心態與行為，它能鼓勵參與者更關心休閒活動，盡量參加不同的社團組織，這些關心及參與有助於改善自我形象。

成人期包含了幾個不同階段，每個階段各有其特定的任務，雖然每一個階段可以年齡概略的劃分，但個人背景與環境的懸殊，經歷類似經驗的受挫程度深淺各異。有些人一輩子難得或幾乎沒有任何困難，有些人則必須辛苦的適應每個過渡時期。從二十歲為追尋自我而離家，進入充滿疑惑的三十年華，再經歷四十年代的中年危機期及圓熟的五十歲月，這些演進自有其固定的程序。雖然年紀越高，休閒活動漸趨緩和，健康狀態也隨生命階段或發展時期之不同而有所改變，每個人的情況卻不盡相同。有些人因生理及社交環境的差異，其各方面的表現極可能與同齡夥伴很懸殊。

肆、老年人

台灣地區由於醫藥的改進，營養水準的提高以及人口生育率的下降，使老年人口不斷增加。由於醫學突飛猛進，幾種絕症已有預防之方或特效藥品，飲食療養的先進報導隨手可得，這些進展，加上居住及安全工作環境的改善，促使人們壽命不斷延長。從人類學家的推估，老年人口還會繼續增長，人類壽命延長是近代社會的事實。

一、老人的休閒與娛樂選擇

一個人進入老年以後，體力雖日減，無法從事較重的工作，閒暇的時間卻日益增多，若能適當安排休閒活動與娛樂，有生活滿足感，能充實生活度過餘

生。反之若不能善加利用剩餘的精力、體力，打發時間，悶悶不樂，苟延殘喘將是生命寫照。老年人彼此之間差異懸殊，老年人年紀越大，相似點越少，相異點越多。對於老人而言，要提升或維持身體機能與生活品質，參與定期的、適度的體力活動是相當重要的。與社會中其他年齡層一樣，老人也有相同的休閒、娛樂需求，要滿足這些需求，主要的差異是如何滿足並提供何種類型的服務。

老邁現象研究員將老年人劃分成六十五歲至七十四歲之間的「年輕老人」（young old），及七十五歲以上的「老年老人」（old old），根據我國「老人福利法」對於「老人」的定義，是為年滿六十五歲之人。根據最新內政部人口統計資料，台灣六十五歲以上的老年人口已達全部總人口數的9.77%（內政部，2006.1）。老人的休閒與娛樂選擇可能是由個人的不同經驗、教育程度、生活環境、健康情況、知識、技能與個人需求所決定。某位老人的休閒，可能是另一個人的工作。因此，一個良好的休閒娛樂計畫方案或服務措施都必須提供許多不同類型的活動，畢竟沒有一個計畫方案或服務措施可以完全滿足老人的不同需求、興趣與能力。

二、老人休閒活動的重要性

國人受到「業精於勤荒於嬉」的觀念影響，一向不重視休閒與娛樂；以致也欠缺活動的正確知識與方法。因此對老人應舉辦休閒活動講座，培養老人活動的興趣，以及娛樂必需的知識、技能，從事各種正常化、多元化的活動，以調劑其身心。運用大眾傳播工具、報章雜誌及網路等，介紹各種休閒活動場所與活動資訊，一方面引導老人參與這些活動，一方面鼓勵老人利用這些設施，俾擴大其活動範圍，充實其生活內容。

老人休閒與娛樂是其生活的一部分，也是老人的基本人權，有助於老人的身心均衡發展，也能使其晚年生活更愉快、更充實。老人在休閒活動中，可以促進身心健全發展和生理上的新陳代謝作用，也可以使他們在單調、重複的日

子中獲得鬆弛與發洩，以免日積月累，導致疾病。老人在休閒活動中，可以再度發揮互助合作的精神。在活動的時候，沒有任何束縛，完全自由自在地去表現與娛樂自己，可以啟發想像創造能力，有年輕的感覺，才能以一種新的樂觀情緒面對生活。

三、台灣地區老人休閒活動的內容

台灣地區老人們的休閒生活與娛樂方式，一般說來，約有下列五種（李鍾元，2004）：(1)社交性的活動如聚餐、橋棋、聯吟、茶會、酒會等方式，活動性質可以使參加的人相互認識，進而交往；(2)文化性的活動，對老年人來說，大都是祭典、節慶活動的參與，以及展覽、音樂、戲劇、廣播、電視、電影的欣賞等，類似活動大部分是基於各人的興趣與愛好設計而成；(3)體育性的活動，對老年人來說，通常包括了散步、羽球、槌球、太極拳、八段錦、土風舞、元極舞等，比較劇烈的活動要特別注意安全的預防；(4)郊遊性的活動，通常包括了垂釣、登山、旅遊等，是一種在戶外的、自然的環境中進行的休閒活動；(5)其他性質的活動，如從事社會服務、經驗傳承的工作，也是有益於其身心健康的活動。

此外，也有部分老人以打麻將或打橋牌為娛樂，但因為不能每天或終日以此消遣，所以只能在家中偶爾為之。老年們活動的場所，除郊外與娛樂場所外，在鄉村大都在廟門外的廣場，在都市則以公園為據點，遇到天雨只好待在家中悶坐。台灣地區對老人休閒活動雖然相當重視，然而實際狀況與先進國家相較，仍有努力的空間。老人對休閒活動與娛樂的需求，較一般國人更為迫切，政府與民間相關團體應扮演積極規劃與輔導的角色，應成立休閒活動機構，負責輔導及規劃。

四、台灣地區老人退休後生活的選擇

退休係指人們從終身的職業退出，對這些人來說，是因為年老離開職場。

退休後天天都是星期天，原來每天工作的時間，都變成了休閒的時間，老年人退休後的安排與計畫，應及早做準備。高齡化社會來臨，銀髮族退休生活多元發展，選擇與子女同住、和老伴或獨身居住、住入養生住宅，個人生活型態與身體狀況影響銀髮族的需求選擇。

選擇與子女同住可以就近照顧，並能享天倫之樂；能自理生活且想享受退休人生者，可選擇獨居或與老伴相互扶持，十分隨性自在；若身體不適但有傭人照料，可選擇住在方便就醫及親友探視的地區；至於想要享受專業的安養生活又不想麻煩子女者，可考慮住在專業安養中心或養生村。

根據行政院主計處 2002 年調查發現，台灣有四十五萬名老人未與子女同住，人數較十年前增加近一倍，其中只有高齡夫妻兩人的家庭達三十一萬人次，獨居老人增加五萬人，住安養中心頤養天年的增加九萬人，顯示銀髮族選擇自主生活的現象越來越普遍。

隨著年齡的增長，人際關係也有所改變，尤其大多數的老人失去配偶，老年人中，有一大部分高齡寡婦或單身女性過著非常孤立的生活。高齡女性比高齡男性獨居、貧窮、缺乏退休養老金與健康保險的可能性更大。寡婦人口是鰥夫的四倍，女性長壽似乎不是人類的專利，許多生物也有類似傾向。活得過六十五歲的女性常可多活十八年，或比同齡男性多活五年。同時，我們的社會，女性通常與年紀比其大幾歲的男性結婚，所以女性比配偶多活十幾年似乎是理所當然，因此養老院有 71% 是女性。老人端賴休閒活動維持人際關係的正常運作，充實無所事事的空虛心靈，進而去調適環境。換言之，藉人際關係、娛樂、興趣、服務等活動，可使老人重新發現生命的樂趣與意義，並適應社會，實現自我。

五、結語

教育是終身學習的過程，也是持續不斷的互動經驗，如果老人能夠持續接受教育與吸收新知，非但不易與社會脫節，也不會陷入社會孤立，更可以緊密

的融入社會中。其實，終身學習可以調整使適合於特殊的要求或情境，也可以將老人與年輕人整合，藉以強化世代間的聯繫。

　　老人具有非常豐富的經驗、知識與技能，這在許多服務領域裡均是相當重要的資源，理應為社會的各個年齡層所共享。考慮老人生活背景、價值與宗教的差異，可提高他們參與社區生活的意願。未來老人福利政策規劃，應鼓勵社區組織與學校等單位瞭解並利用銀髮族的知識、技能與智慧，也讓老人瞭解到他們自己在服務領域上的貢獻與價值。

故事敘說與生涯諮商

前言

I was taking a long train journey from Manchester to London in England and the idea for Harry just came into my head.

一趟由曼徹斯特前往倫敦的火車旅行中，「哈利波特」咻地闖進了她的生命。

——Joanne Kathleen Rowlinng（J.K. Rowlinng）

Rowling 是個單親媽媽，因為找不到工作，只能靠著微薄的失業救濟金養活自己和女兒。她總是窩在住家附近的尼可森咖啡館裡寫作；因為沒錢點餐，所以每次只點上一杯卡布奇諾，寫下「哈利波特」的故事。故事的內容有許多與她自身經驗有關，這本書帶給她許多快樂，對許多讀者來說也是一樣的，「哈利波特」的故事引起我們內在的共鳴。敘事治療創始人 David Epston 曾說，為了創造生活的意義，人必須學習安排自身事件經驗的時間順序。他必須把過去和現在以及未來會發生的事件經驗連成線性記錄，這一份紀錄可以稱之為「故

事」或「自我敘事」。這個敘事如果成功，人對生活就會有連續感，覺得生活有意義。從 Rowling 的經驗使我們更加瞭解，透過敘事的方式提供個體新的選擇，也讓改變成為可能，造就了一個又一個充滿希望的故事。

第一節　後現代思潮對生涯諮商的影響

現代主義者看世界是一巨大的機器，信仰理性、信仰經驗主義，相信知識只能經由感官獲得，並應用理性與經驗主義方法於科學與科技之中。現代性的治療理論是以模控學（cybernetic theory）、機械論（mechanistic thoery）、訊息理論、群論（group theory）、邏輯類型理論等為基礎的系統取向。系統取向如同行為及認知取向，皆是立基於以觀察客觀、理性、瞭解為主的現代主義觀點。

現代主義者認定現象中有放諸四海的準則，強調知識具有普遍性，是從現象中抽繹出普遍原則，再以普遍原則去解釋現象，將文化或脈絡視為可控制的變項，將那些無法用理性思考的現象加以排除。以系統理論為例，凡是系統放不進來的就剔除掉，情緒就一直受排除，沒有被排除的情緒是已經理性化的情緒。現代主義者崇尚客觀的事實真相，因為它們能夠加以觀察及進入系統化的探討，不會因觀察的人或觀察的方法不同而有所不同。

後現代主義者則相信主觀的事實真相，也就是說事實真相會隨著使用的觀察歷程之不同而改變，事實真相決定於語言的使用，並且大部分是人們所處的背景環境之函數。

後現代本來是有意想要超越現代性，現代與後現代的區分有很多方面，其中之一是，現代性的理性思考模式想要用因果、理性化的思考模式來解釋現象，但是畢竟有一些現象是永遠無法套用的。所以 2006 年是現代、後現代或是後後現代？有些學者以時間的先後來看，現代結束後會是後現代。有學者認為後現代主義並非一組明確的理論或真理主張，它是一種「思想傾向」（a mood）。

有學者認為它是一種「方法論」（a methodology）——一種全新的理念分析法。就其多樣化的理念與主張言之，後現代主義也是一種「運動」（a movement）。也有學者認為它是一種對真理的衝撞，多少凝聚於文學、歷史、政治、教育、法律、社會學、語言學及其他學科中，包括科學與宗教。藉著期刊、電影、電視及其他媒體，導致文化「變質」、改變生活的每一層面。金樹人（1997）對現代與後現代的概念作了一個淺而易懂的分類如表 12-1，有助於初學者對此二種主義的辨識與瞭解。

筆者採用折衷主義的看法，把現代與後現代當作是一種思考模式的話，以往是現代主義的思考模式為主流，當人們發現這種理性化的想法不是絕對正確，多元而沒有秩序的部分反而更接近事實時，會改用後現代的思考方式，所以現代與後現代的思考方式時常是並存的。

表 12-1 現代實證主義與後現代主義的比較

現代實證主義	後現代主義
工業時代	資訊時代
印刷出版	電子媒體
牛頓物理學	量子物理學
唯一真理	尊重多元
共相	殊相
經驗論	解釋論
客觀性	觀點性
理性	關係
概念	結構
語言反映事實	語言創造事實
發現意義	創造意義
強調目標的正確	強調目標有用、有趣
當事人接受治療	當事人解釋與重塑新生活

資料來源：金樹人（1997：432）。

壹、後現代主義的生涯觀點

　　早年無論心理治療、社會工作等專業助人行業對案主、問題的看法，多少都曾受到 Freud 精神分析的影響，注重案主內在心理動力、早年經驗的因素。然而隨著世紀的轉移以及主流思潮的更替，漸漸地會把案主以系統的觀點放在家庭、環境中考量，再者更擴大的以文化、社會脈絡的觀點視之。

　　隨著科技的發達與快速的社會變遷，心理治療、社會工作等專業助人行業，對「人」的觀點是越來越彈性、人性、多元，能容納與接受更多與自己不同的想法。世界越來越混亂、解構，逼得人不得不以更寬廣的心去面對，否則便無法適應這個變動的社會。後現代主義的「多樣性」（diversity），正好提供了精神治療師對深受文化多元衝擊的患者，進行試驗的理論基礎。自我和語言深受文化影響，這一流行觀念，造成所謂「家族療法」（family therapy）的興起；然後再進一步導致「敘事療法」（narrative therapy）——為罹患現代疏離症患者提供的一套自助式療法，後現代主義影響了生涯發展的研究。

　　許多後現代的生涯學者們逐漸採用了社會建構主義（social constructionism）的認識論，視知識為社會性的建構。這些後現代的生涯學者，視生涯發展為意義的創造，並提出生涯擘劃、生涯詮釋觀點、生涯發展的生命主題、生涯即故事的觀點、建構主義與生涯選擇、生涯的敘說建構、生涯選擇的私人意義、建構主義的生涯諮商等議題也逐漸受到重視，此外生涯風格諮商、生涯發展的意義創造等，皆是以社會建構主義認識論的精神涉入生涯諮商的研究。

　　人們常以為真實世界是客觀的世界，其實我們活在三個不同的世界：客觀的存在世界；個人對客觀世界的主觀經驗；影響個人主觀經驗的文化背景世界，雖然活在同一個世界裡，每個人的經歷（對客觀世界的解釋）卻不相同（劉玉玲，2001）。一個人所見到的世界是受到知覺所影響，所謂知覺（perception）係指一種歷程，經由此歷程將感官接收的印象加以組織及解釋，以使外在環境

更有意義。平常我們所認識的世界，不一定就是真實客觀的世界，往往是依我們自己的看法所構成的世界。人如何知道自己究竟是誰？會問我是誰？我從哪裡來？我往哪裡去？這些疑問會受個人所處的社經背景、個人的偏見、理論偏好等諸多因素的影響。持後現代觀點的科學家們不再迷信於唯一的現實，這個世界存在著多樣的現實，多樣的真理與多樣的諮商方法。

一、後現代主義對生涯觀點的影響

後現代主義認為文化和語言提供了我們實存世界的認知，我們所居住的社會建構出我們實存的意義。後現代主義是對實證科學的一種反動思潮，認為理智、理性是文化偏見。後現代主義對意義和價值重新定義，並加以解構，藉此形成新的世界觀。十九世紀的浪漫概念論（romantic conceptualism）是尋找人類內在的意義，然二十世紀的實證主義尋求世界外在的意義（亦即何謂真理？）。《真理死了》一書的作者群總結，美國正處於後現代思維的思想革命中，這一思想革命影響生活的每一層面。後現代主義迴避了內在感覺與外在真實的論證，轉而尋索互動的觀點（interactional perspective），生涯發展的研究深受後現代主義的影響。

以往科學家相信唯一的真理，是以自然的現象觀點解釋已經存在的世界，輕忽不重要的現象，不重視無理數的存在。當時科學家相信真理是由一群專家共同理解的觀點所決定，然蝴蝶效應的出現，說明了中國的蝴蝶輕拍翅膀可能會造成紐約大風暴的概念，藉以告知不要忽視小小的力量或細節，正視許多無理數的聚集會帶來無比的力量。M. Foucault 解構知識和權力的關係，對真理做出質疑和批判，就某種意義來說，對現代主義所論述的真理相當具有懷疑的色彩、批判的態度。以往許多學門的理論強調大、巨、碩、後設（meta）的論述，講求統一的理論，現在越來越不可能了，而且不斷在質疑它的合理性及合法性。目前有關生涯諮商的論述從不同的論點切入，而且是歧異性相當高的狀態。

當我們在思考時，很多發展性的概念已不是由上而下的線性發展，而是非線性的蕃薯藤似思維方式。後現代思潮的學者認為因果法則的掌握不明確，對我們日常生活產生的影響是，每個人隨時要面對一些選擇，每個人的心態都要調整，不變的真理是不斷的適應瞬息萬變，調整生涯觀點。

二、建構主義對生涯觀點的影響

生涯輔導的研究在二十世紀末開始受到社會建構主義的衝擊，社會建構主義強調文化和歷史的社會因素和個人特點的關聯性。每一個民族都有他獨特的生活方式，兒童一出生便深受大的社會環境和小的社會環境所影響，就會接受這個社會的生活方式，這種生活方式形塑他們的「世界觀」。地球村是由多元的文化和歷史所建構，後現代主義強調互動的觀點（interactional perspective）論，喜歡依附於情境知識甚於去除脈絡的抽象（Savickas, 1994a）。知識或經驗存在於群體之間的相互關係，從不同的脈絡觀點詮釋同一種現象，才能取得更豐富、更廣延、更複雜的知識或經驗。生涯諮商者如透過故事敘說，可以掌握個體真正的經驗與問題，瞭解個體如何在過去事件中反應與學習。諮商者可從這群敘說中萃取有效的作法，以便具體改善日常的生活。

社會建構主義者將文化背景視為意義的脈絡，因此某一特定狀況的脈絡則涵蓋歷史背景、自然生態、組織結構、象徵符號、人際關係等各種元素間交織的關係。社會建構主義者不只希望知道問題是什麼，並且試圖瞭解脈絡是什麼。瞭解諮商對象與環境互動的情形，也熟悉背景事物，同時更進一步探討事件被人們加諸的意義，檢視的範圍包括文化系統中給予者和接受者。因此抱持這種觀點的學者相信職業行為具有複雜性與脈絡性，如種族、性別、階級的不同，其生涯發展取向自然不同，沒有放諸四海皆準的職業行為。

貳、後現代思潮的生涯諮商特色

　　後現代因其不承認有客觀真理，因為無客觀真理標準，則你我的經驗、看法都可敘說。過去諮商師挺著專業的背景，扮演專家的角色，當事人處於被輔導、被諮商的地位。後現代思維下由於沒有客觀真理，諮商師的主流位階有了重大變化，轉移到與當事人平行的地位。當事人不再是被動的察看生涯資訊，接受測驗解釋的結果；他們可以在諮商師的鼓勵下，主動的解釋自己的需求，重塑自己的生涯。

　　以往生涯發展的理論只能解釋發生這個理論的現有的單一脈絡和文化；然而不同的文化提供個體不同的發展路徑。人類在真實情景中扮演不同的角色，這些角色與現實社會產生緊密的互動關係，角色也提供了人民對社會的認同（Super, 1980）。後現代思潮的興起在多元文化並存的社會，「總體的大型敘事故事」已不存在於每一個社員的心中。相反的，每一個體就是自己的敘事故事，每一個體就是生命角色的主人。以往職業輔導的趨勢，不論當事人的性別、種族、階級等背景，鼓勵當事人融入主流社會。後現代主義將適配主導權放在當事人的手中，讓當事人自行彩繪自己的人生圖畫，諮商師參與了當事人的生命設計，重繪生命版圖。諮商的重點由客觀的適配轉移到個體生命意義的創造，諮商師深入當事人的主觀世界，與當事人關係的建立與互動有新的洞識與灼見，協助當事人發展專屬的個人史詩。

　　生涯諮商歷程是一個意義創造的歷程，許多諮商師發現並沒有大一統的生涯諮商理論可供依循。迨後現代主義興起，諮商師漸漸的從詮釋活動（herme-neutical activity）中發展新的生涯諮商理論。這種萌芽中的生涯諮商理論強調個體的非職業（invocation）意義，以瞭解其決定歷程，以及個人如何建構生涯。當事人決定一個未來的生涯方向，被視為是一種意義的創造，一種安身立命的追尋。

　　Martin Heidegger 在其《存在與時間》裡發展一種現象學的詮釋學，或說詮釋現象學，試圖與他的老師 E. Husserl 的現象學做出區分。他說：「『現象學』這個詞本來意味著一個方法概念。它不是從關乎事實的方面來描述哲學研究的對象是『什麼』，而是描述這種哲學研究的對象是『如何』」（引自陳嘉映譯，1993a）。Heidegger（引自孫周興譯，1993b）認為將現象學描述當作一種方法時，其意義在於解釋（interpretation）甚至是一種詮釋（hermeneutic）；也就是當我們以現象學作為一種考察的方法時，是將所描述的生活事件，從晦暗不明帶到光明之處，使現象能被清楚的看見，從模糊隱蔽的瞭解中開顯出來，所得到的更深層的理解，這種深層的看見與理解即是解釋（引自孫周興譯，1993b）。

　　Heidegger 一生關注「存有（意義）」的問題，沈清松（1983）指出，Heidegger 分析存有的三個結構如下（頁 22）：(1)「境遇感」（state of mind）：若要彰顯存有，人必須對自身在歷史之流中的境遇有所覺知，並有所感受，如果人逃避了自身在歷史中的處境，而不去真實感受，則將落入不真實的存在之中；(2)「理解」（understanding）：指除了由過去所造成之現在處境外，還能對未來的各種可能展望有所認識，而這種可能性的理解乃是「一個不可分割的整體，因為由此整體所把握到的意義，尚未經各種科學的特殊化洗禮，因此仍保有其最原始的意義，事物之所以有意義，就是因為這種最原始的理解」；(3)「言說」（或論述，discourse）：人因為對自己的歷史處境有所感，並在對未來的展望中，把握了可能性整體，此時人需要將其明說出來，明說出人類共同的境遇感和共同展望的可能性，而明說則有賴於語言，但此處的語言是廣義的，亦包含了不說，也就是靜默。

　　後現代的生涯諮商越來越重視協助當事人自傳與意義的創造，生涯諮商師將生涯視為故事或劇本，生涯諮商將會創造出許多新的方法。生涯諮商協助當事人對自己職業經驗敘說故事（storying）與重編故事（restorying）的過程。諮商師的工作是幫助當事人從人即是文本（the person as a text）的比喻，為自己

的生命與生涯做註釋。「Heidegger認為，人通常不敢面對自己的境遇感，不敢面對自己的理解，不敢表達一個真實的言說，所以就逃避，當逃避後，人就處於一種不真實的處境中，而真實的存有仍會對人不斷的召喚，這召喚引發了人內在的不安與焦慮，唯有重新誠實面對自身於歷史中的處境，敢於理解，並說出真實，誠懇的回應內在存有的召喚，才能消除此種心中的不安與焦慮」（楊明磊，2001：33）。由此可以理解，後現代的生涯諮商是一種協助當事人練習對自己生涯史進行敘說的歷程。

第二節　敘事理論

敘事心理治療是目前受到廣泛關注的心理治療方式，透過敘事心理治療，不僅使當事人經由「故事敘說」、「問題外化」等方法，使人變得更自主、更有動力，心理得以成長，同時還可以協助諮商師對自我的角色有重新的統整與反思。

敘事理論是十九世紀家族治療中的一個主要潮流，其代表人物為來自澳洲及紐西蘭的家族治療者——White及Epston。他們在1980年代發展了此理論，但在1990年其《敘事治療的力量》（*Narrative Means to Therapeutic Ends*）一書在北美發行後，此理論才開始大為流行。這兩位家族治療者認為每個人都會為自己的生命故事賦予意義，人類無法記得全部生命中的細節與瑣事，因此人類透過選擇的過程，建構記憶中的經驗，以便安排支配以往的生命故事，使它連貫統合，並賦予意義。人類記得那些符合自己生命意義的事件，而忘記或是抑制那些不符合自己主導故事的事件，其中有些可能是想像或過分誇大的，以符合故事的一致性。

後現代主義是一種整合藝術、文學到社會、科學跨越科技與人文的觀點，認為許多的事實及真相是被社會建構而非給予的。在整個後現代主義的罩網下，敘事理論借用建構主義中對文學批評的部分以對意義進行分離及分析，而在社

會心理學的部分則將事實（reality）視為個體和他人與社會信念互動下的建構產物。所以許多國內外的學者認為，敘事理論提供了一種對人類改變的新思考典範，但另一方面它也可能被視為是按實務理論演化出的產物。

　　許多時候有些案主帶著他們的主導故事來，且將被問題所滲透的生命經驗帶在身上。這些故事限制了案主的視野與行動，而透過其他家庭成員、雇主、社會工作者及其他人的幫助，讓案主不只看到自己建構出來的「真實」是什麼，更重要的是幫助案主看到更多的「真實」，使案主有更多的選擇。所以敘事治療是採借建構主義中文學批評的概念，認為要解構人物與情節，以便重新評估故事中情節與時間的意義。

　　敘事治療注重的是治療者與案主合作的夥伴關係，案主才是自己問題的專家。諮商師將問題與受問題影響的人分隔開來，即協助案主去思考問題對其生活的影響程度，及自己對問題的影響程度為何。此外，將問題外在化、尋找獨特的結果，並運用「循環詢問法」等策略，將獨特結果的故事發展成解決之道的故事、書信，重新編導（re-authoring）能協助案主對主導故事的解構、拓展及再建構。

壹、故事敘說的認知基礎

　　敘事是為故事之意，每個故事都是一個敘事，敘事具有表達內容和方法上的多樣性和複雜性。在探討敘事治療之前，必須先討論「歸因」（attribution），歸因是社會心理學的詞彙，意指「推論自己或他人行為的內部狀態而將之一般化的過程」，是試圖對於自己或他人的行為尋找一可能促成因素的過程（台灣立報，http://iwebs.url.com.tw/main/html/lipo1/37.shtml）。

　　美國心理學家 Weiner 從此一概念中擷取對自身的歸因部分，專注研究人如何在事件之後，對自己行為成敗的認知解釋，而發展出所謂的「自我歸因論」（self-attribution theory）（Weiner, 1974）。個體解釋自己行為結果時，所做的

歸因是複雜而多向度的；歸因的結果影響個體未來行為動機的強弱（Weiner, 1980）。人類學家 Bruner（1986a）曾對北美印第安人從事民族故事做研究，研究中指出，在 1930 至 1940 年代，北美原住民將過去建構成「光榮」，將未來建構為「同化」；在這種故事脈絡之下，將其歷史詮釋為從光榮到同化的過渡，造成當時北美原住民的生活視為崩潰與解體，這種同化觀點下的詮釋產生了真實的效應，使主流文化的干預變成正當。這印證了 Weiner 的看法，即個人對以往經驗的詮釋，將影響日後對類似事件的看法，並形成對自己的認知與自我價值的判斷。

Michael White 和 David Epston 在其《敘事治療的力量》中指出，人如何賦予過去意義就表示人將以如何的態度面對未來，若是人果真以意義來決定他們的生活，那麼應該每一個人都能以自己的意義貫徹自己的生活，照理說在應然與實然面都應能相互兼顧，但為何部分人的生活會發生問題，覺得過得不如意，甚至必須向心理醫生求助？M. White 認為是因人對自己或他人經驗故事的敘述，不足以代表他們的生活經驗，個人重要的生活部分與主流敘事相矛盾，因而無法實現自己的故事。例如我國兩性教育是以成人的角度為故事的腳本，談到未來的幸福家庭是以異性的健全婚姻為主流的論述，造成不是這樣家庭長大的個體有罪惡感或有其他負面的情緒（劉玉玲，2003a）。人之所以與主流敘事之間不斷的產生衝突，導致文化斷層現象，其因在於人對自己所抱持的「意義」常常由主流敘事代表的「真理」所決定，這些真理的論述透過權力運作。「我們不是因為這種真理而運用權力，而是因為權力的關係，我們才臣服於真理的產生」（Foucault, 1980; White & Epston, 1990; 廖世德，2001）。

後現代主義的興起，新的詮釋方式出現，將過去建構為「剝削」，未來建構為「復興」，新的故事提供一個新的心理動機，使北美原住民重新「閱讀」原先同化式的故事時所沒有看見的面向，認為這些事件表現出來的並非「解組」，而是「反抗」，重而發展出許多重建生活秩序的文化復振運動。人如何賦予過去意義就表示人將以如何的態度面對未來。這也就是 Bruner 指出的：

「當我們將表達實現出來的時候，我們會再經驗、生活、創造、建構，塑造我們的文化。這種實現不是去表達原本就存在於文本之內的意義，而是透過實現的同時去建構意義。」（Bruner, 1986b）。有效幫助個案的治療就在於如何讓人產生或辨識了不同的故事，讓他實行新的意義，帶給他想要的可能性。這是敘事治療的重點，透過幫助個案重新檢視自身的生活，進而回到正常的生活。

所以 Bruner 認為：「故事有一個最基本的結構，便是故事一開始就已經包括開始和結束，因而給了我們架構，使我們得以詮釋現在，詮釋方式的不同將改變個體的行為方式，促成不同的目標」（Bruner, 1986a）。故事敘說成為一種治療的方式，顛覆了傳統以問題解決為治療目標的治療方式。服膺故事敘說法的治療專家不再為當事人解決問題，他們協助當事人以說故事的方式，沉浸在故事的情節中，充實故事內容，進一步改寫故事，在新的故事中創造新的可能，活出新的自我以及新的未來（金樹人，1997）。

貳、敘說治療的世界觀

每個文化群體都有他的信仰體系，通常每一個文化群體的「世界觀」會決定並主導這群體的信仰體系，也就是說，文化最深層的問題乃為「世界觀」。根據不同的角度可以衍生不同的世界觀，有人從哲學的角度，有人從政治的角度，因此，有各樣的世界觀定義。若從人類學的角度而言，世界觀乃是一個文化的整合中心。一個文化群體對自然、對現實的認知、情感以至評價的所有基本假設，這就是世界觀。

這個定義看來非常簡單，但我們要明瞭：在認知方面，我們對世界的看法、對生命的看法，對神的看法，對錢的看法，都有一些基本假設，而非偶然存在的；另外在情感方面，某些民族對祖先的情感、對家庭的情感可能與西方社會有很大的不同，這些情感因素也不是偶然的，都有一些基本假設；在判斷道德問題，對價值觀的取捨，選擇優先次序方面，亦有一些基本假設。這些基

本假設表面看不見，但卻深深地影響每一個文化群體的思想與行為。我們應該要學習以跨越文化的眼光和心態，實地的觀察、體驗這些不同文化特徵和行為模式。

「我們建構的敘事結構，並不是關於資料的第二個敘事，而是原始故事；是這個原始敘事建立了資料。新的敘事在我們的民族誌當中產生新的詞彙、句構、意義……」（Bruner, 1986a）。哲學家指出人類對這個世界先後有三種不同的看法：其一，將焦點集中在可以觀察到的世界，視之為客體（object）；其二，將焦點集中在可以觀察到的人，視之為主體（subject）；其三；將焦點集中在客體與主體之間，換言之，集中在一種互為主體的層次（intersubjective domain），在這個層次之中，產生了群體共同的解釋。

這三種看法代表著本世紀以來三種世界觀的演進，亦即這三種看法接近於人類三種認識論的演進。第一種看法是現實是可知的（knowable）——人類可以精準而重複的發現、描述，以及使用這個現實裡的各種元素與各種做功（workings）。第二種看法是我們是知覺囚犯——人類著力於描述現實，所知者仍不出人的描述，對於外在的現實所知有限。第三種看法是知識誕生於知者（knower）的社群——我們所棲息的現實，係我們與他人共生協商的產物。

敘事治療的世界觀是屬於第三者，操持著敘說治療世界觀的諮商師或治療師認為，來自於黃種人社群的人，其對現實看法有別於來自白種人社群的人；來自於不同社群的人，其對現實的看法也有別於其他民族文化社群的人。任何人類的群集，小自家庭，大至國家，乃至於性別、種族，對於真理、知識、價值的看法，均有別於這個社群以外的人。生活經驗比論述的內容更豐富……但總是有一些感受和生活經驗是主流故事永遠涵蓋不了的（Bruner, 1986a）。

學者認為敘事治療有四個基本概念（Freedman & Combs, 1996），第一概念是現實係由社會所構成——我們所看到的現實，是透過社會打造的「透鏡」所看到的世界，並不是真的現實。在此觀點下，個人的知覺由經驗性的認識論轉到社會性的認識論，因而在諮商情境的觀察焦點也從個人的現象場，轉移到

當事人如何在與別人互動下，建構、修正及維持了他的社群視為圭臬的價值、標準、意義等。第二個概念是現實係透過語言而彰顯——語言發生於互動的過程，諮商歷程中的改變，無論是指信念的改變、關係的改變、情緒的改變或自我概念的改變，亦指語言的改變。

第三個概念是現實係透過敘事而得以組織與維繫——現實透過語言而彰顯，現實透過敘說而得以組織與維繫。敘說是為了告訴某人發生什麼事的一系列口頭的、符號的或行為的序列，敘事透過語言，將日常生活瑣瑣碎碎的經驗，統整成一個有意義的整體。而敘說治療的關鍵，在於生命的事件中，沒有描述出來的永遠比描述出來的豐富。如果當事人所敘事的故事充滿著悲觀消極的論調，可以在諮商師的引領下，在已經成篇的故事中尋找「為何天色常藍，花香常漫」的新解。這種作法能啟發出新的敘事註腳，帶來當事人新的頓悟。在治療的過程中，當事人一旦重新敘事新的故事，彷彿就能經驗到在新的故事中重新活過。然而新的故事不能單靠口語來編織，必須在生活中透過實踐，故事才能被重新塑造。

敘事治療的第四個基本概念是沒有根本的真理，人的生活之所以產生適應上的問題，其因在於個人意義的實踐與主流敘事間的矛盾，但在一般的狀況下，個體並沒有能力發現這些壓制他們的「真理論述」，於是必須透過重新辨識自己與他人、關係的想法等將「問題外化」的方式，以找出這些令人一體化的知識。M. White 認為「人對自己、他人、關係的想法，只要問題一直存在，就會一直受到強化，這些想法通常與無法達成的期望、符合某些規範、遵守某些規範的失敗感有關」。個體必須透過將問題外化（externalizing）的過程，重新思索這些一體化的知識與自己的種種關聯，找出當中的不相容，進而創造新的可能性，向原先界定與規範自己的真理挑戰。

臨床學者認為可以透過一些提問，以弄清個人反抗或實行問題生活的必要條件，並協助其消除會強化的問題，或者問題所依賴的觀念，將這些反抗的實例串聯之後，進而要求人透過此一反抗紀錄，重新思索新的生活意義與秩序，

創造出所謂的符合自身生活意義的「獨特的敘述」，以脫出原先令自己不斷發生問題的思考與「真理」支持下，用來規訓個體的「矯正性判決」（White & Epston, 1990）。

　　故事敘說法的治療專家不認為有根本的自我（essential self）。我們所想到的「自我」並非客觀的存在於個體體內的一個東西，它是一種與其他人在特定情境中綿密互動所產生的建構。不同的自我來自於不同的情境，學校的我、家裡的我、工作的我，沒有一個自我比其他的自我更真實。在故事敘說的諮商情境中，諮商師的重點在於幫助當事人瞭解，哪些自我最喜歡在哪些特定的情境脈絡出現。藉著實踐新的故事情節，諮商師鼓勵及支持這些自我的成長與發展。

參、敘事的認知心理學基礎

　　哲學家 Epictetus 曾說過：「人們並非被外界的事件所困擾，而是他們對事件所採取的觀點困擾著他們」。我們在現實環境中是經由實際的接觸而產生經驗，我們所經驗到的是一連串行動的組合，透過對這些行動的認知作用，而建構出我們所知曉的世界。

　　人類認知的思維方式主要有兩種：範典方式（paradigmatic mode）與敘事方式（narrative mode）（Bruner, 1986）。範典方式用於追尋普遍的真理，適用於邏輯推理，運用基模（schema）與心向（mental sets）。在生涯諮商學派中，對範典方式與敘事方式兩種認知思考能力接受的程度不一，所發展出來的諮商方式也有不同。認同範典方式的學者看重當事人自我參照思考（self-reference thinking）的能力，從當事人的生活故事中，找出背後「自我參照思考」的結構。強調生涯信念係一種邏輯推理。如果我們能改變當事人這種自我基模，就能改變他的世界觀，這種諮商方式只強調生活故事的結構，是邏輯實證論一脈相傳的主張。

　　支持敘事範典的學者認為，人類活動和經歷更多地是充滿了「意義」和故

事，而不是邏輯論點和法律條文，它是交流意義的工具。敘事方式用來尋繹事件之間特殊的關聯，適用於故事編述，運用主模（thema）與故事（stories）（Bruner, 1986）。Bruner認為主模即是自我的「文本」，這個文本安置了個體在世界當中獨特的位置。透過主模的分析，生涯諮商師可以在一連串的故事中幫助當事人確定其主模，進而釐清個體的職業認同。敘事的認知方式是一種基本的認知基模（Polkinghorne, 1988），藉著這種認知的活動，使得個體能夠將個人的行動與事件結合在一起，產生理解。

「基模」的原始意義是「一種形式或計畫」，就生涯認知的觀點，基模意指一個人如何組織其認知世界，以及如何創造意義；「主模」的原始意義是「呈現的是什麼」，就生涯敘事觀點，主模意指在自傳或故事發展過程中發生了什麼（Savickas, 1994b）。故事敘說的生涯諮商並特別重視「敘事方式」的認知功能，以及探討主模的內容。人能夠從故事中消化經驗，理解經驗中的獨特意義，進而在事件中創造故事。當事人在選擇和述說其生命故事的時候，會維持故事主要的資訊，符合故事的主題，往往會遺漏一些片段，為了找出這些遺漏的片段，生涯諮商師會幫助當事人發展出雙重故事。個案在敘事治療中談到「他的故事」時，諮商師會引導他說出另一段他自己不曾察覺的部分，進而幫助他自行找出問題的解決之道，而不是生涯諮商師直接給予建議。也就是在生涯諮商過程中，喚起當事人生命中曾經活動過的、積極的東西，以增加其改變的內在能量。

第三節　生涯即故事

哲學家沙特說過：人是一個說故事者，總是活在他自身與他人的故事中，透過這些故事來看一切的事物，並且以不斷地重新述說這些故事的方式生活下去。故事建構一種世界觀，一種人生價值。新聞節目主持人鄭弘儀，從一個貧窮農家的小孩，一個木訥不多話的年輕人，變成現在晚上只要一打開電視，隨

便轉台就可以看到鄭弘儀在談話節目中振振有詞。他的生涯歷程便是一個勵志向上、努力不怕出身低的故事。求學路徑是：嘉義高工→亞東工專→政大科技管理研究所（EMBA）。一路走來他都坦然面對自己的人生，靠努力來彌補自己在各方面的不足，堅信沒有人是不吃苦就能成功的定律。因為窮苦出身，所以他非常懂得惜福。

鄭弘儀不太在乎別人怎麼看他，因為他知道自己要怎麼活出成功。當年只有工專畢業的學歷，自告奮勇寫了一封信，向報社毛遂自薦報考記者，當上記者之後，又因為學歷比別人都低，深怕裁員一定會先裁到他，所以採訪新聞比別人努力三倍，規定自己每天撰稿字數至少兩三千字，寫稿寫到半夜兩、三點。在他打破報社紀錄，成為有史以來最年輕、學歷最低的財經新聞主管後，他又自掏腰包，用六分之一的薪水請老外來給他上英文課，因為他不想永遠用一口破英文來面對出國採訪時的尷尬（楊倩蓉，2005）。

從來不嘆氣窮苦出身，所以他非常懂得惜福，一向保持自己看事情樂觀面的個性。他的快樂來自於他自己所形容的一種「俯仰無愧的態度」，既不欠錢債（從不拿違背良心的錢），也不欠情債（不外遇也不關說），所以他從不失眠，每天紮紮實實地過生活。他的生涯即是一個故事，告訴我們如果這樣一個既非俊男也非高學歷或出身富裕家庭的青年，都可以憑藉一步一腳印的努力獲得成功，其他的人也可以。

然而鼓勵原住民努力讀書以爭取好成績，與鼓勵原住民努力唱歌以成為張惠妹或動力火車，前者的成功機率大於後者。同樣地，鼓勵奮發圖強與立志成為鄭弘儀，前者的成功機率大於後者。生涯諮商師幫助當事人對其職業生涯的思考方式，已由主觀思維的基模旋轉至客觀思維的主模（金樹人，1997）。將此種觀點帶到生涯諮商歷程，諮商師心目中的生涯觀係建立在生涯即故事（career as story）的概念上，諮商師的治療觀點，是運用故事敘說的故事發展，來類推生涯發展，屬「敘事治療」之一種。此時生涯諮商的歷程即是一種讓當事人對其生涯（職業）經驗之說故事、編故事歷程，讓當事人先講出自己的生命

故事，以此為脈絡，再透過治療者的重寫，豐富故事內容。對一般人來說，說故事是為了向別人傳達一件自身經歷或聽來的、閱讀來的事情。許多心理學家認為，說故事可以改變自己，因為我們可以在重新敘述自己的故事或是敘述一個他人的故事時，發現新的角度，產生新的態度，從而產生新的重建力量（Coles, 1989）。故事可以產生洞察力，使得原是模糊的感覺與生命力得以彰顯出來，為自我或我們所強烈地意識到。面對日常生活的困擾、平庸或是煩悶，把自己的人生、歷史用不同的角度來「重新編排」，成為一個積極的、自己的故事。敘事治療協助當事人重新找到面對煩惱的現實狀況的方法，正視我們的過去，並且找到一個繼續努力、正向發展未來的深層動機和強大動力。

諮商師協助當事人對其生涯進行註釋或解釋，讓其瞭解自身故事文本的內在意涵。鋪敘在當事人生涯經驗中的興趣、能力、價值等故事情節，有可能是此人的文本主題（theme），在當下並未被當事人注意到其文字背後隱藏的意義（the hidden meaning）。所以諮商師可協助當事人看清楚「自己」這個「文本」的生涯與價值，透過編故事的方式發展或創造新文本。諮商師幫助當事人描述生涯，在故事的線索中找出主題與衝突點，以便學習到在下一個故事情節中的表現技巧（Savickas, 1991）。

壹、故事敘說的心理功能

以故事敘說的方式可以喚起相關的事件，讓個體產生自我知識。「自我」意念的背後是一連串此起彼落的生活經驗，生活經驗能夠被說故事喚起，情節歷歷在目。說故事必須描述與自己經驗相關的人、事、時、地、物的情節，因而故事敘說者必須運用到相當程度的組織能力與統整能力，將這些素材做有秩序的呈現。當事人在此時此地的現場，將過去發生的故事融入情節中，這種與自己經驗密切而連續的接觸，是使當事人產生頓悟的原動力。

個體的經驗素材原本是零星的散布在記憶中，故事敘說的刺激讓經驗的主

人拾取不同片段，按照特定的主題或脈絡做前後的連貫。故事敘說到結局生涯主題與生涯目標浮現，其本身現身成一個組織完整的概念架構（Ochberg, 1988）。這個架構是由各種生活經驗所組成，此時附著在架構上的經驗是潛意識但卻有意義的，被安排在適當的位置，有的當事人會發現，原來目前的工作竟然是為了彌補兒時某種未能滿足的缺憾（Ochberg, 1988）。透過故事敘說的過程，個體開始覺察，覺察是改變的開始，改變的具體行動則是故事的重新編寫。重編故事不是更改不可逆的陳年往事，而是新的生涯規劃，以續集的方式寫出新的生命故事。歷史以及過去的經驗是不能竄改的，然而生命的發展是可以有新的契機，從生涯主題中，諮商師幫助當事人找到新的經驗，這些未來的經驗凸顯了文本的張力。

貳、故事敘說諮商技術

　　如何讓故事敘說的功能發揮出來？諮商師必須採取若干引導的措施，協助當事人進行故事的敘說與編纂（Savickas, 1991）。諮商師可以從當事人喜愛的角色偶像出發、從書刊雜誌、未來的希望、過去偏好的生活經驗中，引發出故事內容，從崇拜的英雄、好友、敵人，不同的人物背景等來考慮故事的元素。幾年前讀到一篇副刊，內容是敘述「善待你的對手」，千萬別把對手當成「敵人」，而應該把他當作是你的一劑強心針、一台推進器。作者認為一種動物如果沒有對手，就會變得死氣沉沉。同樣的，一個人如果沒有對手，那他就會甘於平庸，養成惰性，最終導致庸碌無為。一個群體如果沒有對手，就會因為相互依賴和潛移默化而喪失活力，喪失生機。多年前曾在某大報的副刊讀到二則故事，作者的大名與哪一家報紙的副刊因剪報遺失而忘記，但作者舉了兩個故事，目前在網路上相當流行，一則是「鰻魚與狗魚」，另一則是「秘魯森林公園的美洲虎」。
　　「鰻魚與狗魚」是說日本的北海道出產一種味道珍奇的鰻魚，鰻魚的生命

非常脆弱，只要一離開深海區，很快就會死亡，但是有一位老漁民返回岸邊後，他的鰻魚總是活蹦亂跳的，而其他幾家捕撈鰻魚的漁戶，無論如何處置捕撈到的鰻魚，回港後都全是死的。漁民在臨終時，把秘訣傳授給了兒子，原來，老漁民的秘訣，就是在鰻魚簍裡放進幾條狗魚，鰻魚與狗魚是天生的「對頭」，當鰻魚碰到狗魚，就會處於身體警覺的狀態，一路上不斷警覺地運動，而使肉質更為緊實，因此成為高檔的鰻魚。

「秘魯森林公園的美洲虎」是描述在秘魯的國家級森林公園，生活著一隻年輕美洲虎。由於美洲虎是一種瀕臨滅絕的珍稀動物，所以為了很好地保護這隻珍稀的老虎，秘魯人在公園中專門闢出了一塊近二十平方公里的森林作為虎園，還精心設計和建蓋了豪華的虎房，好讓牠自由自在地生活。虎園裡森林茂密，百草芳菲，並有成群人工飼養的牛、羊、鹿、兔供老虎盡情享用。然而，讓人感到奇怪的是，從沒人看見美洲虎去捕捉那些專門為牠預備的「活食」，從沒人見牠王者之氣十足地縱橫於雄山大川，未見牠像模像樣地吼上幾嗓子。

人們常看到牠整天待在裝有空調的虎房裡，或打盹兒，或耷拉著腦袋，睡了吃、吃了睡，無精打彩。於是政府透過外交途徑，從哥倫比亞租來一隻母虎與牠作伴，但結果還是老樣子。一天，一位動物行為學家到森林公園來參觀，見到美洲虎那副懶洋洋的樣兒，便建議這麼大的一片虎園，即使不放進去幾隻狼，至少也應放上兩隻豹狗，否則美洲虎無論如何也提不起精神。管理員們聽從了動物行為學家的意見，不久便從別的動物園引進了幾隻美洲豹投放進了虎園。這一招果然奏效，自從美洲豹進了虎園的那天，老虎那種剛烈威猛、霸氣十足的本性被重新喚醒，牠又成了一隻真正的老虎。

這兩則故事告訴我們，人若處於自己熟悉的環境，與認識的人相處，做自己會做的事，容易感到很輕鬆、很自在。但是當我們面臨不熟悉的環境時，會對不熟悉的變化與挑戰感到不舒適，很自然的想要退回到原來的樣子。但若不讓自己有機會克服不同的挫折與挑戰，自己的發展及進步就會很慢，也無法發揮潛力。善待敵人不僅可強化個體的求勝意志，更可增強挫折的容忍度。

在職場上，由於資源有限，「競爭」是不可避免的。可以幫助當事人瞭解越是有人想要和你競爭，或是以惡性競爭的角度來對付你，就會使你成為一個更聰明、更全力以赴的人。所以協助當事人運用生活事件如情緒、認知、行為、婚姻、親子、生涯等喜怒哀樂、愛恨情仇、貪嗔癡妄，及生命中的種種劫數與造化等內容鋪陳故事情節，確定主題與張力，引發多元的觀點。在敘事中鼓勵採用以「我」為開頭之陳述句，在當事人敘說或形成故事的過程中，協助其理解自己的角色是意義的創造者。在敘事中穿插隱喻與戲劇性台詞、確定故事中屬於他人期待或他人特別交代的部分，構思新的故事情節，添加過去生命經驗中忽略的部分，建構較為健康的故事，能夠改正錯誤，同時在故事中增強自尊的形象，以未來的自傳建構明日的我。

參、對話內容的設計

主體本身無法被分析，如同讀者本身無法被閱讀，一旦被閱讀，讀者就成了作品，不再是讀者；主體一旦被分析，主體就成了被分析的客體，不再是主體。「對話」提供了一個可能，在對話中，讀者與作者互為主體，人既是說者也是聽者，「說」是存在的展現，「聽」是靜默的說明（楊明磊，2001）。Savickas（1989）曾發展出一套敘事技術，其中列舉了若干問句，每一個刺激問句都有不同的主題，可以引發當事人思考相關的經驗內容，帶入故事的情節中。這些對話內容包括角色楷模、書籍或雜誌、休閒活動、學校課程、座右銘、企圖心、決定等。

一、角色楷模

諮商人員在與當事人討論這些楷模時，可要求當事人說明他所仰慕對象的特質或曾經歷哪些事蹟。對許多人而言，偶像人物的選取，通常會投射出某些自己所缺乏的特質，或未完成的願望，例如有人欣賞電影「駭客任務」中的尼

歐勇敢、聰明、不畏懼艱難的個性，進而欣賞男主角基奴李維的每一部戲。有的人會欣賞《哈利波特》的作者 Rowling，學習從困境中奮發寫作的精神。諮商師可從角色楷模的討論中，釐清當事人的生活目標，指引出其最關心的問題，甚或對自己的期待。所以主要問句：「在你成長過程中，有哪些人是你最仰慕的？」這些人物可以是名人，也可以是電影小說或漫畫中虛構出來的角色，也可以是家庭或親戚中的成員。

二、書籍或雜誌

請當事人列舉出他最喜歡閱讀的書籍。此時書籍所扮演的角色，類似於上述的偶像人物。在當事人最喜歡的書籍中，其情節可能反映出自己生活中的苦惱或痛楚；書中主角與生命搏鬥的歷程，可能正是自己的期待。例如《基度山恩仇記》的結語是「世界上最寶貴的概念是信心與希望」，伴隨許多小朋友成長。

諮商人員可以瞭解當事人最喜歡的雜誌是什麼？如果要長期訂閱，選出一至三種雜誌來。盡可能讓當事人談談這些雜誌的風格、最喜歡的專欄等。一個人喜歡某種類型的雜誌，除了反映出其個人興趣外，也能顯示出時下其所偏好的生活環境或心理環境。以 Holland 的六角形心理空間為例，社會型的人可能喜歡《讀者文摘》、《講義》；企業型的人可能喜歡《管理雜誌》、《天下》雜誌等。

三、休閒活動

在休閒活動中，最主要能看出當事人的興趣。將休閒活動與工作區別出來後，最重要的事情是討論在休閒活動中當事人所扮演的角色。這個角色的功能為何？當事人能從這個角色中得到什麼？休閒活動與工作活動最大的不同，在於前者沒有太大的壓力，可以從心所欲，研判未來的生活模式。

四、學校課程

　　諮商人員也可將重點放在有哪些課程的學習令當事人感到成就感、滿意感或是挫折感。要注意區辨的是將老師的因素盡量排除於外，當事人對某一學科特別感到興趣，是因為喜歡課程本身，而不是該堂課的老師，方能辨別學習的興趣與未來可發展的方向。使當事人瞭解這些科目的學習與將來的生涯發展有何關聯等等。

　　運用心理劇和藝術治療的課程，例如：(1)自我雕塑：兩兩一組，分別以對方身體「雕塑」自己認為的助人者形象，稍後在團體中呈現每個人的「作品」，並做分享和回饋；(2)內心顏色：先要求成員閉目深呼吸和專注心神，爾後請成員選擇任何色筆，再閉目在紙上畫下自己內心的感覺；(3)畫樹：請成員依序畫出健康的樹、受傷的樹和療癒的樹，然後貼在牆上或放在桌上，彼此分享感受及其與助人工作的連結。心理劇或藝術活動的課程實施，有助於當事人透過他人或自己的故事來覺察自己的內心世界，以及故事情節的發展感受自己或他人的情緒宣洩。

五、座右銘

　　人類在學習過程中，總有些話、有些道理、有些歌如張雨生的「我的未來不是夢」，能夠啟發自己，成為自己待人處事的準則，或是激勵自己奮發圖強的內容，都可以稱為座右銘。例如「要怎麼收穫，先怎麼栽」，將之書於特別的地方，每日自我提醒，就是一種「座右銘」。座右銘有階段性的，也有終生的；座右銘不只要銘記在心，尤其要落實於行。很多格言都可以作為自己的座右銘，但看當時的心境，是否需要它，是否覺得它能砥礪自己。所以座右銘是人生自我的定位，是自我設定的目標，對於當事人的道德修養、人生目標的確立，都有正面的激勵之功。

　　座右銘可以是警惕用，也可以是勵志用，有的則可以看出人生的方向。在

千百種座右銘中,能讓一個人挑選於一、二者,必有其故。諮商師盡量鼓勵當事人呈現不同成長階段的座右銘,深入討論選取的理由。例如長期處於沮喪的人可以「用創造力尋找生命的出口」的類似概念以示激勵。

六、企圖心

企圖心能創造一個人未來成功的前景,有企圖心的人,凡事看得遠,即使最後並未真正達到目標,一生也會很充實。但要避免成為一個目空一切、好高騖遠、野心勃勃的人,否則即使成功也還是失敗。擴張當事人的企圖心,但不要膨脹他的野心。

野心與企圖心的差異,在於手段的正當與否,若是為達目的不擇手段,就是野心。企圖心是為了超越自我,為了成長與進步,所以容許別人與自己一起進步;野心則是為了消滅別人,不讓甚至嫉妒別人超越。企圖心使人謙卑,野心使人趾高氣揚。企圖心帶來新的建造或建設,野心總是帶來毀滅。人若無企圖心,無法完事,但企圖心在無時無刻都要有,而不是單指在某些事上面才能算是一個有強烈企圖心的人,像文學家 E. Forster 是一位好強不服輸的人,企圖心很強,肯上進,喜歡挑戰新事物。然企圖心強的人要避免性急,缺乏耐性,輕易做出超越自己能力範圍的承諾才行。

七、決定

當事人如果缺乏決心與果斷力,對許多人、事、物的負面事件容易會有意志薄弱的心理現象。眾多諮商理論中,雖各家論點、諮商技術特色不盡相同,但無論使用何種方式,最重要的是幫助當事人瞭解必須先有走出生命陰影的決心與行動力,再佐以諮商員所提供的協助,如此一項成功的諮商行為才能夠得以誕生。

在全球經濟景氣一片低迷的浪潮下,國內許多產業也紛紛展開自救的舉措,隨之而來的便是一波又一波的裁員消息,為社會的安定性投入了巨大的隱

憂。近來社會新聞所披露的自殺案件節節上升，有因失業壓力所造成的，其他更多的是因為情感問題、家庭因素、課業壓力……等等原因，頓時臺灣痛苦的人增加不少。一個人若願意對自己生命中的不美好動手改造，便能夠發自內心，油然生出一股向上提昇的力量。尼采有一句精彩的名言：「痛苦的人，沒有悲觀的權利。」在人生路上行走鮮少能不遇險阻困頓，諮商員可以運用敘事治療法協助當事人發自內心給自己一個向光的契機，轉化思考的陰霾。

我們每天都「活」在故事中，故事組織了我們的生活，一個人怎麼說故事，也代表著他怎麼過日子。敘事治療的精神是保持彈性、沒有唯一真理，相信人是有能力、有資源的。敘事治療相信個案是有能力的，每個人都是他自己生命的專家，敘事治療師不再以改變個案為目的，反而是強調對個案生命的瞭解與感動。

協助當事不批判人生的「苦難」，而以一種了解、接受、慈悲的積極態度，去看待人生的苦難。協助當事人作自己的決定，享有命運操之在我的權力。實施之前要有企圖心、果斷力，如此才能有效完成整個敘事治療的歷程。

不少輔導員或相關工作者等視為專業人士，即對某類知識的專利者，從而對此職業去解決問題應有較精闢的分析和獻議，「敘事治療」卻是推動這些專業人士，去再認識輔導是去讓尋求輔導者實踐詮釋人生故事的權力。輔導員或相關工作者不是尋求輔導者的代言人或經理人，要嘗試去相信在問題及有關一連串的事件中，最能夠解釋背後意義、困惑和喜悅的是尋求輔導者本身，運用「敘事治療」可協助人不單從某一角度看問題和有關事件，當中輔導者要作的便是透過擬人或暗喻（Metaphor）說及問題的方式，協助人發掘自己與問題多角度的關係，但這關係對個人的意義、日後生活的重要性卻主要是留待個人去闡釋出來。這樣的思維可以讓我們進行心理輔導時能夠更相信、更輕鬆自在的面對個案，更接近人的本質和本性。

「行為形成習慣，習慣組成性格，性格決定命運」。我們總是在做許多的決定，時時刻刻出現不同的行為。學習是一種終身的權利與責任，如何由敘事

治療過程中，學習認清人生的價值，端正人生的行徑，豐富人生的內涵，靠的不僅是閱讀他人的故事，而是愉悅的心情、謙虛的態度、開闊包容的精神、細心的檢選，認真的體察決定自己的故事。

肆、故事敘說的諮商歷程

　　人類是天生最佳的故事敘說者（story-teller），在說故事過程中，透過敘事者不斷地敘說自己生命的歷程，將過去零散的記憶與經驗做一個統整，藉此理解自我的生命意義，並重新尋找內在的動力。諮商師理解當事人的同時，就是對自己又再一次的理解，這是一個「互為主體」的歷程。故事敘說的諮商歷程可分五個步驟（Savickas, 1995）：(1)從當事人所敘說的刺激答句中，尋找出當事人的生命主題；(2)諮商師將這個主題再敘說給當事人瞭解；(3)共同討論當事人所遭遇到的生涯困境，及其與生命主題關聯的程度；(4)將此主題延伸至未來，從興趣與職業中提取第一要務（pre-occupation），以此定義生命主題（lifetheme）；(5)演練生涯決定所必須具備之行為技能。

　　說故事要有主題，例如小說中的情節或構想，情節組成了人物的行動計畫，其所發展出來的事件，都有其背後的意涵。生命主題是以生命故事為主軸，貫穿故事的經緯線，包括一條若隱若現，時有高低起伏、逆境、衝突與曲折，無始無終但方向一致的曲線；其二是現身在舞台上直線進行的事件，構成情節。諮商師在當事人的敘述過程中，不斷的尋找這兩項要件：當事人生命中最重要的關懷是什麼？將這個主題編織出來的情節是什麼？諮商師接著開始協助當事人發展該故事情節，首先要瞭解當事人身上曾經發生過的事，其次是故事的結局，是當事人想的夢想。兩者之間是諮商師與當事人工作的故事創作的空間，通常故事始於家庭生活，接著拓展於學校經驗，擴散於社會服務。

　　當事人從故事敘述中清楚的瞭解自己以往的經驗，從經驗中找到自我的認同，有強烈意願改變自己，是完成諮商的第一要務。將生命主題明確的傳達給

當事人後，諮商師便開始與當事人協力編輯新的故事版本，解決當事人生涯選擇上的困境。使當事人瞭解目前生涯猶如是一個有目的的休止符，是為了跨入新的人生樂章做準備，令當事人在生涯動線中猶豫不決的真相會因此大白。此時當事人也能坦然接受事實，願意重新撰寫屬於自己的生命腳本。

發現敘事諮商的技術繁雜，非單一方式進行選擇，也因此增加諮商的生動性，其技巧包括將問題外化，將問題和個案分開來，讓個案以旁觀者的姿態來看問題，並且和個案一起看問題發生的原因、演變歷程、結果或影響。幫助當事人尋找內在能量，釐清問題並瞭解個案曾經做了一些什麼，怎麼做到的，為什麼會這麼做。並且重新定位自己：引導個案在時間的脈絡中，對比現在／過去／未來，產生「位移」效果，引導個案以新的角度或視野來看待問題／定位自己的角色。

透過繪畫或音樂、表演藝術分享及界定他們所認定的問題，一方面增加外化的效果，一方面使諮商變得生動有趣。敘事治療很重視社會關係，因為真實是由社會所建構的，所以故事的重寫，也來自於他人對自身、對故事的觀點。透過探詢他人的觀點來達到案主觀點的轉化，並藉此帶出不同的細節、情緒與意義來。

藝術輔導教育實施於輔導課程

前言

　　青少年的問題，隨著時代的不同，有不同的狀況需要面對與挑戰。二十一世紀台灣的青少年過著比以往較好的物質生活，享受到更多的教育資源和升學機會。但政治、經濟的不穩定、社會的變遷等大環境的變化，都將影響個人、家庭，學校的發展，受益或受害都將是兒童和青少年。

　　台灣的教育向來偏重知識層面的教學，對於道德判斷、美感能力培養的教育較為忽略，以至於造成學生人格扭曲的現象，產生青少年的犯罪現象。雖然政府在各級學校廣開輔導諮商課程，推動不同的輔導方案，企圖解決青少年的問題，但是因為見樹不見林，未能標本兼治。忽略學校完整人格教育課程的規劃，所以教育成效有限，社會問題仍然層出不窮。所以思考合宜的輔導方案或策略為當務之急。

　　藝術教育治療不僅能夠健全個體人格的發展，促進社會和諧團結，開展審美溝通能力，培養批判反省能力和激發想像創造的能力，而且可以調和理性與感性，適當地抒發人類的情緒，以美化情感的境界。透過藝術創作的過程，不但能緩和當事人情感上的衝突，達到情緒淨化的效果，且能提升其對事物的洞

察力，有助於當事人的自我認識和自我成長。

第一節　研究背景與動機

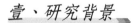

壹、研究背景

一、客觀現況

　　青少年的問題，隨著時代的不同，有不同的狀況需要面對與挑戰。二十一世紀台灣的青少年過著比以往較好的物質生活，享受到更多的教育資源和升學機會。然而當下的青少年在父母生育少的情形下，個個成為家中之寶，易得到父母長輩們的溺愛與縱容。他們是成長在「台灣錢淹腳目的社會」的世代，看不到父母打拚的過程，也無法理解其他人成功背後的辛酸。加上目前政治、經濟的不穩定、社會的變遷等大環境的變化，都將影響個人、家庭、學校的發展，受益或受害都將是兒童和青少年。青少年問題惡質化似乎也在預料當中，然多數人將問題的根源歸咎於成人世界的作孽，並將解決之道寄望於家庭、教育和法律，嘗試透過改革來遏止問題的惡化。可是年復一年，學者專家不斷地呼籲，青少年問題並沒有因此而有減少的跡象。

　　過去台灣新竹少年凌虐他人致死、吳姓少男殺害祖母以及八年後吳老師命案凶手抓到，當時犯案的人，只是十一歲和十六歲的青少年。對少年犯罪的質變或惡質化，已引起各國政府及社會大眾普遍的憂心，並注意到少年暴力犯罪問題的嚴重性（黃永斌，2000）。很多青少年從環境或媒體那裡學到用生理上和心理的暴力行為解決問題，受暴力美學的血腥所感染，他們一旦陷入了暴力圈，就會學到以暴制暴的生存方式（劉玉玲，2002）。著名小提琴家紐因說：「我們的環境缺乏協調與創意，藝術在生活中付之闕如，暴力卻因此趁隙而

入。」

　　台灣的教育向來偏重知識層面的教學，對於道德判斷、美感能力培養的教育較為忽略，以至於造成學生人格扭曲，產生青少年的犯罪現象。雖然政府在各級學校廣開輔導諮商課程，推動不同的輔導方案，企圖解決青少年的問題，但是因為見樹不見林，未能標本兼治。忽略學校完整人格教育課程的規劃，所以教育成效有限，社會問題仍然層出不窮。所以思考合宜的輔導方案或策略為當務之急。

　　德國哲學家Richter（1975）在《藝術教育與現代藝術》一書中，將藝術教育的概念應用到人格陶冶、藝術教學和教育治療之中，Richter從實證教育學的觀點出發，主張美育不僅能夠健全個體人格的發展，促進社會和諧團結，開展審美溝通能力，培養批判反省能力，激發想像創造的能力，而且可以調和理性與感性，適當地抒發人類的情緒，以美化情感的境界。藝術提升心靈的功效早受肯定，中外學者針對此議題也已經有許多結論（范瓊方，1998；陸雅青，1997；Kramer, 1962; Lowenfeld, 1957; Swenson, 1991）。許多藝術治療的專家運用帶領團體的方式，透過藝術活動，協助特殊需求的人們如精神科住院病患、長期社區支持團體、老年人的照顧中心、戒酒單位、癌症協助中心、相處困難的兒童、罪犯、心智障礙者；藝術活動也可協助那些想探索自我、提升個人技巧及感受度的人們（賴念華，2002；Liebmann, 1990）。

二、主觀認知

　　趨勢大師奈思比曾指出，二十一世紀最重要的問題就是：「人之所以為人是什麼意思？」人應該是能思考、會思考、有感覺、受創造；「美」使人能享受作為人的美好，並能激發人所獨具的創作能力。

　　筆者的童年是在基隆女中山上的宿舍度過，光著腳丫子，每日奔跑玩耍，造就一身好體能，然而握筆繪畫的能力從未被啟蒙。從小至高中上美術課是最痛苦的時刻，因為圖畫得不像，也不知如何畫，因此拙於透過圖形呈現感受。

為了彌補缺陷，自己的女兒在成長過程中任其塗鴉，結果發現她熱愛繪畫。因此利用繪畫作為強化行為的獎勵，規定女兒只要先完成要求的任務，便能享受畫圖的快樂，這是我第一次感受繪畫的魅力與功效。

協助青少年度過青澀時期，一直是自己的職志，自己也積極實踐此理念；未至銘傳任教前，過去曾擔任技術學院的輔導中心主任，遇到一個五專部二年級的學生，嘗試過多次自殺，筆者與其導師及輔導老師都曾透過電話陪伴他打消自殺的念頭，並給予固定輔導及晤談。但有一次自己正面臨生產臨盆前夕，學生打電話來，婉轉告知請他與其導師聯繫。然而生產期間沒有人接到他的電話，直到產假後回學校，才知道該學生已經走了，每次想到這個案例，一直是心中的痛。他在世期間面對的是一個破碎的家庭生活，父親有精神分裂症，母親則出家，在短暫的生命歷程中，沒有經驗多少美好的事物，缺乏足夠的幸福感，我曾經回想，若當時的輔導策略曾運用團體藝術教育治療，協助他尋求合適的媒材，培養情緒管理能力，並鼓勵他與團體內相類似狀況的同儕彼此打氣，可能會有不同的結局。

社會的變遷與家庭結構的改變，常對孩童及青少年帶來許多負面的衝擊。筆者贊同合宜的方法是透過藝術教育來激發每個人的創造力，以更有創意的方式面對每日事物與外在的衝擊，其實時常干擾孩童及青少年的問題就是瑣碎事物。藝術教育的真正目的，不在於讓學生成為藝術家，而在開啟他們的創造力。2001 年美國教育部首度宣示，全國中、小學生必須接受舞蹈、音樂及戲劇等藝術課程，就和數學、語言及歷史等學科一樣重要。一手推動這項預算案的委員會主席卡普萊絲楊一再肯定藝術教育對小孩的影響，她曾說：「如果你有一個小孩，他能大方地站在群眾面前唱歌，或者與同學分享他畫的一幅畫。那麼這個小孩肯定具有勇氣，不怕挫折，勇於探索與表達自我。」

基於上述的現況與認知，研究者認為如果用班級團體輔導的方式，透過實施藝術教育治療，可以協助青少年瞭解及覺察自己的心理層面、潛意識層面的發展狀況，以及瞭解人與人、人與自己、人與環境互動的關係，而教師在團體

輔導過程中也可提升輔導知能。追求真、善、美是眾多人性之一，美育是施教者以各種材料，應用教育的方法，對受教者進行陶冶，以展開美感相關能力，培養高尚的審美心境，形成健全人格的活動。

　　無論德、智、體育中的哪個方面，教育的過程中所建立的形式，都會遇到一個美不美的問題。美育是其他教育必要的組成因素（梁福鎮，2001）。在各育交融以培養完美人格的活動中，美育就是處於協調各方的地位（梁福鎮，2001；趙宋光，1981），五育和諧發展有助於全人教育的實踐。藝術教育治療的方式結合了繪畫、音樂、心理劇以及其他的藝術活動，透過活動目標的統整，使團體內的成員協調的運用左右腦，達成「過程本身就是治療的目標」。

貳、研究動機

一、青少年常面臨的困擾

(一)青少年的情緒問題

　　人類生命發展過程中，再也沒有任何一個階段像青少年時期兼具有多重正負向交集的景象。青少年充滿了熱情、活力、希望、歡欣與喜悅，但同時也常看到青少年面對了無數的挑戰之後，感覺心灰意冷、挫折、失落、不安與徬徨。

　　青少年的情緒常受身心發展以及外在環境的變動所影響，所以情緒經常處於不穩定的狀態。例如有時父母的離婚、再婚，家庭的複雜性增加了青少年的疏離感、沒有根的感覺和敵意。此外日常生活中輕微的波動，都很容易牽引青少年各式各樣波濤洶湧的複雜情緒。青少年的行為表現大都事出有因，情緒反應常是青少年行為動機的根源。例如害怕失敗促使青少年會用功讀書，以獲得較高成就感，但過度的恐懼，容易使青少年自暴自棄，放棄學習。情緒狀態具有正向與負向的功能，主宰著青少年的行為，情緒的影響是相當深遠的。

㈡青少年的人際問題

青少年時常因為共同的興趣、需要、態度等特質，而與相近似年齡的朋友形成同儕關係，在這種關係中可以學習很多適應社會所必需的知識和技能。青少年同儕團體常常是個人在同輩中的主要參照團體。同儕關係有其特有的獎勵或懲罰方式，對每個成員的個性形成和發展都有重要的影響。同儕關係可能是一種積極的正面支持，或者是一種勸告，成員面對問題或狀況時可研商不同論點正面的影響，也可能是藉著操控或內聚力產生負面影響。

近年來，由於媒體報導幫派入侵校園、吸收學生的消息，因此引起警政、司法及教育部的高度重視，紛紛召開校園防治黑道侵入之工作會議。青少年加入幫派最大的危害，是因為環境的影響而衍生出偏差的行為，如飆車、持械、糾眾、校內直銷，將逐漸演變成嚴重傷害、販毒、勒索、甚至殺人的重大罪行。因此，如何防堵懵懂無知的孩子被黑道吸收加入幫派，是教育工作者迫切的任務，也是防範青少年犯罪的重要課題。

㈢青少年的犯罪問題

青少年在犯罪的性質上，趨向於集體性、多元性、暴力性、享樂性、墮落性以及低齡化，而在學學生犯罪人數激增，教師對其充滿無力感，更是我國教育上的隱憂。對少年犯罪的質變或惡質化，已引起各國政府及社會大眾普遍憂心，並注意到少年暴力犯罪問題的嚴重性，同時也紛紛提出各種防治少年暴力犯罪對策的建議，以供政府重新擬定少年暴力犯罪防治對策的參考。

青少年犯罪種類當中，藥物濫用、毒品交易的情況也日益嚴重。青少年喜歡派對、歡樂，享受自我的方法，然而在享樂過程中，有時青少年會使用或濫用某些藥物，對健康及未來傷害很大。藥物濫用（substance abuse）通常是指使用精神活化藥物已達干擾適應或到危險程度。青少年嗑藥常是混合著生理上的增強與社會增強，嗑藥帶來生理上的快感，並受到同儕團體的鼓舞，同時藉由

分享使用各種藥物的經驗，在同輩團體中博取別人的注意以提高自身地位。各種增強的結果形成繼續嗑藥的原動力，甚至嘗試更多不同的藥物。因此教育單位不僅要傳播正確知識，還要教導學生抗拒藥物誘惑的技巧。學校舉辦的各項活動也可達到預防的功能，如刺激冒險的休閒活動、社區服務相關活動、社區團體的活動等。有些學校開始重新建構所處的環境社區，加強社區的反毒教育，增進教師的反毒知識，為社區提供更多反毒教育機會，提供更多的反毒諮商，支持執法人員把毒品趕出校園。

㈣青少年的網咖問題

根據亞太網路調查公司報告指出（1990），台灣網路用戶人數已高達六百四十萬，佔總人口的 31%，且平均網路用戶年齡層為二十五歲……網路造成人類生活模式重大的改變，影響最大恐怕就是青少年。大多數青少年上網，除了查詢資訊外，多數是用來聊天交友，單純地想在網路中尋求一些心理上的慰藉。至於交友方式，有加入專門配對交友的網站，或參加網路上的虛擬社群，或是在聊天室中。這使得網路在親朋、師長、同學、同事之外，創造了一種新的人際關係──網友，例如網路戀情、網路作愛、網路一夜情、援助交際等，拓展交友的層面，但也為青少年深深埋下犯罪的陷阱。曾有一個新聞是一對表姊妹都是國中生，在網咖與網友認識，不僅被性侵害，同時被捆綁丟入河裡。透過電腦當媒介的犯罪案子也層出不窮。

㈤青少年的自殺問題

近年來，或因傳統社會結構的改變，人與人之間只存在著功利的依存關係，而缺少了彼此的關懷與協助，以致人人必須冷漠、孤獨的生活著，這種現象已造成許多人心理衛生的失調，尤其是還在成長的青少年，更容易產生心理失調的現象。校園自殺事件的頻繁發生，即是這種情形下的產物。我們會發現，當人們對現況感到無助與無奈時，抗壓性不夠的人，經常會選擇以死亡來逃避。

從歷年來的資料顯示，青少年自殺死亡人數呈現上升的趨勢。

所謂「自我傷害」強調的是一個人「有意地」對自己做出傷害行為，包括自殺、企圖自殺、攻擊行為、憂鬱反應及狹義的自我傷害（沒有結束自己生命之清楚意願，但以各種方式傷害自己的身心健康）等五類（黃君瑜，1996）。青少年為何選擇自殺？其背後的訊息是什麼？「自殺」是很強烈的求助訊息。孩子透露這樣的訊息，可能遇到了他自己無法面對和承擔的煩惱，希望藉此得到「解脫」，而學生不斷透露自殺的念頭，則是表示他的內心需求一直未被注意或得到安撫，因此聆聽孩子的聲音，是預防自殺事件發生的第一步。

但是從自殺的人口群與事件的探討，顯示青少年仍舊在心理和社會適應上，存在著危機。青少年自殺不但造成許多社會無法彌補的損失，也造成親人心中永遠的傷痛。因此若能對這些抗壓性不夠的人，施以適當的措施，不但能避免親人的永遠傷痛，更是對社會無形中的助益。

二、學校的輔導方案

預防重於治療是從事教育與輔導工作者共同的理念，因此教育部面對層出不窮的青少年問題時，也推出一系列的輔導方案，根據鄭崇趁（2000）的整理，學校中仍實施的輔導措施計有以下六個專案：(1)朝陽方案：其輔導對象為犯罪有案返校就學學生以及嚴重行為偏差學生。(2)璞玉專案：輔導對象為國中畢業生未升學、未就業之青少年。(3)攜手計畫：輔導對象為國中、國小適應困難學生。(4)春暉專案：輔導對象為校園中用藥成癮之學生。(5)自我傷害防制小組：輔導對象為有自我傷害傾向之學生。(6)認輔制度：輔導對象為適應困難及行為偏差之學生。然而這些專案的推動可能會因相關人員把心力投注於如何完成一份份的紙上作業，反而忽略了原本推動此方案的真正意義（林武雄，2002）。

國內在推動每一個新方案之前，都十分審慎的先採取幾所學校進行實驗，當結果十分成功時，再加以推廣並全國實施。但是每一個學校、區域的文化特

質、社經水準、學生問題或多或少都有一些差異性，有些活動適合該校的特質，有些活動卻無法套用，如果僅將一串串的活動依樣畫葫蘆，其實就失去了輔導的內涵，忽略了個別差異（賴念華，1999）。

 第二節 另一種課程意識——藝術教育治療

　　青少年常面臨的困擾或問題需教、訓、輔單位相關人員的配合，不是導師或輔導老師獨力所能達成，此外學校輔導課程的規劃、輔導方案的實施、社區資源的運用等，或許能舒緩目前青少年常面臨的困擾或問題。然而藝術教育治療是一個經濟效益高的教育策略，亦即不需要花太多的成本，只要老師研習相關專業知識，並與督導或有經驗的老師在實際運作中保持聯繫或交流，是一個可嘗試的教育策略。

壹、課程意識型態

　　每一個課程方案的背後，都有其獨特的理論取向與意識型態。瞭解課程方案的理論取向與課程意識型態，可以幫助教育改革者理解不同課程與教學方案在本質上的重要差異。課程意識型態構成不同的課程理論取向、課程立場、教育審思過程與課程設計方法，隨著社會環境的文化變遷而彼此消長。

　　在教育領域，意識型態是指提供有關教育決定的一套價值前提的信念系統（Eisner, 1994: 47）。意識型態往往是某一特定社會團體所視同「理所當然的觀點」（Posner, 1995: 249），甚或習焉而不察的偏好或偏見，因此，它是一種有限的與不完整的觀點（Apple, 2002）。課程設計實務背後經常潛伏著彼此對立的意識型態，意識型態的分析，可以幫助吾人瞭解教育的課程政策有其優先順序的邏輯（蔡清田、黃光雄，1999）。

　　意識型態是影響社會行動的因素之一，會影響學校課程內容。學校課程的

改動必須與意識型態的變遷相互呼應。因為歷史乃是史學家與其事實間,一種持續不斷交互作用的歷程;也是一種現在與過去間永無停頓的對話(黃光雄,1987:195)。課程意識更代表一種課程實務工作人員的信念和思想的派典,對當代課程設計的理論研究與實務影響深遠。課程意識型態的歷史理解,有助課程設計人員從歷史中記取教訓。

　　為避免過去所犯的錯誤,重新認識課程設計問題,並對反覆出現的問題提出新的挑戰(黃政傑,1991:26)。由不同意識型態之對話,打破對立的僵局,建立不同課程設計理論取向之間的溝通橋梁,奠定理性共識的基礎,並探討健全有效的方法,以落實課程輔導方案自身的有效性。

　　學校的課程革新與教育改革必須植基於意識型態的改變,如此,學校才能與新的社會情境協調融洽,並且和睦相處(蔡清田、黃光雄,1999;Tyler,1976b: 136)。而最大受益者將是學生與輔導相關人員。所謂課程意識,歸納課程學者的研究,可以從「精粹主義」的「學科取向」、「經驗主義」的「學生取向」、「社會行為主義」的「社會取向」,與「科技主義」的「目標取向」等四個課程立場角度,分析課程設計的意識型態(李子建、黃顯華,1996;歐用生,1989;黃政傑,1991:103;Eisner, 1994: 61; Kliebard, 1986: 27; Tyler, 1949: 5)。

　　蔡清田和黃光雄(1999)從教師的專業角度來省察教室中的課程問題時,認為教師的教育專業主義的教學歷程取向可以探究課程的教育蘊義。二位學者認為教育專業主義的教室行動研究的角度,可將課程視為「研究假設」,亦即「課程是研究假設」,將教師視為在教育歷程的教室情境當中的課程教學研究者,重視課程設計的「專業主義」取向課程意識型態的分析。

　　從教師是研究者的角度而言,教師可先修習相關專業知識或參加藝術治療團體的研習營,從中瞭解學習相關的輔導理念、設計運用於實際團體或班級中。依據學生的狀況規劃目標,設計藝術活動。教師帶領團體或班級中,觀察、訪談學生的反應及其學習情況,並從學生的回饋與相關的學習單、作品中,瞭解

學生的感受與學習成效。接受督導的指導有關實際團體或班級中的運作狀況，請其提供建議與心得分享。蒐集學生回饋、學習檔案、教師教學日誌、觀察與訪談紀錄，藉以瞭解研究對象在不同形式的藝術活動後，學生對自己的看法、情緒的掌控以及對他人的感受等人際知覺的變化情形為何。

貳、藝術教育治療與青少年

　　對青少年而言，有些人生下來就有敏銳的美感，有些人則不然，但每一個人的美感都可以靠訓練提升，最好的訓練方式就是學習藝術，藝術是人類對真與美之最自由的追求。我們日常生活要注意左右腦的平衡，生活在邏輯世界裡，用的都是左腦，因此左腦越來越發達，就會變得越來越挑剔，自私自利。左腦發展到凌駕右腦之上後，對於文化、藝術、感情就會變得越來越淡薄，為了自己的利益就六親不認了，變得尖酸刻薄，這就是左右腦部不平衡。

　　藝術教育的目標是讓青少年左右腦發展平衡，擁有一顆柔軟而敏銳的心，透過這顆心，他才能充滿自信的走進這個世界，能夠領略和欣賞生活裡種種奇妙有趣和美麗的現象。然而美的學習與實踐，是要從政府、學校，家庭、社群等全方位配合，才能創造有效的學習環境。走進二十一世紀，無論東西方都意識到偏重理性的學習方式與內容，已無法應付新時代的多元需求。一股新的學習風潮應勢而起，從歐美到亞洲的先進國家，政府與民眾推動美感與藝術走進校園、融入課程，翻新教學方式，培養學生優游未來的能力，透過藝術教育來激發每個人的創造力，幫助青少年以更有創意的方式面對成長中的衝擊和挑戰。

　　藝術教育治療是透過藝術活動的方式，借助美感陶冶，使受教者在不同類別的藝術領域裡，透過不同藝術材料、內容、表現形式、創作、欣賞等方式，而能對自然與人文世界形成正確的觀點，健康的審美情趣，高度感受美、欣賞美及創造美的能力。在此種美感陶冶的歷程中，情操得以高貴，身心得以健美，全人的理想得以實現（呂祖琛，2000）。

第三節 藝術教育治療

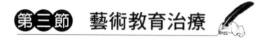

壹、藝術教育治療的內涵

一、健全人格特質，提升情緒管理能力

德國教育學家 Schiller 主張人類在感覺、悟性和意志三種官能之外，還有一種美感官能，針對這種官能的教育稱為藝術教育（梁福鎮，2001）。藝術教育是施教者以各種材料、應用教育的方法，對受教者進行陶冶，以開展美感相關的能力，培養高尚的審美心境，形成健全人格的活動。而我國有關美學的研究者主張，美感教育是透過藝術和自然之美的陶冶，培養人審美和創造美的能力（林逢祺，1998）。有的學者則主張美感教育就是順應人類愛美的天性，運用美學和教育的方法，透過一切涉及美感作用的活動和經驗，以陶冶心性、變化氣質、啟發智慧、培養思考力和創造力、建立崇高理想、促進健全人格發展的歷程（林政華，1995）。

德國教育學家Richter（1975）肯定美育教育的重要性，將美育教育的觀念應用於藝術教學理論之中，並且採用美育教育的方法，進行藝術治療的活動，幫助教師解決學生情緒困擾的問題，增進特殊教育對象改善學習。藝術治療教育又稱為藝術心理治療、表現性或創造性治療藝術治療教育，藝術治療包含了音樂、舞蹈、戲劇、詩詞、美術……等等。藝術治療發展至今，藝術治療師們發展出許多的治療方式與理論取向（陸雅青，1997）。當藝術治療師在治療各種不同類型的兒童時，採取了許多不同的理論取向，而這些取向與心理學、教育學中許多的理論模式有密切的關係。

藝術治療師大師Edith Krame（1992）主張藝術創作即是治療。透過藝術創

作的過程，不但能緩和當事人情感上的衝突，達到情緒淨化的效果，且能提昇其對事物的洞察力，有助於當事人的自我認識和自我成長。在藝術活動中，藝術治療師提供一些解決問題的藝術經驗，鼓勵孩子用新的方式及想法來看待他們的世界，並使用增強物、提示及示範的技巧，作為改變行為的方法，兒童的問題行為得以獲得改善，並能在學校及生活中運用新的技巧適應生活，控制情緒。

二、透過繪畫的經驗分享，創作的交流，提升人際知覺

文化人類學家以及藝術創作者從觀察古代與現代的繪畫藝術，至新幾內亞比較原始部落與現代文明的繪畫藝術後，更清楚瞭解藝術可以滿足人類原始的心靈需求，是不分古代人、現代人，也不分野蠻人與文明人（劉其偉，1991）。藝術貫穿時間、空間，開啟人類想像的空間，透過藝術的溝通交流活動，人類得以彼此熟悉，文化得以傳遞。以藝術治療精神為主旨的藝術活動提供個體一種特殊表達的經驗（范瓊方，1998）。藝術治療領域的學者專家更利用了藝術超越時空以及溝通的特點，透過藝術活動，讓人們表達口語無法清楚言說的情感，並且在活動的操作過程中，藉由與藝術治療師的互動、與媒材的互動、刺激等過程，強化了人與人、人與自己、人與環境的互動。

藝術活動促使個體釋放其心理上或情緒上的困擾，或察覺問題的管道，在活動中，個體學會選用、製造、表現與評估自己所做的決定，以及所創作作品的價值感，同時促使個體拓展、延伸敏銳的覺知層面的功效（陸雅青，2002）。藝術本身強烈的遊戲性成為自己與他人、自己與自己之間易於溝通情緒的一種方式。藝術活動的創造能提供兒童情感釋放的機會，加強兒童對環境的正向調適能力，透過對藝術經驗（活動）的加以調整，兒童便能在藝術過程中瞭解到自己的能力、優點和潛能，並且提供一些解決問題的藝術經驗，鼓勵孩子用新的方式及想法來看待他們自己與存在的世界（Swenson, 1991）。

藝術治療活動在開放、安全的過程中，強調協助每一個孩童釋放自己以及

自己在人際關係互動下的內心思維，藉此瞭解自己、表達自己，建立自信心，建構自我價值。透過參與活動時的合作性，可以減少同儕間的競爭行為，與被同儕隔離或忽視的感受，以降低孩童在生活中的不適感（Henley, 1997）。藝術治療活動可幫助學生對於自己以及他人的態度，對於他人行為的期待，能朝向正向的方向發展，有助於協助學生發展出友好而且支持的人際關係。透過聆聽、欣賞而瞭解、同理他人，以此建立和諧正向的班級情感認同，促使發展良好的同儕互動（蔡宜青，2002）。

貳、目前藝術教育治療發展之趨勢

以往國內外藝術治療實施於精神科日間看診病患、日間醫院的膠著團體、長期社區支持團體、老年人的照顧中心、戒酒單位、癌症協助中心、相處困難的兒童、女性團體、成人和兒童、罪犯、心智障礙者、青少年、家庭和婚姻治療等團體，協助特殊需求者。如今「藝術教育治療」順應國際教育思潮，其特性是，尊重學童的個別差異，使每個孩子能在支持的教學情境中，快樂學習。而在台灣，藝術教育治療能發揮「九年一貫」教育政策中「課程統整」的精神，提升學習效率。藝術教育治療可以配合「融合教育」的政策（陸雅青，2002），幫助特殊學習者成功地融入一般班級的教學中，此正回應了「多元文化」的思潮，幫助班級中不同族群的孩子學習彼此尊重。

參、藝術治療的理論與特性

一、藝術教育治療的定義與特性

「藝術教育治療」與「治療取向的藝術教育」為同義詞，其融合「藝術教育」、「藝術治療」及「特殊教育」等三領域的專業理念。亦即在原有的藝術

教育結構中，以藝術治療的理論為基礎，藉由藝術教育課程的設計與安排，來幫助各年齡發展階段的正常人或身心障礙者之自我探索與成長。

　　藝術治療結合了教育、輔導、特教、心理以及藝術的綜合特性，其包括視覺藝術、音樂、舞蹈、戲劇、詩詞……等。藝術治療是一種心理治療的介入方法，提供非語言的表達和溝通機會，藉以探索個人內在世界和外在世界的問題、潛能及經驗。可以在青少年時期，提供學生一種既有趣又富含心靈健全成長的活動方式，作為生命的經驗，並作為老師自我成長、性情修為的方式。

二、藝術教育治療的理論基礎

　　藝術治療主要為跨藝術與心理兩大領域學門，若我們將「藝術」與「心理」比喻為以精神分析理論為基礎的「藝術治療」數線上的兩極點，則藝術本質論與分析取向的藝術治療則分別代表了此兩極點不同的治療形式和論點。以下兩種取向，都是把藝術當作表達個人內在和外在經驗的橋梁（侯禎塘，1997；陸雅青，2000）。正如同其他形式的心理治療，藝術治療最初也是以傳統的精神分析為啟迪。

㈠心理分析取向的治療模式

　　心理分析取向的治療模式以 Margaret Naumburg 為代表人物，此模式主要受到 Freud 和 Jung 的精神分析心理治療的影響，特別強調潛意識（unconsciousness）的存在，象徵化（symbolization）的重要性，及情感轉移（transference）在治療過程中所扮演的角色（陸雅青，1997）。將藝術運用在心理治療中，藝術成為非語言的溝通媒介，視自發性的藝術類似於自由聯想的過程，個體透過其心像表達的一些聯想和詮釋來抒發其負面情緒，有助於個體藉以維持其內在世界和外在世界的和諧及一致性。

㈡藝術本質論治療模式

　　Edith Kramer 是一位重要的藝術治療先驅，Edith Kramer（1971）的藝術本質論則是主張藝術創作即是治療。她的理念源自 Freud 的「昇華作用」，認為個案破壞和攻擊的情緒，可以表達於繪畫或塑造等形式的作品上，象徵式的呈現這些負面情感，預防直接的攻擊行為表現，也避免造成對自己或他人的直接傷害。

　　Kramer 的理論雖也與精神分析有關，但著重於創造藝術過程本身固有的治療性。她鼓勵當事人參與團體，在團體中，藝術活動和產品均是治療性環境的一部分，而團體領導者則身兼藝術家、藝術教師和治療師三種角色（陸雅青，1999，2000）。

　　Rubin（1978）認為藝術創作是一種象徵工具，用來傳遞許多不同層次的訊息。無論是在與藝術媒材的工作過程中或最後的藝術作品裡，象徵的溝通都是顯著的，甚至治療關係也可能充滿象徵意義。她認為對藝術媒材與日俱增的自發性和形成的表現，是兒童獲得內在控制和掌握力的指標，此觀點與諾堡和克拉曼的見解相同。藝術治療具有非語言溝通的特質，能提供當事人非語言表達和溝通的機會，以藝術媒材的表達作為治療的工具，透過藝術活動的過程，調和兒童的情緒衝突，並能將意念化為具體的圖畫心像與概念，便於兒童從事自我探索、分享、欣賞、回饋與討論，進而促進兒童自我瞭解、統整與成長（陸雅青，1998；賴念華，1994；Kramer, 1979; Rubin, 1987）。

三、藝術教育治療之重要性

　　陸雅青（2002）認為，藝術教育治療乃指在一般班級或資源班，以整個班級為對象的表達性教育治療模式，它能順應世界潮流及「九年一貫」的教育需求。其理由如下：

　　1. 其人本哲學理念及運用孩子的知能及感官去學習和表達的形式，能順應

兒童發展，尊重學童的個別差異，讓每個孩子都能在支持的教學情境中，快樂成長。

2. 其治療活動的設計除了重視學科間的整合外，亦強調個人、家庭、學校與社區資源的統合，避免資源浪費，提升學習效率。

3. 能配合「融合教育」的政策，幫助資源班的特殊兒童發展，並能成功地融入一般班級的教學中。

4. 能因應「多元文化」的思潮，幫助班級中不同族群或文化背景的孩子學習彼此瞭解與尊重。

5. 能成為少數災區學校或具集體創傷經驗的班級在非常時期的主要教學模式，幫助學童心理復健。

6. 藝術教育治療的訓練使教師因而能有更深度的自我覺察，勇於面對教學中的挑戰，提升其教學知能，也由於有較佳的師生及親師關係，而更熱中於教學。

㈠藝術教育治療之目的

自古存在的藝術滿足了人類心靈原始的需求，因此，藝術原本就具備了療癒的功能。藝術治療主要的目的為：透過藝術活動讓人們表達口語無法清楚言說的情感，並且在活動的操作過程中，藉由與藝術治療師的互動、與媒材的互動，刺激或更加瞭解自己。作品的完整與否，作品的美醜與否，是不重要的事情。以藝術治療精神為主旨的藝術活動提供個體一種沒有權威者，或是犧牲自發性，或特殊表達的經驗。藝術活動促使個體發展自治（autonomy）、獨立（independeces）、為自己負責任的態度。在藝術活動中，個體學會選用、製造、表現與評估自己做的決定，以及所創作作品的價值感。無庸置疑的，藝術活動促使個體拓展、延伸以及敏銳個體覺知（awareness）層面的功效（范瓊方，1998）。

Lowenfeld 強調創造活動對於孩童心理成長的意義和價值，因為透過藝術

創造活動提供一個開放性（open）、支持（supportive）的環境，有助於孩童的身心自然發展過程（范瓊方，1998）。藝術治療的非批判性以及自發性的創造活動，能降低防禦性，提供孩童安全、不具威脅、真實的表現方式來表達想法和情感。藝術本身強烈的遊戲性使成為自己與他人、自己與自己之間易於溝通情緒的一種方式。藝術活動的創造能提供兒童情感釋放的機會，加強兒童對環境的正向調適的能力，透過對藝術經驗（活動）的加以調整，使之適用於所有的兒童，兒童便能在藝術過程中了解到自己的能力、優點和潛能。提供一些解決問題的藝術經驗，鼓勵孩子用新的方式及想法來看待他們的世界。在開放的過程中，強調協助每一個孩童釋放自己以及自己在人際關係互動下的內心思維，藉此了解自己、表達自己、建立自信心，建構自我價值。

透過參與活動時的合作性，可以減少同儕間的競爭行為，與被同儕隔離或忽視的感受，以降低孩童在生活中的不適感（范瓊方，1998）。藝術治療活動可幫助學生對於自己以及他人的態度；對於他人行為的期待，能朝向正向的方向發展，有助於協助學生發展出友好而且支持的人際關係。透過聆聽、欣賞而了解、同理他人，以此建立和諧正向的班級情感認同，促使發展良好的同儕互動。

(二)透過團體的動力達成藝術教育治療之目的

教師成天與團體為伍，團體提供社會學習的相關情境，提供成員觀察模仿的學習機會；團體成員可以從其他成員的反應或回饋中，獲得學習，強化人際知覺；團體成員有相似需求，可以提供成員相互支持、協助彼此解決問題；於同一時間用專業的知識及技能幫助一群人，極具經濟效益。但教師要避免團體所帶來的缺點，如：(1)團體成員較多，較難達到成員保密的規範；(2)在團體中，成員得到個別的關注機會較少；(3)團體容易被貼上標籤。教師在分組人數上要合宜，才能有效經營團體，例如：(1)使團體成員彼此能保持眼神和言語上的接觸，可以達成團體的凝聚力；(2)討論時，團體成員有足夠的時間和機會分享；(3)有足夠的人數可以相互鼓勵，自由交換彼此想法。

大體而言，藝術治療師、一般教師或輔導老師選擇帶領團體的主要目的，是想提升並改變團體成員的個別性和社會性功能，協助探索自我、提升個人技巧及提升人際知覺的敏感度。而藝術治療師、輔導老師或一般教師選擇使用藝術治療的原因有：(1)藝術使成員在同一時間內，以自己當時的狀況和他者參與其中的活動，活動進行的過程十分重要，過程有時就是目的。(2)文字無法傳達的時候，藝術是重要的溝通方式與情感表達或宣洩的管道。(3)藝術能促進創造力，藝術作品是一個實體，過一段時間仍可檢視它的存在。(4)藝術活動有助於幻想和潛意識的出現。

在藝術團體活動過程中，藝術媒材的使用可以達到個人及社會兩方面的目的，分述如下：

1. 個人目標：(1)啟發個人的創造性與自發性。(2)建立信心，增加自我價值、與自我潛能的實現。(3)增加個人的自主及動機，並發展自我。(4)表達感受、情緒、衝突。(5)產生洞察力，自我覺察及反思。(6)以視覺和口語的表現整理以往經驗。(7)放鬆自我。

2. 社會目標：(1)覺察、辨識並欣賞他人。(2)溝通（口語與非口語）。(3)問題、經驗、洞察的分享。(4)發現共有的經驗與個體的獨特性。(5)與成員發生關聯，並瞭解自己對他人以及他人對自己的影響與關係。(6)社會的支持及信任。(7)團體凝聚力。(8)審視團體中的主題及事件。

四、藝術教育治療之功能

藝術教育治療之功能，大致可歸納為以下七點（鄭安修，2002）：

1. 發展社交溝通的能力。

2. 鼓勵自我認同，提升自我概念。

3. 紓解情緒，昇華情感。

4. 培養對家庭、學校和社會環境的適應能力。

5. 培養獨立思考和創造能力。

6. 統整各領域的學習，提供有意義的經驗。

7. 提升美感經驗。

除此之外，Tessa Dalley 亦認為藝術教育治療能表達孩童的情感、思想與困難，對孩童具有極大的價值與重要性。透過藝術活動的學習過程，能產生美感上的結果，使人能享受這種成就與滿足（引自陳鳴譯，2000：51）。

五、藝術治療和相關領域

藝術治療師在團體中會將運用藝術處於領先的地位，現在仍然有許多助人專業人士，如職能治療師、社工人員、教師、心理衛生實務工作者、助人專業領域、臨床心理工作者、藝術教育工作者、團體領導者、社工人員、學校老師、學生、青少年工作者、社區團體領導者等，實施於精神科住院病患、精神科日間看診病患、日間醫院的膠著團體、長期社區支持團體、老年人的照顧中心、戒酒單位、癌症協助中心、處境困難的兒童、女性團體、成人和兒童、罪犯、心智障礙者、青少年、家庭和婚姻治療等人身上。

在不同領域中談論人與其問題時，各有不同的準則，語言的使用有時會造成困擾。醫療界的生病（illness）和治療（therapy），社工界會說社會問題（social problems）和支持（support），教育界則會說是忽視（ignorance）和教育（education）。不同領域的專業人士從事相同的活動時，會有不同的名稱，藝術治療團體有時可以稱為情緒成長團體、潛能開發團體，根據團體的目標不同而有不同的名稱。參與者也有不同的名稱，如病患（patients）、當事人（clients）、學生（student）；帶領團體的主事者可能被稱為治療師、協助者（facilitator）、領導者（leader）、教師、社工員、團體工作者（group worker）等等。在不同的場合中，我們以不同的方式看待參與者，他們有著不同的目標，這些會影響活動進行的本質，但他們都期待以藝術活動來從事治療。

第四節　台灣藝術教育治療之實施

壹、藝術教育治療之實施要領

　　「藝術教育治療」課程，其實施以班級團體為單位。由於一般班級的學生人數往往超過十五人，故除了資源班的教學外，無論是將藝術教育治療應用於藝術與人文、綜合活動、語文、社會……或其他領域的課程中，以小組的方式來進行教學是必然的方式。即便是如此，藝術教育治療與傳統藝術治療團體的運作形式和其治癒性的因素（therapeutic factors），仍十分相似。

　　「此時此地」（here-and-now）是在藝術治療的團體中發展小型社會的關鍵（Wadeson, 1987）。也因此，教師需能掌握整個班級的動力，將當下的主題融入課程中來探討。藝術創作是一種有朝氣的活動，它除了是身體的活動外，亦活化了個人和團體的能量。在人本的教學情境中，透過自我觀察和其他同學的回饋（feedback），小學中年級以上的學童已漸能體會他們的行為，以及對別人所造成的衝擊，思考危機的轉變，去經驗改變，並回饋給團體。這些改變促成積極的人際互動關係，進而提升孩子的自尊，改變了他們在團體外的生活。

貳、團體藝術治療的進行方式

　　團體藝術治療的進行方式，大致可分為「創作活動」與「分享討論」兩階段（Dalley, 1984）。無論在什麼學習領域的教學，運用繪畫或其他形式的創作活動，能提供孩子在一個孤立的感覺中自我反映，沈溺或陶醉在自己的天地裡；若是運用集體創作結束後，將焦點投注於作品上，分享彼此創作的心路歷程。其範圍可止於表面或深入心靈，依治療目標而定（陸雅青，2000a）。在藝術治

療團體中，成員經由作品瞭解每一個人，亦經由作品被人所瞭解，特別是那些一再出現的符號、題材與主題等。這是一種深層且個人層次的瞭解與被瞭解。且參與者有時也會被自己藝術中所傳達的訊息所震驚。其他成員的反應常會啟發個人自我探索（self-exploration）的歷程（Wadeson, 1980）。

參、藝術教育治療的活動設計

藝術教育治療以團體的形式運作，除符合學校教育形式，更因團體提供學生相互支持、催化潛能發揮的相關情境，讓學生從他人的反應中模仿學習，並從中得到支持與增強（賴念華，2002）。Dalley 認為團體藝術治療的進行方式，大致分為「創作活動」與「分享討論」兩階段（引自陸雅青，2001）。「創作活動」藉藝術媒材，提供當事人在一個孤立的感覺中自我反映，並退回自己的天地（陸雅青，2000）；或是運用合作的方式，增加團體互動的機會（陸雅青，2001）。「分享討論」則是在創作結束後，針對作品分享彼此的創作經驗，其範圍可於表面或深入心靈，視團體治療目標而定（陸雅青，2000）。

肆、藝術教育治療的活動設計結構

結構式的藝術治療是以結構化的形式運作；每個成員在特定時間和場所一起聚會，分享共同的任務和探索共同的主題。非結構的藝術治療團體是以非結構化的形式運作；每個成員在特定時間和場所一起聚會，依自己的想法做自己想做的工作。但有的藝術治療團體是以非結構化和結構化的形式交替運作使用。

Liebmann（1986）以結構、非結構形式，將藝術治療團體的進行方式表示如圖 13-1。在圖 13-1 中，A 所呈現的團體特色是具一般性目的、結構式的團體，其主題十分明確；B 所呈現之團體特色與 A 較為相近，但偶爾治療師會視團體情形處理團體中個別化而深層的問題；C 所呈現的團體特色是在團體中處

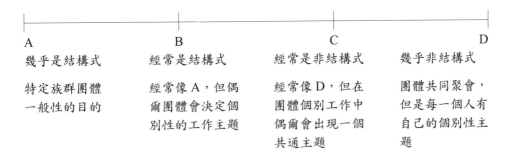

資料來源：賴念華（2002）；Liebmann（1986）。

圖 13-1　藝術治療團體進行的結構

理個別性問題，但過程中偶爾會出現共同主題；D 所呈現之團體成員雖共處一個團體，卻依個人狀況處理個別問題。以上四種團體形式為治療師依團體目標與特性來決定，彼此並非截然劃分，而是可彈性規劃的（陸雅青，2000，2001）。

伍、團體活動課程的內容

　　團體活動課程內容包括藝術活動和遊戲；藝術活動是屬於社交活動，參加的人事先必須接受遊戲規則，但此遊戲規則是有彈性的，可接納不同層次的反應。藝術活動並非適合每一個人，活動的進行必須視情境脈絡才能進行。

　　藝術活動和遊戲最大貢獻在提供成員真實生活的參照指標，在團體中嘗試以不同的方式進行活動，不必擔心真實生活可能發生的結果。從遊戲中以一個濃縮版的形式處理生活所面臨的問題與衝突，遊戲具有非現實的特性，這讓遊戲可以在安全而不必擔心真實後果的情況下完成。遊戲能象徵地呈現複雜難解的問題，成員重新做一次，也許會改變原來的結果，這個過程會使成員更有能力處理真實生活中所面臨的問題。眼前難以直接面對或痛苦的事情，透過藝術活動和遊戲間接的處理。

陸、輔導方案的規劃

藝術教育治療課程設計

階段目標	單元	活動名稱	使用媒材	活動目標	活動程序
第一階段 1.培養安全團體信任的氣氛 2.促進成員建立良好關係	一	自我介紹（團體形成） 自己眼中的我／別人眼中的我（繪畫）	4K 圖畫紙、蠟筆、彩色筆	1.幫助成員互相認識 2.激發成員參與團體動機 3.說明團體的進行方式及權利義務問題 4.建立自我概念	1.暖身活動（名片製作、自我介紹） 2.團體規範、權責 3.主題活動描繪「自己眼中的我／別人眼中的我」 4.休息 5.分享回饋
3.協助成員放鬆防禦，投入藝術創作，發揮創造潛能，表現自我	二	自由貼畫（貼畫）	4K 圖畫紙、彩色筆、雜誌、報紙、剪刀、膠水	1.藉由撕、剪……等破壞過程，達到情緒紓解，並釐清自我的生活目標、需求、願望 2.幫助領導者瞭解學生潛意識內容及價值觀	1.暖身活動（動物家族） 2.主題活動——自由貼畫 3.休息 4.分享與回饋
第二階段 1.協助成員表達及放鬆情緒，調和內心的衝突及矛盾	三	音感作畫 全家福（繪畫）	4K 圖畫紙、蠟筆、彩色筆、水彩	1.協助成員瞭解自己的感受 2.增進親子關係 3.分享家人的相處經驗	1.暖身活動（音樂、冥想與肢體活動） 2.主題活動——音感作畫

（續）

階段目標	單元	活動名稱	使用媒材	活動目標	活動程序
2. 提升成員對人我關係的洞察力 3. 能熟悉各種藝術媒材自由表現					3. 休息 4. 鑑賞、分享
4. 建立家庭概念，增進親子關係	四	OO 家族（陶土捏塑）	陶藝工具、陶土	1. 瞭解家庭的組成要素 2. 增進自我與家人的關係	1. 主題活動——陶土捏塑 2. 休息與分享
5. 培養與他人合作的態度及行為	五	我和 OO（雙人合作）	4K 圖畫紙、蠟筆、彩色筆、水彩	1. 建立合作概念 2. 學習人際互動	1. 角色扮演 2. 繪圖 3. 休息與分享
6. 建立良好的人際關係	六	圖畫接龍（繪畫）	全 K 書面紙、蠟筆、彩色筆、水彩	1. 學習尊重他人 2. 加強同儕互動 3. 培養處理問題的能力	1. 暖身活動兩人三腳 2. 圖畫接龍 3. 休息與分享
第三階段 1. 統整成員在團體中的學習和經驗 2. 提升審美與思辨的能力 3. 學習關懷、感恩與回饋 4. 啟發藝術潛能，健全人格發展 5. 樂觀迎接成長，展望新的未來	七	聽音樂畫畫（音感作畫）	8K 書面紙、蠟筆、彩色筆、水彩	1. 從創作中淨化情緒、昇華情感 2. 透過音樂的連結，提供學童不同的繪畫經驗 3. 鼓勵學童敞開心胸、表現自我	1. 水晶音樂 2. 流水音樂 3. 模仿流水 4. 繪圖 5. 休息與分享

（續）

階段目標	單元	活動名稱	使用媒材	活動目標	活動程序
	八	生命的回顧	運動服、道具、8K書面紙、蠟筆、彩色筆、水彩	1. 從生命的開始領略存活進而感恩 2. 生命課題體驗	1. 模仿母親懷胎 2. 角色扮演 3. 繪圖 4. 休息與分享
	九	過 去、現在、未來	圖畫紙、彩色筆、雜誌、報紙、剪刀、膠水	1. 從童年回憶思考如果能重來會如何過日子 2. 建立生涯期許觀	1. 用雜誌上的圖像 2. 想像自己站在十字路口可能行進的方向 3. 未完成的事 4. 理想的世界
	十	許願磁場：共同貼畫	彩色透明紙、白膠、水彩筆、全開大壁紙	1. 提供安全空間，處理影響成員個人現狀，但尚未在團體中呈現的主題 2. 藉儀式凝聚向心力，給予成員祝福與支持 3. 促使成員能以較樂觀的態度面對未來 4. 促使成員認同自己的本我特色，從撕貼過程中昇華情感	1. 主題活動——許願磁場 2. 休息 3. 許願與分享

第五節　實施藝術教育治療的困難點

壹、實施的困難點

　　實施藝術教育治療的過程中，團體成員創作方向、領導者的帶領風格有極大相關，其困難處在於創作的自由發展性，使得藝術成長團體在結構與非結構之間的拿捏，成了考驗領導者智慧及團體成功與否的關鍵。藝術創作的特殊性使得藝術成長團體有別於傳統心理成長團體，由於藝術媒材的介入，有志於將創作帶入團體的領導者必須具備與創作和媒材相關的知識。相關工作者容易遇到瓶頸的地方是，如何設計有利團體成員、團體治療方向的藝術活動。因此如何成功帶領藝術成長團體，對期待自己能在實務工作中充實更加豐富與多元化的輔導知能並喜愛藝術治療的夥伴是一大挑戰。

　　獲取經驗最好的方式是讓自己身歷其境參加不同的團體，透過體驗身為當事人的感受，讓自己真實地瞭解其中的點點滴滴，也可經驗不同團體領導者的帶領風格。第一次獨自帶領一團體前，最好和一位較有經驗的領導者或治療師一同帶領，如此可從經驗豐富的領導員身上有些學習，將自己的想法和帶領技巧一起討論。

　　另一種困難度是繪畫後對作品的詮釋。初學者欲實施藝術教育治療會有的迷思是：認為領導者或治療師的任務是解釋團體成員的作品；解釋不一定來自一對一同等符號的意義。其實符號所代表的意義，隱藏了文化的範疇（陽光代表夏天、光亮、溫暖或熱度）。大部分的符號都帶有主觀的定義，會因人而異，每人經驗不同，符號所代表的意義會有不同。例如有人生氣或憤怒會使用紅色，但對有些人而言紅色代表博愛（如國際紅十字會、醫院的標識）。

　　相似的情境脈絡中，符號意義的界定可能會有相似的意涵，但仍必須避免

過度推論或驟下斷言，把一個情境直接移到另一個情境中。做解釋時，對某些狀況也許是真實的，避免套用在別人身上，作品有時會對人說話，反映出內心的想法，我們需要鼓勵這個歷程的發生，因為這作品能促使案主自我對話，因此有時需要花一段時間和作品相處，聽作品告訴我們的事情。

解釋是領導者或治療師容易犯錯的地雷區，領導者或治療師如何尊重作者看待他的作品，以及作者真正的意念，可避免不必要的錯誤詮釋導致二度傷害。

在團體中成員彼此建立了信任感，覺得安心，就會打開內心那一扇門，分享揭露更多內心的世界和感覺。敏感度高的領導者或治療師、覺察力強的團體成員，可以幫助別人描繪出埋藏在心底深處的世界，最好用隱喻暗示的方法，不要太直接或將其視為事實呈現出來。一個特殊的詮釋反而是和解釋別人作品的那個人有關，而不是原來的創作者；有時創作者對於所暗示的話，還沒有做好準備聆聽；因此任何解釋以及訊息接收者的接收程度，需經過測試。

貳、藝術教育治療師資

一、目前台灣藝術教育治療的師資

有鑑於國內目前對於藝術教育治療課程的推廣尚屬初期階段，因此提出以下建議，供相關工作者參考（鄭安修，2002）：

㈠進行藝術教育治療課程之教師應接受專業訓練

藝術教育治療為一嚴謹的藝術教育取向，教師在課程實施前宜修習相關理論課程及實務訓練，以免誤用，對學生身心造成傷害。

㈡增進教師的藝術教育治療專業知能

由政府相關單位規劃藝術教育治療之師資培育課程，提供一般教師進修與

研習的管道，並在實際應用此教學法的第一年提供定期督導的機會，以提升教師藝術教育治療的教學能力。此外，師資培育機構也應規劃藝術教育治療相關課程，讓準教師在師資養成的過程中修習相當比例的學分，以因應未來推行藝術教育治療課程所需，並解決目前國內缺乏相關師資的窘境。

(三)結合相關學術研究機構，供教師諮詢服務

藝術教育治療符合九年一貫課程統整的精神，能適用於藝術與人文、生活課程及綜合活動等領域，為未來藝術教育的趨勢。因此，教育主管機關應鼓勵推廣此一取向的藝術教育課程，並結合相關學術研究機構，提供教師諮詢的管道。

參、藝術教育治療師資培育

藝術教育治療師資培育大致可分為兩部分：一為課程或學分的學習，二為教學實習與督導。分述如下：

一、與藝術教育治療相關的課程

除了藝術教育方面的專長外，教師亦必須具備諮商輔導與特殊教育兩方面的知能，方能勝任藝術教育治療的工作。諮商輔導方面課程的訓練，能幫助教師評估學生的心理狀況，做適當的回應，並敏於覺察班級的團體動力。特殊教育專業課程的訓練則能幫助教師瞭解特殊學童的行為及其意義，針對個別學生提出教育工作計畫。

二、教學與督導

陸雅青（2002）認為藝術治療本質的複雜性，初以此法介入教學的老師在面對學生的心理調適問題、媒材的使用與治療活動的設計時，往往可能因學生

「藝術」表現的自由性，時有面臨失控的危機。另外教師可能會忽略個體、家庭和學校對學生情緒和行為的影響，有針對創作中象徵符號之解讀，將學生的一般表現加以病態化的傾向。教師亦有可能會因為來自學生或家長的回饋是如此地窩心，而在教學上更強調治療的功能，疏忽「教育」的認知本質。

「督導」是以個別或團體的形式進行，督導者在此時適可發揮功能，給予教師教學上的引導與情緒上的支持，幫助教師澄清自我的界限，提升自我覺察的能力，認同自己的教育專業，並勇於面對教學上的挑戰。

藝術教育治療為跨藝術教育、諮商輔導與特殊教育三領域的教育策略，十分符合教育需求。現行教育制度下，藝術教育治療可配合不同教師的職務與生活、藝術與人文、綜合活動、語文、社會……等不同的課程來應用，以發揮其教育統整的功能。藝術教育治療由於其跨領域及「治療」本身所涉及的複雜層面，師資的培訓工作較一般的教育訓練更為複雜。

結論

我國自 2001 年 9 月起，教育部開始實施九年一貫課程，將國中、小學課程分為七大領域，其中最具創新意義的即為「藝術與人文」課程。2001 年 9 月份起，教育部開始實施九年一貫課程，將國中、小學課程分為七大領域，其中最具創新意義的即為「藝術與人文」課程。教育部次長說明：「這門課並不偏重於藝術的技法、表現層次上，而是回到人的內心、人的身體感覺、人的創作能力及對美感的欣賞。」

藝術教育治療為藝術教育的一個重要環節，結合了藝術、心理、特教、輔導等領域跨學科整合的知識與技能，課程的呈現也可結合視、聽、觸、嗅等知覺，其人本理念及融合精神，將經得起時代的考驗，不受教育政策的影響。在當前教育現象素亂，師生均承受前所未有的教學及課業壓力時，藝術教育治療不失為教育的一劑良方。

References

參考文獻

中文部分

CHEERS（2003）。職場問卷調查。台北：天下。

天下（2001）。**美育是一切教育的基礎**。台北：天下雜誌。

天下文化（2004）。**探險天地間──劉其偉傳奇**。台北：天下文化。

王秀槐（2002）。人我之際──台灣大學生的生涯建構歷程。**本土心理學研究，17**。

王智弘（2000，11 月）。網際網路對助人專業帶來的契機與挑戰。載於中國輔導學會主辦之「**2000 諮商專業發展學術研討會─邁向新世紀的諮商與輔導研討會**」手冊，台北。

王智弘（2001，12 月）。**迎接網際網路時代─網路媒體在諮商輔導上的應用現況與未來**。論文發表於清華大學主辦之「E 世代的網路諮商研討會」會議，新竹市。

王智弘、林清文、劉志文、魏嘉宏（2001，10 月）。「輔導與諮商」教育資源網站之建構過程──「台灣心理諮商資訊網」的實驗與展望。載於彰化師範大學主辦之「**二十一世紀的教育改革與教育發展國際學術研討會**」手冊，彰化市。

王智弘、林清文、蔡曉雯（2001）。電腦網路在生涯輔導上之應用──「青輔會生涯輔導資訊網」之建置與展望。**生涯快遞季刊，1**，35-37。

王智弘、楊淳斐（2001，12 月 5 日）。**諮商網路服務的倫理議題**。論文發表於清華大學主辦之「E 世代的網路諮商研討會」會議，新竹市。

王智弘、楊淳斐、張匀銘（2002）。生涯輔導網路化的做法與方向。**生涯快遞季刊，5**，32-36。

王智弘、蕭宜綾、張匀銘（2002）。電腦網路在危機處理上的角色與功能。**輔導會刊，32**，8-16。

王慶節、陳嘉映（譯）（1993）。**存在與時間**。台北：桂冠。

包凡一等（譯）（1992）。**人類本性與社會秩序**。台北：桂冠。

卡維波（2004）。文化批判論壇：搖頭丸的文化效應，**文化研究月報，25**。

朱元鴻（1996）。**後現代理論——批判的質疑**。台北：巨流。

朱文雄（1999）。**時間管理**。高雄：復文。

朱湘吉（1991）。突破生涯高原期。**天下雜誌，204**，44-49。

江書良（1998）。面對中途離校學生學校應有的省思。**學生輔導雙月刊，55**，50-57。

江學瀅（2002，11 月）。具有藝術治療理念的資優生藝術教育。載於「**現代教育論壇——藝術治療與藝術教育研討會**」會議論文集（頁15-28），台北市。

行政院主計處（1997）。**中華民國台灣地區青少年狀況調查報告**。台北市：作者。

行政院法務部（1999）。**影響犯罪因素分析報告彙編**。台北市：作者。

何英奇（2005）。**大學生之人生目標、自我概念、人際關係與憂鬱及其相關因素之研究**。國科會整合型計畫——台灣高等教育資料庫之建置及相關議題之探討第一階段成果報告研討會（頁24-25）。

吳宗立（1996）。國中學校行政人員工作壓力與因應策略之研究。**國教學報，8**，99-131。

吳武典（1999）。**社會變遷與輔導**。台北：心理。

吳芝儀（1999）。從建構觀點看犯行青少年之生涯發展與抉擇。**學生輔導，**

61，66-75。

吳芝儀（2000a）。**生涯輔導與諮商──理論與實務**。嘉義：濤石。

吳芝儀（2000b）。**中輟學生的危機與轉機**。嘉義：濤石。

吳芝儀（譯）（1996）。**生涯發展的理論與實務**。台北：揚智。

吳榮福（2002）。台南縣國民小學總務主任工作壓力及其因應策略之研究。國
　　立台南師範學院教師在職進修學校行政碩士學位班碩士論文，未出版，台
　　南市。

呂祖琛（2000）。有價值的教育內容。載於陳迺臣（主編），**教育導論**。台
　　北：心理。

李子建、黃顯華（1996）。**課程：範式、取向和設計**。台北：五南。

李亦園（1992）。**人類學與現代社會**。台北：水牛。

李光偉（1996）。**全方位時間管理**。台北：新雨。

李冠儀（2000）。**國小教師對學校組織氣氛知覺、工作價值觀與專業承諾之相
　　關研究**。國立花蓮師範學院國民教育研究所碩士論文，未出版，花蓮市。

李勝彰（2003）。**國民中學教師工作壓力、因應策略與退休態度之研究**。國立
　　彰化師範大學教育研究所學校行政碩士班碩士論文，未出版，彰化市。

李鍾元（2004）。**台灣地區老人的休閒活動與娛樂**。論文發表於中華文化社會
　　福利基金會、陝西省西北大學舉辦之「2004 兩岸四地社會福利學術研討
　　會」會議，中國陝西省。

沈清松（1983）。詮釋學的變遷與發展。**鵝湖，9**（3），18-24。

沈清松（1994）。**現代哲學論**。台北：黎明。

周文欽、孫敏華、張德聰（2004）。**壓力與生活**。台北：空中大學。

周念縈（譯）（2004）。**人類發展學**。台北：麥格羅希爾。

林秀華（2000）。**司法精神鑑定案例之社會支持系統與生活適應之研究**。高雄
　　醫學大學行為科學研究所碩士論文，未出版，高雄市。

林幸台（1980）。鑑衡創造力的新指標。**資優教育季刊，4**，24-28。

林幸台（1990）。**生計輔導的理論與實務**。台北：五南。

林幸台（主編）（1991）。**個別輔導手冊**。台北：心理。

林幸台、田秀蘭、張小鳳、張德聰（1997）。**生涯輔導**。台北：空中大學。

林武雄（2002）。**台灣中輟生之處置與輔導**。台北：揚智。

林政華（1995）。審美教育的理論與實踐。**藝術學報，**56。

林美姿、陳怡貝、萬敏婉（2005）。中年失業人生 50 ＝失業。**遠見雜誌，**九月號。

林清文（2000）。**大學生生涯發展與規劃手冊**。台北：心理。

林逢祺（1998）。**美育與人生**。台北：五南。

金玉梅（譯）（1996）。**如何建立願景——讓夢想看得見**。台北：天下。

金樹人（1987）。資訊發展在諮商與輔導上之應用。載於**當前資訊發展與教育**（頁 227-254）。台北：中央文物供應社。

金樹人（1991）。**生計發展與輔導**。台北：天馬。

金樹人（1999）。**生涯諮商與輔導**。台北：東華。

金樹人（2000）。「我」的看見與現身——職業組合卡的不可能任務。**測驗與輔導，**162，3393-3396。

金樹人、劉焜輝（1989）。**生計諮商之理論與實施方法**。行政院青年輔導委員會。

侯雅齡（1998a）。上學，怕怕！拒學／懼學症的成因與輔導。**國教天地，**128，54-59。

侯雅齡（1998b）。自我概念理論新趨向——多向度階層化建構。**輔導季刊，**34（1），11-23。

柯永河（1994）。**習慣心理學——寫在晤談椅上四十年之後（理論篇）**。台北：張老師文化。

洪鳳儀（2000）。**生涯規劃**（第二版）。台北：揚智。

胡興梅（2001）。**兩性問題**。台北：三民。

范振國（譯）（1997）。**啟發自我**。台北：星光。

范瓊方（1996）。**藝術治療──家庭動力繪畫概論**。台北：五南。

孫周興（譯）（1993）。**走向語言之途**。台北：時報。

徐善德（1997）。**高職教師工作價值觀、組織承諾與教學效能關係之研究**。國立政治大學教育研究所博士論文，未出版，台北市。

高強華（2000）。**理解青少年問題──透視新新人類**。台北：師大書苑。

涂淑芳（譯）（1996）。**休閒與人類行為**。台北：桂冠。

崔光宙、林逢祺（2000）。**教育美學**，台北：五南。

張春興（1996）。**教育心理學──三化取向的理論與實踐**（修訂版）。台北：東華。

張春興、林清山（1981）。**教育心理學**。台北：東華。

張添洲（1983）。**生涯發展與規劃**。台北：五南。

梁福鎮（2001）。**審美教育學**。台北：五南。

許智偉（1982）。**福祿貝爾與學前教育**。台北：東方雜誌。

郭金池（1989）。**國民小學教師價值觀念、進修態度與教學態度之研究**。國立高雄師範學院教育研究所碩士論文，未出版，高雄。

郭為藩（1979）。**教育的理念**。台北：文景。

郭為藩（1989）。**科技時代的人文教育**。台北：幼獅。

郭為藩（1993）。**科技時代的人文教育**。台北：幼獅。

郭騰淵（1991）。**國中教師工作價值觀、角色壓力與工作投入關係之研究**。國立高雄師範大學教育研究所碩士論文，未出版，高雄。

陳文俊（2001）。**國民小學實習教師工作壓力與因應策略之研究**。國立高雄師範大學工業科技教育學系碩士論文，未出版，高雄。

陳玉玲（1998）。**尋找歷史中缺席的女人**。嘉義：南華管理學院。

陳李綢（1983）。大專男女生自我統整程度與職業選擇。**教育心理學報**，16，頁 89-98。

陳嘉彰（2001a）。藉由全民參與導正網咖發展。取自 http://www.npf.org.tw/PUBLICATION/EC/090/EC-C-090-142.htm

陳嘉彰（2001b）。下一代的問題，政府注意到了嗎？取自 http://www.npf.org.tw/PUBLICATION/EC/090/EC-C-090-247.htm

陳學添（2002）。藝術治療對國小低學業成就兒童輔導效果之研究。現代教育論壇——藝術治療與藝術教育研討會論文集（頁 55-76）。

陸雅青（1998a）。兒童畫中用色現象的探討。論文發表於國立台灣藝術教育館主辦之「1998 年色彩與人生學術研討會」會議，台北市。

陸雅青（1998b）。兒童畫中用色概念發展之研究。台北：中華色顏。

陸雅青（1999）。繪畫詮釋——從美術進入孩子的心靈世界。台北：心理。

陸雅青（2000a）。兒童藝術治療。台北：五南。

陸雅青（2000b）。藝術治療團體實務研究——以破碎家庭兒童為例。台北：五南。

陸雅青（2001a）。藝術教育治療在「藝術與人文」領域之應用。論文發表於國立台中師範學院承辦「九十學年度師範學院教育學術論文發表會」會議，台中市。

陸雅青（2001b）。台灣的兒童需要什麼樣的美勞課？——從藝術教育治療再談起。載於中華民國藝術教育研究發展學會主辦之「2001 國際藝術教育學會——亞洲國際藝術教育研討會」會議論文集（頁 197-205）。

陸雅青（2002）。藝術治療教育於現今國民教育課程的運用。載於現代教育論壇——藝術治療與藝術教育研討會論文集（頁 5-14）。

陸雅青（譯）（1997）。兒童藝術治療。台北：五南。

傅偉勳（1986）。批判的繼承與創造的發展。台北：東大。

傅偉勳（1988）。「文化中國」與中國文化。台北：東大。

傅偉勳（1990）。從創造的詮釋學到大乘佛學。台北：東大。

傅偉勳（1993）。學問的生命與生命的學問。台北：東大。

馮川（主編）（1997）。**弗洛姆文集**。北京：改革出版社。

馮克芸、黃芳田、陳玲瓏等譯（1997）。**時間地圖**。台北：台灣商務印書館。

黃天中（1985）。**生涯規劃概論**。台北：桂冠。

黃木添、王明仁（1998）。中途輟學學生服務與輔導。載於**中途輟學問題與對策**（頁 21-26）。台中：中華兒童暨家庭扶助基金會。

黃永斌（1998）。少年兒童犯罪問題分析。**法務通訊，1868**。

黃永斌（2000）。最好的更生保護政策，就是最好的預防再犯政策。**法務通訊，一九九七期**。

黃光國（1990）。**自我實現的人生**。台北：桂冠。

黃光國（1995）。**知識與行動**。台北：心理。

黃光國（2001a）。也談「人情」與「關係」的構念化。**本土心理學研究，12**，215-248。

黃光國（2001b）。位格、人觀與自我。**應用心理研究，10，5-9**。

黃光國（2001c）。儒家關係主義的理論建構及其方法論基礎。**教育與社會研究，2**，1-34。

黃光雄（1987）。懸缺課程的概念。**現代教育，2（1）**。

黃光雄、蔡清田（1999）。**課程設計──理論與實際**。台北：五南。

黃君瑜（1996）。青少年自我傷害行為之成因。**學生輔導，42**，26-31。

黃政傑（1991）。**課程設計**。台北：東華。

黃淑嫆（2004）。**幼稚園教師工作壓力及其因應策略之研究**。國立台南師範學院幼兒教育學系碩士論文，未出版，台南市。

黑川康正（1989）。**上班族智慧饗宴──工作術 31**。台北：世茂。

楊艾俐（2003）。永不退休的人生。**天下雜誌，275**。

楊艾俐、譚士屏（2003）。三、四年級請客，七、八年級買單。**天下雜誌，283**。

楊妙芬（1997）。國小教師工作價值觀、工作滿意度、任教職志與其相關因素

之研究。**屏東師院學報**，10，97-132。

楊明磊（2001）。**資深諮商工作者的專業發展——詮釋學觀點**。國立彰化師範大學博士論文，未出版，彰化市。

楊國樞（1996）。**中國人的價值觀——社會學觀點**。台北：桂冠。

楊淳斐、王智弘、張勻銘（2002）。**生涯諮商服務網路化的策略與實施——全人發展取向的生涯諮商網路服務**。論文發表於「中國輔導學會 2002 諮商心理與輔導學術研討會」會議，台北市。

楊清芬（譯）（1998）。**威廉的洋娃娃**。台北：遠流。

楊朝祥（1984）。**技術職業教育辭典**。台北：三民。

楊朝祥（1985）。**技術職業教育理論與實務**。台北：三民

楊朝祥（2001）。**學子健康警訊、預防重於治療**。取自 http://www.npf.org.tw/PUBLICATION/EC/090/EC-P-090-009.htm

楊燦煌（譯）（1988）。**時間管理新法**。台北：書泉。

經建會（2004）。**長期科技人力供需推估及因應對策**。台北：經建會。

葉智魁（2004a）。**開放賭博所導致的問題：數字在說話**。取自 http://www.gogoph.com.tw/casino/yeh-7.htm

葉智魁（2004b）。**「賭場合法化」與「開放設立賭場特區」議題之解析**。取自 http://www.gogoph.com.tw/casino/yeh-1.htm

廖世德（譯）（2001）。**故事、知識、權力——敘事治療的力量**。台北：心靈工坊。

趙宋光（1989）。論美育的功能。**美學 1981 年第 2 期**。

劉永年（譯）（1995）。**如何成為管理高手**。台北：絲路。

劉玉玲（2001）。**組織行為**。台北：文京。

劉玉玲（2002）。**青少年心理學**。台北：揚智。

劉玉玲（2003a）。**教育人類學**。台北：揚智。

劉玉玲（2003b）。**藝術輔導教育實施於綜合活動領域（輔導課程）——課程意**

識初探。論文發表於「掌握學術新趨勢、接軌國際化教育」國際學術研討會（頁 259-284）。

劉玉玲（2005）。**組織行為**（第二版）。台北：新文京。

劉其偉（1991）。**文化人類學藝術**。台北：藝術。

劉鳳珍（2006）。乖女孩賺不到大錢。CHEERS，68。

劉麗真（譯）（1993）。**時來運轉——如何運用時間**。台北：麥田。

歐用生（1989）。**質的研究**。台北：師大書苑。

潘進財（2005）。**台北縣國小六年級學生自我概念、父母管教方式與學業成就之相關研究**。銘傳大學教育研究所碩士在職專班碩士論文，未出版，台北市。

蔡宜青（2002）。藝術治療在低年級班級管理上的運用。載於「**現代教育論壇——藝術治療與藝術教育研討會論文集**」（頁 29-42）。

蔡淑慧（譯）（1998）。**時間管理大師——完全時間管理系統手冊**。台北：上硯。

蔡稔惠（1995）。進路輔導外一章——可轉移性生涯技巧。**技術及職業教育**，30。

蔡稔惠（2000）。**全方位生涯角色探索與規劃表：理論與習作**。台北：揚智。

蔡德輝、吳芝儀（1998）。中輟學生輔導策略之轉向——跨世紀的另類選擇教育。載於中途輟學問題與對策，中華兒童福利基金會編印。

蔡德輝等（1999）。**青少年暴力犯罪成因與矯正處遇對策之研究 I**。行政院國家科學發展委員會整合型專題研究計劃成果報告（NSC87-2418-H-194-008-Q8）。

鄭文（譯）（2003）。**毒品**。台北：時報。

鄭安修（2002）。**治療取向的藝術教育對國小三年級學童生活適應之影響**。台北市立師範學院視覺藝術研究所碩士論文，未出版，台北市。

鄭納無（2001）。**意義治療大師維克多・法蘭可的生命傳**。台北：心靈工坊。

鄭崇趁（1998）。輔導中輟學生的權責與方案。**學生輔導雙月刊**，55，16-23。

鄭崇趁（1999）。中途學校與中輟生輔導。**訓育研究**，38（2），48-56。

賴念華（1999）。台灣青少年學校輔導工作的困境初探。**輔導季刊**，35（1），55-62。

賴念華（譯）（2002）。**藝術治療團體——實務工作手冊**。台北：心理。

駱秉容（譯）（2000）。**績效！績效！提升員工績效的十六個管理秘訣**。台北：麥格羅希爾。

薛承泰（2001）。**防堵網咖，留心染缸效應轉移**。取自 http://www.npf.org.tw/PUBLICATION/SS/090/SS-C-090-071.htm

薛絢譯（2002）。**上癮五百年**。台北：立緒。

謝綺蓉（譯）（1998）。**80／20法則**。台北：大塊。

藍采風、廖榮利（1994）。**組織行為學**。台北：三民。

顏和正（2002）。我不要當工作狂。**CHEERS**，11。

羅文基（1992）。**生涯規劃與發展**。台北：空中大學。

羅俊龍（1995）。**教師個人背景變項與工作價值觀、工作滿足、組織承諾關係之研究——以宜蘭縣公立國民中學現任教師之實證研究**。私立東吳大學管理科學研究所碩士論文，未出版，台北市。

羅悅全（譯）（2001）。**迷幻異域——快樂丸與青年文化的故事**。台北：商周。

蘇惠昭（譯）（1991）。**如何活用時間**。台南：漢風。

英文部分

Abraham, A. (1990). The projection of the inner group in drawing. *Group Analysis, 23,* 391-401.

Alderfer, C. P. (1972). *Existence, relatedness and growth: Human need in organiza-*

tional settings. New York: The Free Press.

Alexander, L. C. (1985). *Women in nontraditional careers: A training program manual*. Washington, DC: Women's Bureau, U. S. Government Printing Office.

Allport, G. W., Vernon, P., & Lindzey, G. (1960). *A study of values*. Boston: Houghton Mifflin.

Andrade, H. G., & Perkins, D. N. (1998). Learnable intelligence and intelligent learning. In R. J. Sternberg & W. N. Williams (Eds.), *Intelligence, instruction, and assessment: Theory into practice* (pp. 67-94). New Jersey: Lawrence Erlbaum Associates.

Apple, W. M. (2002). *Ideology and curriculum* (2nd Ed.). New York: Rouledge.

Arthur, M. B., Hall, T., & Lawrence, B. S. (1989). *Handbook of career theory*. Cambridge University Press.

Bammel, G. (1978). Urbanism and forest recreation. *West Virginia Agriculture and Forestry Journal , 7*, 1-8.

Bammel, G. & Burrus-Bammel, L. L. (1992). *Leisure and human behavior* (2nd ed.). Dubuque, IA: Wm. C. Brown Publishers.

Bandura, A. (1977). *Social learning theory*. Englewood Cliffs, NJ: Prentice-Hall.

Bardwick, J. M. (1986). *The plateauing trap*. NY: AMACOM.

Barkan, M. (1995). *A foundation of art education*. New York: Ronald Press.

Barrell, T. (1994). *Criticizing art, understanding the contemporary*. Mountainview, CA: Mayfield.

Beckett, J. O., & Smith, A. D. (1981). Work and family roles: Egalitarian marriage in black and white family. *Social Service Review, 55*, 314-326.

Beehr, T. A., & Newman, J. E. (1978). Job stress, employee health, and organizational effectiveness: A facet analysis, model and literature review. *Personnel Psychology, 31*, 665-699.

Bellings, A. G., & Moss, R. H. (1984). Coping, stress, and social resources among adults with unipolar depression. *Journal of Personality and Social Psychology, 46* (4), 877-891.

Benin, M. H., & Agostinelli, J. (1988). Husband's and wife's satisfaction with the division of labor. *Journal of Marriage and the Family, 50*, 349-362.

Bernardo, D. H., Shehan, C. L., & Lesliles, G. R. (1987). A residue of tradition: Jobs, career, and spouses' time in housework. *Journal of Marriage and Family, 49*, 382-390.

Betz, N. E., & Fitzgerald, L. F. (1987). *The career psychology of women*. Orlando, FL: Academic Press.

Biehler, R. F., & Hudson, L. M. (1986). *Developmental psychology*. Boston: Allyn & Bacon.

Bird, C. P., & Fisher, T. D. (1986). Thirty years later: Attitudes toward the employment of older workers. *Journal of Applied Psychology, 71*, 515-517.

Bloom, J. W., & Walz, G. R. (2000). *Cybercounseling and cyberlearning*. Alexandria, VA: American Counseling Association.

Boyatzis, R. E., & Skelly, F. R. (1991). The impact of changing values on organizational life. In A. D., Kolb, Rubin I. M., & Osland J. S. (Eds.), *The organizational behavior reader*. NJ: Prentice Hall.

Brown, D., & Minor, C. W. (1989). Working in America: A status. Report on planning and problems. Alexandria, VA: National Career Development Association.

Bruner, E. (1986a). Experience and its expressions. In V. Turner & E. Bruner (Eds.), *The anthropology of experience*. Chicago, IL: University of Illinois Press.

Bruner, E. (1986b). Ethnography as narrative. In V. Turner & E. Bruner (Eds.), *The anthropology of experience*. Chicago, IL: University of Illinois Press.

Bruner, J. (1986). *Actual minds: Possible worlds*. Cambridge, MA: Harvard University Press.

Bruner, J. (1987). Life as narrative. *Social Research, 54*, 11-32.

Campbell, R. E., & Heffernan, J. M. (1983). Adult vocational behavior. In W. B. Walsh & S. H. Osipow (Eds.), *Handbook of vocational psychology* (Vol. 1, pp. 223-262). Hillsdale, NJ: Lawrence Erlbaum Association.

Chusmir, L. H. (1983). Characteristics and predictive dimensions of women who make nontraditional vocational choice. *Personal and Guidance Journal, 62*(1), 43-48.

Chusmir, L. H. (1990). Men who make nontraditional vocational choice. *Journal of Counseling and Development, 69*, 11-16.

Clawson, M. (1959). The crisis in outdoor recreation. *American Forestry*, March-April, 1959.

Coleman, J. S. (1988). Social capital in the creation of human capital. American *Journal of Sociology, 94*, 95-120.

Collin, A., & Richard, A Y. (1992). *Interpreting career: Hermeneutical studies of lives* in context. Westport, Conn.: Praeger.

Collins, S. E., & Mowbray, C. T. (1999). Measuing coping strategies in an educational intervention for individual with psychiatric disabilities. *Health & Social Work, 24*, 279-290.

Cox, T. (1978). *Stress*. Baltimore: University Park Press.

Dalley, T. (Ed.). (1984). *Art as therapy: An introduction to the use of art as a therapeutic technique*. London: Tavistock/ New York: Methuen.

Dawis, R. V. (1996). The theory of work adjustment and person-environment-correspondence counseling. In D. Brown, L. Brooks, & associates (Eds.), *Career choice and development* (3rd ed.) (pp. 75-120). San Francisco, CA: Jossey-Bass.

deGrazia, S. (1962). *Of time, work and leisure*. New York: Twentieth Centuary Fund.

Demarco., T. (2002). *Slack: Getting past burnout, busywork, and the myth of total efficiency*. New York: Broadway Books.

Dinklage, L. B. (1968). *Decision strategies of adolescents*. Unpublished Doctoral dissertation, Harvard University.

Dominguez, V. R. (1990). The Politics of Heritage in Contemporary Israel, in R. G. Fox ed., *Nationalist Ideologies and the Production of National Cultures*.

Dosser, D. A. (1982). Male inexpressiveness: Behavioral interventions. In K. Solomon & N. B. Levy (Eds.), *Men in transition* (pp. 343-432). New York: Plenum.

Doyle, J. A. (1983). *The male experience*. Bubuque, IA: Wm. D. Brown.

Doyle, R. E. (1992). *Essential skills and strategies in the helping process*. Pacific Grove, CA: Brooks/Cole.

DuBrin, A., & Dalglish, C. (2002). *Leadership, an Australian focus*. Milton: John Wiley & Sons Australia.

Dumazedier, J. (1974). *Sociology of leisure*. New York: Elsevier.

Dusek, J. B. (1996). *Adolescent development and behavior* (3rd ed.). Upper Saddle River, N.J.: Prentice Hall.

Edward, M. (1981). Art therapy and art education: Towards a reconciliation. *Studies in Art Education, 17*(2), 63-66.

Edward, P. B. (1980). *Leisure counseling techniques, individual and group counseling step by step*. Los Angeles: Constructive Leisure.

Edwin, C. B. (1987). *Doing it now: How to cure procrastination and achieve your goals*. Publisher: Simon & Schuster.

Eisner, E. W. (1972). *Educating artistic vision*. New York: MacMillan.

Eisner, E. W. (1994). *Cognition and curriculum reconsidered* (2nd ed.). New York: Teacher College Press.

Eldridge, N. S. (1968). Cognitive development in adolescence. In J. F. Adams (Ed.),

Understanding and adolescence. Boston: Allyn & Bacon.

Eldridge, N. S. (1987). Gender issues in counseling same-sex couples. *Professional Psychology: Research and Practice, 18*(6), 567-572.

Epstein, C. F. (1980). Institutional barriers: What keeps women out of the executive Suite? In M.O. Morgan (Ed.), *Managing career development*. New York: Van Nostrand.

Erickson, M. (1996). Our place in the world. In Stories of art (on-line). Available Arts Ed Net URL: http//www.artsednet.getty.edu

Erikson, E. H. (1963). *Identity: Youth and crisis*. New York: Norton.

Erikson, E. (1968). *Identity, youth, and crisis*. New York: W. W. Norton & Company.

Erikson, E. (1982). *The life cycle completed*. New York: W. W. Norton & Company.

Erikson, E. H. (1950). Childhood and society. New York: Norton.

Fairley, L. (1980). *Sexual shakedown: The sexual harassment of women on the job*. New York: Warner Books.

Feldman, D. C. (1988). *Managing career in organizations*. Glenview, Il: Scott, Foresman.

Fernandez, J. P. (1986). *Child care and corporate productivity*. Lexington, MA: Lexington Books.

Fitts, W. H. (1965). *The manual of tennessee self concept scale*. Nashville, Tennessee: Counselor Recordings and Tests.

Fixx, J. (1977). *The complete book of running*. New York: Random House.

Folkman, S., & Lazarus, R. S. (1980). An analysis of coping in a middle-aged community sample. *Journal of Health and Social Behavior, 21*, 219-239.

Folkman, S., & Lazarus, R. S. (1988). Coping as a mediator of emotion. *Journal of Personality and Social Psychology, 54*(3), 466-475.

Folkman, S., Lazarus, R. S., Dunkel-Schetter, C., Delongis, A., & Grune, R. J. (1986).

Dynamics of a stressful encounter: Cognitiveappraisal, coping and encounter outcomes. *Journal of Personality and Social Psychology, 50*(5), 992-1103.

Foucault, M. (1980). *Power/knowledge: Selected interviews and other writing*. New York: Panteon Books.

Fred, L. (1992). *Organizational behavior*. McGraw-Hill. Inc.

Fred, L. (1977). *The dynamics of organizational behavior*. New York: McGraw-Hill.

Freedman, J., & Combs, G. (1996). *Narrative therapy: The social construction of preferred realities*. New York: W. W. Norton & Company.

Freudenberger, H. J., & Richelson, G. (1980). *Burnout: The high cost of high achievement*. New York: Bantam Books.

Friedman, M., & Rosenman, R. H. (1974). *Type a behavior and your heart*. New York: Knopf.

Gelatt, H. B. (1989). Positive uncertainty: A new decision-making framework for counseling. *Journal of Counseling Psychology, 36*, 252-256.

George W. E. (1975). *The managers and his value*. Cambridge, Mass: Ballinger Publishing Company.

Gibson, R. L., Mitchell, M. H., & Basile, S. K. (1993). *Counseling in the elementary school: A comprehensive approach*. Boston: Allyn & Bacon.

Ginzberg, E., Ginsburg, S. W., Axelrad, S., & Herma, J. L. (1951). *Occupational choice: An approach to general theory*. New York: Columbia University Press.

Gitter, L. (1983). Ideas for teaching art appreciation. *Academic Therapy, 18*(4), 443-447.

Glasser, W. (1984). *Control theory*. New York: Harper Collins.

Glasser. W. (1977). Promoting client strength through positive addiction. *Canadian Counsellor, 11*, 4, 173-5.

Gmelch, W. H. (1983). What stresses school administrators and how they cope. Paper presented at the Annual Meeting of the American Educational Research Association.

Gmelch, W. H. (1988). Reseach perspectives on administrative stress: Cause, reactions, responses and consequences. *The Journal of Educational Administration, 26*(2), 134-140.

Godbey, G., & Parker, S. (1976). *Leisure studies and services: An overview*. Philadelphia: Saunders.

Goldberg, H. (1983). *The new male-female relationship*. New York: Morrow.

Goldfried, M. R., & Friedman, J. M. (1982). Clinical behavior therapy and male sex role. In K. Soloman & N. B. Levy (Eds.), *Men in transition*. New York: Plenum.

Gottfredson, L. S. (1996). Gottfredson's theory of circumscription and compromise. In D. Brown, L. Brooks & associates (Eds.), *Career choice and development* (3rd ed.) (pp. 179-232). San Francisco, CA: Jossey-Bass.

Gribbons, W. D., & Lohnes, P. R. (1969). *Career development from age 13 to 25* (Fin Report, Project No. 6-2151) Washington, DC: U.S. Department of Health, Education, and Welfare.

Gribbons, W. D., & Lohnes, P. R. (1982). *Career in theory and experience: A twenty-year longitudinal study*. Albany: State University of New York Press.

Hales, L. W., & Hartman, T. P. (1978). Personality, sex, and work values. *Journal of Experimental Education, 47*, 16-21.

Hall, D. T. (1976). *Careers in organizations*. Pacific Palisades, CA: Goodyear.

Hall, D. T. (1986). Career development in organizations. In D. Brown, L. Brooks, & associates (Eds.), *Career choice and development* (2nd ed.) (pp. 422-455). San Francisco: Jossey-Bass.

Halle, E. (1982). The abandoned husband: When wives leave. In K. Solomon & N. B. Levy (Eds.), *Men in transition*. New York: Plenum.

Hamilton, V. (1980). An information processing analysis of environment stress and life crisis. In I. G. Sarason & C. D. Spielberger (Eds.), *Stress and anxiety* (Vol. 7). New York: Wiley.

Hantover, J. P. (1980). The social construction of masculine anxiety. In R. A. ewis (Ed.), *Men in difficult times* (pp. 87-98). Engolewood Cliff, HJ: Prentice-Hall.

Harman, W., & Rheingold, H. (1984). *Higher creativity*. Boston: Tarcher.

Hartford, T. C., Wills, C. H., & Deabler, H. L. (1967). Personality correlates of masculinity-femininity. *Psychological Report, 21*, 881-884.

Harway, M. (1980). Sex bias in education-vocational counseling. *Psychology of Women Quarterly, 4*, 212-214.

Havighurst. (1972). *Development takes and education* (3rd ed.) (pp. 9-113). New York: Longman.

Havighurst, R. J. (1953). *Human development and education*. New York: Longman.

Henley, D. (1997). Expressive arts therapy as alternative education: Devising a therapeutic curriculum. *Art Therapy: Journal of the American Art Therapy Association, 14*(1), 15-22.

Herr, E. L. (1992). *Career guidance through the life span* (4th ed.). Boston: Little Brown.

Hetherington, C., & Orzek, A. (1989). Career counseling and life planning with lesbian women. *Journal of Counseling and Development, 68*, 52-57.

Holland, J. L. (1973). *Making vocational choices: A theory of career*. Englewood Cliffs.

Holland, J. L. (1985). *Making vocational choices: A theory of vocational personalities and work environments*. Englewood Cliffs.

Holland, J. L., & Gottfredson, G. D. (1992). Studies of the hexagonal model: An evaluation or The perils of stalking the perfect hexagon. Special Issue: Holland's theory. *Journal of Vocational Behavior, 40*, 158-170.

Holmes, T. H., & Rahe., R. H. (1967). The social readjustment rating scale. *Journal Health and Social Behavior, 11*, 213-218.

House, J. S. (1974). Occupational stress and coronary, heart disease: A review and theoretical Integration. *Journal of Health and Social Behavior, 15*, 12-27.

Hoyt, K. B. (1972). *Career education: What it is and how to do it.* Salt Lake City: Olympus.

Irwin, E. C. (1984). The role of the arts in mental health. *Design for Arts in Education, 86*(1), 43-47.

Ivancevich, J. M., & Matteson, M. J. (1980). *Stress and work a managerial perspective.* New York: Scoot, Foresman.

Jesser, D. L. (1976). *Career education: A priority of the chief state school officers.* Salt Lake City: Olympus.

Joseph, L., & Harry, I. (1970). *Group processes: An introduction to group dynamics* (2nd ed.). Palo Alto, CA: National Press Books.

Jourard, S. M. (1964). *The transparent self.* Princeton, NJ: Van Nostrand.

Kahn, S. E., & Schroeder, A. S. (1980). Counseling bias and occupational choice for female students. *Canadian Counselor, 21*, 156-159.

Kanter, M. (1989). *When giants learn to dance.* New York: Simon & Schuster.

Katz, M. (1958). *You: Today and tomorrow.* Princeton, NJ: Educational Testing Service.

Kaufman, H. G. (1974). *Obsolescence and professional career development.* New York: American Management Association.

Keating, D. P. (1980). Thinking processes in adolescence. In J. Adelson (Ed.), *Handbook of adolescent psychology.* New York: Wiley.

Keniston, K. (1971). *Youth and dissent: The rise of the new opposition.* New York:

Harcourt Brace Jovanovich.

Kenny, A. (1987). An art activities approach counseling the gifted, creative, and talented. *The Gifted Child Today, 10*(3), 33-37.

Kenser, P. M. (1977). *A comparison of guidance needs expressed by preadolescent and early adolescent students*. E. D. dissertation, Dekalb: Northern Illinois University.

Kjos, D. (1995). Linking career counseling to personality disorders. *Journal of Counseling and Development, 67*, 487-481.

Kliebard, H. M. (1986). *The struggle of the American curriculum*. New York: Routledge.

Kohlberg, L. (1973). Continuities in childhood and adult moral development revisited. In P. B. Baltes & K. W. Schase (Eds.), *Lifespan development psychology: Personality and socialization*. New York: Academic Press.

Kotler, P. (2000). *Marketing Management* (10th ed.). Upper Saddle River, NJ: Prentice Hall.

Kram, K. E. (1985). Improving the mentoring process. *Training and Development Journal, 39*(4), 40-43.

Krammer, E., Levy, C. A., & Gardner, K. (tributes) (1992). Elinor Ulman (1910-1991). *American Journal of Art Therapy, 30*(3), 67-70.

Krentner, R., & Kinicki, A. (2001). *Organizational behavior*. The Mcgraw-Hill.

Kronenberger, G. K. (1991). Out of the closet. *Personnel Journal, June*, 40-44.

Krumboltz, J. D., & Baker, R. D. (1973). Behavioral counseling for vocational decisions. In H. Borrow (Ed.), *Career guidance for a new age* (pp. 235-284). Boston: Houghton Mifflin.

La Brie, G., & Rosa, C. (1994). American Art Therapy Association, Inc. 1992-93 membership survey report. *Art Therapy, 11*(3), 206-213.

Larsen, L. F. (1972). The influence of parents and peers during adolescence: The situation hypothesis revisited. *Journal of Marriage and Family, 34*, 67-74.

Lazarus, R. S., & Folkman, S. (1984). *Stress, appraisal, and coping*. New York: Springer.

Leahy, R. L., & Shirk, S. R. (1984). The development of classificatory skills: And sex-triat stereotype in children. *Sex-Roles, 10*, 282-292.

Levision, D. J., Darrow, C. N., Klein, E. B., Levision, M. H., & Mckee, B. (1978). *The seasons of a man's life*. New York: Knopt.

Liebmann, M. (1997). *Art therapy for groups: A handbook of themes, games, exercises*. Groom Helm Ltd and Brookline Books.

Liebmann, M. F. (1990). *Art therapy in practice*. London: Jessica Kingsley.

Lindsey, L. L. (1990). *Gender roles: A sociological perspective*. Englewood Cliff, NJ: Prentice-Hall.

Liu, Jun-E., Mok, E., & Wong, T. (2005). Perceptions of supportive communication in Chinese patients with cancer: experiences and expectations. *Journal of Advanced Nursing, 52*(3), 262-270.

Liu, Y. L. (1996). *Stress, personality, and social functioning during a major stressful event for high school female students in Taiwan*. A Thesis for the degree of Ph.d. of Oregon State University.

Livson, N., & Peskin, H. (1980). Perspective on adolescence from longitudinal research. In J. Adelson (Ed.), *Handbook of adolescent psychology*. New York: Wiley.

Locke, E. A., & Latham, G. P. (1984). *Goal setting: A motivational technique that works*. Englewood Cliffs, NJ: Prentice-Hall.

Locke, E. A., Shaw, N. R., Saari, L. M., & Latham, G. P. (1981). Goal setting and task performance. *Psychological Bulletin, 90*(1), 125-152.

Locke, E. A., & Latham, G. P. (1990). *A theory of goal setting and task performance.* Prentice Hall, Englewood Cliffs, New Jersey.

Lowenfeld, V. (1957). *Creative and mental growth.* New York: Macmillan.

Lowenfeld, V., & Brittain, W. L. (1987). *Creative and mental growth* (8th ed.). New York: Macmillan.

Luft, J. (1970). *Group processes: An introduction to group dynamics.* Palo Alto, CA: National Press.

Luft, J., & Ingram, H. (1969). *Of human interaction.* Palo Alto, CA: National Press.

Maanen, J. V., & Schein, E. H. (1977). Career development. In J. R. Hackman & J. L. Shuttle (Eds.), *Improving life at work.* Pacific Palisades: CA Goodyear.

MacWhirter, J., & MacWhirter, B. (1998). *At risk youth: A comprehensive response.* Brooks: International Thomas.

Maccoby, E., & Jacklin, C. (1974). Sex differences in the year-old child. *Stress, Activity, and Proximity Seeking, 44*(1), 34-42.

ManNeil, D. H. (1981). *The relationship of occupational stress to burnout.* IL: London House Management Press.

Marcia, J. E. (1980). *Development and validation of ego identity status.*

Marciano, T. D. (1981). Men in change: Beyond mere anarchy. In R. A. Ewis (Ed.), *Men in difficult times.* Englewood Cliffs, NJ: Prentice-Hall.

Martens, R. (1987). *Coaches guide to sport psychology.* Champaign, IL: Human Kinetics.

Maslow, A. (1970). *Motivation and personality.* New York: Harper and Row.

Matteson, M. T., & Ivancevich, J. M. (1987). *Controlling stress in the workplace: An organizational guide.* San Francisco: Jossey-Bass.

McBride, A. B. (1990). Mental health effects of women's multiple roles. *American Psychologist, 45,* 381-384.

McGrath, J. E. (1970). *Social support psychological factors in stress*. New York: Holt, Rinehart & Winston.

Mead, G. H. (1934). *Mind self and society*. Chicago: University Chicago Press.

Miller, G. M. (1986). Art: A creative teaching tool. *Academic Therapy, 22*(1), 53-56.

Miller-Tiedeman, A. L., & Tiedeman, D. V. (1990). Career decision making: An individualistic perspective. In D. Brown, L. Brooks, & associates (Eds.), *Career choice and development: Applying contemporary theories to practice* (2nd ed.) (pp. 308-337). San Francisco: Jossey-Bass.

Milton, R. (1973). *The nature of human value*. New York: The Free Press.

Mitchell, L. K., & Krumboltz, J. D. (1984). Social learning approach to career decision making: Krumboltz's theory. In D. Brown & L. Brook (Eds.), *Career choice and development: Applying contemporary theories to practice* (2nd ed.) (pp. 145-196). San Francisco: Jossey-Bass.

Nadelson, T., & Nadelson, C. (1982). Dual career and changing role models. In K. Solomon & N.B. Levy (Eds.), *Men in transition*. New York: Plenum.

Ochberg, R. L. (1988). Life stories and the psychosocial construction of career. *Journal of Personality, 56*, 173-204.

Orthner, D. K. (1974). Leisure style and family style: The need for integration. *Leiure Today, Journal of Health, Physical Education, Recreation and Dance*, 11-13.

Osipow, S. H. (1983). *Theories of career development* (3rd ed.). New York: Appleton-Centurty-Crofts.

O'Neil, J. M. (1982). Gender role conflict and strain in men's lives: Implications for psychiatrists psychologists, and other human-service providers. In K. Solomon & N. B. Levy (Eds.), *Men in transition*. New York: Plenum.

O'Toole, J. (1977). *Work, learning and the American future*. San Francisco: Jossey-Bass.

Parker, S. (1971). *The future of work and leisure*. New York: Praeger.

Patchen, H. J. (1999). Education in and through the arts for 21st century, 1999 International Symposium in Art Education, Changhua: TAEA Press.

Pearling, L. L., & Schooler, C. (1978). The structure of coping. *Journal of Health and Social Behavior, 19*, 2-21.

Pervin, L. I. (1983). Characteristics of staff burnout in mental health setting. *Hospital & Community Psychiatry, 28*, 233-237.

Piaget, J. (1964). *The moral judgement of the child*. Gllencoe, IL: Free Press.

Piaget, J. (1929). *The child's conception of the world*. NY: Harcourt, Brace Jovanovich.

Piaget, J. (1969). *The mechanisms of perception*. London: Rutledge & Kegan Paul.

Piaget, J. (1972). Intellectual development from adolescence to adulthood. *Human Development, 15*, 1-12.

Polkinghorne, J. (1988). *Science and creation: The search for understanding*. London: SPCK.

Posner, G. J. (1992). *Analyzing the curriculum*. New York: McGraw-Hill.

Pryor, R. G. L. (1979). In search of a concept: Work values. *Vocational Guidance Qu arterly, 27*, 250-256.

Radin, N. (1983). Primary caregiving and role-sharing father. In M. E. Lamb (Ed.), *Nontraditional families: Parenting and child development*. Hillsdale, NJ: Lawrence Erlbaum.

Robbins, S. P. (2004). *Management* (8th ed.). Englewood Cliffs, New Jersey: Prentice-Hall.

Rogers, C. R. (1951). *Client-centered therapy: Its current practice, implicatios, and therapy*. Boston: Houghton Mifflin.

Rokeach, M. (1973). *The nature of human values*. NY.: Free Press.

Rosenwasser, S. M. (1982). Differential socialization process of males and females. Papers presented to the Texas Personnel and Guidance Association, Houston.

Rosenwasser, S. M., & Patterson, W. (1984). Nontraditional male: Men with primary childcare/ household responsibilities. Papers presented to the Southwestern Psychological Association, New Orleans.

Russell, G. (1982). Share-caregiving families: An Australian study. In M. E. Lamb (Ed.), *Nontraditional families: Parenting and child development*. Hillsdale, NJ: Erlbaum.

Russo, N. F., Kelly, R. M., & Deacon, M. (1991). Gender and success- related Attribution: Beyond individualistic conception of achievement. *Sex Roles, 25*, 33-350.

Sagi, A. (1982). Antecedents and consequence of various degrees of paternal involvement in child rearing: The Israeli project. In M. E. Lamb (Ed.), *Nontraditional families: Parenting and child development*. Hillsdale, NJ: Erlbaum.

Sampson, Jr. J. P., Kolodinsky, R. W., & Greeno, B. P. (1997). Counseling on the information highway: Future possibilities and potential problems. *Journal of Counseling & Development, 75*, 203-212.

Sanguiliano, I. (1978). *In her time*. New York: Morrow.

Savickas, M. L. (1989). Career-style assessment and counseling. In T. Sweeney (Ed.), *Adlerian counseling: A practical approach for a new decade* (3rd ed.) (pp. 289-320). Muncie, IN: Accelerated Development Press.

Savickas, M. L. (1994a). An epistemology for converging the sciences of career theory and practice. Prepared for presentation. In M. L. Savickas (Chair), Toward convergence between career theory and practice. Symposium conducted at the meeting of the American Psychological Association, Los Angeles, August.

Savickas, M. L. (1994b). Schema and Thema in social cognitive career counseling. Papere prepared for presentation. In K. M. O'Brien & M. J. Heppner (Chairs), In-

novative applications of social cognitive theory to career counseling. Symposium conducted at the meeting of the American Psychological Association. Los Angeles, August.

Savickas, M. L. (1995). Constructivist counseling for career indecision. *Career Development Quarterly, 43*, 363-373.

Savickas, M. L. (2000). From career development to developing self through work and relationships. Prepared for presentation in P. J. Hartung (Chair), *Innovating career development using advances in lifecourse and lifespan theory*, at the Annual meeting of the American Psychological Association. Washington, DC.

Schaffer, K. F. (1980). *Sex role issues in mental health*. Reading, Mass Adison-Wesley.

Schein, E. H. (1971). The Individual, the organization, and the career: A conceptual scheme. *Journal of Applied and Behavioral Science, 1971, 7*, 405.

Scheleien, S. J., Ray, M. T., Soderman-Olson, M. L., & McMahon, K. T. (1987). Integrating children with moderate to sever cognitive deficits into community museum program. *Education and Training in Mental Retardation, 22*(2), 112-119.

Schleien, S., Olson, K., Rogers, N., & McLafferty, M. (1985). Integrating children with sever handicaps into recreatin and physical education programs. *Journal of Park and Recreation Administration, 3*(1), 50-66.

Schwartz, M., & Dovidio, J. (1984). Reading between the lines: Personality corelates of graffiti writing. *Perceptual and Motor Skills, 59*, 395-398.

Selye, H. (1956). *The stress of life*. New York: McGraw-Mill.

Selye, H. (1979). The stress concept and some of its implications. In V. Hamilton & D. M. Warbuton (Eds.), *Human stress and cognition: An information processing approach*. New York: John Wiley and Sons.

Skarsater, A., & Dencker. (2001). Subjective lack of social support and presence of dependent stressful life events characterize patients suffering from major depression compared with healthy volunteers. *Journal of Psychiatric and Mental Health Nursing*, 107-114.

Slattery, P. (1995). *Curriculum development in the postmodern ear*. New York & London: Garland.

Solomon, K. (1982). The masculine gender role: Description. In K. Solomon & N. B. Levy (Eds.), *Men in transition*. New York: Plenum.

Sorge, A., & Warner, M. (1997). *The handbook of organizational behavior*. U.K.: International Thomson Business Press.

Spencer, A. (1982). *Seasons*. New York: Paulist Press.

St. John, P. A. (1986). Art education, therapeutic art, and art therapy. *Art Education, 39*(1), 14-16.

Steers, R. M. (1988). Work and stress: Introduction to organizational behavior. *Theory Into Practice, 22*(1), 7-14.

Stein, T. S. (1982). Men's group. In K. Solomon & N. B. Levy (Eds.), *Men in transition*. New York: Plenum.

Stephen, P. R. (2004). *Organizational behavior* (11th ed.). NJ: Prentice Hall.

Stroke, J., Fuehrer, A., & Child, L. (1980). Gender differences in self-disclosure to various target persons. *Journal of Counseling Psychology, 27*, 192-198.

Sullivan, G. (1993). Art-based art education: Learning that is meaningful, authentic, critical, and pluralistic. *Studies in Art Education, 35*(1), 5-21.

Super, D. E. (1957). *The psychology of careers: An introduction to vocational development*. New York: Happer & Brothers.

Super, D. E. (1974). *Measuring vocational maturity for counseling and evaluation*. WA: National Vocational Guidance Association.

Super, D. E. (1977). Vocational maturity in mid. *Career In Vocational Guidance Quar-*

terly, June, *25*(4), 297.

Super, D. E. (1980). A life-span, life-space approach to career development. *Journal of Vocational Behavior, 16*, 282-298.

Super, D. E. (1988). Vocational adjustment: Implementing a self-concept. *The Career Development Quarterly, 36*, 351-357.

Super, D. E. (1990). A life-span, life-space approach to career development. In D. Brown, L. Brooks, & associates (Eds.), *Career choice and development: Applying contemporary theories to practice* (pp. 197-261). San Francisco, CA: Jossey-Bass.

Super, D. E. (1970). *Manual for the work values inventory*. Chicago: Riverside Publishing Company.

Super, D. E. (1980). A life-span, life-space approach to career development. *Journal of Vocational Behavior, 16*, 282-298.

Swanson, J. L., & Fouad, N. A. (1999). *Career theory and practice: Learning through case study.* Thousand Oaks, CA: Sage.

Swenson, A. B. (1991). Relationships: Art education, art therapy, and special education. *Preceptual and Motor Skills, 72*, 40-42.

Taguiri, R. (1976). Purchasing executive: General manager or specialists? *Journal of Purchasing, Aug.* 1967, 16-21.

Thelen, M., Frautsch, N., Robert, M., Kirkland, K., & Dollinger, S. (1981). Being imitated, conformity, and social influence: An integrative review. *Journal of Research in Personality, 15*, 403-426.

Thomas, J. K. (1973). Adolescent endocrinology for counselors of adolescents. *Adolescence, 8*, 395-406.

Thompas, P. H., Kirkham, K. L., & Dixon, J. (1985). Warning: The fast track may be hazardous to organizational health. *Organizational Dynamics, 13*, 21-33.

Tiedeman, D.V., & O'Hara, R. P. (1963). *Career development: Choice and adjustment*. New York: College Entrance Examination Board.

Tiedeman, D.V., & Miller-Tiedeman, A. (1977). In "I" power primer: Part one; Structure and its enablement of interaction. *Focus on Guidence, 9*(7), 1-16.

Tyler, R. W. (1949). *Basic principles of curriculum and instruction*. Chicago: University of Chicago Press.

Ulman, E. (1987). Therapeutic aspects of art education. *The American Journal of Art Therapy, 25*(4), 111-146.

Verduin, J. R., & McEwen, D. N. (1984). *Adults and their leisure*. Springfiled, III.: Charles C. Thomas.

Wadeson, H. (1980). *Art psychotherapy*. New York: John Wiley & Sons.

Wadeson, H. (1987). *The dynamics of art psychotherapy*. New York: John Wiley & Sons.

Waldron, I. (1978). The coronary-prone behavior pattern, blood pressure, employment and socioeconomic status in women. *Journal of Psychosomatic Research, 22*, 79-87.

Wanous, J. P. (1980). *Organizational entry*. Reading, MA: Addison-Welsey.

Weiner, B. (1974). *Achievement motivation and attribution theory*. Morristown, N.J.: General Learning Press.

Weiner, B. (1980). *Human motivation*. NY: Holt, Rinehart & Winston.

Weiner, B. (1986). *An attributional theory of motivation and emotion*. New York: Springer-Verlag.

Wentling, R. M. (1992). Women in middle management: Their career development and aspirations. *Business Horizons, Jan-Feb*, 48-54.

White, W., & Epston, D. (1990). Narrative means to therapeutic ends Wolfson, K.T.P. (1972). *Career development of college women*. Unpublished Doctoral disserta-

tion. University of Minnesota, Minneapolis.

Wilcox-Matthew, L., & Minow C.W. (1989). The dual career couple: Concerns, benefits, and counseling implications. *Journal of Counseling and Development, 68,* 194-198.

William, J. S. (1980). *The meaning of truth: A sequel to"pragmatism".* Prometheus Books.

Williams, K. J. (Obituary) (1992). Elinor Ulman (1910-1991). *American Journal of Art Therapy,* 30(3), 66.

Wolfson, K. T. P. (1972). *Career development of college women.* Unpublished doctoral Dissertation. University of Minnesota, Minneapolis.

Wople, J. (1973). *The practice of behavior therapy.* New York: Pergamon Press.

Yalom, L. D. (1985). *The therapy and practice of group psychotherapy* (2nd ed.). New York: Basic Book.

Zunker, V. G. (1994). *Using assessment results for career development* (4th ed.). Pacific Grove, CA: Books/cole.

Zytowski, D. G. (1969). Toward a theory of career development of women. *Personnel and Guidance Journal, 47,* 660-664.

Zytowski, D. G. (1970). The concept of work value. *Vocational Guildance Quarterly 18.*

國家圖書館出版品預行編目資料

生涯發展與心理輔導／劉玉玲著. --初版. --臺北市：
　心理, 2007. 09
　　　　面；　公分.--（輔導諮商系列；21069）
　參考書目：面
　ISBN 978-986-191-053-6（平裝）

1. 生涯規劃　2. 心理輔導

192.1　　　　　　　　　　　　　　　　　96015663

輔導諮商系列 21069

生涯發展與心理輔導

作　　者：劉玉玲
執行編輯：高碧嶸
總 編 輯：林敬堯
發 行 人：洪有義
出 版 者：心理出版社股份有限公司
地　　址：台北市大安區和平東路一段 180 號 7 樓
電　　話：(02) 23671490
傳　　真：(02) 23671457
郵撥帳號：19293172 心理出版社股份有限公司
網　　址：http://www.psy.com.tw
電子信箱：psychoco@ms15.hinet.net
駐美代表：Lisa Wu　(tel: 973 546-5845)
排 版 者：龍虎電腦排版股份有限公司
印 刷 者：翔盛印刷有限公司
初版一刷：2007 年 9 月
初版二刷：2011 年 9 月
I S B N：978-986-191-053-6
定　　價：新台幣 450 元